中国人权建设70年

Zhongguo Renquan Jianshe 70Nian

董云虎　常　健　等著

前　言

人权问题是当今世界普遍关注的一个重大问题，也是中国现代化建设和对外关系中的一个重大问题。享有充分的人权是人类长期追求的崇高理想，也是中国人民矢志不渝地为之努力奋斗的一个远大目标。从一定意义上说，中国革命、建设和改革、发展就是为了争取和实现全国人民的人权。

20 世纪是中国人民在苦难的深渊中觉醒、抗争和崛起的世纪，也是中国人民经受严峻考验和深刻改变命运的世纪。中国人民在中国共产党的领导下，经过艰苦卓绝的斗争，终于在 1949 年推翻了帝国主义、封建主义和官僚资本主义“三座大山”的压迫，建立了中华人民共和国，实现了国家的独立、民族的解放，当家做了主人，主宰了自己的命运。中华人民共和国的诞生，是 20 世纪具有世界历史意义的重大事件。它标志着占人类总数四分之一的中国人民从此结束了千百年来遭受封建主义压迫和帝国主义奴役的历史，在世界上真正站立起来了，不仅在中国人权发展史上具有重要的里程碑意义，而且对世界人权的发展作出了不可磨灭的贡献。

中华人民共和国成立 70 年来，中国共产党、中国政府和中国人民为促进和保障人权进行了艰难的探索，作出了不懈的努力。中国以新社会的诞生为起点取得了举世公认的巨大进步，中国人民的命运发生了翻天覆地的变化。经过 70 年的努力，一个积弱积贫、备受屈辱的旧中国，已经变成了一个繁荣昌盛、对世界的和平与发展有着重要贡献的社会主义大国；14 亿中国人民的物质文化生活水平大大提高，告别了饥寒交迫、愚昧无知状态，过上了丰衣足食、文明健康和谐的美好生活，享受着前所未有的自由和人权。当前，中国正处于全面建成小康社会、加快推进社会主义现代化的关键时期。总结中华人民共和国成立 70 年来中国在维护和促进人权问题上的经验教训，对于促进人权事业的全面发展，推动中国特色社会主义的发展、全面建成小康社会具有重要的现实意义。

2019 年是中华人民共和国成立 70 周年。我们撰写出版《中国人权建设 70 年》的目的，就是要再现中华人民共和国成立 70 年来中国共产党、中国政府和中国人民为维护和发展中国人民的人权所走过的光辉历程和所取得的伟大成就，系统介绍中国特色社会主义人权的制度保障、政策主张、发展模式和实践成果，多层次、多视角、多方位地反映中国人权建设的状况及其进展，总结经验，进一步推动中国人权事业的进步，用事实驳斥国际敌对势力对中国人权状况的歪曲和攻击，维护中国尊重人权的国际形象。

《中国人权建设 70 年》共分八章。第一章“中国人权建设 70 年的历史进程”，从历史的角度回顾了中华人民共和国成立开启的中国人权发展的历史性转折，中间经历的曲折探索和经验教训，改革开放开创的人权发展新局面，以及中共十八大以来中国人权事业发展进入的新时代。在历史回顾的基础上，对 70 年来中国人权发展道路的特点和成功经验进行了概括和总结。

第二至三章及第五至七章是对中国人权状况分门别类的论述，分别涉及中国共产党和中国政府在尊重和保障人民的经济、社会和文化权利，公民和政治权利，以及妇女儿童权利、少数民族权利、残疾人权利等方面所作的努力，总结了中国在保障各项人权方面采取的基本方略，形成的法律制度，采取的政策措施，以及取得的实际成效。

第四章“人权保障法治化建设 70 年发展”，论述了中国人权保障法治化的历史进程，重点在立法、执法和司法三个环节概括了人权保障法治化的体系、制度和机制。

第八章“中国参与国际人权事务 70 年来的进步”，着重论述中国参与国际人权事务的历程和主要途径与方式，以及中国为国际人权事业作出的贡献。

2009年,在江西人民出版社的大力支持和促进下,我们曾撰写出版了《中国人权建设60年》,在国内外取得了很好的反响。十年来,中国人权事业不断创新,中国人民的各项人权得到了更加全面的保障,特别是随着中国特色社会主义进入新时代,中国人权事业发展也进入了一个新的时期。站在新的历史起点,总结过去70年的发展道路和历史经验,将为新时代持续推进中国人权事业的健康发展提供有力的智力支持。

目 录

第一章

中国人权建设 70 年的历史进程

人权，是指在一定的社会历史条件下每个人按其本质和尊严享有或应该享有的基本权利。人权的本质特征和要求是自由和平等。没有自由、平等作保证，人类就不能作为人来生存和发展，就谈不上符合人的尊严和本性的生存和发展，也就谈不上人权。人权的实质内容和目标是人的生存和发展。自由、平等的目的是使人摆脱一切压迫、剥削和歧视，获得有尊严的生存和全面自由的发展。一旦脱离人的生存和发展，自由和平等就必然会流于形式，变得空洞无物、失去意义。因此，所谓人权，就其完整的意义而言，就是人人自由、平等地生存和发展的权利，或者说，就是人人基于生存和发展所必需的自由、平等权利。

中国人民争取、维护和发展人权的历程，是中国革命、建设和改革这一波澜壮阔的历史进程的重要组成部分，也是世界民族解放运动与和平发展这一伟大历史进程的重要组成部分。中国人权问题是中国现代化问题的一部分，中国人权事业伴随着中国现代化建设事业的发展而不断发展。

中国人民在中国共产党领导下，经过 28 年艰苦卓绝的斗争，终于推翻了帝国主义、封建主义和官僚资本主义的统治，结束了中国一百多年来任人宰割、备受欺凌的屈辱历史和长期战乱、一盘散沙的动荡局面，实现了人民梦寐以求的国家独立、民族解放和人民民主。1949 年 9 月，中国人民政治协商会议第一届全体会议在北平举行，毛泽东在会上庄严宣布，“占人类总数四分之一的中国人从此站立起来了”，“我们的民族将从此列入爱好和平自由的世界各民族的大家庭，以勇敢而勤劳的姿态工作着，创造自己的文明和幸福，同时也促进世界的和平和自由。我们的民族将再也不是一个被人侮辱的民族了，我们已经站起来了”，“中国人被认为不文明的时代已经过去了，我们将以一个具有高度文化的民族出现于世界”。[①] 会议通过的起临时宪法作用的《中国人民政治协商会议共同纲领》宣告：帝国主义、封建主义统治中国的时代已经结束，中国人民已由被压迫的地位变成为新社会新国家的主人。该共同纲领宣布了中华人民共和国的成立和国家政权属于人民的原则，使根据地、解放区保障民主、自由、人权的原则，成为中华人民共和国的立法原则。它明确规定，中国人民享有广泛的政治、经济、社会和文化权利，同时，对反动分子和旧社会的剥削阶级，除依法在必要时期内剥夺其政治权利外，也“给以生活出路”，使其“在劳动中改造成为新人”。1949 年 10 月 1 日，中华人民共和国正式宣告成立。从此，中国人民成了国家和社会的主人，实现了当家做主的权利。这是中国人权史上亘古未有的巨大进步，也是世界人权发展史上的一个巨大进步。

中华人民共和国建立以后，中国人民在中国共产党的领导下，为促进和发展人权进行了长期不懈的探索，作出了卓有成效的努力。可以说，中华人民共和国 70 年的历史，也是中国共产党和中国政府领导人民不断促进和发展人权的历史。

第一节　中华人民共和国的成立实现了中国人权发展的历史性转折

中华人民共和国建立初期，中国人民在以毛泽东为核心的第一代中央领导集体的领导下开展了一系列规模宏大的社会变革运动，革故鼎新，仅用了几年时间，就迅速荡涤了旧社会遗留下来的污泥浊水，建立起促进和保护人权的中国特色社会主义基本社会政治制度，使国家和社会的面貌焕然一新，开创了中国人权发展的新纪元。

---

① 《毛泽东著作选读》下册，人民出版社 1986 年版，第 691、692 页。

一、实现和捍卫了国家独立和主权完整，为人权事业发展创造条件

国家独立和主权完整是一国人民享有人权的根本前提。旧中国深受外国列强的侵略和奴役，国家主权沦丧，人民的人权失去起码的保障。无数仁人志士为了强国富民，使中华民族摆脱屈辱和争得人权，历尽千辛万苦，作过各种尝试，付出了沉重的代价。实业救国、技术救国、教育救国以及通过维新、改良和革命建立资产阶级共和国的经济和政治救国运动，曾经几度掀起高潮，但先后都以失败而告终。事实证明，没有国家的完全独立和主权完整这个基本前提，就不可能摆脱任人宰割的命运，就不可能实现发展，也就谈不上什么人权。正如毛泽东所指出的："就整个来说，没有一个独立、自由、民主和统一的中国，不可能发展工业。……没有工业，便没有巩固的国防，便没有人民的福利，便没有国家的富强。……在一个半殖民地的、半封建的、分裂的中国里，要想发展工业，建设国防，福利人民，求得国家的富强，多少年来多少人做过这种梦，但是一概幻灭了。"[①] 中国人民民主革命胜利的第一个也是最重要的成果，就是将帝国主义列强赶出了中国，从而为中国实现完全的主权和真正的独立扫清了障碍。

中华人民共和国成立后，立即废除了帝国主义列强强加给中国的一切不平等条约及其攫取的各种特权，同时坚决没收法西斯国家的在华财产，收购或征用其他列强的在华企业和财产归国家所有，从而彻底铲除了帝国主义在华的政治、经济势力，实现了国家的完全独立。中华人民共和国成立初期，以美国为首的帝国主义对中华人民共和国实行政治上不承认、经济上封锁、军事上包围的全面遏制政策，以各种方式进行破坏和捣乱，并于 1950 年悍然发动侵朝战争，把战火烧到鸭绿江边，企图将人民共和国扼杀在摇篮里。新中国在十分困难的情况下，不畏强暴，毅然进行抗美援朝、保家卫国的正义战争，并取得了伟大的胜利，有力地捍卫了国家独立和人民安全。从此，中华民族像一个巨人巍然屹立在世界的东方，以一个爱好和平自由的民族自立于世界民族之林，赢得了国家的尊严，帝国主义再也不敢轻易作侵犯中国

① 《毛泽东选集》第三卷，人民出版社 1991 年版，第 1080 页。

的尝试。与此同时，新中国按照“另起炉灶”、“打扫干净屋子再请客”的原则，在不承认旧中国建立的外交关系和清除帝国主义在华势力的基础上，坚定不移地奉行独立自主的和平外交政策，积极倡导和模范遵行和平共处五项原则，发展与世界各国的平等互利、和平友好关系，成功地挫败了国际敌对势力的孤立、封锁、干涉和挑衅，赢得了国际社会的广泛尊敬。真正完全的国家独立的取得，为中国人民按照自己的意愿自主地选择社会政治制度和发展道路，为后来国家的对外开放和稳定健康的发展，进而为人权的不断改善创造了根本前提。

二、废除封建土地制度和其他压迫劳动人民的旧制度，改善劳动者待遇

旧中国的封建土地制度对农民的压迫极为深重。占农村人口不到 10% 的地主富农占有约 80% 的土地，而占人口 90% 以上的贫雇农和中农却只占有约 20% 的土地。这种极不合理的封建土地所有制是几千年封建专制制度赖以存在的社会基础，也是中国陷于贫困落后、遭受外国列强侵略欺辱的经济根源。解决中国的人权问题，解放中国的生产力，首先必须消灭封建土地制度，解放广大贫苦农民。为此，中华人民共和国一建立，便根据按人口分配土地的原则，在全国范围内开展了轰轰烈烈的土地改革运动，废除封建地主阶级的土地所有制，实行农民的土地所有制。到 1953 年春，全国除台湾、西藏、新疆和一部分少数民族地区外，土地改革基本完成，共有 3 亿多无地少地的农民无偿获得了 7 亿亩土地和大量生产资料，免除了过去每年向地主交纳的约 350 亿公斤粮食的苛重地租。这是中国历史上规模最大的一次土地改革运动。通过土改，新中国消除了封建地主对农民的剥削，广大农民第一次真正成了土地的主人，大大提高了生产积极性，从根本上改变了经济地位和生活状况。

在进行土地改革的同时，新中国着手改善工人的待遇，对国营工矿交通企业中的旧的生产和管理制度进行民主改革。在民主改革中，人民政府充分发动和依靠工人群众，彻底废除官僚资本企业遗留下来的封建把头制

等各种压迫和奴役工人的旧制度，清除隐藏在企业内部的反革命分子和封建残余势力，消除封建行帮、地域观念造成的隔阂，改善工人之间，工人同管理人员、技术人员之间的关系，建立工厂管理委员会和职工代表大会，吸收工人参加工厂管理，实现企业管理的民主化，使工人真正成为企业的主人，同时，调整旧的工资制度，推行劳动保险制度，提高职工福利，改善职工生活。

此外，人民政府还采取措施及时救济安置灾民和失业人口，收容乞丐、小偷、残疾人、孤儿和无业游民，组织他们学习劳动技能，使其成为自食其力、对社会有用的人。

三、废除压迫妇女的封建婚姻制度，实行妇女解放和男女平等

在旧中国，妇女处于社会的最底层，毫无男女平等可言。为解放妇女，废除封建婚姻制度对妇女的歧视和压迫，新中国于 1950 年颁布了《中华人民共和国婚姻法》。这是中华人民共和国颁布的第一部法律。婚姻法明确宣布：废除包办强迫、男尊女卑、漠视子女利益的封建主义婚姻制度，实行男女婚姻自由、一夫一妻、男女平等、保护妇女和子女合法利益的新的婚姻制度；禁止重婚、纳妾、童养媳，禁止买卖婚姻和干涉寡妇婚姻自由。这是中国社会几千年来婚姻家庭生活的深刻变革。婚姻法颁布后，全国开展了大规模的宣传和贯彻婚姻法的群众运动，使男女平等和婚姻自由的思想深入人心，大量封建婚姻得到解除，打骂、虐待妇女的现象迅速减少，自由恋爱、婚姻自主成为风尚。婚姻法的颁布、宣传和实施以及封建婚姻制度的革除，有力地提高了妇女的地位，促进了中国妇女的解放。

卖淫嫖娼是旧中国遗留下来的社会丑恶现象，也是危害人民身心健康的社会痼疾。中华人民共和国成立伊始即采取果断措施坚决予以禁止。1949 年 11 月北京市第二届人民代表会议率先作出禁娼决定，当即关闭所有妓院，将妓女集中起来进行学习和教育，帮助她们改造思想、医治性病、学习劳动技能，引导她们建立正常生活，成为自食其力的劳动者。继北京

之后，全国各大中小城市纷纷开展禁娼运动，在很短的时间内，就使这种在中国延续三千多年、严重摧残妇女身心健康和尊严的丑恶现象迅速绝迹。

四、反对民族压迫和歧视，实行民族区域自治制度

旧中国长期存在着严重的民族歧视和民族压迫，许多少数民族不被承认，境遇悲惨，有的只能躲进深山，过着与世隔绝的生活。中华人民共和国成立后，坚决废除了民族压迫和民族歧视制度，实现了少数民族的翻身解放。1949 年，新中国通过的起临时宪法作用的《中国人民政治协商会议共同纲领》明确宣布：各民族一律平等，实行团结互助友爱合作，禁止民族间的歧视、压迫和分裂行为；各少数民族均有发展其语言文字、保持或改革其风俗习惯及宗教信仰的自由。为了消除旧中国长期的民族压迫造成的隔阂，1950 年至 1952 年，中央人民政府先后派出四个访问团，到西南、西北、中南、东北、内蒙古等少数民族聚居地区进行慰问，各少数民族也组织了许多参观团到首都和祖国各地参观访问，增进了各民族间的联系和了解，融洽了各民族间的感情。1951 年，中央人民政府颁布《关于处理带有歧视或侮辱少数民族性质的称谓、地名、碑碣、匾联的指示》，明令废止对少数民族带有歧视性、侮辱性的称谓、地名等，有的称谓虽没有侮辱性的含义，也根据少数民族的意愿进行了更改。为落实民族平等政策，中国政府从 1953 年起组织了大规模的民族识别调查工作，从中国历史和现实情况出发，只要具有构成单一民族条件的，不论其社会发展水平高低、居住区域大小和人口多少，都认定为一个民族，保障其享有民族平等的权利。经过科学辨认，认定公布了 55 个少数民族，多数少数民族在历史上第一次成为民族大家庭中平等的一员。为彻底消除历史遗留下来的民族压迫和歧视的残余思想，从 20 世纪 50 年代起，中国共产党和中国政府还在思想文化领域对全国公民开展普遍的宣传教育运动，大力倡导民族平等团结，反对民族主义特别是大汉族主义，反对民族压迫和歧视，强调充分尊重和保护弱小民族，为实现民族平等和民族大团结创造了良好的社会舆论环境。

在旧中国，少数民族地区的经济文化和社会发展极为落后，有的处于

刀耕火种的原始氏族公社状态，有的处于极端野蛮的奴隶制或封建农奴制社会中，生活贫困，疾病流行，人口日减。中华人民共和国成立后，人民政府在充分尊重少数民族意愿和情感、保护少数民族的宗教信仰和风俗习惯的前提下，在少数民族地区积极稳妥地实行民主改革，帮助他们改革落后的生产方式和社会制度，发展经济文化事业，使各少数民族的社会发展跨越了几个历史阶段。旧西藏是一个比欧洲中世纪还要黑暗的政教合一的封建农奴制社会。占西藏人口不到 5% 的农奴主占有西藏全部耕地和生产资料，操纵着农奴和奴隶的生杀大权；而占人口 95% 的农奴和奴隶却不占有土地和生产资料，没有人身自由，遭受农奴主的任意打骂以及断手、剁脚、投水、剜目、割耳、抽筋等极为野蛮的刑罚。1959 年，西藏实行民主改革，废除封建农奴主的土地所有制和政教合一的政治制度，废除一切封建特权，解放百万农奴和奴隶，使西藏社会发生了翻天覆地的历史性变化。

为保障少数民族的特殊权益，中国在少数民族聚居地区实行民族区域自治制度。《中国人民政治协商会议共同纲领》明确规定，各少数民族聚居地区，按照民族聚居的人口多少和区域大小，分别建立各种民族自治机关，实行民族区域自治。到 1952 年 6 月，全国已建立各级民族自治地方 130 个，实行民族区域自治的少数民族人口达 450 万人。1952 年 8 月，新中国颁布《中华人民共和国民族区域自治实施纲要》，对民族区域自治制度作了详细的规定，从而进一步推动了民族区域自治制度的实行。此后，新疆、广西、宁夏、西藏等省级民族自治区相继于 1955 年 10 月、1958 年 3 月、1958 年 10 月和 1965 年 9 月宣告成立。民族区域自治制度是新中国基本政治制度的一个重要组成部分。它的成功实行，不仅有效保障了少数民族平等参与管理国家事务的权利，而且切实维护了少数民族管理本民族、本地区事务的高度自治权利。

五、建立人民民主的基本政治制度，保障人民当家做主的民主权利

1949 年，中国人民政治协商会议在北京召开，会议代行全国人民代表

大会的职权，通过了具有临时宪法性质的《中国人民政治协商会议共同纲领》，选举产生了中华人民共和国中央人民政府，宣告了人民民主共和国的诞生。该共同纲领明确规定，国家政权属于人民，人民行使国家政权的机关为由人民普选产生的各级人民代表大会和由各级人民代表大会选举的各级人民政府；人民依法享有选举权、被选举权以及思想、言论、出版、集会、结社、通讯、人身、居住、迁徙、宗教信仰及示威游行的自由权；废除国民党反动政府一切压迫人民的法律、法令和司法制度，制定保护人民的法律、法令,建立人民司法制度。根据《中国人民政治协商会议共同纲领》的规定，全国各地相继召开各级人民代表会议，建立起各级人民民主政权。人民政府一经建立，便立即实行人民的意志，进行了抗美援朝、镇压反革命、土地改革和民主改革等重大斗争，扫除各种邪恶势力和一切封建的旧制度、旧习俗；同时采取果断措施，稳定物价，恢复国民经济，实行民主建政，在党内和国家干部中进行反对贪污、浪费和官僚主义斗争，普遍进行勤政廉政、为人民服务和做人民公仆的教育，开创了一代民主新风。

1953 年 2 月，新中国颁布《中华人民共和国全国人民代表大会和地方各级人民代表大会选举法》，明确规定："凡年满 18 周岁之中华人民共和国公民，不分民族和种族、性别、职业、社会出身、宗教信仰、教育程度、财产状况和居住期限，均有选举权和被选举权。"同年 12 月开始在全国范围内进行普选，先由选民直接选出乡、镇、市辖区和不设区的市的人民代表，然后乡、县、省（市）逐级召开人民代表大会，选举产生各级人民政权组织，并经由各省、自治区、直辖市人民代表大会等方面的选举，产生出席全国人民代表大会的代表。全国共有 2.78 亿人参加选举，参选率为 85.88%（其中妇女的参选率高达 90% 以上），共选出基层代表 566.9 万人（其中女代表占 17.31%），选出全国人大代表 1226 人，具有广泛的代表性。这是中国历史上第一次规模空前的普选运动，极大地激发了全国人民参与管理国家事务的热情，实现了人民当家做主的民主权利，把中国的民主政治生活大大推进了一步。

1954 年 9 月，第一届全国人民代表大会第一次会议在北京召开，通过了《中华人民共和国宪法》以及全国人大、国务院、法院、检察院等国家机构的组织法，选举了国家领导人，听取和审议了中央人民政府的工作报告。宪法的产生充分体现了人民民主的国家性质。宪法草案初稿先在全国政协、各大行政区和省市领导机关、各民主党派、人民团体的 8000 多人中进行了 81 天广泛讨论，共得到修改意见 5900 多条；经研究修改后向全国公布并交付全国人民进行广泛的讨论，在两个多月内，全国共有 1.5 亿人参加讨论，提出 116 万多条修改补充意见和问题，经吸收修改后才提交全国人民代表大会审议通过。在如此广泛的全民讨论的基础上制定国家宪法，这不仅在中国历史上是破天荒第一次，而且在世界历史上也属罕见。宪法规定了国家的性质和国家机构的职能，指出：国家的一切权力属于人民，人民行使权力的机关是全国人民代表大会和地方各级人民代表大会，全国人大是国家的最高权力机关，行使立法权和执法监督权，选举并可以罢免国家领导人，可以向国务院及各部委提出质询等。宪法还以国家根本大法的形式规定了公民在政治、经济、社会、文化、人身等各个方面享有的权利以及应履行的相应的义务。

第一届全国人民代表大会的召开和《中华人民共和国宪法》的通过，结束了由中国人民政治协商会议代行全国人民代表大会职权、由共同纲领代替国家宪法的过渡状态，标志着人民民主的基本政治制度的建立和健全，把中国的民主与法制建设推向了一个新的阶段。1954 年 12 月，中国人民政治协商会议举行第二届全国委员会第一次会议，讨论制定了新的《中国人民政治协商会议章程》，确定了人民代表大会制度实行后政协的性质和任务。从此，人民政协作为团结全国各民族、各民主阶级、各民主党派、各人民团体、国外华侨和其他民主人士的人民民主统一战线组织，作为中国共产党领导的多党合作和政治协商制度的体现以及人民民主的政治制度的一个重要组成部分，发挥参政议政和政治协商的作用。人民民主的基本政治制度的建立和健全，为中国人民实现当家做主的权利提供了根本的政治保障。

六、建立社会主义制度，促进社会经济发展和人权保障水平的不断提高

中华人民共和国成立后，人民政府进行土地改革和其他各项民主改革，并采取有力措施稳定物价，促进经济发展，仅用了三年时间，就使国民经济恢复到历史的最高水平。1952 年，全国社会总产值按可比价格计算比 1949 年提高 1.9 倍；工农业总产值达到 810 亿元，增长 77.5%；国民收入提高 1.7 倍；全国职工由 1949 年的 800 万人增加到 1600 万人；职工平均工资比 1949 年提高 70%，农民收入增长 30% 以上。但是，分散的个体经济特别是土改后农村的个体农业经济的长期存在，不利于国民经济的发展，难以避免两极分化，与国家的工业化进程和人民对于共同富裕的要求不相适应。正如毛泽东指出的："中国的情况是：由于人口众多、已耕的土地不足……时有灾荒……经营方法落后，以致广大农民的生活，虽然在土地改革以后，比较以前有所改善，或者大为改善，但是他们中间的许多人仍然有困难……全国大多数农民，为了摆脱贫困，改善生活，为了抵御灾荒，只有联合起来，向社会主义大道前进，才能达到目的。"[①] 为此，中国共产党和中国政府不失时机地对农业、手工业和资本主义工商业进行社会主义改造，建立了社会主义的基本经济制度。社会主义改造的完成，使中国人民成了生产资料的主人和社会财富的享有者，极大地激发了人民群众建设新国家和新生活的积极性，推动了工业化高潮的兴起，使社会经济以中国历史上空前的速度发展。据统计，1957 年，全国工业总产值为 783.9 亿元，比 1952 年增长 128.3%，年平均增长 18%；农业总产值为 604 亿元，比 1952 年增长 25%。人民生活水平也有了相应的提高。1957 年，全国居民平均消费水平比 1952 年提高三分之一强，其中职工平均消费水平提高 38.5%，农民提高 27.4%。社会主义制度的建立，为全国人民在平等参与经济发展和分享劳动成果的基础上不断改善人权状况，提供了基本的社会制度保证。

---

① 《毛泽东文集》第六卷，人民出版社 1999 年版，第 429 页。

第二节　中国人权发展道路的曲折探索和经验教训

中国这样一个人口众多、人均财富少、经济文化比较落后的东方大国，进入社会主义社会之后，如何摆脱贫困落后，实现现代化，促进和发展人民的人权，建设和巩固社会主义，这是一个没有先例可循的重大而复杂的课题。对此，中国共产党、中国政府和中国人民在从 1957 年起的长达二十年的时间中进行了艰难曲折的探索，取得了重大成果，也走了不少弯路，出现过严重的失误，包括像“文化大革命”那样全局性的错误，付出了沉重的代价。

在这二十年中，中国的现代化建设和人权建设既取得了重大的进展，也遭受了空前的挫折。总的来说，这二十年是中国对人权发展道路进行曲折探索的时期，是中国人权在曲折探索中缓慢发展的二十年。前十年（1957 年至 1966 年），中国进行了全面的社会主义现代化建设，取得了重大的成就，为国家的发展和人权的进步奠定了重要的物质基础。1965 年，全国工农业总产值比 1957 年增长 59.9%；人均国民收入比 1957 年提高 54 元；全国各级各类学校在校生 13138.4 万人，比 1957 年增长 83%。后十年（1966 年至 1976 年），发生了“文化大革命”那样的全局性错误，国民经济和民主法制遭到了严重的破坏，许多人的人权遭到了摧残。但是，国家的基本政治制度毕竟没有被改变，经济毕竟没有崩溃，人民生活还是有所改善。1966 年至 1976 年，社会总产值年均增长率为 6.8%（比 1952 年至 1966 年的 8.2% 低 1.4 个百分点），国民收入年增长率为 4.9%（比 1952 年至 1966 年的 6.2% 低 1.3 个百分点）。

从人权的角度看，这二十年的主要失误和教训有以下几个方面。

一、对生存权、发展权的重要性认识不足

第一个教训就是对于在中国这样一个落后国家解决人民的生存权、发展权的重要性和艰巨性认识不足。吃饱、穿暖是长期缺衣少食的中国人民的最迫切的愿望，也是新中国面临的一个最重大的难题。美国政府在中华人民共和国成立之初发表的白皮书中曾断言，中国没有一个政府能够解决人民的吃饭问题。旧中国留下来的是一个一穷二白、千疮百孔的烂摊子，加上人口多、人均资源短缺，要解决人民的温饱，实现人民的生存权和发展权，特别困难，也显得特别的重要。但是，在相当长的一段时间内，国家领导层对此缺乏足够的认识。领导者曾一度脱离中国的实际，违背客观经济规律和社会发展规律，轻率地发动“大跃进”和人民公社化运动，按照对社会主义的“左”的理解，试图单凭主观愿望和热情，单凭社会主义制度的优越性，通过搞群众运动和急促地变动生产关系，实现经济的飞跃，一下子改变中国的贫穷落后面貌，赶超发达国家水平，解决人民的生存和发展问题。其结果是适得其反，造成了经济秩序的破坏和某些年份人民生活水平的大幅度下降，留下了深刻的教训。

二、没有牢牢抓住发展经济这个促进和发展人权的关键

发展经济是社会主义制度建立以后中国面临的最主要的问题，也是巩固和发展社会主义、促进和发展人权的关键。但是，在相当长的一段时间内，国家领导层对进入社会主义之后社会的主要矛盾的认识发生严重的偏差，错误地提出“以阶级斗争为纲”和“政治挂帅、思想领先”的方针，发动了长达十年的“文化大革命”，企图通过持续不断的思想政治运动来巩固和发展社会主义，通过抓革命来促生产。其结果是造成了十年内乱，使国民经济到了崩溃的边缘，人民的物质文化水平长期得不到明显的提高，许多人的温饱问题未能解决，整个人权建设遭受了严重挫折。

三、没有认识到民主制度和法制建设的重要性、长期性和复杂性

在中国这样一个有着几千年封建历史、经济文化落后、发展不平衡的大

国，建设民主政治势必是一个长期的、复杂的历史过程，不可能一蹴而就，而必须循序渐进，通过建立和完善制度和法律来保障民主政治的不断发展。但是，当时中国的领导者并没有认识到这一点。由于没有能够建立一套完整的制度和法律来规范民主，所以，在十年“文化大革命”中，一方面，个人专断现象逐步滋长，宪法与法制被摒弃，党和国家的民主生活遭到严重破坏；另一方面，民主脱离了法制的轨道，甚至公然抛开法律，直接诉诸群众运动，搞所谓“大鸣、大放、大辩论、大字报”等“大民主”。其结果是打乱了正常的社会秩序和生产、生活秩序，社会陷入无政府状态之中，酿成了巨大的社会灾难，民主法制建设一度发生严重倒退，许多人的人权遭到了摧残。1975 年通过的《中华人民共和国宪法》，甚至删掉了人民民主的大量内容，把“公民的基本权利和义务”一章由 19 条减成 4 条，缩小了公民基本权利的范围，且一反常规，先规定义务，后规定权利。

第三节　改革开放开创了人权发展的新局面

1978 年 12 月召开的中国共产党十一届三中全会，认真总结了中华人民共和国成立以来特别是社会主义改造完成以来正反两方面的历史经验，果断抛弃了“以阶级斗争为纲”的错误方针，决定将党和国家的工作重点转移到社会主义现代化建设上来，从而开创了中国特色社会主义的新局面，也开创了中国人权发展的新局面。以邓小平同志为核心的党的第二代中央领导集体强调，必须从中国实际出发，重新思考什么是社会主义、如何建设和巩固社会主义，从而找到了一条以改革开放和发展生产力为主要特征的中国特色社会主义发展道路，也就找到了一条真正符合中国国情的促进和发展人权的道路，实现了中国共产党对人权问题认识的历史性进步，推动国家人权事业取得了历史性发展。

一、党和国家对人权问题的认识实现了历史性进步

中华人民共和国成立后，中国共产党和中国政府对人权的政治定位，经

历了一个从讳言人权到党和政府在文件中予以确认，再到写入国家宪法、制定国家人权行动计划的发展过程。这一过程反映了执政党和政府对人权问题认识的不断深化和巨大进步。

——从忌谈人权到发表政府白皮书高举人权旗帜。在中华人民共和国成立以后的相当长时期内，我们不仅在宪法和法律上不使用“人权”概念，而且在思想理论上将人权问题视为禁区。特别是“文化大革命”时期，受极“左”思潮的影响，“人权”被当成资产阶级的东西加以批判，在实践中也导致了对人权的漠视和侵犯。直到改革开放初期，一些重要报刊还以“人权是哪家的口号？”、“人权是资产阶级的口号”、“人权不是无产阶级的口号”、“人权口号是虚伪的”等为题，发表过一大批文章，把人权看作资产阶级的“专利”，强调“无产阶级历来对人权口号持批判的态度”。

改革开放以后，中国共产党对中国国情和社会主义进行了再认识，提出了中国特色社会主义理论，为正确认识人权问题提供了理论依据。1985 年 6 月 6 日，针对国外敌对势力对中国的攻击，邓小平指出：“什么是人权？首先一条，是多少人的人权？是少数人的人权，还是多数人的人权，全国人民的人权？西方世界的所谓‘人权’和我们讲的人权，本质上是两回事，观点不同。”① 在这里，邓小平从与西方人权观区别的角度间接地提出了社会主义中国可以讲人权以及讲什么人权的问题。

20 世纪 80 年代末 90 年代初，苏联东欧发生剧变，西方敌对势力加紧利用“人权”问题发动反华攻势。为打退西方敌对势力的人权攻势，以江泽民同志为核心的党的第三代中央领导集体总结当代中国和世界人权发展的实践，对人权问题进行再认识，首先从对外斗争的角度提出并明确回答了社会主义中国要不要举人权旗帜的问题。1989 年至 1990 年，江泽民明确提出，要从思想上解决“如何用马克思主义观点来看待‘民主、自由、人权’问题”，“要说明我们的民主是最广泛的人民民主，说明社会主义中国最尊重人权”。据此，1990 年，党中央明确提出：“要理直气壮地宣传中国关于人权、民主、

① 《邓小平文选》第三卷，人民出版社 1994 年版，第 125 页。

自由的观点和维护人权、实行民主的真实情况，把人权、民主、自由的旗帜掌握在我们手中。”

1991 年 11 月 1 日，国务院新闻办公室发表《中国的人权状况》白皮书，这是中国政府向世界公布的第一份以人权为主题的官方文件。这份白皮书的重大历史意义在于：一是突破了“左”的传统观念和禁区，将人权称为“伟大的名词”，强调实现充分人权“是长期以来人类追求的理想”，是“中国社会主义所要求的崇高目标”，“是中国人民和政府的一项长期的历史任务”，首次以政府文件的形式正面肯定了人权概念在中国社会主义政治发展中的地位，在全世界面前理直气壮地举起了人权旗帜。二是将人权的普遍性原则与中国的历史与现实相结合，以“生存权是中国人民的首要人权”等基本观点为线索，鲜明地树立起中国的人权观，系统地阐述了中国人权的真实情况，有针对性地驳斥了国际敌对势力的歪曲和攻击，回答了国外普遍关心的问题，在国内外产生了重大影响。此后，人权成为中国对外宣传的一个重要主题，每年国务院总理所作的政府工作报告在阐述对外政策时，都会阐明中国在人权问题上的基本立场。

——从政府对外宣示的主题到进入党的核心文件。白皮书虽然是一个对外说明中国政策和情况的文件，但它作为首份肯定人权的政府文件对国内也起到了巨大的思想解放作用。它首次从人权的角度对中国革命、建设和改革的实践作了总结，用事实说明了中国共产党领导的革命、建设和改革都是为了实现人民的人权，建设中国特色社会主义就是为了从根本上解决人权问题。这就不仅打破了思想禁锢，使人权理论研究事业得到繁荣和发展，而且积极地影响了国家人权政策的制定和国民人权意识的提高，使中国的人权建设由自发走向自觉。此后，中国共产党和中国政府更加自觉地将促进和保护人权纳入中国特色社会主义的各项建设事业之中。

1997 年 9 月，中国共产党第十五次全国代表大会召开，首次将“人权”概念写入党的全国代表大会的主题报告。江泽民在党的十五大主题报告第六部分“政治体制改革和民主法制建设”中，明确指出：“共产党执政就是领导和支持人民掌握管理国家的权力，实行民主选举、民主决策、民主管理和民主监督，保证人民依法享有广泛的权利和自由，尊重和保障人权。”在这里，“人权”概念首次被写入党的全国代表大会的正式文件中，尊重和保障人权被明确作为共产党执政的基本目标纳入党的行动纲领之中，同时作为政治体制改革和民主法制建设的一个重要主题纳入中国改革开放和现代化建设的跨世纪发展战略之中。

2002 年 11 月，中共十六大再次在主题报告中将“尊重和保障人权”确立为新世纪新阶段党和国家发展的重要目标，重申在“政治建设和政治体制改革”中，要“健全民主制度，丰富民主形式，扩大公民有序的政治参与，保证人民依法实行民主选举、民主决策、民主管理和民主监督，享有广泛的权利和自由，尊重和保障人权”。

——从党的政策性宣示到写入国家宪法和经济社会发展规划。中国共产党第十六次全国代表大会以后，以胡锦涛同志为总书记的党中央提出以人为本的科学发展观和构建社会主义和谐社会的重大战略思想，进一步将尊重和保障人权确立为党治国理政的重要原则，极大地推进了党对人权问题的认识和国家人权事业的发展。

2003 年 10 月，党的十六届三中全会提出坚持以人为本的科学发展观，强调科学发展观的本质和核心是以人为本，而以人为本“就是要尊重和保障人权，包括公民的政治、经济、文化权利”。会议同时审议通过了向第十届全国人大常委会提出的《中共中央关于修改宪法部分内容的建议》，提议将“国家尊重和保障人权”写入宪法。2004 年 9 月，党的十六届四中全会通过《中共中央关于加强党的执政能力建设的决定》，强调党必须坚持科学执政、民主执政、依法执政，并把“尊重和保障人权，保证人民依法享有广泛的权利和自由”作为加强党的执政能力建设的一项重要内容。2006 年 10 月，党的十六届六中全会通过《中共中央关于构建社会主义和谐社会若干重大问题的决定》，进一步将尊重和保障人权提高到构建和谐社会制度建设的高度。该决定将“人民的权益得到切实尊重和保障”列为构建和谐社会的第一项目标和任务，将“坚持以人为本”作为构建和谐社会必须遵循的第一项原则，强调构建社会主义和谐社会要“以解决人民群众最关心、最直接、最现实的利益问题为重点”，将“完善人民民主权利保障制度”、“加强人权司法保护”、“尊重和保障人权，依法保证公民权利和自由”作为加强制度建设、保障公平正义的首要内容。在这份文件中，尊重和保障人权贯穿于构建社会主义和谐社会的目标任务、基本原则和总体要求之中，成为构建社会主义和谐社会的重要基石。

在中共中央的推动下，2004 年 3 月 14 日，第十届全国人民代表大会第二次会议通过宪法修正案，首次将“人权”概念引入宪法，明确在宪法中规定“国家尊重和保障人权”。宪法是国家的根本大法，是党和政府治国安邦的总章程，是全社会的最高行为准则。“人权”入宪使“人权”由一个政治概念提升为法律概念，使尊重和保障人权的主体由党和政府提升为“国家”，从而使尊重和保障人权由党和政府的意志上升为人民和国家的意志，由党和政府执政行政的政治理念和价值上升为国家建设和发展的政治理念和价值，由党和政府文件的政策性规定上升为国家根本大法的一项原则，体现了党的主张、国家的意志和人民的愿望的一致，体现了社会主义制度的本质要求。

“人权”入宪进一步确立了人权在中国法律体系和国家建设中的突出地位，凸显了宪法作为人民权利宣言书、保障书的本质属性，对于完善人民民主宪政具有重大意义。一是将“人权”概念引入宪法，用“国家尊重和保障人权”的原则来概括、提升和统摄宪法关于“公民基本权利”的规定，确立了人权原则，并使人权、民主、法治三项原则名副其实地结合起来，从而完善了人民民主政治的基本原则和实质内涵。二是将“国家尊重和保障人权”作为宪法关于公民权利原则性规定的条款之一，既赋予人权概念以确定的内涵，又从原则上提升了公民权利概念的实质含义和价值，实现了两者的统一。三是人权作为一项原则写入宪法，不仅使宪法第三十三条关于公民权利的原则规定更加完整，对第二章关于“公民的基本权利和义务”的规定起到画龙点睛的作用，而且对整部宪法有关人权的内容起到统帅作用，对宪法的基本精神和未来发展势将产生导向性影响。

2006 年 3 月，第十届全国人民代表大会第四次会议审议批准《中华人民共和国国民经济和社会发展第十一个五年规划纲要》。该规划纲要在阐明未来五年中国经济社会发展宏伟蓝图和行动纲领时，明确提出要“尊重和保障人权，促进人权事业的全面发展”。这是中国首次在国民经济和社会发展规划中写入有关人权的内容，也是首次将人权事业的发展作为现代化建设事业的重要组成部分纳入国家发展规划。

——从确立为党和政府治国理政的原则到将“人权得到切实尊重和保障”确立为全面建设小康社会的奋斗目标之一。2007年10月，党的十七大首次将“尊重和保障人权”写入中国共产党章程。同时，胡锦涛在十七大报告中根据全面建设小康社会的新的实际，从促进科学发展、推动社会和谐的需要出发，明确提出要“尊重和保障人权，依法保证全体社会成员平等参与、平等发展的权利”，强调要“以保证人民当家做主为根本”，“从各个层次、各个领域扩大公民有序政治参与”，“依法实行民主选举、民主决策、民主管理、民主监督，保障人民的知情权、参与权、表达权、监督权”，“做到发展为了人民、发展依靠人民、发展成果由人民共享”，“努力使全体人民学有所教、劳有所得、病有所医、老有所养、住有所居”。这就为新时期新阶段中国人权事业的全面发展确定了明确的指导方针。

胡锦涛在十七大报告中关于人权的论述，大大深化了对人权主体、内容、原则和实现途径的认识，对于促进人权事业的全面发展，具有重要的指导意义。一是在人权领域彻底贯彻以人为本的原则，首次将人权的主体表述为“全体社会成员”，进一步彰显了中国人权保障的广泛性特点，进一步深化了执政党对人权主体的认识。二是强调尊重和保障人权的核心内容是保证全体社会成员“参与”和“发展”的权利，突出了全体人民在社会政治生活中的主体地位，体现了中国人民当家做主的本质特点。三是强调了“平等”原则在尊重和保障人权中的特殊地位，体现了宪法关于公民权利的原则规定和推动科学发展、促进社会和谐的现实要求。四是强调了法治对于尊重和保障人权的重要性，指明了法治是实现尊重和保障人权的根本途径。

2008年12月10日，《世界人权宣言》发表60周年之际，胡锦涛致信中国人权研究会，进一步系统阐明了中国在人权问题上的基本观点。一是首次将尊重和保障人权明确表述为党和政府“治国理政的重要原则”，进一步提升了人权在党和国家政治生活中的地位。二是明确将尊重和保障人权与以人为本的科学发展观有机地联系起来，强调“在全面建设小康社会、加快推进社会主义现代化的进程中，我们要一如既往地坚持以人为本，既尊重人权普遍性原则，又从基本国情出发，切实把保障人民的生存权、发展权放在保障人权的首要位置，在推动经济社会又好又快发展的基础上，依法保证全体社会成员平等参与、平等发展的权利”，从而深刻揭示了中国特色社会主义人权发展道路的实质内涵和鲜明特色，回答了在中国这样一个发展中大国如何促进和发展人权的问题，为中国在推动科学发展、促进社会和谐的伟大实践中，全面推进人权事业的发展提出了明确的目标和任务。三是将推动国际人权事业发展首次提到建设和谐世界的高度，强调“中国人民将一如既往地加强国际人权合作，同世界各国人民一道，共同为推动世界人权事业健康发展，为建设持久和平、共同繁荣的和谐世界作出应有的贡献”，从而提出了中国在新形势下以更加积极的姿态参与国际人权事业发展的明确要求。

2009 年 4 月，中国政府制定、颁布了第一个以人权为主题的国家规划《国家人权行动计划（2009—2010 年）》。这是落实以人为本的科学发展观和“国家尊重和保障人权”宪法原则、全面推进中国人权事业发展的一份纲领性文件。该行动计划以党的十七大报告关于扩大民主、加强法制、改善民生、保障人权的思想为指导，全面系统地规划了 2009—2010 年中国人权事业发展的具体目标和措施。该行动计划由国务院新闻办公室发表后，引起国内外舆论的高度关注和广泛好评。各国媒体做了大量报道和评论，称该行动计划是“中国政府把人权作为人类社会核心价值的举动”，是“以国家承诺的形式系统地重申人权理想的行动”，并称“以国家名义宣示对人权的尊重和保护，值得肯定和鼓励”，“是政治、社会进步的一个重要标志”，“显示出中国当局对保护人权以及维护国际人权标准的重视”。

制定“国家人权行动计划”是联合国大会 1993 年通过的《维也纳宣

言和行动纲领》的要求。中国是世界大国中第一个制定国家人权行动计划的国家。制定国家人权行动计划是中国人权发展史上的一个标志性的重要事件，表明了中国共产党和中国政府促进和保障人权的坚强决心和坚定意志，标志着人权事业已成为国家建设、社会发展和对外合作的一个十分重要的主题，开始走上有计划全面推进的新阶段。2011 年，国务院新闻办公室发表了《国家人权行动计划（2009—2010 年）评估报告》；2012 年，国家制定了《国家人权行动计划（2012—2015 年）》；2016 年，国家又制定了《国家人权行动计划（2016—2020 年）》。

可以说，从破除人权禁区到将人权确立为党和政府治国理政的重要原则，这是党的十一届三中全会以来中国共产党和中国政府从中国实际出发，总结新中国成立以来的历史经验和国际共产主义运动的教训，在改革开放中不断解放思想，与时俱进，对人权问题的认识取得的巨大的历史性进步。它深化了中国共产党对共产党执政规律、社会主义建设规律和人类社会发展规律的认识，是中国共产党在政治理念上体现时代性、把握规律性、富于创造性的一个重要表现，是对社会主义建设理论和实践的一大创新，是对马克思主义的丰富和发展。

二、坚持以经济建设为中心，将人民的生存权、发展权摆在首位

中国是一个脱胎于半殖民地半封建社会、经济社会不发达的大国。社会主义制度建立之后，中国面临的首要任务是发展经济，实现现代化，实现人民的生存权、发展权，不断满足人民群众日益增长的物质文化需要。正如邓小平所指出的：“中国的主要目标是发展，是摆脱落后，使国家的力量增强起来，人民的生活逐步得到改善。”[①] 发展是硬道理。中国解决一切问题的关键要靠发展，解决人权问题的关键也要靠发展。社会主义制度的本质、社会主义制度优越性的体现、社会主义的巩固和发展、人权的实现和发展，归根结底都有赖于经济的发展和人民生活的不断改善。因为社

① 《邓小平文选》第三卷，人民出版社 1993 年版，第 244 页。

会主义的原则第一是发展生产，第二是共同富裕。只有坚持以经济建设为中心，使社会发展了、国家富强了，才能为实现人民的生存权、发展权和其他人权创造必需的物质条件。只有走共同富裕的道路，使全国人民共同分享发展的成果，才能普遍提高人民的物质文化生活水平，切实解决人民的生存权、发展权和其他人权问题。正如邓小平所说的："如果走资本主义道路，可以使中国百分之几的人富裕起来，但是绝对解决不了百分之九十几的人生活富裕的问题。"[①] 胡锦涛在中国共产党十七大报告中也指出，"科学发展观，第一要义是发展，核心是以人为本"，为此，"必须坚持把发展作为党执政兴国的第一要务……努力实现以人为本、全面协调可持续的科学发展"，"做到发展为了人民、发展依靠人民、发展成果由人民共享"。由于历史条件和发展水平的限制，中国人权赖以实现的物质基础尚不雄厚。贫穷和发展不充分始终是妨碍中国人权实现的最大障碍。只有社会发展了，国家才能实现长治久安，人民才能受益，中国的人权事业才能得到稳定健康的发展。正如江泽民所指出的："随着中国经济、文化的发展和人民受教育程度的提高，中国人民的生活将越来越好，享受的权利将越来越多。"[②]

党的十一届三中全会以后，中国共产党和中国政府始终坚持以经济建设为中心，坚持将解决人民的生存权、发展权问题放在首位，提出"一要吃饭、二要建设"的方针，并确立了"三步走"的发展目标，即第一步从 1981 年起用 10 年的时间基本解决温饱问题，第二步到 2000 年达到小康水平，第三步到 21 世纪中叶达到中等发达国家水平，实现共同富裕。邓小平指出，使占世界人口四分之一的中国彻底摆脱贫困落后，使人民丰衣足食、生活比较富裕，是对人类的一个巨大贡献。为此，他强调，要把这个雄心壮志牢固地树立起来，扭住不放，顽固一点，毫不动摇。正是因为坚持了这一条，改革开放 40 年来，中国经济、社会发展突飞猛进，13 亿中国人的生活水平得到了大幅提高，实现了从贫困到温饱和从温饱到小康的两次历史性跨

① 《邓小平文选》第三卷，人民出版社 1993 年版，第 64 页。

② 《江泽民同日本朝日新闻社社长江利忠的谈话》，《光明日报》，1993 年 8 月 9 日。

越，人民的生存和发展状况得到了极大的改善。

三、加强民主法制建设，确保人权事业在民主与法制的轨道上有序推进

人权的实现与民主法制建设密不可分。民主和法制建设是人民享有充分人权的基本制度和法律保证。保障人权是民主和法制建设的主要目标和基本内容。为了保障人民享有充分的人权，就必须发展民主，健全法制，实行依法治国，建设法治国家。邓小平说："没有民主，就没有社会主义，就没有社会主义的现代化。"胡锦涛说："人民民主是社会主义的生命。"社会主义民主的核心是保障人民享有当家做主的权利。中国宪法明确规定，国家的一切权力属于人民，人民依法享有通过各种形式行使管理国家事务和经济、社会、文化事务的权利。发展社会主义民主的根本目的就是要保障全体人民享有充分的人权。民主政治建设就是要使国家的政治生活、经济管理和整个社会生活民主化，保护并不断扩大人民自由平等地参与政治、经济、社会、文化各个方面的管理和发展的权利，尊重和保障人权。为此，就必须健全法制，使民主制度化、法制化，把个人与他人、集体、国家、社会之间的权利义务关系以法律的形式固定下来，把民主的各个方面和社会生活的各个环节都纳入法制的轨道，使国家的治理、社会的发展和人权的保护都做到有法可依、有法必依、执法必严、违法必究。一句话，就是必须坚持法治原则，实行依法治国，建设法治国家。只有实行依法治国，才能从制度上保证党和政府依法执政、依法行政，保证执法、司法部门严格依法执法、公正司法，保证公民依法行使权利、履行义务，才能从制度上保证社会的持续发展、国家的长治久安和人权的不断改善。

党的十一届三中全会以后，中国共产党总结中华人民共和国成立以来的经验教训特别是"文化大革命"的教训，高度重视民主法制建设和依法保障公民基本权利。在建设和发展民主、促进和保障人权方面，党的领导层特别强调两点：第一，必须从中国实际出发，循序渐进，坚持中国特色社会主义政治发展道路。邓小平指出："西方民主那一套我们不能照搬，中国的事情

要根据自己的实际情况办。”[①]“我们一定要切合实际，要根据自己的特点来决定自己的制度和管理方式。”“要循序渐进…… 即使搞普选，也要有一个逐步的过渡，要一步一步来。”[②]“实现民主和法制，同实现四个现代化一样，不能用大跃进的做法，不能用‘大鸣大放’的做法。就是说，一定要有步骤、有领导。否则，只能助长动乱，只能妨碍四个现代化，也只能妨碍民主和法制。”[③]如果照搬西方的民主模式，就一定会出现动乱局面，损害大多数人的人权。胡锦涛在十七大报告中也指出：“政治体制改革作为我国全面改革的重要组成部分，必须随着经济社会发展而不断深化，与人民政治参与积极性不断提高相适应。”

第二，必须按照制度化法制化的轨道进行，坚持依法治国的基本方略。邓小平指出，社会主义民主是与法制联系在一起的，是民主化与法制化的统一。为了保障人民的民主和人权，就必须使民主制度化、法制化，做到社会生活各个方面和民主制度的各个环节都有法可依、有章可循，做到使这种制度和法律不因领导人的改变而改变，不因领导人的看法和注意力的改变而改变。江泽民在党的十五大报告中强调：“发展民主必须同健全法制紧密结合，实行依法治国”，必须实行“依法治国，建设社会主义法治国家”。胡锦涛在十七大报告中进一步指出：“依法治国是社会主义民主政治的基本要求”，必须“坚持依法治国基本方略，树立社会主义法治理念，实现国家各项工作法治化，保障公民合法权益”，“推进社会主义民主政治制度化、规范化、程序化”。正是在总结历史经验的基础上，1982年12月4日修改通过的《中华人民共和国宪法》，突出了民主与法治两大宪政原则。一是关于公民基本权利的规定比以往宪法内容更加广泛、切实、明确，且规定了国家为保证公民权利的实现和逐步扩大应采取的政策措施。二是将“发展社会主义民主，健全社会主义法制”确定为国家的根本任务之一，突出地

① 《邓小平文选》第三卷，人民出版社1993年版，第249页。
② 《邓小平关于建设有中国特色社会主义的论述专题摘编》，中央文献出版社1992年版，第124页。
③ 《邓小平文选》第二卷，人民出版社1994年版，第257页。

强调了宪法的权威和法治的重要性，明确规定：全国各族人民、一切国家机关和武装力量、各政党和社会团体、各个事业组织，都必须以宪法为根本的活动准则，并且负有维护宪法尊严，保证宪法实施的职责；任何组织或者个人都不得有超越宪法和法律的特权。1999 年 3 月，第九届全国人民代表大会第二次会议进一步将“依法治国，建设社会主义法治国家”写入宪法，从而将法治原则以国家根本大法的形式确立下来。

改革开放以来，中国坚持党的领导、人民当家做主和依法治国的有机统一，注重从制度上保证党和国家的政治、经济和社会生活的民主化，坚持和完善人民代表大会制度、中国共产党领导的多党合作和政治协商制度、民族区域自治制度以及基层群众自治制度，稳步推进社会主义民主政治建设，建立和健全了社会生活各方面的民主制度，形成了一整套比较完备的保障人民民主权利的政治制度。同时，十分重视建立和健全社会主义法制，制定了一系列法律、法令和条例，形成了一整套以宪法为基础的比较有效的人权法律保障体系，从而使中国的人权建设在制度化、法制化的轨道上取得了长足的进展。

四、正确处理改革、发展、稳定的关系，确保人权事业健康发展

人权的发展从来不是无条件的，而是有条件的。在中国这样一个人口众多、经济基础薄弱、社会发育不够完善的大国，要确保人权的健康发展，很重要的就是要正确处理好改革、发展、稳定三者之间的关系。发展是解决中国一切问题的关键，也是解决人权问题的关键。没有经济的发展、现代化的实现和人民生活水平的不断提高，社会的稳定就难以维持，人权的改善也就无从谈起。改革是社会经济发展的动力，也是中国人权发展的必由之路。社会主义基本制度建立以后，要使中国摆脱贫穷落后，实现现代化，促进人权的发展，还必须通过不断的改革，建立起一整套适应生产力发展水平和人民对物质文化生活要求的经济体制、政治体制和文化教育体制。不改革，中国的现代化就没有出路，中国的社会稳定和人权的改善也就难以为继。而改革和发展都需要有一个稳定的社会政治条件。稳定是中国实现现代化的前提，

也是中国人民实现人权的前提。没有稳定的社会政治条件，什么改革、发展全都搞不成，人权的改善也就成为一句空话。因此，邓小平反复强调："中国的问题，压倒一切的是需要稳定。没有稳定的环境，什么都搞不成，已经取得的成果也会失掉。""我们搞四化，搞改革开放，关键是稳定。""只有稳定，才能有发展。"如果中国动乱势必是打内战，"一打内战就是血流成河，还谈何人权？"[①] 江泽民也指出："在一个国家里，实现民主、自由和人权的根本途径是社会的进步、稳定和经济发展。""没有社会的稳定，就不可能有经济的发展；没有经济的发展就没有社会的进步；没有全社会的进步就不可能实现人类真正掌握自己的命运，民主、自由、人权都将成为一句空话。"[②] 中国共产党十一届三中全会以来，由于中国共产党和中国政府妥善地处理了改革、发展、稳定三者之间的关系，找到了一条有中国特色的人权发展道路，才使得中国出现和保持了政治稳定、经济发展、社会进步、民族团结、人民安居乐业、人权状况不断改善的良好态势。实践证明，中国特色社会主义发展道路是一条促进中国人权发展的行之有效的必由之路。只要我们沿着这条道路继续前进，中国的人权事业就将不断地得到发展。

总之，改革开放以来，中国共产党、中国政府和中国人民在建设富强、民主、文明、和谐的国家的伟大实践中不断开拓中国特色社会主义新境界，中国人权事业实现了历史性的发展。

五、参与全球人权治理

改革开放以来，中国人权事业发展向世界打开大门，加入并履行联合国人权公约，参与全球人权治理。

截至 2012 年底，中国政府已加入包括《经济、社会及文化权利国际公约》在内的 27 项国际人权公约[③]，并提交了 21 个履约报告。中国在 1984 年承认

① 《邓小平文选》第三卷，人民出版社 1993 年版，第 284、286、357、361 页。

② 《江泽民畅谈国际国内大事》，《人民日报》，1991 年 11 月 2 日。

③ 国务院新闻办公室：《2012 年中国人权事业的进展》（白皮书），《人民日报》，2013 年 5 月 15 日第 19—20 版。

了国民党政府在 1930—1947 年批准的 14 个国际劳工公约，并于 1990 年和 2001 年批准了国际劳工组织的另外两个公约。

中国积极与联合国人权机构开展合作。自 1994 年以来，中国先后邀请宗教信仰自由问题特别报告员、任意拘留问题工作组、受教育权问题特别报告员、酷刑问题特别报告员、粮食权问题特别报告员访华。中国分别于 2009 年、2013 年和 2018 年三次接受联合国人权理事会国别人权审查。

中国建设性地参与联合国人权事务。自 1979 年起，中国连续三年作为观察员出席联合国人权委员会会议。1981 年，中国在联合国经社理事会组织会议上当选为人权委员会成员国。自 1982 年起，中国正式担任人权委员会成员国并一直连选连任。自 1984 年起，中国推荐的专家连续当选为防止歧视和保护少数小组委员会的委员和候补委员。为构建公正、客观、透明的国际人权机制，中国积极参与联合国人权专门机制的改革，在设立联合国人权理事会的磋商和最后表决过程中发挥了重要作用。2006 年联合国人权理事会成立后，中国先后于 2006 年、2009 年、2013 年和 2016 年四次高票当选和连任联合国人权理事会成员，并在人权理事会上积极表达中国主张，提出相关议案。中国支持对人权条约机构进行必要改革，促进条约机构与缔约国在相互尊重的基础上开展对话与合作。中国积极推荐专家参选条约机构委员，多名中国专家出任联合国经济、社会和文化权利委员会，禁止酷刑委员会，消除种族歧视委员会，消除对妇女歧视委员会，残疾人权利委员会委员。

在国际人权舞台上，中国主动参与创设国际人权规则与机制。改革开放以来，中国参加了《禁止酷刑和其他残忍、不人道或有辱人格的待遇或处罚公约》《儿童权利公约》《残疾人权利公约》《保护所有移徙工人及其家庭成员权利国际公约》以及《经济、社会及文化权利国际公约》任择议定书等重要人权文件制定工作组会议，为这些规则的起草、修改和完善作出了重要贡献。中国作为主要推动者之一，参与了《发展权利宣言》的起草工作，积极推动联合国人权委员会和人权理事会就实现发展权问题进行全球磋商，致力于推动构建发展权实施机制。1993 年，中国推动亚洲国家通过《曼谷宣言》。中国作为第二届世界人权大会的副主席国，参加了《维也纳宣言和行动纲领》

的起草工作。1995 年，第四次世界妇女大会在北京召开。2006 年以来，中国支持联合国人权理事会设立安全饮用水、文化权、残疾人权利等专题性特别机制；倡导召开关于粮食安全、国际金融危机等的特别会议，积极推动完善国际人权机制。

中国坚持在平等和相互尊重的基础上与有关国家开展双边人权对话与交流。中国与美国、欧盟、英国、德国、澳大利亚、荷兰、瑞士、新西兰等国家或国际组织分别举行人权对话，还与美国举行中美法律专家交流，与欧盟举行中欧司法研讨会，与澳大利亚开展人权技术合作项目等。

截至 2018 年，中国人权研究会主办了九届“北京人权论坛”，围绕人权与发展、文化、科技、环境等的关系展开讨论，成为国际人权对话与交流的重要国际平台。

第四节　中共十八大以来人权事业发展进入新时代

中共十八大以来，中国特色社会主义建设进入了新时代，中国人权事业发展也进入了新阶段。经过几十年的不懈奋斗，中国稳定解决了十几亿人的温饱问题，总体上实现小康，社会生产力水平总体显著提高，社会生产能力在很多方面进入世界前列。在这种情况下，中国迎来了决胜全面建成小康社会，进而全面建设社会主义现代化强国的时代，这是中国实现从富起来到强起来的伟大飞跃的新时代，社会主要矛盾已经转化为人民日益增长的美好生活需要和不平衡不充分的发展之间的矛盾。在新时代，人民的美好生活需要日益广泛，不仅对物质文化生活提出了更高要求，而且在民主、法治、公平、正义、安全、环境等方面的要求日益增长，更加突出的问题是发展不平衡不充分，这已经成为满足人民日益增长的美好生活需要的主要制约因素。正如十九大报告所指出的，新时代“是全国各族人民团结奋斗、不断创造美好生活、逐步实现全体人民共同富裕的时代，是全体中华儿女勠力同心、奋力实现中华民族伟大复兴中国梦的时代，是我国日益走近世界舞台中央、不断为人类作出更大贡献的时代”。

进入新时代，中国人权事业发展呈现出一系列新的特点。以习近平同志为核心的党中央强调以人民为中心，将人民的幸福生活视为最大的人权，以“五位一体”总体战略促进人的全面发展，用“四个全面”战略布局保障人权事业顺利推进，构建人类命运共同体为全球人权治理提供中国方案。

一、以人民为中心，人民的幸福生活是最大的人权

中共十八大以来，党和国家强调以人民为中心，将促进人的全面发展作为人权事业发展的出发点和落脚点。在 2016 年 12 月致“纪念《发展权利宣言》通过 30 周年国际研讨会”的贺信中，习近平指出：“多年来，中国坚持以人民为中心的发展思想，把增进人民福祉、保障人民当家做主、促进人的全面发展作为发展的出发点和落脚点，有效保障了人民发展权益，走出了一条中国特色人权发展道路。”[①]2018 年 12 月 10 日，在致“纪念《世界人权宣言》发表 70 周年座谈会”的贺信中，习近平再次指出，中国“奉行以人民为中心的人权理念，把生存权、发展权作为首要的基本人权，协调增进全体人民的经济、政治、社会、文化、环境权利，努力维护社会公平正义，促进人的全面发展”[②]。《国家人权行动计划（2016—2020 年）》明确提出，制定和实施国家人权行动计划的指导思想包括“坚持以人民为中心的发展思想，把保障人民的生存权和发展权放在首位，将增进人民福祉、促进人的全面发展作为人权事业发展的出发点和落脚点，维护社会公平正义，在实现中华民族伟大复兴中国梦的征程中，使全体人民的各项权利得到更高水平的保障”[③]。中共十九大报告指出：“必须坚持以人民为中心的发展思想，不断促进人的全面发展、全体人民共同富裕”，“坚持以人民为中心。人民是历史的

① 《习近平致“纪念〈发展权利宣言〉通过 30 周年国际研讨会”的贺信》，《人民日报》，2016 年 12 月 5 日。

② 《习近平致信纪念〈世界人权宣言〉发表 70 周年座谈会》，《人民日报》，2018 年 12 月 11 日。

③ 国务院新闻办公室：《国家人权行动计划（2016—2020 年）》，人民出版社 2016 年版，第 3 页。

创造者，是决定党和国家前途命运的根本力量。必须坚持人民主体地位，坚持立党为公、执政为民，践行全心全意为人民服务的根本宗旨，把党的群众路线贯彻到治国理政全部活动之中，把人民对美好生活的向往作为奋斗目标，依靠人民创造历史伟业”。

以人民为中心，就是要以满足人民的最迫切需求作为人权发展的优先目标。正如习近平所指出的："在人权方面，最大发言权还是所在国的大多数人民。"[①]"人民对美好生活的向往，就是我们的奋斗目标。"[②]中共十九大报告提出："保障和改善民生要抓住人民最关心最直接最现实的利益问题，既尽力而为，又量力而行，一件事情接着一件事情办，一年接着一年干。坚持人人尽责、人人享有，坚守底线、突出重点、完善制度、引导预期，完善公共服务体系，保障群众基本生活，不断满足人民日益增长的美好生活需要，不断促进社会公平正义，形成有效的社会治理、良好的社会秩序。"

以人民为中心，就要促进人权的更平等保障。《国家人权行动计划（2016—2020 年）》在阐述推进人权事业发展的基本原则时，在前两期行动计划提出的依法推进、协调推进和务实推进三原则的基础上，进一步提出了平等推进和合力推进两个新原则。平等推进就是要“保障每个人都能平等享有各项人权”；合力推进就是要求“政府、企事业单位、社会组织共同促进人权事业的发展”。[③]

以人民为中心，要求将人民幸福生活作为人权实现的检验标准。习近平在致“纪念《世界人权宣言》发表 70 周年座谈会”的贺信中指出："人民幸福生活是最大的人权。……中国发展成就归结到一点，就是亿万中国人民生活日益改善。"在致“纪念《发展权利宣言》通过 30 周年国际研讨会”的贺信中，习近平指出："中国人民正在为实现‘两个一百年’奋斗目标、实现

---

① 《习近平谈人权：发言权在本国多数人民》，大公资讯：http://news.takungpao.com/world/roll/2015-10/3222765.html。

② 习近平：《在十八届中央政治局常委同中外记者见面时的讲话》，《人民日报》，2012 年 11 月 16 日。

③ 国务院新闻办公室:《国家人权行动计划（2016—2020 年）》，人民出版社 2016 年版，第 3 页。

中华民族伟大复兴的中国梦而努力，中国人民生活将更加幸福，中国人民权利将得到更充分保障，中国将为人类发展进步作出更大贡献。”中共十九大报告提出，要“使人民获得感、幸福感、安全感更加充实、更有保障、更可持续”。

以人民为中心，就要将各项人权保障措施落到实处，使人民有更多的获得感。习近平多次谈到，空谈误国，实干兴邦。习近平指出，制定出一个好文件，只是万里长征走完了第一步，关键还在于落实文件，“要防止徒陈空文、等待观望、急功近利，必须有时不我待的紧迫意识和夙夜在公的责任意识抓实、再抓实”①。习近平提出，要“推出一批能叫得响、立得住、群众认可的硬招实招，处理好改革‘最先一公里’和‘最后一公里’的关系，突破‘中梗阻’，防止不作为，把改革方案的含金量充分展示出来，让人民群众有更多获得感”②，“我们要依法公正对待人民群众的诉求，努力让人民群众在每一个司法案件中都能感受到公平正义，决不能让不公正的审判伤害人民群众感情、损害人民群众权益”③。

以人民为中心，就要认识到人权没有最好，只有更好，要不断满足人民日益增长的权利需求。习近平指出：“任何国家都需要不断加强和改进人权保护，适应时代的发展。”④“改革开放 30 多年来中国人权事业取得了有目共睹的巨大成就，但在人权问题上没有最好只有更好。中国人口多，区域差异大，发展不平衡，在进一步改善民生和人权状况方面还面临不少的挑战。中国政府将继续从本国国情出发坚持以人为本、始终把人民愿望和要求放在心上，采取切实有效的政策措施大力促进社会公平、正义与和谐，推动中国人

① 《习近平谈治国理政》，外文出版社 2014 年版，第 107 页。

② 《习近平主持召开中央全面深化改革领导小组第十次会议》，新华网：http://www.xinhuanet.com/politics/2015-02/27/c_1114457952.htm。

③ 《在首都各界纪念现行宪法公布施行 30 周年大会上的讲话》（2012 年 12 月 4 日），《十八大以来重要文献选编》（上），中央文献出版社 2014 年版，第 91 页。

④ 罗豪才：《坚定不移走中国特色人权发展道路》，《求是》，2016 年第 16 期。

权事业不断取得新的进展。”①

二、“五位一体”总体布局促进人的全面发展

党的十八大着眼于全面建成小康社会、实现社会主义现代化和中华民族伟大复兴，为了推进中国特色社会主义事业发展，作出经济建设、政治建设、文化建设、社会建设、生态文明建设“五位一体”的总体布局，它本质上也是中国人权事业发展的总体布局，对应着经济、政治、文化、社会、环境权利的保障。习近平指出：“我们将坚持以人为本，全面推进经济建设、政治建设、文化建设、社会建设、生态文明建设，促进现代化建设各个方面、各个环节相协调，建设美丽中国。”② 在致“纪念《世界人权宣言》发表 70 周年座谈会”的贺信中，习近平强调要“协调增进全体人民的经济、政治、社会、文化、环境权利”。国务院新闻办公室 2013 年 5 月 14 日发表的《2012 年中国人权事业的进展》（白皮书）明确指出，“中国将人权事业的发展与经济建设、政治建设、文化建设、社会建设和生态文明建设相结合”③，并分别从五大建设中的人权保障对中国人权事业发展作出了总结。《国家人权行动计划（2016—2020 年）》进一步明确提出，“将人权事业与经济建设、政治建设、文化建设、社会建设、生态文明建设和党的建设结合起来”④。

“五位一体”战略布局，从人权的角度说，就是要促进人的全面发展，使每个人的发展权得到充分的实现。2013 年 3 月 17 日，习近平在十二届全国人大一次会议闭幕会上发表的讲话中指出：“生活在我们伟大祖国和伟大时代的中国人民，共同享有人生出彩的机会，共同享有梦想成真的机会，共同享有同祖国和时代一起成长与进步的机会。”2014 年 3 月 27 日，习近平

① 《习近平：中国在人权问题上没有最好，只有更好》，搜狐新闻：http://news.sohu.com/20120216/n334878225.shtml?kde7/

② 《习近平在金砖国家领导人第五次会晤时的主旨讲话》，《人民日报》，2013 年 3 月 28 日。

③ 国务院新闻办公室：《2012 年中国人权事业的进展》（白皮书），《人民日报》，2013 年 5 月 15 日第 19—20 版。

④ 国务院新闻办公室：《国家人权行动计划（2016—2020 年）》，人民出版社 2016 年版，第 3 页。

在中法建交 50 周年纪念大会上的讲话中指出：“中国梦是追求幸福的梦。中国梦是中华民族的梦，也是每个中国人的梦。我们的方向就是让每个人获得发展自我和奉献社会的机会，共同享有人生出彩的机会，共同享有梦想成真的机会，保证人民平等参与、平等发展权利，维护社会公平正义，使发展成果更多更公平惠及全体人民，朝着共同富裕方向稳步前进。”2015 年 9 月 16 日，习近平在致“2015・北京人权论坛”的贺信中指出：“中国人民正在为实现中华民族伟大复兴的中国梦而奋斗，这将在更高水平上保障中国人民的人权，促进人的全面发展。”十九大报告将“促进人的全面发展”置于更加突出的位置。报告三处提到要更好推动、不断促进“人的全面发展”，这不仅意味着要将人真正作为发展的主体，而且要求对人的各方面权利予以全面的尊重和保障。报告特别强调要使“人民平等参与、平等发展权利得到充分保障”。

在《中华人民共和国国民经济和社会发展第十三个五年规划纲要》中，结合五大建设提出了一系列保障人权的规划目标和具体措施。

在经济建设方面，“十三五”规划提出的涉及人权保障的目标包括就业比较充分，就业服务体系更加健全，收入差距缩小，中等收入人口比重上升。中国现行标准下农村贫困人口实现脱贫，贫困县全部摘帽，解决区域性整体贫困，产权得到有效保护。具体措施包括推进精准扶贫精准脱贫，促进资源枯竭、产业衰退、生态严重退化等困难地区发展接续替代产业，深入推进西部大开发，大力推动东北地区等老工业基地振兴，促进中部地区崛起，促进困难地区转型发展。

在政治建设方面，“十三五”规划提出的涉及人权保障的目标包括人民民主更加健全，法治政府基本建成，司法公信力明显提高，人权得到切实保障。具体措施包括依法保障居民知情权、参与权、决策权和监督权，完善公众参与治理的制度化渠道；对关系公众切身利益的重大决策，以居民会议、议事协商、民主听证等形式，广泛征求公众意见建议；完善村务公开、居务公开、民主评议等途径，加强公众监督评估；加强协商民主制度建设，构建程序合理、环节完整的协商民主体系，进一步加强政党协商，拓宽国家政权机关、政协组织、党派团体、基层组织、社会组织的协商渠道；完善基层民主制度，畅通民主渠道，健全基层选举、议事、公开、述职、问责等机制；开展形式多样的基层民主协商，推进基层协商制度化。

在文化建设方面，“十三五”规划中涉及人权保障的目标是公共文化服务体系基本建成。具体措施包括推进基本公共文化服务标准化、均等化，完善公共文化设施网络，加强基层文化服务能力建设；加大对老少边穷地区文化建设帮扶力度；加快公共数字文化建设；加强文化产品、惠民服务与群众文化需求对接；鼓励社会力量参与公共文化服务；继续推进公共文化设施免费开放；繁荣发展文学艺术、新闻出版、广播影视和体育事业；加强老年人、未成年人、农民工、残疾人等群体的文化权益保障等。

在社会建设方面，“十三五”规划中涉及人权保障的目标包括教育、文化体育、社保、医疗、住房等公共服务体系更加健全，基本公共服务均等化水平稳步提高，教育现代化取得重要进展，劳动年龄人口受教育年限明显增加，户籍人口城镇化率加快提高。具体措施包括深化户籍制度改革，实施居住证制度，保障居住证持有人在居住地享有义务教育、公共就业服务、公共卫生服务等国家规定的基本公共服务；加快城镇棚户区和危房改造，健全住房供应体系，提高住房保障水平；加快基本公共教育均衡发展，推进职业教育产教融合，提升大学创新人才培养能力，加快学习型社会建设；推进健康中国建设，建立健全基本医疗卫生制度，实现人人享有基本医疗卫生服务，健全全民医疗保障体系；改革完善社会保障制度，完善社会保险体系，健全社会救助体系，支持社会福利和慈善事业发展；保障妇女、未成年人和残疾人的基本权益，健全养老服务体系；形成政社分开、权责明确、依法自治的现代社会组织体制，推动登记制度改革，实行分类登记制度，支持行业协会商会类、科技类、公益慈善类、社区服务类社会组织发展；加快建设美丽宜居乡村，全面改善农村生产生活条件，实施农村饮水安全巩固提升工程，改善农村办学条件和教师工作生活条件；加强基层医疗卫生机构和乡村医生队伍建设，建立健全农村留守儿童和妇女、老人关爱服务体系；加强和改善农村社会治理，完善农村治安防控体系，深入推进平安乡村建设等。

在生态文明建设方面，“十三五”规划中涉及人权保障的目标包括生态环境质量总体改善，生产方式和生活方式绿色、低碳水平上升，能源资源开发利用效率大幅提高，能源和水资源消耗、建设用地、碳排放总量得到有效控制，主要污染物排放总量大幅减少，主体功能区布局和生态安全屏障基本形成。具体措施包括加快建设主体功能区，推进资源节约集约利用，加大环境综合治理力度，加强生态保护修复，健全生态安全保障机制，发展绿色环保产业。

三、“四个全面”战略布局保障人权事业顺利推进

为落实“五位一体”总体布局，保障人权事业顺利推进，中共中央提出了“四个全面”战略布局，即全面建成小康社会、全面深化改革、全面依法治国、全面从严治党，它对于保障中国人权事业的顺利推进具有重要的战略意义。

全面建成小康社会系统地确立了建成富强民主文明和谐的社会主义现代化国家的战略目标和宏伟蓝图，推进国家治理体系和治理能力现代化，它同时也确定了促进人的全面发展的总体战略目标。正如习近平所指出的：“中国梦意味着中国人民和中华民族的价值体认和价值追求，意味着全面建成小康社会、实现中华民族伟大复兴，意味着每一个人都能在为中国梦的奋斗中实现自己的梦想。”①

全面深化改革的直接目的，是要改革那些阻碍全面建成小康社会的各种体制机制障碍。习近平指出：“中国正在全面深化改革，统筹推进经济、政治、文化、社会、生态文明等领域改革，努力破解发展难题，消除影响经济社会发展的体制机制障碍，不断为发展增添新动力。”②从促进人权的实现角度来看，全面深化改革具有双重意义。一方面，它要激发人的生命活力，为人的

---

① 《建设社会主义文化强国　着力提高国家文化软实力》，《人民日报》，2014 年 1 月 1 日第 1 版。

② 习近平：《让工程科技造福人类、创造未来——在 2014 年国际工程科技大会上的主旨演讲》，《人民日报》，2014 年 6 月 4 日。

全面发展创造条件。正如习近平所指出的："我们要通过深化改革，让一切劳动、知识、技术、管理、资本等要素的活力竞相迸发，让一切创造社会财富的源泉充分涌流。""要通过不断改革创新，使中国特色社会主义在解放和发展社会生产力、解放和增强社会活力、促进人的全面发展上比资本主义制度更有效率，更能激发全体人民的积极性、主动性、创造性，更能为社会发展提供有利条件，更能在竞争中赢得比较优势，把中国特色社会主义制度的优越性充分体现出来。"① 另一方面，全面深化改革也是要消除阻碍人权实现的各种障碍，保障人民平等参与、平等发展的权利。正如习近平所指出的："我们要通过创新制度安排，努力克服人为因素造成的有违公平正义的现象，保证人民平等参与、平等发展权利。"②

全面依法治国是要"为党和国家事业发展提供根本性、全局性、长期性的制度保障"③，它是保证全面建成小康社会、全面深化改革顺利进行的重要条件。全面依法治国包括了立法、执法、司法和守法四个环节，每一个环节都与人权保障有着密切的关系。推进科学立法和民主立法是提高立法质量的根本途径，它要求"完善科学立法、民主立法机制，创新公众参与立法方式，广泛听取各方面意见和建议"④。坚持严格执法，就是要"维护人民群众切身利益"⑤。公正司法同样"事关人民切身利益，事关社会公平正义"⑥。全民守法，重点是反对特权，要求党政领导干部做尊法守法模范。2015 年 2 月 2 日，习近平在省部级主要领导干部学习贯彻十八届四中全会精神全面推进依

① 习近平：《切实把思想统一到党的十八届三中全会精神上来》，《人民日报》，2014 年 1 月 1 日第 2 版。

② 习近平：《切实把思想统一到党的十八届三中全会精神上来》，《人民日报》，2014 年 1 月 1 日第 2 版。

③ 《中共十八届四中全会在京举行》，《人民日报》，2014 年 10 月 24 日第 1 版。

④ 习近平：《关于〈中共中央关于全面推进依法治国若干重大问题的决定〉的说明》，《求是》，2014 年第 21 期。

⑤ 《习近平出席中央政法工作会议并发表重要讲话》，《人民日报》，2014 年 1 月 9 日第 1 版。

⑥ 《习近平在中共中央政治局第二十一次集体学习上时强调　坚定不移深化司法体制改革　以提高司法公信力为根本尺度》，《人民日报》，2015 年 3 月 26 日第 1 版。

法治国专题研讨班开班式上发表重要讲话，他强调："领导干部要做尊法的模范，带头尊崇法治、敬畏法律；做学法的模范，带头了解法律、掌握法律；做守法的模范，带头遵纪守法、捍卫法治；做用法的模范，带头厉行法治、依法办事。"[①] 习近平指出："全面依法治国，核心是坚持党的领导、人民当家做主、依法治国有机统一，关键在于坚持党领导立法、保证执法、支持司法、带头守法。要在全社会牢固树立宪法法律权威，弘扬宪法精神，任何组织和个人都必须在宪法法律范围内活动，都不得有超越宪法法律的特权。"[②]

全面从严治党的目的，是要保持党同人民群众的血肉联系，始终保持党的先进性和纯洁性，防止长期执政党成为享有特权的特殊利益集团，侵害人民的权利，保证人权的平等实现。习近平指出："严以用权，就是要坚持用权为民，按规则、按制度行使权力，把权力关进制度的笼子里，任何时候都不搞特权、不以权谋私。"[③] "党内决不允许有不受党纪国法约束，甚至凌驾于党章和党组织之上的特殊党员。"[④] "领导干部不论职务多高、资历多深、贡献多大，都要严格按法规制度办事，坚持法规制度面前人人平等、遵守法规制度没有特权、执行法规制度没有例外。"[⑤]

四、构建人类命运共同体，为全球人权治理提供中国方案

2012 年 11 月，党的十八大报告正式提出了"倡导人类命运共同体意识"。2013 年 3 月，习近平在莫斯科国际关系学院的演讲中第一次提出"命运共同体"理念。2015 年 9 月，在联合国成立 70 周年系列峰会上，习近平全

---

① 《领导干部要做尊法学法守法用法的模范　带动全党全国共同全面推进依法治国》，《人民日报》，2015 年 2 月 2 日。

② 习近平：《在庆祝中国共产党成立 95 周年大会上的讲话》，《人民日报》，2016 年 7 月 2 日第 2 版。

③ 《习近平参加安徽代表团审议　谈"三严三实"》，中国新闻网，http：//www.chinanews.com/gn/2014/03-09/5928359.shtml。

④ 习近平：《在第十八届中央纪律检查委员会第二次全体会议上的讲话》，《十八大以来重要文献选篇》（上），中央文献出版社，2014 年版，第 133 页。

⑤ 《加强反腐倡廉法规制度建设　让法规制度的力量充分释放》，《人民日报》，2015 年 6 月 28 日第 1 版。

面阐述了打造人类命运共同体的主要内涵，其中包括建立平等相待、互商互谅的伙伴关系，营造公道正义、共建共享的安全格局，谋求开放创新、包容互惠的发展前景，促进和而不同、兼收并蓄的文明交流，构筑尊崇自然、绿色发展的生态体系，这就形成了“五位一体”的构建人类命运共同体总布局。[①]2017 年 1 月，习近平在联合国日内瓦总部发表了题为“共同构建人类命运共同体”的重要演讲，系统阐述了人类命运共同体重大理念，为改革和完善全球治理指明方向，为人类实现更好发展提供中国方案，这得到了与会者的高度赞赏。2017 年 10 月 18 日，习近平在党的十九大报告之中明确提出，坚持和平发展道路，推动构建人类命运共同体。2018 年 3 月 11 日，第十三届全国人民代表大会第一次会议所通过的宪法修正案，将我国宪法序言第十二自然段中的“发展同各国的外交关系和经济、文化的交流”修改为“发展同各国的外交关系和经济、文化交流，推动构建人类命运共同体”。

构建人类命运共同体，是中国对全球人权治理提出的中国方案。2017 年 12 月 7 日，习近平在致首届“南南人权论坛”的贺信中指出：“当今世界，发展中国家人口占 80% 以上，全球人权事业发展离不开广大发展中国家共同努力。人权事业必须也只能按照各国国情和人民需求加以推进。发展中国家应该坚持人权的普遍性和特殊性相结合的原则，不断提高人权保障水平。国际社会应该本着公正、公平、开放、包容的精神，尊重并反映发展中国家人民的意愿。中国人民愿与包括广大发展中国家在内的世界各国人民同心协力，以合作促发展，以发展促人权，共同构建人类命运共同体。”[②]在致“纪念《世界人权宣言》发表 70 周年座谈会”的贺信中，习近平再次指出：“中国人民愿同各国人民一道，秉持和平、发展、公平、正义、民主、自由的人类共同价值，维护人的尊严和权利，推动形成更加公正、合理、

① 崔玉英：《在“构建人类命运共同体与全球人权治理”理论研讨会开幕式上的主旨讲话》，《人权》，2017 年第 4 期。

② 《习近平致首届“南南人权论坛”的贺信》，《人民日报》，2017 年 12 月 8 日第 1 版。

包容的全球人权治理，共同构建人类命运共同体，开创世界美好未来。”[①]

构建人类命运共同体，要求各国在平等和相互尊重的基础上开展人权对话和交流，形成人权共识，开展人权合作。2012 年 2 月 14 日，习近平在华盛顿出席美国副总统拜登、国务卿希拉里・克林顿共同举行的欢迎午宴上的致辞中指出 :“中国愿在平等和相互尊重的基础上，与包括美国在内的世界各国就人权问题开展坦诚、建设性的对话和交流，增进了解，缩小分歧，相互借鉴，共同进步。”2015 年 9 月 16 日，习近平在致“2015・北京人权论坛”的贺信中指出 :“中国主张加强不同文明交流互鉴、促进各国人权交流合作，推动各国人权事业更好发展。希望各方嘉宾积极探讨、集思广益，为促进世界人权事业健康发展作出贡献。”2015 年 9 月 25 日，习近平在华盛顿同美国总统奥巴马共同会见记者时的讲话中指出 :“民主和人权是人类共同追求，同时必须尊重各国人民自主选择本国发展道路的权利。中国人民实现中华民族伟大复兴中国梦的过程，本质上就是实现社会公平正义和不断推动人权事业发展的进程。中方愿继续在平等和相互尊重基础上，同美方开展人权对话，扩大共识、减少分歧、相互借鉴、共同提高。”2015 年 10 月 21 日，习近平在会见英国首相卡梅伦时指出 :“在人权问题上，没有最好，只有更好，任何国家都要改进。在人权方面，最大发言权还是所在国的大多数人民。”

为了促进构建人类命运共同体，中国作出了很多积极的努力。在人权对话方面，中国除了与西方发达国家定期开展人权对话之外，进一步开展了同俄罗斯、埃及、南非、巴西、马来西亚、巴基斯坦、白俄罗斯、古巴、非盟等发展中国家和国际组织的人权磋商。在定期举办“北京人权论坛”的基础上，2017 年，中国举办了首届“南南人权论坛”。从 2015 年开始，中国每年定期举办“中欧人权研讨会”。2016 年举办了“纪念《发展权利宣言》通过 30 周年国际研讨会”。

① 《习近平致信“纪念〈世界人权宣言〉发表 70 周年座谈会”》，中国政府网 : http : //www.gov.cn/xinwen/2018-12/10/content_5347429.htm。

在人权国际合作方面，中国全程参与并有效推动国际气候谈判，为《巴黎气候变化协定》的最终通过作出了贡献。中国积极推动联合国《2030 年可持续发展议程》的制定和实施。中国提出了“一带一路”倡议，以合作促发展，以发展促人权。

第五节　中国人权发展道路的特点和成功经验

经过 70 年来推进中国人权事业发展的实践，中国探索并成功走出了一条适合中国国情的人权发展道路。习近平在致“2015 · 北京人权论坛”的贺信中指出：“中国共产党和中国政府始终尊重和保障人权。长期以来，中国坚持把人权的普遍性原则同中国实际相结合，不断推动经济社会发展，增进人民福祉，促进社会公平正义，加强人权法治保障，努力促进经济、社会、文化权利和公民、政治权利全面协调发展，显著提高了人民生存权、发展权的保障水平，走出了一条适合中国国情的人权发展道路。”[①] 国务院新闻办公室 2018 年发表的《改革开放 40 年中国人权事业的发展进步》白皮书对中国人权发展道路作出了概括，指出这条道路源于中国历史，植根于中国现实，借鉴各国经验，是中国共产党带领人民通过接续不断的实践创新和理论探索形成的，反映了中国特色社会主义的本质要求。它坚持把以人民中心作为人权事业发展的核心理念，坚持把人权的普遍性原则同中国实际相结合，坚持把全面协调推进各项权利作为保障人权的重要原则，坚持把依法治国作为人权发展的制度保障，坚持把构建人类命运共同体作为推动全球人权治理的使命担当。[②]

① 《习近平致“2015 · 北京人权论坛”的贺信》，《人民日报》，2015 年 9 月 17 日。

② 国务院新闻办公室：《改革开放 40 年中国人权事业的发展进步》，人民出版社 2018 年，第 62—65 页。

一、把以人民为中心作为人权事业发展的核心理念

在当代中国，作为长期执政党的中国共产党的领导、带头、支持和保障，是中国人权事业健康发展的关键条件。

在致纪念《世界人权宣言》发表70周年座谈会的贺信中，习近平再次强调："中国共产党从诞生那一天起，就把为人民谋幸福、为人类谋发展作为奋斗目标。"① 在《习近平致"纪念〈发展权利宣言〉通过30周年国际研讨会"的贺信》中，习近平指出："坚持以人民为中心的发展思想，把增进人民福祉、保障人民当家做主、促进人的全面发展作为发展的出发点和落脚点。"②

中国共产党坚持以人民为中心的基本原则，领导中国人民走出了一条适合中国的人权发展道路。

二、将人权的普遍性原则与中国国情相结合，务实推进人权事业发展

习近平在致"纪念《世界人权宣言》发表70周年座谈会"的贺信中指出，"中国坚持把人权的普遍性原则同本国实际相结合"。《国家人权行动计划（2009—2010年）》指出，要"从中国国情出发，本着务实的精神，确保设定的目标和措施切实可行，科学推进中国人权事业的发展"③。《国家人权行动计划（2012—2015年）》进一步提出"务实推进原则"，要求"既尊重人权的普遍性原则，又坚持从中国的基本国情和新的实际出发，切实推进人权事业发展"④。《国家人权行动计划（2016—2020年）》再次强调"务实推进，把人权的普遍原则和中国实际相结合"⑤。

务实推进中国人权事业发展，要求结合中国的具体国情制定适合中国实际状况的人权发展战略，不盲目照搬照抄其他国家的人权发展模式。首先，

---

① 《习近平致信"纪念〈世界人权宣言〉发表70周年座谈会"》，《人民日报》，2018年12月11日。

② 《习近平致"纪念〈发展权利宣言〉通过30周年国际研讨会"的贺信》，《人民日报》，2016年12月5日。

③ 国务院新闻办公室：《国家人权行动计划（2009—2010年）》，外文出版社2009年版，第3页。

④ 国务院新闻办公室：《国家人权行动计划（2012—2015年）》，人民出版社2012年版，第4页。

⑤ 国务院新闻办公室：《国家人权行动计划（2016—2020年）》，人民出版社2016年版，第3页。

在制定人权发展计划时，充分考虑民众最迫切的权利需求，将人民最关心的权利问题置于人权发展战略的优先位置，使得人权事业的发展获得最广泛的支持，为人民群众带来了实际的利益满足。第一期国家人权行动计划指出，要“着力解决好人民最关心、最直接、最现实的利益问题，促进社会公平正义，努力使全体人民学有所教、劳有所得、病有所医、老有所养、住有所居”[①]。第二期行动计划提出要“着力解决人民群众最关心、最直接、最现实的权利和利益问题”[②]。第三期行动计划提出要“将增进人民福祉、促进人的全面发展作为人权事业发展的出发点和落脚点”[③]。其次，将人权事业发展与国家发展规划相结合，将人权发展与国家的各项建设规划结合起来，将人权发展目标纳入国家整体的发展规划之中，使各项人权保障措施得以有效落实。将人权发展目标与国家发展规划相结合，不仅可以使国家经济和社会发展规则的实施体现人权发展要求，而且也使国家人权行动计划的实现有了现实的依托。第三，处理好人权保障与经济发展和社会稳定的关系。人权事业的有效推进需要一定的条件，其中最重要的两个条件是经济发展和社会稳定。经济发展为各项人权的实现提供物质基础，社会稳定为各项人权的实现提供社会保障。中国在推进人权事业发展过程中，特别注意处理好人权保障与经济发展和社会稳定的关系，在经济发展的基础上提升人权保障的水平，在维护社会稳定的基础上推进人权事业发展，使人权事业发展有了坚实的现实基础和环境保障，使中国人权事业得以快速和全面发展。

三、将生存权和发展权作为首要人权，以发展促人权

中国是世界上最大的发展中国家，中国清醒地认识到自身处于并将长期处于社会主义初级阶段，明确地将生存权、发展权作为首要人权，通过保障生存权和发展权促进其他各项人权的实现。1991 年发布的第一份《中

① 国务院新闻办公室:《国家人权行动计划（2009—2010 年）》，外文出版社 2009 年版，第 2 页。
② 国务院新闻办公室:《国家人权行动计划（2012—2015 年）》，人民出版社 2012 年版，第 3 页。
③ 国务院新闻办公室:《国家人权行动计划（2016—2020 年）》，人民出版社 2016 年版，第 2 页。

国的人权状况》（白皮书）明确提出，“生存权是中国人民长期争取的首要人权”，“对于一个国家和民族来说，人权首先是人民的生存权。没有生存权，其他一切人权均无从谈起”。1995年发布的《中国人权事业的进展》（白皮书）进一步提出：“实践证明，将人民的生存权、发展权摆在首位，在改革、发展、稳定的条件下全面改进人权状况，是符合中国国情和全体人民的根本利益的。”《国家人权行动计划（2009—2010年）》指出，要“切实把保障人民的生存权和发展权放在保障人权的首要位置，在推动经济社会又好又快发展的基础上，依法保证全体社会成员平等参与、平等发展的权利”。《国家人权行动计划（2012—2015年）》进一步提出，要“继续把保障人民的生存权、发展权放在首位，着力保障和改善民生，着力解决人民群众最关心、最直接、最现实的权利和利益问题”[①]。《国家人权行动计划（2016—2020年）》再次强调“把保障人民的生存权和发展权放在首位，将增进人民福祉、促进人的全面发展作为人权事业发展的出发点和落脚点”[②]。

四、依法治国，把人权事业发展纳入法治化轨道

《国家人权行动计划（2009—2010年）》指出，要“根据中国宪法的基本原则，遵循《世界人权宣言》和国际人权条约的基本精神，完善保障人权的各项法律法规，依法推进中国人权事业的发展”[③]。《国家人权行动计划（2012—2015年）》进一步提出“依法推进原则”，要求“从立法、行政和司法各个环节完善尊重和保障人权的法律法规和实施机制，依法推进中国人权事业发展”[④]。《国家人权行动计划（2016—2020年）》再次强调“依法推进，将人权事业纳入法治轨道”[⑤]。中共十九大报告提出“加强人权法

① 国务院新闻办公室：《国家人权行动计划（2012—2015年）》，人民出版社2012年版，第3页。
② 国务院新闻办公室：《国家人权行动计划（2016—2020年）》，人民出版社2016年版，第2页。
③ 国务院新闻办公室：《国家人权行动计划（2009—2010年）》，外文出版社2009年版，第3页。
④ 国务院新闻办公室：《国家人权行动计划（2012—2015年）》，人民出版社2012年版，第3页。
⑤ 国务院新闻办公室：《国家人权行动计划（2016—2020年）》，人民出版社2016年版，第2—3页。

治保障”。

把人权事业发展纳入法治化轨道，首先意味着不搞“运动式”、“突击式”，而是建立稳定的规则和制度，注重长期可持续的效果。推进人权事业发展，有运动式和法治化两种方式。中国曾采用过运动的方式来快速推进人权事业发展，留下了深刻的教训。在总结过去经验教训的基础上，中国选择了用法治化的方式来推进人权事业的发展。其次，它意味着在人权保障的法律和政策的相互关系上，法律保障占据主导位置。从中华人民共和国成立以来，人权保障的一个重要方式是制定和实施各项人权保障政策，包括发布指导意见、规定、办法和通知，开展专项行动和建立保障机制。以人权政策来保障人权的优势在于针对性强、提供及时和灵活易调；其局限性在于保障水平不易均衡，不易实现平等保障，新旧政策缺乏一致性，以及不易实现稳定预期。由于人权保障政策的局限性，特别是 1966—1976 年十年“文化大革命”摧毁法治的深刻教训，使中国在改革开放后大力加强人权法治建设，重新走上法治化建设的轨道。然而，依法推进人权保障并不意味着完全弃用政策工具来保障人权，而是要继续发挥人权保障政策作为人权保障法律的先行者、补充者和具体落实者的作用。最后，它意味着要从法治的各个环节加强人权保障。第二期国家人权行动计划要求“从立法、行政和司法各个环节完善尊重和保障人权的法律法规和实施机制”[①]。第三期行动计划则进一步强调“严格规范公正文明执法，维护公民的人身权利和人权尊严；提高公正司法水平，保障诉讼当事人获得公正审判的权利”[②]。

五、突出重点与全面推进相统一，协调推动各项人权发展

《国家人权行动计划（2009—2010 年）》指出，要“坚持各类人权相互依赖与不可分割的原则，平衡推进经济、社会和文化权利与公民权利和政治

① 国务院新闻办公室:《国家人权行动计划（2012—2015 年）》，人民出版社 2012 年版，第 3 页。
② 国务院新闻办公室:《国家人权行动计划（2016—2020 年）》，人民出版社 2016 年版，第 3 页。

权利的协调发展，促进个人人权和集体人权的均衡发展”[①]。《国家人权行动计划（2012—2015 年）》进一步提出“全面推进原则”，要求“将各项人权作为相互依存、不可分割的有机整体，促进经济、社会、文化权利与公民权利、政治权利的协调发展，促进 个人人权与集体人权的协调发展”[②]。《国家人权行动计划（2016—2020 年）》再次强调“协调推进，使各项权利全面协调发展”[③]。

全面协调推进中国人权事业发展，首先要求协调推进经济、社会、文化权利与公民权利、政治权利的发展。与许多西方国家更强调公民权利和政治权利的保障不同，中国政府更加注重经济、社会和文化权利与公民、政治权利的协调发展和保障。一方面，经济、社会和文化权利的保障是实现公民权利和政治权利的重要基础，没有经济、社会和文化权利的充分保障，公民权利和政治权利的保障就会流于形式。另一方面，公民权利和政治权利的保障又是经济、社会和文化权利保障的重要前提，缺乏必要的公民权利和政治权利，公民对于经济、社会和文化权利的主张就缺乏实现条件。第二，它要求协调促进个人人权与集体人权的发展。与许多西方国家单纯强调个人权利保障不同，包括中国在内的许多发展中国家强调个人人权与集体人权的协调发展和保障。集体人权主要包括国家、民族和人民的自主权、发展权、和平权、环境权等，它们是个人权利实现的重要条件。因此，为了使每一个人的个人权利在现实中得到更充分的实现，就需要根据集体权利实现的要求对个人权利的实现方式实施一定的限制，但这种限制的目的是为了个人权利的更充分实现，而不是对个人权利的侵犯。第三，它要求平衡保障各项个人权利。在各项个人权利的保障要求之间存在一些冲突，这些冲突在现实中是难以避免的。为了使每个人的各项权利都得到平等保障，就需要对个人权利的实现方式实施适当的限制，使其与其他个人权利

① 国务院新闻办公室:《国家人权行动计划（2009—2010 年）》，外文出版社 2009 年版，第 3 页。
② 国务院新闻办公室:《国家人权行动计划（2012—2015 年）》，人民出版社 2012 年版，第 4 页。
③ 国务院新闻办公室:《国家人权行动计划（2016—2020 年）》，人民出版社 2016 年版，第 3 页。

的实现能够相互协调。中国在保障个人权利方面对个人权利的实现方式作了一定的限制规定，这些限制对于促进个人权利的协调保障具有重要的作用，提高了人权保障的整体水平。第四，它要求协调个人权利保障与其他公共利益保障之间的关系。人权是一种重要的公共利益，但不是唯一的公共利益，其他公共利益还包括经济发展、公共秩序、公共福利、公共卫生、公共安全、公共道德等。各种公共利益之间存在着相互依赖又相互限制的关系。中国政府在推进人权保障事业的过程中，特别注意协调人权保障与经济发展和社会稳定之间的关系，在保障经济发展和社会稳定的前提下推进人权保障水平的提高，又通过人权保障水平的提高促进经济发展和社会稳定的实现。第五，它要求国家协调履行尊重、保护和促进人权三项义务。国家保障人权的义务分为三个方面，即尊重、保护和促进。尊重主要是指不干涉公民的自由选择；保护是指防止和惩处侵犯权利的行为；促进或实现是指协助或直接提供相应的物质和服务来满足权利需求。人权的全面实现要求政府在履行尊重、保护和促进三项义务方面保持协调。许多西方国家强调对人权的尊重和保护，但对于促进人权实现的义务却缺乏充分的承诺。相比之下，中国政府在人权保障方面不仅积极履行尊重和保护的义务，而且特别重视履行促进的义务，通过采取积极的行动为各项人权的实现提供必要条件。例如，改革开放以来，中国政府采取积极措施开展扶贫工作，减少了 7 亿多贫困人口，以积极的方式保障贫困人口的生存权和发展权。

六、合力推进，努力促进各类主体的人权得到平等保障

中国作为全球最大的发展中国家，长期存在发展不平衡的问题，如何促进各类主体的人权特别是弱势群体的人权得到平等保障，是执政党必须面对的挑战。中国政府特别关注对各类特定群体人权的平等保障和特殊保护。第二期国家人权行动计划指出，要“充分保障少数民族、妇女、儿童、老年人和残疾人的合法权益”[①]；第三期国家人权行动计划提出“平等推进”原则，

① 国务院新闻办公室：《国家人权行动计划（2012—2015 年）》，人民出版社 2012 年版，第 4 页。

要求“保障每个人都能平等享有各项人权”[①]，“采取有针对性的措施，有效满足各类群体的特殊需求，切实保障少数民族、妇女、儿童、老年人和残疾人的合法权益”[②]。

在推进中国人权事业发展的过程中，中国共产党积极促进对不同性别主体权利的平等保障，特别是对妇女权利的保障；积极促进对少数民族权利的平等保障；积极促进对儿童、老年人和残疾人权利的保障。在每期的国家人权行动计划中，都设置“少数民族权利”、“妇女权利”、“儿童权利”、“老年人权利”、“残疾人权利”等专节，确定对这些特定群体人权的特殊保护措施。出于历史原因所形成的城乡差距，农村居民与城市居民在人权的享有上存在一定的差异。第一期国家人权行动计划专设了“农民的权益保障”一节，其中涉及破除城乡二元结构，加快新农村建设，维护农民的合法权益，特别是土地权利、宅基地用益物权，改革征地制度，提高农民收入，推进城乡基本公共服务均等化，提高农民健康水平，以及加强农民工权益保护。[③]后两期行动计划虽然没有再设农民权益专节，但对提升农村居民权利保障水平的要求体现在各章节之中。例如，在第三期行动计划中就提出要促进农村富余劳动力转移就业和外出务工人员返乡创业，对农民工进行免费职业培训，全面治理拖欠农民工工资问题，实施精准扶贫精准脱贫方略，推进农村危房改造，统筹开展农房抗震改造，实施农村饮水安全巩固提升工程，统筹实施城乡居民大病保险制度，统筹推进城乡社会救助体系建设，取消农业户口与非农业户口性质区分，建立城乡统一的户籍登记制度，完成农村承包经营地、宅基地、农房、集体建设用地确权登记颁证，积极探索对农村集体所有土地征收补偿、集体经营性建设用地流转、宅基地管理、不动产权属调处等制度，建立覆盖城乡居民的基本医疗卫生制度，实现行政村农民体育健身工程全覆盖，加快推进城乡义务教育一体化进程，

---

① 国务院新闻办公室：《国家人权行动计划（2016—2020 年）》，人民出版社 2016 年版，第 3 页。

② 国务院新闻办公室：《国家人权行动计划（2016—2020 年）》，人民出版社 2016 年版，第 30 页。

③ 国务院新闻办公室：《国家人权行动计划（2009—2010 年）》，外文出版社 2009 年版，第 18—20 页。

着力保障随迁子女在流入地平等接受义务教育，完善留守儿童教育服务体系，加强农村教师队伍建设，逐步实行城乡统一的中小学教职工编制标准，98% 的行政村实现光纤通达，半数以上农村家庭用户带宽实现 50 兆比特以上灵活选择。

由于自然条件的差异和经济发展战略的不同，我国东部与西部经济发展水平存在较大差异，从而使居住在不同地区的居民在权利享有上存在着实际的差距。国家人权行动计划特别关注提升中西部居民的人权保障水平。例如，在第三期行动计划中，就提出支持贫困地区建设县乡基层劳动就业和社会保障服务平台，以中西部为重点，每县重点办好 1—2 所县级公立医院，加大对中西部地区学前教育的支持力度，全面改善贫困地区义务教育薄弱学校基本办学条件，加大对中西部贫困地区高中阶段教育的扶持力度，支持欠发达地区职业教育发展，深入实施中西部高等教育振兴计划，扩大重点高校对中西部地区的招生规模，加大对老少边穷地区文化建设的帮扶力度。

各类主体人权的平等保障需要社会各界的合力推进，不仅各级政府应当承担起尊重、保护和促进人权实现的义务，而且还需要企事业单位和各种社会组织的积极协助和配合。第一期国家人权行动计划要求“各级政府以及政府各部门将依照‘各司其职、分工负责’的原则，将本行动计划纳入本地区和本部门的工作职责积极认真地予以落实。各类企事业单位、社会团体、非政府组织、新闻媒体和社会公众积极参与本行动计划的宣传，参与推动本行动计划的落实”[①]，并为此专门成立了由国务院新闻办公室和外交部牵头、立法和司法机关以及国务院相关职能部门组成的国家人权行动计划联席会议机制，负责统筹协调本行动计划的执行、监督与评估工作。第三期国家人权行动计划进一步提出了“合力推进”原则，要求“政府、企事业单位、社会组织共同促进人权事业的发展”。[②]

---

① 国务院新闻办公室:《国家人权行动计划（2009—2010 年）》，外文出版社 2009 年版，第 4 页。

② 国务院新闻办公室:《国家人权行动计划（2016—2020 年）》，人民出版社 2016 年版，第 3 页。

第二章

经济、社会和文化权利建设 70 年发展

中华人民共和国成立 70 年来，在中国共产党的领导下，坚持以人民为中心，高度重视作为生存权、发展权核心内容的经济、社会和文化权利保障，以经济发展促进经济、社会和文化权利的更充分保障，以社会公平促进经济、社会和文化权利的更均衡保障，使中国人民享有的经济、社会和文化权利在内容上日益丰富，在水平上持续提升。

第一节　中国保障经济、社会和文化权利的基本方略

经济、社会和文化权利是人权的重要组成部分。1966 年 12 月 16 日，联合国大会第 2200A（XXI）号决议通过了《经济、社会及文化权利国际公约》，并于 1976 年 1 月 3 日生效。截至 2019 年 3 月 10 日，共有 169 个国家批准加入了该公约，另有 4 个国家签署了该公约但尚未批准。[①]1997 年 10 月 27 日，时任中国常驻联合国代表秦华孙大使在纽约联合国总部代表中国政府正式签署了《经济、社会及文化权利国际公约》。2001 年 2 月 28 日，第九届全国人大常委会第二十次会议作出批准加入《经济、社会及文化权利国际公约》的决定。

---

① 参见联合国人权高专办网站：http：//indicators.ohchr.org/。

《经济、社会及文化权利国际公约》主要涉及基本生活水准、工作、社会保障、健康、教育、文化等权利。20世纪70年代后，联合国又提出了环境权利，中国制定的三期国家人权行动计划都将环境权作为经济、社会和文化权利的组成部分纳入其中。

总结中国共产党和中国政府保障中国人民享有经济、社会和文化权利的基本方略，可以概括为三个原则：一是促进经济发展，为经济、社会和文化权利保障奠定坚实的物质基础；二是加强法治建设，为经济、社会和文化权利提供可靠的制度保障；三是采取积极的政策措施，促进经济、社会和文化权利落到实处。

一、促进经济发展，为经济、社会和文化权利保障奠定坚实的物质基础

经济、社会和文化权利保障需要相应的物质基础。中华人民共和国成立后，经济迅速恢复，各项经济、社会和文化权利的保障水平也迅速提高。然而，从20世纪50年代末期开始，特别是在“文化大革命”期间，由于不再坚持经济建设的中心地位，经济发展势头被严重遏制，人民的生活水平无法提升，导致经济、社会和文化权利保障长期处于较低水平。改革开放以来，中国共产党认真吸取过去的教训，坚持以经济建设为中心，大力促进经济发展，为经济、社会和文化权利保障水平的提升奠定了坚实的物质基础。

（一）综合国力大幅上升为提升经济、社会和文化权利保障水平提供经济支撑

综合国力的提升，是国家保障经济、社会和文化权利的重要基础和条件。中华人民共和国成立70年来，特别是改革开放以来，中国大力促进经济发展，综合国力大幅度提升，为扩大经济、社会和文化权利的保障范围和提升保障水平提供了强有力的经济支撑。

国家的生产、交换和外汇储备能力是国家综合实力的重要显示指标。中

国国内生产总值从1952年的679亿元，增加到2018年的900309亿元[①]。按照年平均汇率折算，经济总量已达到13.6万亿美元，稳居世界第二位。对世界经济增长贡献率接近30%，是世界经济增长的最大贡献者。[②]人均国内生产总值由1952年的119元上升到1978年的385元，到2018年增至64644元[③]。人均国民总收入由1978年的200美元提高到2018年的9713美元，超过中等偏上收入国家平均水平。中国进出口贸易总额从1950年的11.3亿美元，增长到2018年的305050亿元人民币，按2018年末人民币兑美元汇率6.86人民币/美元计算，约合44467.93亿美元，增长3934.22倍。其中，出口额由1950年的5.5亿美元增长至2018年的164177亿元人民币，约合23932.51亿美元；进口额由1950年的5.8亿美元增至2018年的140874亿元人民币，约合20535.57亿美元。[④]中国外汇储备从1952年的1.39亿美元，升至1978年的1.67亿美元，到2018年增至30727亿美元[⑤]，相比1952年和1978年分别增长22104.76倍和18398.40倍。

基本生活必需品的生产是提供基本生活水准权利保障的物质基础。1949年中国粮食产量只有11318万吨，人均209公斤，2018年达到65789万吨，增长4.81倍，人均471.48公斤。1952年猪牛羊肉类产量只有339万吨，人均5.9公斤，2018年增至8517万吨，增长24.12倍，人均61.94公斤。棉花产量从1949年的44.4万吨增长至2018年的610万吨，增长12.74倍。1949年水产品产量为44.8万吨，人均0.8公斤，2018年达到6469万吨，增长

---

① 国家统计局：《2018年经济运行保持在合理区间　发展的主要预期目标较好完成》，国家统计局网站，2019年1月21日。

② 宁吉喆：《发展目标较好实现　稳中有进态势持续》，《求是》，2019年第3期。

③ 国家统计局：《中华人民共和国2018年国民经济和社会发展统计公报》，《人民日报》，2019年3月1日第10版。

④ 国家统计局：《2018年经济运行保持在合理区间　发展的主要预期目标较好完成》，国家统计局网站，2019年1月21日。

⑤ 国家统计局：《中华人民共和国2018年国民经济和社会发展统计公报》，《人民日报》，2019年3月1日第10版。

143.40 倍，人均 46.36 公斤；油料产量由 1949 年的 256 万吨增至 2018 年的 3439 万吨，增长 12.43 倍；糖料产量从 1949 年的 283 万吨增至 2018 年的 11976 万吨，增长 41.32 倍。[①]

基础设施建设是经济、社会和文化权利保障的重要物质条件。中国全国铁路营业里程从 1949 年的 2.18 万公里增至 2018 年的 13.1 万公里，其中高铁营业里程 2.9 万公里，全国铁路路网密度 136.0 公里 / 万平方公里。全国公路总里程从 1949 年的 8.07 万公里增至 2018 年的 484.65 万公里，公路密度 50.48 公里 / 百平方公里。其中四级及以上等级公路里程 446.59 万公里，占公路总里程 92.1%；二级及以上等级公路里程 64.78 万公里，占公路总里程 13.4%；高速公路里程 14.26 万公里，高速公路车道里程 63.33 万公里，国家高速公路 10.55 万公里。[②]2018 年全年货物运输总量 515 亿吨，货物运输周转量 205452 亿吨公里；全年旅客运输总量 179 亿人次，旅客运输周转量 34213 亿人公里。[③]民用航空航线总里程 1949 年仅为 1.13 万公里，2017 年共有定期航班航线 4418 条，按重复距离计算的航线里程为 1082.9 万公里，按不重复距离计算的航线里程为 748.3 万公里；全行业完成旅客运输量 55156 万人次，其中国内航线完成旅客运输量 49611 万人次，国际航线完成旅客运输量 5545 万人次。[④]

国家财政收入的增加是提升经济、社会和文化权利保障水平的经济前提。中国财政收入从 1952 年的 62 亿元，升至 1978 年的 1132 亿元，到

① 国家统计局：《中华人民共和国 2018 年国民经济和社会发展统计公报》，《人民日报》，2019 年 3 月 1 日第 10 版。

② 交通运输部：《2018 年交通运输行业发展统计公报》，交通运输部网站，http：//xxgk.mot.gov.cn/jigou/zhghs/201904/t20190412_3186720.html。

③ 国家统计局：《中华人民共和国 2018 年国民经济和社会发展统计公报》，《人民日报》，2019 年 3 月 1 日第 10 版。

④ 中国民用航空局：《2017 年民航行业发展统计公报》，中国民航局网站，http：//www.caac.gov.cn/XXGK/XXGK/TJSJ/201805/P020180521622831951125.pdf。

2018 年增至 183352 亿元，其中税收收入 156401 亿元。[①]

（二）富裕程度和消费水平不断提高为人民享受经济、社会和文化权利提供重要条件

在社会主义市场经济条件下，人民的富裕程度是享受经济、社会和文化权利的重要条件。中国经济的迅速发展不仅提高了综合国力，而且大幅度地提高了人民的富裕程度和消费能力。

1949 年城镇居民人均可支配收入不足 100 元，1978 年升至 343 元；农村居民人均纯收入为 44 元，1978 年升至 134 元。2018 年，国民总收入达到 896915 亿元，全国居民人均可支配收入 28228 元，年城镇居民人均可支配收入升至 39251 元，农村居民人均可支配收入增至 14617 元。1952 年末城乡居民人民币储蓄存款余额仅有 8.6 亿元，而 2018 年末全部金融机构境内住户存款达到 724439 亿元。[②]

收入和储蓄水平的提高，促进了人民消费能力的大幅提升。1952 年全国居民人均消费水平为 80 元，2018 年增至 19853 元，其中，城镇居民人均消费支出 26112 元，农村居民人均消费支出 12124 元。1952 年社会消费品零售总额 276.8 亿元，2018 年增加到 380987 亿元，其中城镇消费品零售额 325637 亿元，乡村消费品零售额 55350 亿元。[③]

中华人民共和国成立之初，城镇居民用于吃和穿的开支占到全部生活费支出的 80%，农村居民更高达 90% 以上。1978 年，城镇和农村居民家庭恩格尔系数分别为 57.5% 和 67.7%。2018 年，中国恩格尔系数降至 28.4%，其中城镇降至 27.7%，农村降至 30.1%。这意味着人民经济、社会和文化权

---

① 国家统计局：《中华人民共和国 2018 年国民经济和社会发展统计公报》，《人民日报》，2019 年 3 月 1 日第 10 版。

② 国家统计局：《中华人民共和国 2018 年国民经济和社会发展统计公报》，《人民日报》，2019 年 3 月 1 日第 10 版。

③ 国家统计局：《2018 年经济运行保持在合理区间　发展的主要预期目标较好完成》，国家统计局网站，2019 年 1 月 21 日。

利需求更加广泛多样。1949 年，中国固定电话用户为 21.8 万户，1978 年升至 192.5 万户。2018 年，全国电话用户总数 174835 万户，其中移动电话用户 156610 万户。移动电话普及率 112.2 部 / 百人。固定互联网宽带接入用户 40738 万户，其中固定互联网光纤宽带接入用户 36833 万户；移动宽带用户 130565 万户；全年移动互联网用户接入流量 711 亿 GB。2018 年，全国民用汽车保有量 24028 万辆（包括三轮汽车和低速货车 906 万辆），其中私人汽车保有量 20730 万辆。民用轿车保有量 13451 万辆，其中私人轿车 12589 万辆。2018 年，中国国内游客 55.4 亿人次，国内居民出境 16199 万人次，其中因私出境 15502 万人次。①

中国的人类发展指数大幅提高，从 1980 年的 0.423 提高到 2017 年的 0.752，逐步从低人类发展水平国家跃升至高人类发展水平国家。在 1990 年处于低人类发展水平组别的 47 个国家中，中国是目前唯一跻身高人类发展水平组的国家。②

二、加强法治建设，为经济、社会和文化权利提供可靠的制度保障

为了对公民享有经济、政治和文化权利予以更严格的制度保障，中国加入了联合国和国际劳工组织一系列保障经济、社会和文化权利的国际公约，全国人民代表大会及其常务委员会制定了一系列保障经济、社会和文化权利的法律，国务院制定了一系列保障经济、社会和文化权利的行政法规，国务院各部门制定了相应的规章，地方人民代表大会和地方政府也制定了相应的地方法规和规章。

---

① 国家统计局：《中华人民共和国 2018 年国民经济和社会发展统计公报》，《人民日报》，2019 年 3 月 1 日第 10 版。

② 国务院新闻办公室：《改革开放 40 年中国人权事业的发展进步》（白皮书），《人民日报》，2018 年 12 月 3 日第 13—15 版。

（一）加入有关经济、社会和文化权利保障的国际公约

中国先后批准加入了联合国一系列有关经济、社会和文化权利保障的国际公约，如表 2–1 所示。

表 2–1　中国加入的保障经济、社会和文化权利的联合国公约

编号	公约名称	批准或加入时间
1	《残疾人职业康复和就业公约》	1987 年 9 月 5 日
2	《男女工人同工同酬公约》	1990 年 9 月 7 日
3	《就业政策公约》	1997 年 5 月 9 日
4	《准予就业最低年龄公约》	1998 年 12 月 29 日
5	《经济、社会及文化权利国际公约》	2001 年 2 月 28 日
6	《禁止和立即行动消除最有害的童工形式公约》	2002 年 8 月 8 日
7	《消除就业和职业歧视公约》	2005 年 8 月 28 日

此外，中国政府还于 1984 年承认了国民党政府时期批准的 14 个国际劳工公约，其中包括《确定准许儿童在海上工作的最低年龄公约》《农业工人的集会结社权公约》《工业企业中实行每周休息公约》《确定准许使用未成年为扒炭工或司炉工的最低年龄公约》《在海上工作的儿童及未成年人的强制体格检查公约》《本国工人与外国工人关于事故赔偿的同等待遇公约》《海员协议条款公约》《海员遣返公约》《制订最低工资确定办法公约》《航运的重大包裹标明重量公约》《船舶装卸工人伤害防护公约》《各种矿场井下劳动使用妇女公约》《确定准许使用儿童于工业工作的最低年龄公约》《最后条款修正公约》。中国政府还于 1990 年批准了《三方协商促进贯彻国际劳工标准公约》，2001 年批准了《劳动行政管理公约》。

（二）国家制定的保障经济、社会和文化权利的主要法律

国家制定了一系列保障经济、社会和文化权利的法律，主要法律如表 2–2 所示。

表 2–2　国家制定的保障经济、社会和文化权利的主要法律

权利	法律名称	通过年份	法律名称	通过年份
工作权	《工会法》	1992	《公务员法》	2005
	《矿山安全法》	1992	《劳动合同法》	2007
	《劳动法》	1994	《就业促进法》	2007
	《职业病防治法》	2001	《劳动争议调解仲裁法》	2007
	《安全生产法》	2002		
社会保障权	《社会保险法》	2010	《军人保险法》	2012
健康权	《药品管理法》	1984	《执业医师法》	1998
	《国境卫生检疫法》	1986	《人口与计划生育法》	2001
	《红十字会法》	1993	《传染病防治法》	1989
	《母婴保健法》	1994	《食品安全法》	2009
	《体育法》	1995	《精神卫生法》	2012
	《献血法》	1997	《中医药法》	2016
教育权	《义务教育法》	1986	《职业教育法》	1996
	《教育法》	1995	《高等教育法》	1998
	《教师法》	1993	《民办教育促进法》	2002
文化权利	《文物保护法》	1982	《非物质文化遗产法》	2011
	《著作权法》	1990	《公共文化服务保障法》	2016
	《国家通用语言文字法》	2000	《公共图书馆法》	2017
环境权利	《海洋环境保护法》	1982	《节约能源法》	1997
	《水污染防治法》	1984	《气象法》	1999
	《森林法》	1984	《防沙治沙法》	2001
	《草原法》	1985	《海域使用管理法》	2001
	《土地管理法》	1986	《清洁生产促进法》	2002

续表

权利	法律名称	通过年份	法律名称	通过年份
环境权利	《渔业法》	1986	《环境影响评价法》	2002
	《矿产资源法》	1986	《放射性污染防治法》	2003
	《大气污染防治法》	1987	《可再生能源法》	2005
	《水法》	1988	《城乡规划法》	2007
	《野生动物保护法》	1988	《循环经济促进法》	2008
	《环境保护法》	1989	《环境保护税法》	2016
	《水土保持法》	1991	《核安全法》	2017
	《固体废物污染环境防治法》	1995	《土壤污染防治法》	2018
	《环境噪声污染防治法》	1996		

（三）国务院制定的保障经济、社会和文化权利的主要法规

为了更好地保障公民享有经济、社会和文化权利，国务院制定了大量的行政法规，如表 2–3 所示。

表 2–3　国务院制定的保障经济、社会和文化权利的主要法规

权利	行政法规名称
基本生活水准权	《城市居民最低生活保障条例》《农村五保供养工作条例》《社会救助暂行办法》《城市供水条例》《住房公积金管理条例》《志愿服务条例》《城市生活无着的流浪乞讨人员救助管理办法》
工作权	《煤矿安全监察条例》《使用有毒物品作业场所劳动保护条例》《安全生产许可证条例》《建设工程安全生产管理条例》《特种设备安全监察条例》《农业机械安全监督管理条例》《生产安全事故报告和调查处理条例》《民用核安全设备监督管理条例》《国务院关于特大安全事故行政责任追究的规定》《职工带薪年休假条例》《劳动合同法实施条例》《劳动保障监察条例》《残疾人就业条例》《女职工劳动保护特别规定》《禁止使用童工规定》《国务院关于职工工作时间的规定》《国务院关于职工探亲待遇的规定》《军队转业干部安置暂行办法》《事业单位人事管理条例》《公务员职务与级别管理规定》

续表

权利	行政法规名称
社会保障权	《工伤保险条例》《失业保险条例》《社会保险费征缴暂行条例》《全国社会保障基金条例》
健康权	《食品安全法实施条例》《药品管理法实施条例》《国境卫生检疫法实施细则》《医疗机构管理条例》《血液制品管理条例》《医疗事故处理条例》《中医药条例》《突发公共卫生事件应急条例》《反兴奋剂条例》《疫苗流通和预防接种管理条例》《麻醉药品和精神药品管理条例》《艾滋病防治条例》《公共场所卫生管理条例》《血吸虫病防治条例》《人体器官移植条例》《护士条例》《全民健身条例》《医疗器械监督管理条例》《乳品质量安全监督管理条例》《中药品种保护条例》《病原微生物实验室生物安全管理规定》《乡村医生从业管理条例》《医疗用毒性药品管理办法》《放射性药品管理办法》
教育权	《普通高等学校设置暂行条例》《高等教育自学考试暂行条例》《扫除文盲工作条例》《教学成果奖励条例》《残疾人教育条例》《教师资格条例》《中外合作办学条例》《社会力量办学条例》《民办教育促进法实施条例》《校车安全管理条例》《教育督导条例》《学位条例暂行实施办法》《幼儿园管理条例》
文化权利	《专利法实施细则》《著作权法实施条例》《国家自然科学基金条例》《国家科学技术奖励条例》《合理化建议和技术改进奖励条例》《著作权集体管理条例》《文物保护法实施条例》《传统工艺美术保护条例》《长城保护条例》《水下文物保护管理条例》《历史文化名城名镇名村保护条例》《计算机软件保护条例》《信息网络传播权保护条例》《营业性演出管理条例》《博物馆条例》《公共文化体育设施条例》《互联网上网服务营业场所管理条例》《广播电台电视台播放录音制品支付报酬暂行办法》
环境权利	《水产资源繁殖保护条例》《海洋石油勘探开发环境保护管理条例》《自然保护区条例》《太湖流域管理条例》《退耕还林条例》《公共机构节能条例》《民用建筑节能条例》《消耗臭氧层物质管理条例》《民用核安全设备监督管理条例》《核材料管理条例》《濒危野生动植物进出口管理条例》《野生植物保护条例》《水污染防治法实施细则》《全国污染源普查条例》《防治陆源污染物污染损害海洋环境管理条例》《防治船舶污染海洋环境管理条例》《畜禽规模养殖污染防治条例》《放射性同位素与射线装置安全和防护条例》《防治海洋工程建设项目污染损害海洋环境管理条例》《防治海岸工程建设项目污染损害海洋环境管理条例》《城镇排水与污水处理条例》《废弃电器电子产品回收

续表

权利	行政法规名称
环境权利	处理管理条例》《淮河流域水污染防治暂行条例》《防止拆船污染环境管理条例》《医疗废物管理条例》《海洋倾废管理条例》《放射性物品运输安全管理条例》《放射性废物安全管理条例》《危险化学品安全管理条例》《农药管理条例》《规划环境影响评价条例》《建设项目环境保护管理条例》《取水许可和水资源费征收管理条例》《排污费征收使用理条例》《资源税暂行条例》《气象灾害防御条例》《地质灾害防治条例》《气象设施和气象探测环境保护条例》《国家突发环境事件应急预案》《核电厂核事故应急管理条例》

（四）各部委发布的保障经济、社会和文化权利的规章

国务院所属各部委办会发布一些更具体的规章来保障经济、社会和文化权利的落实。

民政部发布了一系列保障基本生活水准权利和社会保障权利的部门规章，其中包括《儿童福利机构管理办法》《社会福利机构管理暂行办法》《城市生活无着的流浪乞讨人员救助管理办法实施细则》《伤残抚恤管理办法》《养老机构管理办法》《慈善组织公开募捐管理办法》《军队无军籍退休退职职工服务管理办法》等。

住房和城乡建设部（原建设部）发布了保障基本生活水准权利中基本住房权和饮用水权的部门规章，其中包括《公共租赁住房管理办法》《商品房屋租赁管理办法》《廉租住房保障办法》《城市房屋租赁管理办法》《城市供水水质管理规定》《生活饮用水卫生监督管理办法》《城市公厕管理办法》等。

人力资源和社会保障部（原劳动部、劳动和社会保障部、人事部）发布了一系列保障工作权利和社会保障权利的部门规章，其中包括《企业年金试行办法》《企业年金基金管理办法》《企业职工生育保险试行办法》《社会保险基金先行支付暂行办法》《社会保险行政争议处理办法》《社会保险基金行政监督办法》《社会保险稽核办法》《社会保险基金监督举报工作管理办法》《社会保险费征缴监督检查办法》《社会保险登记管理暂行办法》《企业职工患病或非因工负伤医疗期规定》《工伤职工劳动能力鉴定管理办法》《工伤保

险辅助器具配置管理办法》《工伤认定办法》《未成年工特殊保护规定》《劳动人事争议仲裁办案规则》《劳动人事争议仲裁组织规则》《人力资源社会保障行政复议办法》《事业单位公开招聘违纪违规行为处理规定》《劳动监察员管理办法》《台湾香港澳门居民在内地就业管理规定》《外国人在中国就业管理规定》《公务员录用规定》《事业单位公开招聘人员暂行规定》《集体合同规定》《最低工资规定》《企业职工带薪年休假实施办法》《工资集体协商试行办法》《工资支付暂行规定》《专业技术人员继续教育规定》《中外合作职业技能培训办学管理办法》等。

国家卫生健康委员会（原卫生部、国家人口和计划生育委员会、国家卫生和计划生育委员会）发布了一系列保障健康权的部门规章，其中包括《医师执业注册管理办法》《医疗质量管理办法》《院前医疗急救管理办法》《人体捐献器官获取与分配管理规定（试行）》《新食品原料安全性审查管理办法》《职业病诊断与鉴定管理办法》《结核病防治管理办法》《性病防治管理办法》《医疗机构临床用血管理办法》《抗菌药物临床应用管理办法》《地方卫生标准工作管理规范》《医疗器械召回管理办法》《铁路运营食品安全管理办法》等。

教育部（原国家教育委员会）发布了一系列保障教育权的部门规章，其中包括《幼儿园工作规程》《小学管理规程》《特殊教育学校暂行规程》《普通高等学校学生管理规定》《民办高等学校办学管理若干规定》《独立学院设置与管理办法》《中小学幼儿园安全管理办法》《中外合作办学条例实施办法》《学校艺术教育工作规程》《〈教师资格条例〉实施办法》《中小学教师继续教育规定》《教育督导暂行规定》《普通高等学校教育评估暂行规定》《关于坚决制止中小学乱收费的规定》《普通中小学校督导评估工作指导纲要》《中小学教师职业道德规范》等。

文化和旅游部（原文化部、国家旅游局）发布了一系列保护文化权利的部门规章，其中包括《艺术品经营管理办法》《互联网文化管理暂行规定》《营业性演出管理条例实施细则》《国家级文化生态保护区管理办法》《乡镇综合文化站管理办法》《国家级非物质文化遗产项目代表性传承人认定与管理暂行办法》《世界文化遗产保护管理办法》《美术品经营管理办法》《文物保护工程管理办法》《文化科技项目管理办法》《文化部科学技术进步奖励办法》《文化科技工作管理办法》等。

生态环境部（原城乡建设环境保护部、国务院环境保护委员会、国家环境保护局、国家环境保护总局、环境保护部）发布了一系列保障环境权利的部门规章，其中包括《全国环境监测管理条例》《环境监察办法》《环境行政执法后督察办法》《环境行政复议办法》《环境信访办法》《环境影响评价公众参与办法》《环保举报热线工作管理办法》《建设项目环境影响后评价管理办法（试行）》《建设项目环境影响评价资质管理办法》《环境保护公众参与办法》《突发环境事件应急管理办法》《突发环境事件调查处理办法》《突发环境事件信息报告办法》《企业事业单位环境信息公开办法》《环境保护主管部门实施查封、扣押办法》《环境保护主管部门实施限制生产、停产整治办法》《环境保护主管部门实施按日连续处罚办法》《环境行政处罚办法》《限期治理管理办法（试行）》《污染源自动监控管理办法》《污染源自动监控设施现场监督检查办法》《排污许可管理办法（试行）》《医疗废物管理行政处罚办法》《环境保护行政许可听证暂行办法》《国家级自然保护区监督检查办法》《环境信息公开办法（试行）》《环境监测管理办法》《工矿用地土壤环境管理办法（试行）》《国家级自然保护区监督检查办法》《农用地土壤环境管理办法（试行）》《污染地块土壤环境管理办法》《放射性同位素与射线装置安全许可管理办法》《放射性物品运输安全监督管理办法》《放射性固体废物贮存和处置许可管理办法》《防止含多氯联苯电力装置及其废物污染环境的规定》《畜禽养殖污染防治管理办法》《城市放射性废物管理办法》《饮用水水源保护区污染防治管理规定》《汽车排气污染监督管理办法》《防治尾矿污染环境管理规定》《电磁辐射环境保护管理办法》《消耗臭氧层物质进出口管理办法》《固体废物进口管理办法》《废弃危险化学品污染环境防治办法》《新化学物质环境管理办法》《进出口环保用微生物菌剂环境安全管理办法》《近岸海域环境功能区管理办法》《建设项目竣工环境保护验收管理办法》《病原微生物实验室生物安全环境管理办法》《电子废物污染环境防治管理办法》等。

（五）地方制定的保障经济、社会和文化权利的法规和规章

地方立法是人权法律保障的一个重要方面。《中华人民共和国宪法》第一百条规定："省、直辖市的人民代表大会和它们的常务委员会，在不同宪法、法律、行政法规相抵触的前提下，可以制定地方性法规，报全国人民代表大会常务委员会备案。" 2015 年修订的《地方各级人民代表大会和地方各级人民政府组织法》第四十三条进一步规定："省、自治区、直辖区的人民代表大会常务委员会……根据本行政区域的具体情况和实际需要，在不同宪法、法律、行政法规相抵触的前提下，可以制定和颁布地方性法规……设区的市的人民代表大会常务委员会……根据本市的具体情况和实际需要，在不同宪法、法律、行政法规和本省、自治区的地方性法规相抵触的前提下，可以制定地方性法规。" 2015 年修订的《立法法》用第四专章详细规定了各级地方人民代表大会及常务委员会的立法权限。

地方政府依法根据各地的实际情况制定了有关保障经济、社会和文化权利的地方法规和规章。

在基本生活水准权利保障方面，地方政府制定了相应的地方法规。主要包括：（1）根据本地区经济发展水平制定了最低生活保障办法及实施细则；（2）制定有关廉租房等保障基本住房的法规和规章，如《北京市城市廉租住房管理办法》《天津市基本住房保障管理办法》等；（3）制定了大量有关食品安全的管理法规和规章，如《北京市食品安全条例》《河北省食品安全监督管理规定》等；（4）制定了饮用水管理的法规和规章，如《北京市生活饮用水卫生监督管理条例》《上海市生活饮用水卫生监督管理办法》等。

在工作权利保障方面，地方政府制定了多方面的地方法规。（1）在就业促进方面，山东省制定了全国第一部就业促进地方性法规，此后各地相继出台了相关法规。（2）在保障工作安全和卫生方面，以上海市为例，上海市颁布了《上海市女职工劳动保护办法》《上海市工厂企业重大工伤事故调查处理的规定》等多部法规和规章。（3）在获得公平报酬方面，各地均颁布了劳动合同条例及实施细则，保障劳动者的合法权益。（4）在休息权方面，多个

少数民族地区按照《全国年节及纪念日放假办法》的规定，根据本民族习惯制定放假办法，如《广西壮族自治区少数民族习惯节日放假办法》规定，“壮族三月三”是本自治区少数民族习惯节日，本自治区内全体公民放假2天。《新疆维吾尔自治区少数民族习惯节日放假办法》规定，肉孜节全区各族干部职工放假1天，古尔邦节全区各族干部职工放假3天。

在社会保障权利的保障方面，各地政府制定了有关社会保障的法规和规章。如上海市颁布了《上海市职工基本医疗保险办法》《上海市城镇生育保险办法》《上海市农村社会养老保险办法》《上海市城镇职工养老保险办法》《上海市工伤保险实施办法》《上海市失业保险办法》等。

在健康权利保障方面，各地均制定了大量有关医疗卫生的地方性法规和政府规章。以上海市为例，制定了《上海市职业病防治条例》《上海市精神卫生条例》《上海市艾滋病防治办法》《上海市发展中医条例》《上海市献血条例》《上海市母婴保健条例》等多部地方性法规。

在教育权利保障方面，各地均制定了有关教育的地方性法规和政府规章。以上海市为例，制定了《上海市终身教育促进条例》《上海市中小学学籍管理办法》《上海市政府助学奖学金管理办法》《上海市教学成果奖励办法》《上海市教育督导规定》等多部地方性法规和规章。

在文化权利保障方面，各地均出台了有关出版、广播电影电视、互联网、文化基础设施建设方面的地方性法规和规章，主要包括：（1）制定科学技术奖励办法，以保障公民参加文化活动的权利；（2）制定保障本地公共文化产品和服务供给的地方性法规和规章，使公民充分享受文化发展利益，如《北京市图书馆条例》《上海市公共文化馆管理办法》《上海市公共图书馆管理办法》等；（3）多个地方出台有关著作权保护的地方性法规和规章，如《广西壮族自治区著作权管理条例》《山东省著作权保护条例》《安徽省著作权管理办法》《上海市著作权管理若干规定》等；（4）在集体文化权利方面，各地有传统工艺美术保护办法，根据本地实际情况出台有关文物保护的地方性法规和政府规章，如《上海市文物保护条例》《吉林省文物保护管理条例》《山东省文物保护条例》《福州市海域水下文物保护若干规定》等。

在环境权保障方面，地方政府制定了大量保障环境权的地方性法规和规章，涉及污染治理、节能减排、危险品管理、自然保护区管理、环境综合治理等方面。以上海市为例，制定了《上海市环境保护条例》《上海市社会生活噪音污染防治办法》《上海市危险废物污染防治法》《上海市建筑节能减排管理办法》《上海市长江口中华鲟自然保护区管理办法》等。

三、采取积极的政策措施，促进经济、社会和文化权利保障落到实处

经济、社会和文化权利的保障不能仅仅依靠法律规范，还有赖于政府制定具体的政策措施才能落到实处。特别是中国特色社会主义制度在探索、转型的过程中，政府制定的具体政策措施对于落实经济、社会和文化权利保障具有特别重要的意义。

中国保障经济、社会和文化权利的政策措施有多种形式，包括执政党的重要文件，国家制定的规划和行动计划，政府发布的指导意见、规定、办法和通知，开展的专项行动，以及建立的具体保障机制等。

（一）执政党的报告和决定

中国现行宪法规定了中国共产党的长期执政地位，因此党关于国家发展和改革的重要文件为经济、社会和文化权利保障政策的制定提供了重要的指导原则。它突出体现在党的各次代表大会的报告和决定中关于经济、社会和文化权利保障的论述。

党的历次代表大会报告中，都包含有保障经济、社会和文化权利的内容。例如，中共十八大报告就提出，要“多谋民生之利，多解民生之忧，解决好人民最关心最直接最现实的利益问题，在学有所教、劳有所得、病有所医、老有所养、住有所居上持续取得新进展，努力让人民过上更好生活”。十九大报告进一步提出：“坚持在发展中保障和改善民生。……在发展中补齐民生短板、促进社会公平正义，在幼有所育、学有所教、劳有所得、病有所医、老有所养、住有所居、弱有所扶上不断取得新进展，深入开展脱贫攻坚，保证全体人民在共建共享发展中有更多获得感，不断促进人的全面发展、全体人民共同富裕。”

执政党作出的一些重要决定中也包含有保障经济、社会和文化权利的内容。如中共十二届三中全会通过的《中共中央关于经济体制改革的决定》，中共十四届三中全会通过的《中共中央关于建立社会主义市场经济体制若干问题的决定》，中共十六届三中全会通过的《中共中央关于完善社会主义市场经济体制若干问题的决定》，中共十八届三中全会通过的《中共中央关于全面深化改革若干重大问题的决定》，中共十八届四中全会通过的《中共中央关于全面推进依法治国若干重大问题的决定》，都包含着关于保障经济、社会和文化权利的内容。

（二）国家制定的规划和行动计划

中国先后于 2009 年、2012 年和 2016 年制定了三期国家人权行动计划。在各期的行动计划中，都对经济、社会和文化权利保障提出了目标要求和具体指标。《国家人权行动计划（2009—2010 年）》提出："国家将采取积极有效的措施，努力克服国际金融危机带来的消极影响，切实保障全体社会成员的经济、社会和文化权利。"[①]《国家人权行动计划（2012—2015 年）》提出的目标包括"全面保障经济、社会和文化权利。采取积极措施，更有效地保障全体社会成员的工作权利、基本生活水准权利、社会保障权利、健康权利、受教育权利、文化权利、环境权利，努力使全体人民学有所教、劳有所得、病有所医、老有所养、住有所居，使发展成果更好地惠及全体人民"[②]。《国家人权行动计划（2016—2020 年）》提出："全面保障经济、社会和文化权利。普遍提升人民生活水平和质量；健全公共服务体系，提升服务均等化水平；全力实施脱贫攻坚，实现现行标准下的贫困人口全部脱贫；有效保护产权；总体改善生态环境质量；努力使发展机会更加公平，发展成果更加均等地惠及全民，使全体人民在共建共享发展中有更多获得感。"[③]

同时，国家还制定国民经济和社会发展五年规划，国务院各部委会制定各种专项计划，各地政府也会制定相应的五年规划和专项计划。在这些规划

① 国务院新闻办公室：《国家人权行动计划（2009—2010 年）》，外文出版社 2009 年版，第 6 页。
② 国务院新闻办公室：《国家人权行动计划（2012—2015 年）》，人民出版社 2012 年版，第 4 页。
③ 国务院新闻办公室：《国家人权行动计划（2016—2020 年）》，人民出版社 2016 年版，第 3 页。

和计划中，都包含着大量保障经济、社会和文化权利的内容。

（三）政府发布指导意见、规定、办法和通知

针对在经济、社会和文化权利保障方面存在的一些具体问题，国务院、有关部委和各地政府会发布专门的指导意见、规定、办法和通知，促进这些问题的有效解决。例如，针对乙肝歧视，原卫生部和原劳动保障部联合发布了《关于维护乙肝表面抗原携带者的就业权利的意见》，中央组织部和原人事部印发了《公务员录用规定（试行）》，原人事部和原卫生部共同制定了《公务员录用体检通用标准（试行）》。针对农民工权利保障方面存在的问题，国务院颁布了《关于解决农民工问题的若干意见》。针对侵犯工作权利的问题，中华全国总工会印发了《工会法律援助办法》。针对食品安全问题，原国家质检总局发布了《食品召回管理规定》。为全面推进社会保障体系建设，国务院办公厅转发了人力资源和社会保障部以及财政部的《城镇企业职工基本养老保险关系转移接续暂行办法》，国务院颁布了《国务院关于开展新型农村社会养老保险试点的指导意见》。为推进住房保障制度建设制定了《国务院关于深化城镇住房制度改革的决定》和《国务院关于解决城市低收入家庭住房困难的若干意见》。为改善农村居民教育权保障，制定了《国务院关于进一步加强农村教育工作的决定》。为保障公民平等享受文化成果的权利，中宣部、财政部、原文化部和国家文物局联合发布了《关于全国博物馆、纪念馆免费开放的通知》。在环境权利保护方面，国务院办公厅转发了原环保总局、发展改革委、财政部、原建设部和水利部共同制定的《关于加强重点湖泊水环境保护工作的意见》，全国人大常委会法制工作委员会印发了《对违法排污行为适用行政拘留处罚问题的意见》，国家发展和改革委员会会同有关部门制定了《节能减排综合性工作方案》，等等。这些指导意见、规定、办法和通知对于遏制一些突出的经济、社会和文化权利问题能够产生积极的效果。

（四）政府开展专项行动和专项工程

政府会针对在经济、社会和文化权利方面存在的一些突出问题在一段时间开展集中打击和整治行动，它通常是由国务院或相关部委单独或联合

开展的。例如，为解决农村饮水困难而实施的雨水集流工程、“渴望工程”、饮水解困工程、农村饮水安全工程等。为帮助贫困人口摆脱贫困而开展的各种精准扶贫、脱贫攻坚专项行动。为帮助农民工就业而开展的“春风行动”。针对安全生产方面出现的问题，在重点行业和领域开展了安全生产隐患排查治理的专项行动。针对拖欠农民工工资问题而开展的农民工工资支付专项检查。为促进劳动者权益获得合同保障而开展的推进小企业劳动合同制度专项行动。针对山西省“黑砖窑”事件暴露出来的奴工问题，在全国开展了整治非法用工和打击违法犯罪行为的专项行动。针对食品、药品、医用品、化妆品安全问题，开展了全国食品药品专项整治工作、全国化妆品专项整治工作、全国奶站专项整治行动、打击违法添加非食用物质和滥用食品添加剂专项整治行动、学校食堂食品安全专项整治行动、打击非法行医专项行动和非法采供血专项整治行动。为实现西部地区基本普及九年义务教育、基本扫除青壮年文盲，开展了“两基”专项行动。为改善农村教育设施，开展了全国中小学危房改造工程、农村中小学远程教育工程。为保障农村地区居民的文化生活权利，实施了全国文化信息资源共享工程。针对侵犯知识产权行为，开展了打击侵犯知识产权和制售假冒伪劣商品专项行动、全国知识产权执法维权专项行动。针对环境污染和生态破坏的问题，开展了整治违法排污企业保障群众健康环保专项行动、全国水土保持监督执法专项行动、重金属污染企业专项检查、粉尘与高毒物品危害治理专项行动、城市饮用水水源地环保执法专项行动、打击进口废物加工利用行业环境违法行为专项行动、固体废物集散地整治专项行动、自然保护区监督检查专项行动，等等。这些专项行动对于解决那些长期积存、难以解决的“老大难”问题产生了良好的即时性效果。

（五）政府建立保障机制

相对来说，保障机制是一种更具有持续性的常效措施，它通过一种常规化的制度设置来使权利得到稳定的尊重、保护和救济。例如，针对拖欠农民工工资、侵犯农民工的劳动报酬权的问题，建立了农民工工资保证金制度和农民工工资支付监控制度。对那些在拖欠农民工工资方面有不良记录的企业，要求它们提前缴付农民工工资保证金，一旦出现拖欠现象，便可以用保证金来支付农民工工资。再有，针对企业不合理压低工人的工资和福利的问题，建立了工资集体协商制度，特别是企业、工会和政府三方集体协商的机制，从而达成劳资双方都能够接受的劳动报酬方案。

实践证明，中国保障经济、社会和文化权利的方略是非常成功的。经济发展、法治建设、积极的政策措施的三个方面是相互支持、缺一不可的。缺乏经济发展提供的物质基础，经济、社会和文化权利保障水平的提升就成了无源之水。缺乏多层次的法律制度保障，经济、社会和文化权利保障就缺乏明确的规范和边界约束。缺乏积极的政策措施，经济、社会和文化权利保障就无法落到实处。正是有了经济发展的实力支撑、法治不断健全的制度保障和积极政策措施真抓实干，才使得中国人民的经济、社会和文化权利的享受水平不断提升，在相对不长的时间里取得了突出的成就。

第二节　基本生活水准权利保障的发展

根据联合国《经济、社会及文化权利国际公约》第 11 条的规定，人人有权为他（她）自己和家庭获得相当的生活水准，包括足够的食物、衣着和住房，并能不断改进生活条件，人人享有免于饥饿的基本权利。为保障公民享有基本生活水准的权利，中国对贫困人口建立了最低生活保障制度，适时提高扶贫标准，并大力开展扶贫工作。同时，为保障适足住房权和安全饮用水的权利，采取了一系列专项行动。

一、保障基本生活水准权利的制度建设

中国建立了保障基本生活水准权利的法律制度。《中华人民共和国宪法》第四十五条规定：“中华人民共和国公民在年老、疾病或者丧失劳动能力的情况下，有从国家和社会获得物质帮助的权利。国家发展为公民享受这些权利所需要的社会保险、社会救济和医疗卫生事业。”

1999 年制定的《城市居民最低生活保障条例》规定了城市居民享受最

低生活保障的权利："持有非农业户口的城市居民，凡共同生活的家庭成员人均收入低于当地城市居民最低生活保障标准的，均有从当地人民政府获得基本生活物质帮助的权利。"（第二条）"城市居民最低生活保障标准，按照当地维持城市居民基本生活所必需的衣、食、住费用，并适当考虑水电燃煤（燃气）费用以及未成年人的义务教育费用确定。"（第六条）"城市居民最低生活保障所需资金，由地方人民政府列入财政预算，纳入社会救济专项资金支出项目，专项管理，专款专用。"（第五条）"城市居民对县级人民政府民政部门作出的不批准享受城市居民最低生活保障待遇或者减发、停发城市居民最低生活保障款物的决定或者给予的行政处罚不服的，可以依法申请行政复议；对复议决定仍不服的，可以依法提起行政诉讼。"（第十五条）

2006 年开始施行的《农村五保供养工作条例》对保障农村贫困人口的基本生活水准权利作出了具体的规定。该条例所指的"农村五保供养"是在吃、穿、住、医、葬方面给予村民的生活照顾和物质帮助。其供养的对象是无劳动能力、无生活来源又无法定赡养、抚养、扶养义务人，或者其法定赡养、抚养、扶养义务人无赡养、抚养、扶养能力的老年、残疾或者未满 16 周岁的村民。五保供养的内容包括：（1）供给粮油、副食品和生活用燃料；（2）供给服装、被褥等生活用品和零用钱；（3）提供符合基本居住条件的住房；（4）提供疾病治疗，对生活不能自理的给予照料；（5）办理丧葬事宜。

2007 年国务院发布的《关于在全国建立农村最低生活保障制度的通知》提出，通过在全国范围内建立农村最低生活保障制度，将符合条件的农村贫困人口全部纳入保障范围，稳定、持久、有效地解决全部农村贫困人口的温饱问题。农村最低生活保障对象是家庭年人均纯收入低于当地最低生活保障标准的农村居民，主要是因病残、年老体弱、丧失劳动能力以及生存条件恶劣等造成生活常年困难的农村居民。建立农村最低生活保障制度，实行地方人民政府负责制，按属地进行管理。农村最低生活保障资金的筹集以地方为主，地方各级人民政府要将农村最低生活保障资金列入财政预算，省级人民政府要加大投入。中央财政对财政困难地区给予适当补助。

为了对在城市生活无着的流浪、乞讨人员实行救助，保障其基本生活权益，完善社会救助制度制定，2003 年 6 月 18 日，国务院第 12 次常务会议决定废止 1982 年 5 月 12 日国务院发布的《城市流浪乞讨人员收容遣送办法》，同时通过了《城市生活无着的流浪乞讨人员救助管理办法》。新办法要求“县级以上城市人民政府应当根据需要设立流浪乞讨人员救助站”（第二条），根据受助人员的需要“提供符合食品卫生要求的食物；提供符合基本条件的住处；对在站内突发急病的，及时送医院救治；帮助与其亲属或者所在单位联系；对没有交通费返回其住所地或者所在单位的，提供乘车凭证”（第七条）。

二、保障基本生活水准权利的政策措施

中国是世界上人口最多的发展中国家，发展基础差、底子薄，不平衡现象突出。特别是农村贫困人口多，解决贫困问题的难度很大。中国的减贫，在很大程度上就是解决农村的贫困问题。为了保障贫困人口的生存权和发展权，中国政府从最低生活保障和扶贫开发两个方面采取了一系列积极的措施。

（一）逐步提升最低生活保障水平，保障贫困人口基本生存权

针对低收入人口生活困难问题，中共十二届三中全会关于经济体制改革的决定提出，在鼓励一部分人先富起来的同时，“必须对老弱病残、鳏寡孤独等实行社会救济，对还没有富裕起来的人积极扶持”[①]。十五大报告提出，要“实行保障城镇困难居民基本生活的政策。国家从多方面采取措施，加大扶贫攻坚力度，到本世纪末基本解决农村贫困人口的温饱问题”[②]。十六届三中全会关于完善市场经济体制的决定要求“完善城市居民最低生活保障制度，合理确定保障标准和方式”[③]。十六届六中全会关于构建和谐社会的决定提出，要“逐步建立农村最低生活保障制度……加强对困难群众的救助，完善城市低保、农村五保供养、特困户救助、灾民救助、城市生活无着的流浪乞讨人

① 《中共中央关于经济体制改革的决定》，中共中央文献研究室编：《改革开放三十年重要文献选编》（上），中央文献出版社 2008 年版，第 356 页。

② 《江泽民文选》第二卷，人民出版社 2006 年版，第 28 页。

③ 《中共中央关于完善社会主义市场经济体制若干问题的决定》，中共中央文献研究室编：《改革开放三十年重要文献选编》（下），中央文献出版社 2008 年版，第 1356 页。

员救助等制度。完善优抚安置政策”[①]。十七大报告提出，“完善城乡居民最低生活保障制度，逐步提高保障水平”，实现“绝对贫困现象基本消除”。[②]

中国政府根据国家经济发展的水平和通货膨胀的水平，逐年提高扶贫标准（见表 2–4），到 2011 年提升至 2300 元，超过了每人每天 1 美元的标准。

表 2–4 中国扶贫标准的逐年提升

单位：元

年份	贫困标准	年份	绝对贫困标准	低收入标准
1978	100	2000	625	865
1984	200	2004	668	924
1985	206	2005	683	944
1986	213	2006	693	958
1987	227	2007	785	1067
1988	236		扶贫标准	
1989	259	2008	1067	
1990	300	2009	1196	
1992	317	2010	1274	
1994	440	2011	2300	
1995	530	2012	2625	
1996	580	2013	2736	
1997	640	2014	2800	
1998	635	2015	2855	
1999	625	2016	3000	

资料来源：根据历年公开报道数据整理而成。

① 《中共中央关于构建社会主义和谐社会若干重大问题的决定》，中共中央文献研究室编：《改革开放三十年重要文献选编》（下），中央文献出版社 2008 年版，第 1650 页。

② 胡锦涛：《高举中国特色社会主义伟大旗帜 为夺取全面建设小康社会新胜利而奋斗——在中国共产党第十七次全国代表大会上的报告》，中共中央文献研究室编：《改革开放三十年重要文献选编》（下），中央文献出版社 2008 年版，第 1732 页。

（二）开展扶贫开发，保障贫困人口的发展权

自 20 世纪 80 年代中期以来，中国政府开始有组织、有计划、大规模地开展农村扶贫开发，采取了各种专项扶贫的政策措施，包括：对 14.8 万个贫困村实行整村推进扶贫开发；加强劳动力培训；实施以劳动力转移为主要内容的“雨露计划”；开展教育扶贫、金融扶贫、科技扶贫和产业化扶贫；实施以工代赈、易地扶贫搬迁。同时，改善贫困地区的交通条件，加强贫困地区的水利建设、生态建设，开展农村危房改造，发展贫困地区的社会事业，并开展东部发达省市与西部贫困地区结对扶贫协作。

1986 年，中国成立了自上而下的专门扶贫机构，确定了开发式扶贫方针，确定了划分贫困县的标准，并划定了 273 个国家级贫困县。后来将牧区县、“三西”项目县加进来，到 1988 年增加到 328 个国家级贫困县。1994 年，国家启动“八七”扶贫攻坚计划，划定的国家级贫困县增至 592 个。2001 年，政府制定的《中国农村扶贫开发纲要（2001—2010 年）》取消了沿海发达地区的所有国家级贫困县，增加了中西部地区的贫困县数量，总数仍然是 592 个，同时将国家级贫困县改称为扶贫开发工作重点县。

中国政府先后制定了一系列扶贫开发的纲要和规划，如《国家八七扶贫攻坚计划》《中国农村扶贫开发纲要（2001—2010 年）》《中国农村扶贫开发纲要（2011—2020 年）》《集中连片特困地区交通建设扶贫规划纲要（2011—2020 年）》《全国水利扶贫规划》《易地扶贫搬迁“十二五”规划》《全国游牧民定居工程建设“十二五”规划》等，并实施了教育扶贫工程。

2011 年 12 月，中共中央、国务院印发了《中国农村扶贫开发纲要（2011—2020 年）》，确定了扶贫开发的总体目标，即到 2020 年，稳定实现扶贫对象不愁吃、不愁穿，保障其义务教育、基本医疗和住房。贫困地区农民人均纯收入增长幅度高于全国平均水平，基本公共服务主要领域指标接近全国平均水平，扭转发展差距扩大趋势。

2012 年 7 月 25 日，国家发展和改革委员会印发了《易地扶贫搬迁“十二五”规划》，其实施范围包括中西部地区（不含新疆和西藏），重点是国家确定的集中连片特困地区，兼顾连片特困地区外的国家扶贫开发工作重

点县和国家明确的其他贫困地区，目标是对 240 万生存条件恶劣地区的农村贫困人口实施易地扶贫搬迁，年均搬迁 48 万人。易地扶贫搬迁的对象是生存在环境恶劣、不具备基本生产和发展条件、“一方水土养不活一方人”的深山区、石山区、荒漠区、地方病多发区等地区的农村贫困人口。①

2012 年 8 月，国务院扶贫办、国家发展改革委、教育部、财政部、国土资源部、住房城乡建设部、交通运输部、水利部、农业部、卫生部、国家广电总局、国家林业局联合发布《扶贫开发整村推进“十二五”规划》。中西部 21 个省（区、市）的 30000 个贫困村的整村推进建设内容主要包括特色优势产业培育、基础设施建设、生态建设和环境保护、公共服务和社会事业建设共 4 类 17 项。西藏自治区的 200 个贫困乡镇的整乡推进建设任务包括基础设施建设项目、产业开发建设项目、社会事业发展项目、村容村貌改善项目四个方面的内容。

此外，原卫生部发布了《“十二五”期间卫生扶贫工作指导意见》，确定了新一轮卫生扶贫的范围，以及“十二五”期间贫困地区 10 项基本医疗任务。原国土资源部发布了《支持集中连片特殊困难地区区域发展与扶贫攻坚的若干意见》，针对国务院确定的 21 个省（区、市）的 680 个贫困区提出 18 项具体扶贫措施。水利部组织编制并印发了《全国水利扶贫规划》，明确到 2020 年实现贫困地区水利基础设施公共服务能力达到或接近全国平均水平，解决规划区 9679 万农村人口饮水安全问题。交通运输部发布了《集中连片特困地区交通建设扶贫规划纲要（2011—2020 年）》，明确提出“县县通二级公路、村村通油路、村村通班车”的目标。

2015 年 11 月 29 日，中共中央、国务院发布了关于打赢脱贫攻坚战的决定，明确脱贫攻坚的目标标准，确立精准扶贫精准脱贫的基本方略，建立中国特色的脱贫攻坚制度体系，全面推进精准扶贫重点工作。中共十九大提出坚决打赢脱贫攻坚战的战略目标，中共中央、国务院印发《关于打赢脱贫

① 《国家发展改革委关于印发〈易地扶贫搬迁“十二五”规划〉的通知》，国家发展改革委官网，2012 年 7 月 25 号。

攻坚战三年行动的指导意见》，把精准脱贫作为决胜全面建成小康社会必须打好的三大攻坚战之一，并庄严承诺确保到 2020 年中国现行标准下农村贫困人口实现脱贫、让贫困人口和贫困地区同全国一道进入全面小康社会。[①]

（三）建立住房保障制度，保障公民适足住房权

中国曾长期实行计划经济体制，城市住房实行“政府计划、单位分配”。为了更充分满足人民的住房需求，中国在 20 世纪 90 年代初开始推行住房市场化改革，逐步取消福利分房制度，实行住房分配货币化。1992 年中共十四大报告提出“推进住房制度改革”[②]。1993 年中共十四届三中全会关于建立社会主义市场经济体制的决定进一步提出“加快城镇住房制度改革，控制住房用地价格，促进住房商品化和住房建设的发展”[③]。

住房商品化极大地改善了居民的住房条件，但也带来了高房价的问题。为解决城市中低收入住房困难家庭的住房问题，中国政府开展了保障性住房建设。保障形式包括廉租房在内的公共租赁住房、包括经济适用房在内的政策性产权房和各类棚户区改造安置房等实物住房保障，以及租金补贴。廉租住房是针对具有城镇常住居民户口的最低收入家庭；经济适用房是面向城市低收入住房困难家庭；公共租赁住房主要是针对城市中等偏下收入住房困难家庭。棚户区改造是对国有林区、垦区、中西部地区中央下放地方煤矿的棚户区和采煤沉陷区民房的搬迁维修改造工程。住房保障制度逐渐由仅覆盖城镇户籍家庭扩展到覆盖全部常住人口，地级以上城市均制定了外来务工人员申请住房保障的条件、程序和轮候规则。

1994 年，《国务院关于深化城镇住房制度改革的决定》提出，建立以中

① 国务院新闻办公室：《改革开放 40 年中国人权事业的发展进步》（白皮书），《人民日报》，2018 年 12 月 13 日第 13—15 版。

② 江泽民：《加快改革开放和现代化建设步伐 夺取有中国特色社会主义事业的更大胜利——在中国共产党第十四次全国代表大会上的报告》，中共中央文献研究室编：《改革开放三十年重要文献选编》（上），中央文献出版社 2008 年版，第 661 页。

③《中共中央关于建立社会主义市场经济体制若干问题的决定》，中共中央文献研究室编：《改革开放三十年重要文献选编》（上），中央文献出版社 2008 年版，第 738 页。

低收入家庭为对象、具有社会保障性质的经济适用住房供应体系和以高收入家庭为对象的商品房供应体系；建立住房公积金制度，发展住房金融和住房保险；建立政策性和商业性并存的住房信贷体系。1998 年，《国务院关于进一步深化城镇住房制度改革加快住房建设的通知》提出，建立和完善以经济适用住房为主的住房供应体系。最低收入家庭租赁由政府或单位提供的廉租住房；中低收入家庭购买经济适用住房；其他高收入家庭购买、租赁市场价商品住房。2006 年中共十六届六中全会关于构建和谐社会的决定提出，“加快廉租住房建设，规范和加强经济适用房建设，逐步解决城镇低收入家庭住房困难”①。2007 年中共十七大报告提出“健全廉租住房制度,加快解决城市低收入家庭住房困难”②。2013 年中共十八届三中全会关于全面深化改革的决定提出，“健全符合国情的住房保障和供应体系，建立公开规范的住房公积金制度，改进住房公积金提取、使用、监管机制”，“把进城落户农民完全纳入城镇住房和社会保障体系”。③2017 年中共十九大报告提出：“坚持房子是用来住的、不是用来炒的定位，加快建立多主体供给、多渠道保障、租购并举的住房制度，让全体人民住有所居。”④

2004 年 5 月 13 日开始实施的《经济适用住房管理办法》严格界定了经济适用房是具有保障性质的政策性商品房，严禁将经济适用房项目变成商品房项目，规定对经济适用房的户型标准、供应对象及销售价格等进行了严格限制。2006 年 5 月，考虑到经济适用房制度的弊端，建设部有关部门会同相关政策研究机构，对住房保障体系作出了重新审视和调研并最终形成结论：

---

① 《中共中央关于构建社会主义和谐社会若干重大问题的决定》，中共中央文献研究室编：《改革开放三十年重要文献选编》（下），中央文献出版社 2008 年版，第 1650 页。

② 胡锦涛：《高举中国特色社会主义伟大旗帜　为夺取全面建设小康社会新胜利而奋斗——在中国共产党第十七次全国代表大会上的报告》，中共中央文献研究室编：《改革开放三十年重要文献选编》（下），中央文献出版社 2008 年版，第 1733 页。

③ 《中共中央关于全面深化改革若干重大问题的决定》，《人民日报》，2013 年 11 月 16 日。

④ 习近平：《决胜全面建成小康社会　夺取新时代中国特色社会主义伟大胜利——在中国共产党第十九次全国代表大会上的报告》，《人民日报》，2017 年 10 月 28 日。

我国的住房保障体系需要调整。具体的操作方法是，将目前的中低收入人群再次进行细分，廉租房、经济适用房、限价商品房共存，并针对不同的细分对象提供不同层次的住房保障产品。2007 年 8 月 1 日，国务院常务会议讨论并原则通过《国务院关于解决城市低收入家庭住房困难的若干意见》，提出要加快建立健全以廉租住房制度为重点、多渠道解决城市低收入家庭住房困难的政策体系，为住房困难的低保家庭和无力购买经济适用住房的低收入家庭发放租赁补贴或提供廉租住房。2010 年 6 月 12 日，住房和城乡建设部等七部门联合发布了《关于加快发展公共租赁住房的指导意见》，旨在解决城市中等偏低收入家庭住房困难。公共租赁住房供应对象主要是城市中等偏下收入住房困难家庭。有条件的地区，可以将新就业职工和有稳定职业并在城市居住一定年限的外来务工人员纳入供应范围。

（四）开展农村饮用水工程，保障农村居民饮水权

饮水困难和饮水不安全是威胁农村居民基本生活和健康的两大因素。中国政府为了保障农村居民的饮水权，将解决饮水困难和饮水安全列入政策议程，制定了具体规划，并采取了切实有效的措施，使农村居民的饮水状况得到大幅改善。

1. 解决饮水困难问题

20 世纪 70—80 年代，解决农村饮水问题正式列入政府工作议事日程，采取以工代赈的方式和在小型农田水利补助经费中安排专项资金等措施支持农村解决饮水困难。1983 年，国务院批转了《改水防治地方性氟中毒暂行办法》，1984 年批转了《关于加速解决农村人畜饮水问题的报告》以及《关于农村人畜饮水工作的暂行规定》。20 世纪 90 年代，解决农村饮水困难正式纳入国家规划。1991 年国家制定了《全国农村人畜饮水、乡镇供水 10 年规划和“八五”计划》，进一步通过财政资金和以工代赈渠道增加投入。20 世纪 90 年代后期，甘肃省实施了“121 雨水集流工程”，贵州省实施了“渴望工程”，内蒙古自治区实施了“380 饮水解困工程”，四川省安排了财政专项资金用于人畜饮水工程建设项目。到 1999 年底，全国累计解决了约 2.16 亿人的农村饮水困难问题。“十五”期间，国家编制

了《全国解决农村饮水困难“十五”规划》，实施了饮水解困、氟砷改水、应急抗旱等农村饮水工程建设项目，中央共安排国债专项资金 117 亿元，地方和群众筹资 105 亿元，解决了 6722 万农村人口的饮水问题。到 2004 年基本结束了我国农村严重缺乏饮用水的历史，提前完成了全国农村饮水解困“十五”规划的任务和目标，于是国家提出了农村饮水工作重点从饮水解困向保障饮水安全转变。

2. 解决饮水安全问题

“农村饮水安全”是指农村居民能够及时、方便地获得足量、洁净、负担得起的生活饮用水。“安全的饮用水”是指水质符合生活饮用水卫生标准，长期饮用不危害人体健康的水。中国受自然和经济、社会条件制约，农村居民饮水困难和饮水安全问题长期存在，大多数农村供水设施较为落后和简陋，自来水普及率低。根据调查评估结果，到 2004 年底，全国农村饮水不安全人口为 32280 万人，占农村人口的 34%。其中水质不安全人口为 22722 万人，占饮水不安全总人口的 70%；水量、方便程度或保证率不达标人口为 9558 万人，占饮水不安全总人口的 30%。饮水水质不达标主要包括氟超标、砷超标、苦咸水、污染水和其他饮水水质超标问题。饮水不安全人口的 78% 分布在中西部地区。①

2005 年 3 月，国务院通过《2005—2006 年农村饮水安全应急工程规划》，总投资 77.9 亿元，要求在两年内解决 2120 万农村人口饮水安全问题。2006 年 8 月，国务院通过的《全国农村饮水安全工程“十一五”规划》，要求在“十一五”期间解决 1.6 亿农村人口饮水安全问题。2012 年 3 月，国务院通过《全国农村饮水安全工程“十二五”规划》，要求在“十二五”期间解决 2.98 亿农村人口（含国有农林场）和 11.4 万所农村学校师生的饮水安全问题，使全国农村集中式供水人口比例提高到 80% 左右。②2016 年，国务院通过《农

① 《全国农村饮水安全工程“十一五”规划》（摘要），《中国水利》，2007 年第 10 期。

② 《温家宝主持召开国务院常务会议　讨论通过〈“十二五”综合交通运输体系规划〉和〈全国农村饮水安全工程“十二五”规划〉》，水利部网站，http：//gjkj.mwr.gov.cn/jdxw/201203/t20120331_595863.html。

村饮水安全巩固提升工程“十三五”规划》，要求到 2020 年，全国农村饮水安全集中供水率达到 85% 以上，自来水普及率达到 80% 以上；小型工程供水保证率不低于 90%，其他工程的供水保证率不低于 95%。

三、保障基本生活水准权利的实际效果

在旧中国，据估算，有 80% 的人长期处于饥饿、半饥饿状态，几乎每年都有几万到几十万人因饥饿而死，一遇自然灾害，更是饿殍遍野。1946 年，各地饿死 1000 万人；1947 年，全国饥民有 1 亿多人，占当时全国人口的 22%。

中华人民共和国成立 70 年来，中国共产党和中国政府采取积极的政策措施保障人民基本生活水准权利，经过多年不懈奋斗，取得了巨大成就。

最低生活保障日益完善。2018 年末，全国共有 1008 万人享受城市居民最低生活保障，3520 万人享受农村居民最低生活保障，455 万人享受农村特困人员救助供养，全年临时救助 1075 万人次。全年资助 4972 万人参加基本医疗保险，医疗救助 3825 万人次。国家抚恤、补助退役军人和其他优抚对象 861 万人。[①]

根据民政部《2018 年民政事业发展统计公报》，截至 2018 年底，全国共有农村特困人员 455.0 万人，全年支出农村特困人员救助供养资金 306.9 亿元；共有城市特困人员 27.7 万人，全年共支出城市特困人员救助供养资金 29.5 亿元。全年临时救助累计救助 1108.0 万人次，共支出临时救助资金 130.6 亿元，平均救助水平 1178.8 元 / 人次。截至 2018 年底，全国共有孤儿 30.5 万人，其中集中养育孤儿 7.0 万人，社会散居孤儿 23.5 万人，全年办理收养登记 1.6 万件，救助流浪乞讨未成年人 2.2 万人次。[②]

① 国家统计局：《中华人民共和国 2018 年国民经济和社会发展统计公报》，《人民日报》，2019 年 3 月 1 日第 10 版。

② 民政部：《2018 年民政事业发展统计公报》，民政部网站，http：//www.mca.gov.cn/article/sj/tjgb/201908/20190800018807.shtml。

截至 2018 年末，全国共有各类提供住宿的社会服务机构 3.3 万个，其中养老服务机构 3.0 万个，儿童服务机构 664 个。社会服务床位 782.4 万张，其中养老服务床位 746.3 万张，儿童服务床位 10.4 万张。年末共有社区服务中心 2.7 万个，社区服务站 14.5 万个。[①]

中国农村贫困人口显著减少，贫困发生率持续下降，贫困地区农民生产生活条件显著改善。1978 年至 2018 年，按中国现行贫困标准，中国农村的贫困人口从 7.7 亿人减少到 1660 万人，贫困发生率由 97.5% 降至 1.7%。2018 年，贫困地区农村居民人均可支配收入达到 10371 元，其中，深度贫困地区农村居民人均可支配收入 9668 元。8 个集中连片特困地区农村居民人均可支配收入 10260 元。[②] 据世界银行测算，按照人均每天支出 1.9 美元的国际贫困标准，过去 40 年中国共减少贫困人口 8.5 亿多人，对全球减贫贡献率超过 70%。[③]

饮水安全得到有效保障。实施全国重要饮用水水源地达标建设工程。2016 年将 600 余个供水人口 20 万以上地表水饮用水水源地及年供水量 2000 万立方米以上地下水饮用水水源地全部纳入《全国重要饮用水水源地名录》管理，每年开展安全状况评估。2017 年评估结果显示，99.5% 的水源地供水保证率合格，90.9% 的水源地水质合格。实施农村饮水安全工程建设。2005 年至 2015 年，全国累计解决 5.2 亿农村居民和 4700 多万农村学校师生的饮水安全问题。2016 年以来，实施农村饮水安全巩固提升工程，截至 2017 年，巩固提升受益人口 9509 万人，其中，1169 万贫困人口的饮水安全问题得到解决，全国农村集中供水率和农村自来水普及率分别达到

---

① 国家统计局 :《中华人民共和国 2018 年国民经济和社会发展统计公报》，《人民日报》，2019 年 3 月 1 日第 10 版。

② 陆娅楠 :《2018 年中国农村减贫 1386 万人》，《人民日报》(海外版)，2019 年 2 月 16 日第 3 版。

③ 国务院新闻办公室 :《改革开放 40 年中国人权事业的发展进步》(白皮书)，《人民日报》，2018 年 12 月 13 日第 13—15 版。

85% 和 80%。①

人民基本居住条件明显改善。1978 年至 2017 年，城镇居民人均住房建筑面积由 6.7 平方米增至 36.9 平方米，农村居民人均住房建筑面积由 8.1 平方米增至 46.7 平方米。国家高度重视解决困难家庭的住房问题。2008 年至 2017 年，全国城镇保障性安居工程累计开工建设约 6400 万套，通过棚户区改造帮助约 1 亿人“出棚进楼”；2017 年底，3500 多万困难群众住进公租房，累计 2000 多万困难群众领取公租房租赁补贴。中共十八大以来，加大对农村危房改造的支持力度，累计安排 1625 亿元补助资金、支持 1659 万贫困农户改造危房，帮助数千万贫困农民告别原来的破旧泥草房、土坯房、树皮房等危房，住上基本安全房。②

第三节　工作权利保障的发展

工作权利包括很多方面的内容。联合国《经济、社会及文化权利国际公约》第 6、7 条规定的工作权利主要包括下列内容：（1）人人应有机会凭其自由选择和接受的工作来谋生的权利，国家为保障这一权利应采取的行动包括技术的和职业的指导和训练，以及达到稳定的经济、社会和文化的发展和充分的生产就业的计划、政策和技术；（2）人人有权享受公正和良好的工作条件，特别要保证给予所有工人公平和得以有尊严生活的报酬，安全和卫生的工作条件，提级的同等机会，以及休息、闲暇和工作时间的合理限制。中国政府根据中国公民在工作权利方面面临的具体问题，重点在有关充分就业、防止就业歧视以及工作报酬、福利和环境等方面制定了有针对性的人权保障政策，并采取了有效的行动措施。

① 国务院新闻办公室：《改革开放 40 年中国人权事业的发展进步》（白皮书），《人民日报》，2018 年 12 月 13 日第 13—15 版。

② 国务院新闻办公室：《改革开放 40 年中国人权事业的发展进步》（白皮书），《人民日报》，2018 年 12 月 13 日第 13—15 版。

一、保障工作权利的制度建设

在中华人民共和国成立之初，中国政府就颁布了《中华人民共和国工会法》《救济失业工人暂行办法》，规定了保障劳动者权利的有关措施。1954 年宪法第九十一条明确规定 ：“中华人民共和国公民有劳动的权利。国家通过国民经济有计划的发展，逐步扩大劳动就业，改善劳动条件和工资待遇，以保证公民享受这种权利。”1982 年制定的宪法第四十二条重申了“中华人民共和国公民有劳动的权利和义务”。1994 年通过的《中华人民共和国劳动法》规定 ：“劳动者享有平等就业和选择职业的权利、取得劳动报酬的权利、休息休假的权利、获得劳动安全卫生保护的权利、接受职业技能培训的权利、享受社会保险和福利的权利、提请劳动争议处理的权利以及法律规定的其他劳动权利。”

在保障就业权方面，现行宪法第四十二条规定 ：“国家通过各种途径，创造劳动就业条件。”《中华人民共和国劳动法》第三条规定 ：“劳动者享有平等就业和选择职业的权利。”同时，该法对政府和用人单位促进劳动就业的责任作出了具体规定 ：国家采取各种措施，促进劳动就业，发展职业教育。国家通过促进经济和社会发展，创造就业条件，扩大就业机会。地方各级人民政府应当采取措施，发展多种类型的职业介绍机构，提供就业服务。国家鼓励企业、事业组织、社会团体在法律、行政法规规定的范围内兴办产业或者拓展经营，增加就业。用人单位应当依法建立和完善规章制度，保障劳动者享有劳动权利和履行劳动义务。国家支持劳动者自愿组织起来就业和从事个体经营实现就业。《中华人民共和国就业促进法》第三条规定 ：“劳动者依法享有平等就业和自主择业的权利。劳动者就业，不因民族、种族、性别、宗教信仰等不同而受歧视。”该法第十七条规定，国家鼓励企业增加就业岗位，扶持失业人员和残疾人就业，对下列企业、人员依法给予税收优惠 ：（1）吸纳符合国家规定条件的失业人员达到规定要求的企业 ；（2）失业人员创办的中小企业 ；（3）安置残疾人员达到规定比例或者集中使用残疾人的企业 ；（4）从事个体经营的符合国家规定条件的失业人员 ；（5）从事个体经营的残疾人 ；（6）国务院规定给予税收优惠的其他企业、人员。

在保障获得职业培训权利方面，现行宪法第四十二条规定："国家对就业前的公民进行必要的劳动就业训练。"劳动法第三条规定，劳动者享有"接受职业技能培训的权利"。劳动合同法第二十二条规定："用人单位为劳动者提供专项培训费用，对其进行专业技术培训的，可以与该劳动者订立协议，约定服务期。"就业促进法第五章规定，依法发展职业教育，鼓励开展职业培训，促进劳动者提高职业技能，增强就业能力和创业能力。

在保障工作条件权利方面，现行宪法第四十二条规定："国家通过各种途径……加强劳动保护，改善劳动条件。"劳动法第三条规定，劳动者享有"获得劳动安全卫生保护的权利"。该法第六章对劳动安全卫生作出了规定，具体包括用人单位必须建立、健全劳动安全卫生制度，严格执行国家劳动安全卫生规程和标准，对劳动者进行劳动安全卫生教育，防止劳动过程中的事故，减少职业危害；劳动安全卫生设施必须符合国家规定的标准，新建、改建、扩建工程的劳动安全卫生设施必须与主体工程同时设计、同时施工、同时投入生产和使用；用人单位必须为劳动者提供符合国家规定的劳动安全卫生条件和必要的劳动防护用品，对从事有职业危害作业的劳动者应当定期进行健康检查；从事特种作业的劳动者必须经过专门培训并取得特种作业资格。安全生产法具体规定了从业人员在获得安全生产保障方面的权利，包括：（1）生产经营单位的从业人员有依法获得安全生产保障的权利；（2）有权了解其作业场所和工作岗位存在的危险因素、防范措施及事故应急措施，有权对本单位的安全生产工作提出建议；（3）有权对本单位安全生产工作中存在的问题提出批评、检举、控告；（4）有权拒绝违章指挥和强令冒险作业，发现直接危及人身安全的紧急情况时，有权停止作业或者在采取可能的应急措施后撤离作业场所；（5）因生产安全事故受到损害的从业人员，除依法享有工伤社会保险外，依照有关民事法律尚有获得赔偿的权利的，有权向本单位提出赔偿要求。职业病防治法第四条规定："劳动者依法享有职业卫生保护的权利。用人单位应当为劳动者创造符合国家职业卫生标准和卫生要求的工作环境和条件，并采取措施保障劳动者获得职业卫生保护。”

在保障合理工作报酬权方面，现行宪法第四十二条规定：“国家通过各种途径……在发展生产的基础上，提高劳动报酬和福利待遇。”劳动法第三条规定，劳动者享有“取得劳动报酬的权利”。该法第五章第四十六至五十一条专门规定了“工资”的相关事项，其中确立了公民获得工作报酬的基本原则，包括按劳分配、同工同酬、在经济发展的基础上逐步提高工资水平、国家对工资总量实施宏观调控等；规定国家实行最低工资保障制度，用人单位支付劳动者的工资不得低于当地最低工资标准；要求工资应当以货币形式按月支付给劳动者本人，不得克扣或者无故拖欠劳动者的工资等。劳动合同法第十八条规定：“劳动合同对劳动报酬和劳动条件等标准约定不明确，引发争议的，用人单位与劳动者可以重新协商；协商不成的，适用集体合同规定；没有集体合同或者集体合同未规定劳动报酬的，实行同工同酬；没有集体合同或者集体合同未规定劳动条件等标准的，适用国家有关规定。”劳动合同法还规定，工会应当帮助、指导劳动者与用人单位依法订立和履行劳动合同，并与用人单位建立工资集体协商机制，维护劳动者的合法权益；企业职工一方与用人单位通过平等协商，可以就劳动报酬、工作时间、休息休假、劳动安全卫生、保险福利等事项订立集体合同；集体合同由工会代表企业职工一方与用人单位订立；尚未建立工会的用人单位，由上级工会指导劳动者推举的代表与用人单位订立。2001 年 10 月 27 日修订的《中华人民共和国工会法》要求工会通过平等协商和集体合同制度，协调劳动关系，维护企业职工劳动权益；工会代表职工与企业以及实行企业化管理的事业单位进行平等协商，签订集体合同。

在保障休息权方面，现行宪法第四十三条规定：“中华人民共和国劳动者有休息的权利。国家发展劳动者休息和休养的设施，规定职工的工作时间和休假制度。”劳动法第三条规定，劳动者享有“休息休假的权利”。该法第四章“工作时间和休息休假”对公民的休息权作了具体规定，其中规定，国家实行劳动者每日工作时间不超过 8 小时、平均每周工作时间不超过 44 小时的工时制度；对实行计件工作的劳动者，用人单位应当根据该法规定的工时制度合理确定其劳动定额和计件报酬标准；用人单位应当保证劳动者每周至少休息 1 日；用人单位在元旦、春节、国际劳动节、国庆节和法律、法规规定的其他休假节日应当依法安排劳动者休假；用人单位由于生产经营需要，经与工会和劳动者协商后可以延长工作时间，一般每日不得超过 1 小时；因特殊原因需要延长工作时间的，在保障劳动者身体健康的条件下延长工作时间每日不得超过 3 小时，但是每月不得超过 36 小时。同时规定，用人单位安排劳动者延长工作时间的，支付不低于工资的 150% 的工资报酬；休息日安排劳动者工作又不能安排补休的，支付不低于工资的 200% 的工资报酬；法定休假日安排劳动者工作的，支付不低于工资的 300% 的工资报酬。实行带薪年休假制度：劳动者连续工作 1 年以上的，享受带薪年休假。《职工带薪年休假条例》规定，机关、团体、企业、事业单位、民办非企业单位、有雇工的个体工商户等单位的职工连续工作 1 年以上的，都有权享受带薪年休假。员工在年休假期间享受与正常工作期间相同的工资收入。具体的休假天数分为三个档次：累计工作已满 1 年不满 10 年的，年休假为 5 天；已满 10 年不满 20 年的，年休假为 10 天；已满 20 年的，年休假为 15 天。国家法定休假日、休息日不计入年休假假期。单位确因工作需要不能安排职工休年休假的，经职工本人同意，可以不安排职工休年休假。对职工应休未休的年休假天数，单位应当按照该职工日工资收入的 300% 支付年休假工资报酬。

在保障平等就业权方面，现行宪法第四十八条规定："国家保护妇女的权利和利益，实行男女同工同酬，培养和选拔妇女干部。"劳动法第三条规定："劳动者享有平等就业和选择职业的权利。"第十二条规定："劳动者就业，不因民族、种族、性别、宗教信仰不同而受歧视。"第十三条规定："妇女享有与男子平等的就业权利。在录用职工时，除国家规定的不适合妇女的工种或者岗位外，不得以性别为由拒绝录用妇女或者提高对妇女的录用标准。"就业促进法第三条规定："劳动者依法享有平等就业和自主择业的权利。劳动者就业，不因民族、种族、性别、宗教信仰等不同而受歧视。"该法第三章要求各级人民政府创造公平就业的环境，消除就业歧视，特别是禁止在招工和职业中介中对性别、民族、残疾人、传染病病原携带者、农村进城劳动者的歧视。妇女权益保障法第二十三条前两款规定,各单位在录用职工时,除不适合妇女的工种或者岗位外，不得以性别为由拒绝录用妇女或者提高对妇女的录用标准。各单位在录用女职工时，应当依法与其签订劳动（聘用）合同或者服务协议，劳动（聘用）合同或者服务协议中不得规定限制女职工结婚、生育的内容。

在保障参加工会权利方面，现行宪法第十六条规定：“国有企业依照法律规定，通过职工代表大会和其他形式，实行民主管理。”第三十五条规定：“中华人民共和国公民有言论、出版、集会、结社、游行、示威的自由。”劳动法第七条规定：“劳动者有权依法参加和组织工会。工会代表和维护劳动者的合法权益，依法独立自主地开展活动。”第三十条规定：“用人单位解除劳动合同,工会认为不适当的,有权提出意见。如果用人单位违反法律、法规或者劳动合同，工会有权要求重新处理；劳动者申请仲裁或者提起诉讼的，工会应当依法给予支持和帮助。”第三十三条规定：“集体合同由工会代表职工与企业签订。”第八十条规定:“劳动争议调解委员会由职工代表、用人单位代表和工会代表组成。劳动争议调解委员会主任由工会代表担任。”工会法第二条规定了中国工会组织的性质：“工会是职工自愿结合的工人阶级的群众组织。中华全国总工会及其各工会组织代表职工的利益，依法维护职工的合法权益。”第三条规定了劳动者参加工会的权利：“在中国境内的企业、事业单位、机关中以工资收入为主要生活来源的体力劳动者和脑力劳动者，不分民族、种族、性别、职业、宗教信仰、教育程度，都有依法参加和组织工会的权利。任何组织和个人都不得阻挠和限制。”该法具体规定了工会的各项权利和职责，并规定了侵犯参加工会权利所要承担的法律责任。

二、保障工作权利的政策措施

为保障公民的工作权利，中国共产党提出了一系列政策原则。中共十四大报告提出要“加快工资制度改革，逐步建立起符合企业、事业单位和机关各自特点的工资制度与正常的工资增长机制”[①]。十六届三中全会关于完善市场经济体制的决定明确提出，要“规范企业用工行为，保障劳动者合法权益”[②]。十六届六中全会关于构建和谐社会的决定指出，要“实施积极的就业政策，发展和谐劳动关系”，全面实行劳动合同制度和集体协商制度，确保工资按时足额发放。严格执行国家劳动标准，加强劳动保护，健全劳动保障监察体制和劳动争议调处仲裁机制，维护劳动者特别是农民工合法权益。[③]十八大报告指出，要“推行企业工资集体协商制度，保护劳动所得”[④]。十九大报告要求“要坚持就业优先战略和积极就业政策，实现更高质量和更充分就业”[⑤]。

（一）实施就业优先政策

中国人口众多，面临双重就业压力：一是每年大量新增劳动力的就业压力；二是农村富余劳动力进入城市就业的压力。为保障充分就业，中国坚持实施就业优先战略，将稳增长、保就业作为经济运行合理区间的下限，在发展的基础上创造更多和更高质量的就业机会。

国务院及其相关部委相继制定了《促进就业规划（2011—2015 年）》《“十三五”促进就业规划》，明确了主要任务，细化了政策重点。《“十三五”促进就业规划》提出，“十三五”时期城镇新增就业 5000 万人以上，全国城镇登记失业率控制在 5% 以内，企业劳动合同签订率保持在 90% 以上。在东北老工业基地、资源枯竭城市和独立工矿区、产业衰退地区、国有林场和

① 江泽民：《加快改革开放和现代化建设步伐 夺取有中国特色社会主义事业的更大胜利——在中国共产党第十四次全国代表大会上的报告》，中共中央文献研究室编：《改革开放三十年重要文献选编》（上），中央文献出版社 2008 年版，第 661 页。

② 《中共中央关于完善社会主义市场经济体制若干问题的决定》，中共中央文献研究室编：《改革开放三十年重要文献选编》（下），中央文献出版社 2008 年版，第 1356 页。

③ 《中共中央关于构建社会主义和谐社会若干重大问题的决定》，中共中央文献研究室编：《改革开放三十年重要文献选编》（下），中央文献出版社 2008 年版，第 1650 页。

④ 胡锦涛：《坚定不移沿着中国特色社会主义道路前进 为全面建成小康社会而奋斗——在中国共产党第十八次全国代表大会上的报告》，人民出版社 2012 年版，第 36 页。

⑤ 习近平：《决胜全面建成小康社会 夺取新时代中国特色社会主义伟大胜利——在中国共产党第十九次全国代表大会上的报告》，《人民日报》，2017 年 10 月 28 日。

国有林区、困难地区等重点地区开展促进就业专项行动；对重点人群开展就业促进计划，其中包括高校毕业生就业创业促进计划、高校毕业生基层服务项目、促进农村劳动力转移就业、做好化解过剩产能职工安置工作、推进就业扶贫、实施就业援助；支持发展共享经济下的新型就业模式。

（二）广泛开展职业技术培训

中国政府、人民团体和各企事业单位组织开展各种类型的培训，包括农民工培训，农村初、高中毕业未能继续升学的毕业生的劳动预备制培训，进城务工农村劳动者技能培训，农村劳动者创业培训。

为使农村富余劳动力顺利转入城市就业，政府采取积极措施帮助农村劳动力稳定转移就业，组织农民工专场招聘，对农民工进行就业培训，使农村富余劳动力逐年转移到城镇工作。人力资源和社会保障部、中华全国总工会、全国妇联在全国共同开展了“春风行动”，搭建劳务对接平台，帮助农民工尽早实现就业。“春风行动”的服务对象包括各类有转移就业意愿的农村劳动者，重点是准备进城务工的农村新成长劳动者，以及各类有招聘用人需求的用人单位，重点是各地推荐的“用工规范诚信企业”。

国务院发布的《“十三五”促进就业规划》提出，要开展贫困家庭子女、未升学初高中毕业生、农民工、失业人员和转岗职工、退役军人、残疾人免费接受职业培训行动，组织实施化解过剩产能企业职工、高校毕业生、新生代农民工等重大专项培训计划，实施新型职业农民培育工程。

（三）大力加强安全和卫生工作条件保障

中国政府不断加强对于劳动安全与卫生的保护力度，优化劳动者的工作条件，安全生产已成为当前各项工作考虑的首要前提。国务院制定修订了100 多部安全生产标准和煤炭行业标准，集中开展了“打击非法违法生产经营建设行为”专项行动。

职业病是危害劳动者身体健康和生命安全的严重疾病。为防治职业病，政府制定了专门的规划，并采取了专项行动。2009 年 5 月 24 日，国务院办公厅印发了《国家职业病防治规划（2009—2015 年）》。国家安全生产监督管理总局、卫生部、人力资源和社会保障部、中华全国总工会在全国范围内联合开展了“粉尘与高毒物品危害治理专项行动”，重点治理矿山开采、石英砂加工、宝石加工、石材加工、冶炼、水泥制造等生产企业，尤其是生产作业时产生大量粉尘和使用高毒物品的相关企业。

2016 年 12 月 26 日，国务院印发《国家职业病防治规划（2016–2020 年）》，要求到 2020 年，重点行业的用人单位职业病危害项目申报率达到 85% 以上，工作场所职业病危害因素定期检测率达到 80% 以上，接触职业病危害的劳动者在岗期间职业健康检查率达到 90% 以上，主要负责人、职业卫生管理人员职业卫生培训率均达到 95% 以上，医疗卫生机构放射工作人员个人剂量监测率达到 90% 以上。

（四）建立保障合理工作报酬的有效机制

为了保障公民工作报酬权利，针对中国的具体情况，中国政府采取了多方面的措施，包括适时提高公民最低工资标准，打击拖欠工资行为，以及建立工资集体协商机制。

1. 建立最低工资标准制度

最低工资标准是保障工作者获得合理报酬的一项重要制度。中国政府于 1993 年发布了《企业最低工资规定》，开始建立最低工资保障制度。2003 年 12 月 30 日，劳动和社会保障部针对《企业最低工资规定》实施中存在的问题，修订并印发了《最低工资规定》，将民办非企业单位劳动者列为最低工资保障对象，将职工个人缴纳的社会保险费、住房公积金纳入确定最低工资标准时应考虑的因素，增加了适用于非全日制就业劳动者的小时最低工资标准，明确要求最低工资标准每两年至少调整一次。

2. 打击拖欠工资

拖欠农民工工资是侵犯农民工工作报酬权的一种典型方式。为保护农民工获得工作报酬的权利，政府建立了特殊的保护机制，并采取了专项保护行动。

针对一些企业拖欠农民工工资的问题，国家建立了农民工工资保障金制度和农民工工资支付监控制度。劳动和社会保障部 2004 年制定的《建设领域农民工工资支付管理暂行办法》第 15 条规定：“企业应按有关规定缴纳工资保障金，存入当地政府指定的专户，用于垫付拖欠的农民工工资。”第 17 条规定 ：“各级劳动和社会保障行政部门依法对企业支付农民工工资情况进行监察，对违法行为进行处理。企业在接受监察时应当如实报告情况，提供必要的资料和证明。”2006 年 3 月 27 日，国务院发布了《关于解决农民工问题的若干意见》，其中明确要求建立工资支付监控制度和工资保证金制度，从根本上解决拖欠、克扣农民工工资问题。对发生过拖欠工资的用人单位，强制在开户银行按期预存工资保证金，实行专户管理。对重点监控的建筑施工企业实行工资保证金制度。加大对拖欠农民工工资用人单位的处罚力度，对恶意拖欠、情节严重的，可依法责令停业整顿、降低或取消资质，直至吊销营业执照，并对有关人员依法予以制裁。各地方、各单位都要继续加大工资清欠力度，并确保不发生新的拖欠。

为集中打击拖欠农民工工资问题，政府开展了专项行动。2011 年底，人力资源和社会保障部、国家发展和改革委员会、公安部、监察部等九部门联合开展了保障农民工工资支付工作，组成联合执法检查组，深入一线，开展联合执法。[①] 2013 年 11 月 20 日至 2014 年 1 月 15 日，人力资源和社会保障部、公安部、住房和城乡建设部、交通运输部、水利部、国务院国有资产监督管理委员会、国家工商行政管理总局和中华全国总工会在全国组织开展了农民工工资支付情况专项检查，共检查用人单位 50.14 万户，涉及农民工 2223.86 万人，共为 150.29 万农民工补发被拖欠工资及赔偿金 108.87 亿元，向公安机关移送涉嫌拒不支付劳动报酬罪案件 890 件。

3. 建立工资集体协商制度和劳动关系三方协调机制

针对企业不合理压低工人的工资和福利的问题，中国建立了工资集体协商制度和三方机制。劳动和社会保障部 2000 年制定了《工资集体协商试行办法》，并要求在全国逐步推行。工资集体协商是指职工代表与企业代表依法就企业内部工资分配制度、工资分配形式、工资收入水平等事项进行平等

---

① 新华社 ：《九部门部署保障农民工工资支付工作》，人民网，http ：//society.people.com.cn/GB/136657/16506013.html。

协商，在协商一致的基础上签订工资协议的行为。工资集体协商的内容主要包括工资协议的期限，工资分配制度、工资标准和工资分配形式，职工年度平均工资水平及其调整幅度，奖金、津贴、补贴等分配办法，工资支付办法，变更、解除工资协议的程序，工资协议的终止条件，工资协议的违约责任，以及双方认为应当协商约定的其他事项。2004 年 1 月，劳动和社会保障部颁布了《集体合同规定》，规定集体合同需要由职工代表和企业共同协商签订。2005 年劳动和社会保障部发布了《关于进一步推进工资集体协商工作的通知》。

为保证劳资双方协商的顺利进行，中国还建立了劳动关系三方协调机制。1990 年，全国人大批准了国际劳工组织《三方协商促进实施国际劳工标准公约》（第 144 号）；从 1996 年开始，在山东、山西和辽宁等省市尝试建立劳动关系三方协调机制，此后逐步在全国推广。

为促进用人单位与劳动者签订并履行集体合同，各地政府采取了一系列专项行动，如 2010—2012 年人力资源和社会保障部在全国开展的全面推进小企业劳动合同制度专项行动，要求用三年时间基本实现小企业与劳动者普遍依法签订劳动合同；各地开展的帮助农民工签订劳动合同的“春暖行动”，切实解决农民工“有劳动没合同、有合同没协商、有协商不平等”的问题；各地开展的集体合同签订的“彩虹行动”，推动各类建有工会的企业签订集体合同，在未建工会的企业签订区域性、行业性集体合同，扩大集体合同制度覆盖面。

（五）确定合理工作时间和节假日

中华人民共和国成立以后，按照《中国人民政治协商会议共同纲领》第三十二条规定：“公私企业目前一般应实行八小时至十小时的工作制，特殊情况得斟酌办理。”1952 年政务院作出的《关于劳动就业问题的决定》规定，贯彻 8—10 小时工作制。1960 年 12 月 21 日，中共中央《关于在城市坚持 8 小时工作的通知》明确提出实行 8 小时工时制。同时，有关部委还通过行政规章作出了缩短工时的规定，如纺织行业的“四班三运转”，化工行业的 6 小时或 7 小时工作日，煤矿井下 6 小时工作日，以及建筑、冶炼、森林采伐、地质勘查、装卸搬运等行业实行的不同程度的缩短工作日制度等。1995 年 3 月 25 日国务院颁布的《关于职工工作时间的规定》规定，从 1995 年 5 月 1 日起，实行职工每日工作 8 小时，每周工作 40 小时的工时制度。

在法定节假日方面，1949 年 12 月 23 日，政务院发布了《全国年节及纪念日放假办法》，1999 年 9 月 18 日作了第一次修订，2007 年 12 月 14 日作出第二次修订。新的放假办法充分考虑了我国民俗和民族情况。根据该规定，全体公民放假的节日是：元旦 1 天，春节 3 天，清明节 1 天，劳动节 1 天，端午节 1 天，中秋节 1 天，国庆节 3 天。部分公民放假的节日和纪念日是：妇女节，妇女放假半天；青年节，14 周岁以上青年放假半天；儿童节，不满 14 周岁的少年儿童放假 1 天；建军纪念日，现役军人放假半天；少数民族习惯的节日，由各少数民族聚居地区的地方人民政府按照各民族习惯规定放假日期。

（六）禁止对女性和农民工的就业歧视

在中国城市化的进程中，保障农民工的平等就业权是一个严峻的挑战。2006 年 3 月 27 日，国务院发布了《关于解决农民工问题的若干意见》。针对农民工在就业方面受到歧视的问题，该意见提出，要清理和取消各种针对农民工进城就业的歧视性规定和不合理限制，清理对企业使用农民工的行政审批和行政收费，不得以解决城镇劳动力就业为由清退和排斥农民工。所有用人单位招用农民工都必须依法订立并履行劳动合同，不得对农民工滥用试用期。

2007 年 10 月 30 日，劳动和社会保障部通过了《就业服务与就业管理规定》，对劳动者平等就业权作出了具体的规定，主要包括：（1）劳动者依法享有平等就业的权利，劳动者就业，不因民族、种族、性别、宗教信仰等不同而受歧视。（2）农村劳动者进城就业享有与城镇劳动者平等的就业权利，不得对农村劳动者进城就业设置歧视性限制。（3）用人单位在招用人员时，除国家规定的不适合妇女从事的工种或者岗位外，不得以性别为由拒绝录用妇女或者提高对妇女的录用标准。用人单位录用女职工，不得在劳动合同中规定限制女职工结婚、生育的内容。（4）用人单位招用人员，应当依法对少数民族劳动者给予适当照顾。（5）用人单位招用人员，不得歧视残疾人。（6）用人单位招用人员，不得以是传染病病原携带者为由拒绝录用。（7）用人单位发布的招用人员简章或招聘广告，不得包含歧视性内容。

2007 年 11 月 6 日，中国共产党中央组织部和人事部颁发了《公务员录用规定（试行）》。针对公务员录取工作中部分单位对报考者的身高、身体状况、性别、携带乙肝表面抗原等与所报职位无关的限制，该规定第十六条明确规定："公务员主管部门和招录机关不得设置与职位要求无关的报考资格条件。"

2019 年 2 月 18 日，人力资源和社会保障部、教育部、司法部、卫生健康委、国资委、医保局、中华全国总工会、全国妇联、最高人民法院联合发布《关于进一步规范招聘行为促进妇女就业的通知》，要求"依法禁止招聘环节中的就业性别歧视。各类用人单位、人力资源服务机构在拟定招聘计划、发布招聘信息、招用人员过程中，不得限定性别（国家规定的女职工禁忌劳动范围等情况除外）或性别优先，不得以性别为由限制妇女求职就业、拒绝录用妇女，不得询问妇女婚育情况，不得将妊娠测试作为入职体检项目，不得将限制生育作为录用条件，不得差别化地提高对妇女的录用标准"。

（七）推动工会组织全覆盖

中华全国总工会积极在全国开展工会建设。针对非公企业和小企业工会组织建设存在的问题，全国总工会从 2010 年 8 月中旬开始，在全国范围内广泛开展了"广普查、深组建、全覆盖"集中行动，调动全会力量核实企业建会情况，推动工会组建工作。

针对农民工加入工会的问题，2001 年修订《中华人民共和国工会法》时，将第三条会员资格改为："在中国境内的企业、事业单位、机关中以工资收入为主要生活来源的体力劳动者和脑力劳动者，不分民族、种族、性别、职业、宗教信仰、教育程度，都有依法参加和组织工会的权利。"这样就将农民工、劳务派遣工也包括在内。为了促使农民工加入工会，积极推行工程项目工会、社区工会、区域性行业性基层工会联合会等组织形式，扩大工会对农民工的覆盖。同时加强农民工会员会籍管理，健全完善农民工“一次入会，持证接转，全国通用，进出登记”制度，保证农民工会员“流动不流失，离乡不离会”。

三、保障工作权利的实际效果

1949 年中华人民共和国成立前，失业人口总计达 474.2 万人，相当于当时职工数的 60%，全国失业率为 23.65%。此外，农村破产的农民还有几千万人。1952 年，全国就业人员占当年全国人口总数的比例为 36%。1978 年至 2017 年，中国就业人员从 40152 万人增至 77640 万人，年均增长 961 万人，超过总人口增速。城镇新增就业自 2003 年建立统计制度以来，年均实现新增就业人数 1178 万人，城镇登记失业率长期处于低位，城镇调查失业率低于世界平均水平。①

表 2–5　1978—2018 年中国城镇登记失业人数及失业率

年份	城镇登记失业人数 / 万	失业率 /%	年份	城镇登记失业人数 / 万	失业率 /%
1978	530.0	5.3	1987	276.6	2.0
1979	567.6	5.4	1988	296.2	2.0
1980	541.5	4.9	1989	377.9	2.6
1981	439.5	3.8	1990	383.2	2.5
1982	379.4	3.2	1991	352.2	2.3
1983	271.4	2.3	1992	363.9	2.3
1984	235.7	1.9	1993	420.1	2.6
1985	238.5	1.8	1994	476.4	2.8
1986	264.4	2.0	1995	519.6	2.9

① 国务院新闻办公室 :《改革开放 40 年中国人权事业的发展进步》(白皮书),《人民日报》，2018 年 12 月 13 日第 13—15 版。

续表

年份	城镇登记失业人数 / 万	失业率 /%	年份	城镇登记失业人数 / 万	失业率 /%
1996	552.8	3.0	2008	886.0	4.2
1997	576.8	3.1	2009	921.0	4.3
1998	571.0	3.1	2010	908.0	4.1
1999	575.0	3.1	2011	922.0	4.1
2000	595.0	3.1	2012	917.0	4.1
2001	681.0	3.6	2013	926.0	4.1
2002	770.0	4.0	2014	952.0	4.1
2003	800.0	4.3	2015	966.0	4.1
2004	827.0	4.2	2016	982.0	4.0
2005	839.0	4.2	2017	974.0	3.9
2006	847.0	4.1	2018	974.0	3.8
2007	830.0	4.0			

数据来源：根据国家统计局网站历年数据汇总。

表 2–6 显示了在总就业人数逐年提升的大背景下，农村就业人数的逐年减少和城市就业人数的逐年增加。

表 2–6　1978—2018 年中国城镇与农村就业人数的变化　　单位：万人

年份	城乡就业总人数	城镇就业人数	农村就业人数	年份	城乡就业总人数	城镇就业人数	农村就业人数
1978	40152	9514	30638	1998	70637	21616	49021
1980	42361	10525	31836	1999	71394	22412	48982
1985	49873	12808	37065	2000	72085	23151	48934
1990	64749	17041	47708	2001	72797	24123	48674
1995	68065	19040	49025	2002	73280	25159	48121
1996	68950	19922	49028	2003	73736	26230	47506
1997	69820	20781	49039	2004	74264	27293	46971

续表

年份	城乡就业总人数	城镇就业人数	农村就业人数	年份	城乡就业总人数	城镇就业人数	农村就业人数
2005	74647	28389	46258	2012	76704	37102	39602
2006	74978	29630	45348	2013	76977	38240	38737
2007	75321	30953	44368	2014	77253	39310	37943
2008	75564	32103	43461	2015	77451	40410	37041
2009	75828	33322	42506	2016	77603	41428	36175
2010	76105	34687	41418	2017	77640	42462	35178
2011	76420	35914	40506	2018	77586	43419	34167

数据来源：根据国家统计局《中国统计年鉴》历年公布数字汇总。

1952年，全国城镇职工年平均收入为445元。1978年，城镇单位在岗职工年平均工资为615元，2017年增至76121元，扣除物价因素，年均增长7.7%。2018年，企业职工劳动合同签订率达到90%。

第四节　社会保障权利保障的发展

根据联合国《经济、社会及文化权利国际公约》第9条的规定，人人有权享受社会保障,包括社会保险。中国在经济发展水平还不是很高的情况下,初步建立了世界上规模最大的符合现阶段中国社会实际的社会保障体系，实现了全国新型农村社会养老保险和城镇居民社会养老保险制度全覆盖。

一、保障社会保障权利的制度建设

旧中国没有真正面向广大人民群众的社会保障制度。中华人民共和国成立后，在宪法中明确规定了中国公民的社会保障权和物质帮助权，并投入大量资金发展和完善社会保障事业。1951年中国颁布了《劳动保险条例》，建立起新中国的社会保险制度，并对社会保险费用实行社会统筹。

在1966年至1976年“文化大革命”期间，中国的社会保险制度遭受破坏，社会保险管理机构被撤销，社会保险费用不再统筹，改由企业负担。20 世纪 80 年代以来，随着中国实行改革开放政策和建立社会主义市场经济体制，职工退休费用的社会统筹制度又开始恢复，养老、失业、医疗、工伤、生育等各项社会保险领域也进行了改革和探索。

现行宪法第四十四条规定："国家依照法律规定实行企业事业组织的职工和国家机关工作人员的退休制度。退休人员的生活受到国家和社会的保障。"第四十五条规定："中华人民共和国公民在年老、疾病或者丧失劳动能力的情况下，有从国家和社会获得物质帮助的权利。国家发展为公民享受这些权利所需要的社会保险、社会救济和医疗卫生事业；国家和社会保障残废军人的生活，抚恤烈士家属，优待军人家属；国家和社会帮助安排盲、聋、哑和其他有残疾的公民的劳动、生活和教育。"2004 年宪法修正案中，在第十四条增加"国家建立健全同经济发展水平相适应的社会保障制度"的条款。

《中华人民共和国劳动法》规定：国家发展社会保险事业，建立社会保险制度，设立社会保险基金，使劳动者在年老、患病、工伤、失业、生育等情况下获得帮助和补偿。社会保险水平应当与社会经济发展水平和社会承受能力相适应。社会保险基金按照保险类型确定资金来源，逐步实行社会统筹。用人单位和劳动者必须依法参加社会保险，缴纳社会保险费。劳动者在退休、患病、负伤、因工伤残或患职业病、失业或生育的情形下，依法享受社会保险待遇。劳动者死亡后，其遗属依法享受遗属津贴。

国务院先后于 1978 年和 1997 年发布了《关于职工退休、退职的暂行办法》《关于建立统一的企业职工基本养老保险制度的决定》等一系列规范性文件，城镇职工基本养老保险制度初步建立。

1988 年，中国开始在部分地区推行生育保险制度改革。劳动行政管理部门于 1994 年发布了《企业职工生育保险试行办法》等行政规章。

1996 年，国家发布了《企业职工工伤保险试行办法》，建立了职工工伤预防、工伤补偿和工伤康复相结合的工伤保险制度，对工伤保险实行"无过失补偿"的原则，并于 2003 年制定了《工伤保险条例》。

1998 年底，国务院发布《关于建立城镇职工基本医疗保险制度的决定》，建立以城镇职工基本医疗保险为主的城市医疗保险制度。

1999 年 1 月国务院颁布《失业保险条例》，正式建立中国的失业保险制度。

2002 年 10 月，党中央、国务院提出建立政府投入为主、以大病统筹为重点、农民自愿参加的新型农村合作医疗制度。由政府主导为农民建立医疗保障，这在中国历史上是第一次。

2009 年，国务院决定开展新型农村社会养老保险试点，覆盖全国 10% 左右的县。新农保实行个人缴费、集体补助、政府补贴相结合。到 2010 年底，参加新型农村社会养老保险人数已达 1.4 亿，计划 2020 年前基本实现对农村适龄人口的全覆盖。国务院还制定了《城镇企业职工基本养老保险关系转移接续暂行办法》，并于 2010 年 1 月 1 日起正式施行，使基本养老保险关系实现了在省际的自由转移和接续。2010 年 9 月，人力资源和社会保障部印发了《关于进一步提高失业保险统筹层次有关问题的通知》，要求各地于 2011 年底前基本实现失业保险市级统筹，进一步完善省级调剂金制度，鼓励有条件的地区积极探索实施失业保险省级统筹。

2010 年 10 月 28 日，全国人大常委会通过了《中华人民共和国社会保险法》，标志着中国社会保险制度的全面建立。该法明确规定："国家建立基本养老保险、基本医疗保险、工伤保险、失业保险、生育保险等社会保险制度，保障公民在年老、疾病、工伤、失业、生育等情况下依法从国家和社会获得物质帮助的权利"（第二条）；"社会保险制度坚持广覆盖、保基本、多层次、可持续的方针，社会保险水平应当与经济社会发展水平相适应"（第三条）。

2014 年 2 月，国务院决定将新型农村社会养老保险和城镇居民社会养老保险两项制度合并实施，在全国范围内建立统一的城乡居民基本养老保险制度。

2015 年 1 月 14 日，国务院发布《国务院关于机关事业单位工作人员养老保险制度改革的决定》，要求建立基本养老金正常调整机制。2015 年 8 月，国务院发布《基本养老保险基金投资管理办法》，允许城镇职工基本养老保险基金及城乡居民基本养老保险基金通过委托运营的方式入市投资。2017年10月，中共十九大报告明确作出“尽快实现养老保险全国统筹”的重大战略决策。2017年11月18日，国务院发布了《划转部分国有资本充实社保基金实施方案》。2018年6月13日，国务院发布了《关于建立企业职工基本养老保险基金中央调剂制度的通知》。

二、保障社会保障权利的政策措施

中共十三大报告提出要“积极推进公共福利事业的社会化”①。十四大报告提出要“积极建立待业、养老、医疗等社会保障制度”②。十四届三中全会关于建立社会主义市场经济体制的决定提出，要“建立多层次的社会保障体系”③。十六届三中全会关于完善社会主义市场经济体制的决定提出，要“加快建设与经济发展水平相适应的社会保障体系”④。十六届六中全会关于构建和谐社会的决定提出，要“适应人口老龄化、城镇化、就业方式多样化，逐步建立社会保险、社会救助、社会福利、慈善事业相衔接的覆盖城乡居民的社会保障体系”⑤。十七大报告提出，要实现“覆盖城乡居民的社会保障体

---

① 《沿着有中国特色的社会主义道路前进——在中国共产党第十三次全国代表大会上的报告》，中共中央文献研究室编：《改革开放三十年重要文献选编》（上），中央文献出版社 2008 年版，第 495 页。

② 江泽民：《加快改革开放和现代化建设步伐 夺取有中国特色社会主义事业的更大胜利——在中国共产党第十四次全国代表大会上的报告》，中共中央文献研究室编：《改革开放三十年重要文献选编》（上），中央文献出版社 2008 年版，第 661 页。

③ 《中共中央关于建立社会主义市场经济体制若干问题的决定》，中共中央文献研究室编：《改革开放三十年重要文献选编》（上），中央文献出版社 2008 年版，第 741 页。

④ 《中共中央关于完善社会主义市场经济体制若干问题的决定》，中共中央文献研究室编：《改革开放三十年重要文献选编》（下），中央文献出版社 2008 年版，第 1356 页。

⑤ 《中共中央关于构建社会主义和谐社会若干重大问题的决定》，中共中央文献研究室编：《改革开放三十年重要文献选编》（下），中央文献出版社 2008 年版，第 1650 页。

系基本建立，人人享有基本生活保障”[①]。十八大报告提出:“要坚持全覆盖、保基本、多层次、可持续方针，以增强公平性、适应流动性、保证可持续性为重点,全面建成覆盖城乡居民的社会保障体系。”[②] 十八届三中全会关于全面深化改革的决定进一步提出,要“建立更加公平可持续的社会保障制度”[③]。十九大报告提出：“加强社会保障体系建设。按照兜底线、织密网、建机制的要求，全面建成覆盖全民、城乡统筹、权责清晰、保障适度、可持续的多层次社会保障体系。全面实施全民参保计划。”[④]

《国家人权行动计划（2009—2010 年）》要求“完善和落实基本养老和基本医疗、失业、工伤、生育保障制度和社会救助制度，提高社会保障水平”[⑤]。《国家人权行动计划（2012—2015 年）》要求“完善各类社会保险制度，促进社会救助制度城乡均等覆盖，提高社会保障水平”[⑥]。《国家人权行动计划（2016—2020 年）》进一步要求“完善社会保险体系，推进城乡社会救助体系建设，支持社会福利和慈善事业发展”[⑦]。三期国家人权行动计划都对社会保障体系建设提出了具体目标的实现指标。

国务院相关部委先后制定了《劳动和社会保障事业“十一五”规划纲要》以及人力资源和社会保障事业发展“十二五”和“十三五”规划纲要，提出了社会保障事业发展的五年规划目标。在《人力资源和社会保障事业发展“十三五”规划纲要》中，要求“坚持全民覆盖、保障适度、权责清晰、

---

① 胡锦涛：《高举中国特色社会主义伟大旗帜 为夺取全面建设小康社会新胜利而奋斗——在中国共产党第十七次全国代表大会上的报告》，中共中央文献研究室编：《改革开放三十年重要文献选编（下）》，中央文献出版社 2008 年版，第 1722 页。

② 胡锦涛：《坚定不移沿着中国特色社会主义道路前进 为全面建成小康社会而奋斗——在中国共产党第十八次全国代表大会上的报告》，人民出版社 2012 年版，第 36 页。

③ 《中共中央关于全面深化改革若干重大问题的决定》，《人民日报》2013 年 11 月 16 日。

④ 习近平：《决胜全面建成小康社会 夺取新时代中国特色社会主义伟大胜利——在中国共产党第十九次全国代表大会上的报告》，《人民日报》，2017 年 10 月 28 日。

⑤ 国务院新闻办公室：《国家人权行动计划（2009—2010 年）》，外文出版社 2009 年版，第 8 页。

⑥ 国务院新闻办公室：《国家人权行动计划（2012—2015 年）》，人民出版社 2012 年版，第 10 页。

⑦ 国务院新闻办公室：《国家人权行动计划（2016—2020 年）》，人民出版社 2016 年版，第 8 页。

运行高效，稳步提高社会保障统筹层次和水平。以增强公平性、适应流动性、保证可持续性为重点，建立健全更加公平、更可持续的社会保障制度”。规划要求到 2020 年基本实现法定人员全覆盖，完善社会保障制度体系，建立待遇合理调整机制，确保基金安全可持续运行。在社会保险制度的建设方面，该规划特别提出要实现职工基础养老金全国统筹，健全城乡居民养老保险制度，完善失业保障制度，整合城乡居民基本医保制度，推进基本医保异地就医结算，深化医保支付方式改革，生育保险和基本医疗保险合并实施，建立健全预防、补偿、康复相结合的工伤保障制度体系，探索建立长期护理保险制度。①

三、保障社会保障权利的实际效果

中国建成了世界上规模最大、覆盖人口最多的社会保障体系，拉动世界社保覆盖率提高 11 个百分点。截至 2018 年底，全国参加城镇职工基本养老保险人数 41848 万人；参加城乡居民基本养老保险人数 52392 万人；参加基本医疗保险人数 134452 万人，其中，参加职工基本医疗保险人数 31673 万人，参加城乡居民基本医疗保险人数 89741 万人；参加失业保险人数 19643 万人，年末全国领取失业保险金人数 223 万人；参加工伤保险人数 23868 万人，其中参加工伤保险的农民工 8085 万人；参加生育保险人数 20435 万人。②

中国根据经济社会发展水平等因素，稳步提高各项社会保障水平。自 2005 年起，连续十四年提高企业退休人员基本养老金水平。城乡居民基本医保人均财政补助标准由 2012 年的 240 元提高到 2018 年的 490 元。

借助互联网、大数据等信息技术，不断提高社会保障领域公共服务能力。2016 年，国家异地就医结算系统正式上线，实现跨省异地就医持社会保

① 人力资源和社会保障部:《人力资源和社会保障事业发展“十三五”规划纲要》，国家发改委网站，2016 年 7 月 6 日。

② 国家统计局:《中华人民共和国 2018 年国民经济和社会发展统计公报》，《人民日报》，2019 年 3 月 1 日第 10 版。

障卡即时结算。[①]

第五节　健康权利保障的发展

根据联合国《经济、社会及文化权利国际公约》第 12 条的规定，人人有权享有能达到的最高的体质和心理健康的标准。国家为充分实现这一权利应采取措施实现的目标包括：(1) 减低死胎率和婴儿死亡率，使儿童得到健康的发育；(2) 改善环境卫生和工业卫生的各个方面；(3) 预防、治疗和控制传染病、风土病、职业病以及其他的疾病；(4) 创造保证人人在患病时能得到医疗照顾的条件。为保障每个居民都能享有安全、有效、方便、价廉的基本医疗卫生服务，中国建立起覆盖城乡居民的基本医疗卫生制度，深入推进医药卫生体制改革，取得了重要成效。

一、保障健康权利的制度建设

在保障医疗权利方面，现行宪法第二十一条规定："国家发展医疗卫生事业，发展现代医药和我国传统医药，鼓励和支持农村集体经济组织、国家企业事业组织和街道组织举办各种医疗卫生设施，开展群众性的卫生活动，保护人民健康。"《中华人民共和国传染病防治法》规定：国家实行有计划的预防接种制度，对儿童实行预防接种证制度（第十五条）；国务院卫生行政部门定期公布传染病疫情信息，省、自治区、直辖市人民政府卫生行政部门定期公布本行政区域的传染病疫情信息。公布传染病疫情信息应当及时、准确。（第三十八条）；医疗机构发现甲类传染病时，应当及时采取控制措施（第三十九条）。

在保障食品安全权利方面，现行宪法第二十六条规定，国家保护和改善生活环境和生态环境，防治污染和其他公害；《食品安全法》第一条规定，

---

① 国务院新闻办公室：《改革开放 40 年中国人权事业的发展进步》（白皮书），《人民日报》，2018 年 12 月 13 日第 13—15 版。

该法的立法宗旨即为“保证食品安全，保障公众身体健康和生命安全”。第五条授权国务院设立食品安全委员会，对食品生产经营活动实施监督管理。第十四条规定：“国家建立食品安全风险监测制度，对食源性疾病、食品污染以及食品中的有害因素进行监测。”第十七条规定：“国家建立食品安全风险评估制度，运用科学方法，根据食品安全风险监测信息、科学数据以及有关信息，对食品、食品添加剂、食品相关产品中生物性、化学性和物理性危害因素进行风险评估。”第二十四条规定：“制定食品安全标准，应当以保障公众身体健康为宗旨，做到科学合理、安全可靠。”并具体规定了食品安全标准应当包括的内容。该法还规定国家对食品生产经营和食品添加剂生产实行许可制度（第三十五、三十九条），建立食品安全全程追溯制度（第四十二条），食品生产经营企业应当建立健全食品安全管理制度（第四十四条），国家对保健食品、特殊医学用途配方食品和婴幼儿配方食品等特殊食品实行严格监督管理（第七十四条），国家出入境检验检疫部门对进出口食品安全实施监督管理（第九十一条），国务院组织制定国家食品安全事故应急预案（第一百零二条），国家建立统一的食品安全信息平台，实行食品安全信息统一公布制度（第一百一十八条）。此外，产品质量法强调，食品必须符合保障人体健康和人身安全的国家标准、行业标准以及有关规定。《农业法》要求国家采取措施提高农产品的品质和质量，扶持发展绿色无公害农产品的生产，防止农产品的污染，以保障农产品的安全。与此相应，《中华人民共和国刑法修正案（八）》也加大了对于食品犯罪的处罚力度。

在保障体育权利方面，现行宪法第二十一条第二款规定：“国家发展体育事业，开展群众性的体育活动，增强人民体质。”《体育法》第二条规定：“体育工作坚持以开展全民健身活动为基础，实行普及与提高相结合，促进各类体育协调发展。”2003 年 6 月通过的《公共文化体育设施条例》进一步规范了全民健身体育设施的建设。为了保障公民在全民健身活动中的合法权益，2009 年国务院发布《全民健身条例》，在国家法规中第一次明确提出“公民有依法参加全民健身活动的权利”、“保障公民在全民健身活动中的合法权益”。该条例规定国务院制定全民健身计划，国家定期开展公民体质监测和全民健身活动状况调查，国务院体育主管部门应当定期举办全国性群众体育比赛活动；县级以上人民政府应当制定本行政区域的全民健身实施计划，将全民健身工作所需经费列入本级财政预算，并随着国民经济的发展逐步增加对全民健身的投入。

二、保障健康权利的政策措施

中华人民共和国成立以后，逐步建成了一个包括各级各类卫生机构、各种卫生人员组成的、遍布城乡的医疗卫生网。随着医疗卫生事业的发展，各种传染病、地方病的发病率大幅度下降，麻风、霍乱、鼠疫、天花等烈性传染病基本被消灭；血吸虫病、大骨节病、克山病等地方病的流行得到了控制。医疗卫生和防疫工作的开展极大地提高了中国人民的健康水平，有效地保障了中国人民的健康权利。

改革开放初期将医疗和公共卫生机构推向了市场，提升了医疗和公共卫生工作者的积极性，同时也造成医疗费用快速上涨，带来了“看病贵、看病难”的问题，使健康权保障面临严峻挑战。针对上述问题，国家从建立医疗保险和公共卫生体制改革两个角度入手，努力保障健康权。中共十六届三中全会关于完善市场经济体制的决定提出，要“继续完善城镇职工基本医疗保险制度、医疗卫生和药品生产流通体制的同步改革，扩大基本医疗保险覆盖面，健全社会医疗救助和多层次的医疗保障体系”①。十六届六中全会关于构建和谐社会的决定提出，要“坚持公共医疗卫生的公益性质，深化医疗卫生体制改革，强化政府责任，严格监督管理，建设覆盖城乡居民的基本卫生保健制度，为群众提供安全、有效、方便、价廉的公共卫生和基本医疗服务”②。十七大报告提出，要实现“人人享有基本医疗卫生服务”，并再次强调，“要坚持公共医疗卫生的公益性质，坚持预防为主、以农村为重点、中西医并重，

① 《中共中央关于完善社会主义市场经济体制若干问题的决定》，中共中央文献研究室编：《改革开放三十年重要文献选编》（下），中央文献出版社 2008 年版，第 1536 页。

② 《中共中央关于构建社会主义和谐社会若干重大问题的决定》，中共中央文献研究室编：《改革开放三十年重要文献选编（下）》，中央文献出版社 2008 年版，第 1647 页。

实行政事分开、管办分开、医药分开、营利性和非营利性分开，强化政府责任和投入，完善国民健康政策，鼓励社会参与，建设覆盖城乡居民的公共卫生服务体系、医疗服务体系、医疗保障体系、药品供应保障体系，为群众提供安全、有效、方便、价廉的医疗卫生服务。完善重大疾病防控体系，提高突发公共卫生事件应急处置能力”。[①] 十八大报告提出，要“重点推进医疗保障、医疗服务、公共卫生、药品供应、监管体制综合改革，完善国民健康政策，为群众提供安全有效方便价廉的公共卫生和基本医疗服务”[②]。十八届三中全会关于全面深化改革的决定提出，要“深化基层医疗卫生机构综合改革，健全网络化城乡基层医疗卫生服务运行机制。加快公立医院改革……完善合理分级诊疗模式，建立社区医生和居民契约服务关系。要取消以药补医，理顺医药价格，建立科学补偿机制。改革医保支付方式，健全全民医保体系”[③]。十九大报告要求“实施健康中国战略”，加强基层医疗卫生服务体系和全科医生队伍建设。全面取消以药养医，健全药品供应保障制度。[④]2016 年 8 月 26 日，中共中央政治局会议审议通过了中共中央、国务院制定的《“健康中国 2030”规划纲要》，提出要遵循健康优先、改革创新、科学发展、公平公正的原则，实现“共建共享、全民健康”的战略主题，并提出了到 2020 年和 2030 年分别要实现的一系列具体目标和指标。

（一）公共卫生与医疗方面的政策措施

《国家人权行动计划（2009—2010 年）》提出要“初步建立覆盖全国城乡居民的基本医疗卫生制度框架，使中国进入实施全民基本卫生保健国家行

---

① 胡锦涛：《高举中国特色社会主义伟大旗帜　为夺取全面建设小康社会新胜利而奋斗——在中国共产党第十七次全国代表大会上的报告》，中共中央文献研究室编：《改革开放三十年重要文献选编》（下），中央文献出版社 2008 年版，第 1733 页。

② 胡锦涛：《坚定不移沿着中国特色社会主义道路前进　为全面建成小康社会而奋斗——在中国共产党第十八次全国代表大会上的报告》，人民出版社 2012 年版，第 37 页。

③《中共中央关于全面深化改革若干重大问题的决定》，《人民日报》，2013 年 11 月 16 日。

④ 习近平：《决胜全面建成小康社会　夺取新时代中国特色社会主义伟大胜利——在中国共产党第十九次全国代表大会上的报告》，《人民日报》，2017 年 10 月 28 日。

列”[①]。《国家人权行动计划（2012—2015 年）》要求“初步建立起覆盖城乡居民的基本医疗卫生制度，健全医疗保障制度，完善公共卫生服务体系和医疗服务体系，保障公民健康权利”[②]。《国家人权行动计划（2016—2020 年）》进一步要求“建立健全覆盖城乡居民的基本医疗卫生制度，到 2020 年，实现人均预期寿命增加 1 岁”。[③]

国务院先后制定了《卫生事业发展“十一五”规划纲要》《卫生事业发展“十二五”规划》《“十三五”卫生与健康规划》。《“十三五”卫生与健康规划》提出的发展目标是“到 2020 年，覆盖城乡居民的基本医疗卫生制度基本建立，实现人人享有基本医疗卫生服务，人均预期寿命在 2015 年基础上提高 1 岁”，并提出了一系列具体的发展指标和任务要求。

国务院和政府卫生主管部门还制定了一系列防治职业病、慢性病、地方病、结核病、艾滋病的专项规划。《国家职业病防治规划（2016—2020 年）》提出，要坚持依法防治、源头治理、综合施策的原则，到 2020 年，建立健全用人单位负责、行政机关监管、行业自律、职工参与和社会监督的职业病防治工作格局。《中国防治慢性病中长期规划（2017—2025 年）》提出，要坚持统筹协调、共建共享、预防为主、分类指导的原则，到 2020 年，慢性病防控环境显著改善，降低因慢性病导致的过早死亡率，力争 30—70 岁人群因心脑血管疾病、癌症、慢性呼吸系统疾病和糖尿病导致的过早死亡率较 2015 年降低 10%。《“十三五”全国地方病防治规划》提出，要坚持政府领导、部门协作，预防为主、防管并重，因地制宜、稳步推进的原则，到 2020 年实现以下目标：持续消除碘缺乏危害，保持基本消除燃煤污染型地方性氟（砷）中毒危害，保持基本消除大骨节病、克山病状态，有效控制饮水型地方性氟（砷）中毒、水源性高碘、饮茶型地氟病危害。《“十三五”全国结核病防治规划》提出，到 2020 年，要实现全国肺结核发病率下降到 58/10 万以下，

① 国务院新闻办公室:《国家人权行动计划（2009—2010 年）》，外文出版社 2009 年版，第 9 页。

② 国务院新闻办公室:《国家人权行动计划（2012—2015 年）》，人民出版社 2012 年版，第 12 页。

③ 国务院新闻办公室:《国家人权行动计划（2016—2020 年）》，人民出版社 2016 年版，第 11 页。

疫情偏高地区肺结核发病率较 2015 年下降 20%，报告肺结核患者和疑似肺结核患者的总体到位率达到 95% 以上，肺结核患者成功治疗率达到 90% 以上。《中国遏制与防治艾滋病“十三五”行动计划》提出，到 2020 年，要实现居民艾滋病防治知识知晓率达 85% 以上；男性同性性行为人群艾滋病相关危险行为减少 10% 以上，其他性传播危险行为人群感染率控制在 0.5% 以下，参加戒毒药物维持治疗人员年新发感染率控制在 0.3% 以下；夫妻一方感染艾滋病家庭的配偶传播率下降到 1% 以下，艾滋病母婴传播率下降到 4% 以下；经诊断发现并知晓自身感染状况的感染者和病人比例达 90% 以上；符合治疗条件的感染者和病人接受抗病毒治疗比例达 90% 以上，接受抗病毒治疗的感染者和病人治疗成功率达 90% 以上，累计接受中医药治疗的人数比 2015 年增加一倍。

国家免费向全体居民提供国家基本公共卫生服务包，包括建立居民健康档案、健康教育、预防接种、0—6 岁儿童健康管理、孕产妇健康管理、老年人健康管理、高血压和 II 型糖尿病患者健康管理、重性精神疾病患者管理、传染病及突发公共卫生事件报告和处理、卫生监督协管等 10 类 41 项服务。针对特殊疾病、重点人群和特殊地区，国家实施重大公共卫生服务项目，对农村孕产妇住院分娩补助、15 岁以下人群补种乙肝疫苗、消除燃煤型氟中毒危害、农村妇女孕前和孕早期补服叶酸、无害化卫生厕所建设、贫困白内障患者复明、农村适龄妇女宫颈癌和乳腺癌检查、预防艾滋病母婴传播等，由政府组织进行直接干预。2002 年，中国决定将新生儿乙肝疫苗纳入国家免疫规划，国家免疫规划由接种 4 种疫苗预防 6 种传染病，扩大到接种 5 种疫苗预防 7 种传染病。2007 年，国家决定实施扩大国家免疫规划，国家免疫规划疫苗增加到 14 种，预防 15 种传染病，免疫规划人群也从儿童扩展到成人。艾滋病、结核病、血吸虫病、包虫病、麻风病、疟疾等重大及重点传染病患者获得免费药物治疗。

（二）保障药品供应的政策措施

中国建立了基本药物制度并实现了基层全覆盖，所有政府办基层医疗卫生机构全部配备使用基本药物，并实行零差率销售，取消了以药补医机制。

基本药物是适应基本医疗卫生需求，剂型适宜，价格合理，能够保障供应，公众可公平获得的药品。国家基本药物制度是对基本药物的遴选、生产、流通、使用、定价、报销、监测评价等环节实施有效管理的制度，与公共卫生、医疗服务、医疗保障体系相衔接。2009 年 8 月 18 日，国务院深化医药卫生体制改革领导小组通过了《关于建立国家基本药物制度的实施意见》，建立基本药物优先和合理使用制度。要求政府举办的基层医疗卫生机构全部配备和使用基本药物，其他各类医疗机构也都必须按规定使用基本药物。国家发改委制定基本药物全国零售指导价格。在国家零售指导价格规定的幅度内，省级人民政府根据招标形成的统一采购价格、配送费用及药品加成政策确定本地区政府举办的医疗卫生机构基本药物具体零售价格。①2013 年 2 月 20 日，国务院办公厅正式印发《关于巩固完善基本药物制度和基层运行新机制的意见》。在完善基本药物采购配送方面，要坚持以省（区、市）为单位网上集中采购，落实招采合一、量价挂钩、“双信封”制等制度。

2011 年 10 月 26 日，国务院常务会议通过了《疫苗供应体系建设规划》，要求到 2020 年建立满足我国经济社会发展需要的疫苗供应体系，具备与发达国家同步应对突发和重大疫情的实力。疫苗研发生产技术基本达到或接近国际先进水平，品种增加，安全性、有效性和产品质量进一步提高，储备品种和规模合理，接种服务更加便利。②

为保证药品安全，国务院制定了国家药品安全五年规则。《“十三五”国家药品安全规划》要求，到 2020 年，药品质量安全水平、药品安全治理能力、医药产业发展水平和人民群众满意度明显提升，要求实施药品标准、医疗器械标准、化妆品标准提高行动计划，安全监管行动计划和安全监管信息化工程。国家食品药品监督管理总局制定并实施了《加强药用辅料监督管理的有关规定》，明确了药品制剂生产企业和药用辅料生产企业的职责。食品药品监管总局开展了药品“两打两建”专项行动，即严厉打击药品违法生产和违

---

① 《关于印发〈关于建立国家基本药物制度的实施意见〉的通知》，中国政府网，2009 年 8 月 21 日。

② 《〈疫苗供应体系建设规划〉出台　政策撑腰　疫苗市场扩容》，人民网，2011 年 10 月 26 日。

法经营，加强药品生产经营规范建设和药品监管机制建设。[①]

（三）保障食品安全方面的政策措施

针对食品安全问题，《国家人权行动计划（2009—2010 年）》提出，要“制定食品安全法，建立健全与食品、药品相关的生产许可、强制检验、市场准入、召回以及进出口检验检疫等制度，并对贯彻实施情况加强检查监督，确保严格执法，保障食品、药品安全”[②]。《国家人权行动计划（2012—2015 年）》提出，要“实施食品安全法。完善食品安全监管体制，健全食品安全法规标准体系，落实食品安全责任。严格食品生产加工环节监管，完善食品、食品添加剂和食品相关生产许可制度、监督检查制度、召回制度、标签标识管理制度等基本监管制度。完善食品安全事故应急预案、事故调查处理制度和快速查处机制。健全行政执法与刑事司法的衔接机制，严厉打击食品领域违法犯罪行为”[③]。《国家人权行动计划（2016—2020 年）》进一步提出，要“确保食品安全。深入贯彻实施食品安全法，全面落实食品安全属地监管责任。加强进口食品安全监管。实施科学监管，建立职业化检查员队伍。健全食品安全信用体系，完善消费者权益保护机制”[④]。

2010 年 2 月 6 日，国务院宣布设立国务院食品安全委员会，作为国务院食品安全工作的高层次议事协调机构，其主要职责是分析食品安全形势，研究部署、统筹指导食品安全工作，提出食品安全监管的重大政策措施，督促落实食品安全监管责任。2010 年 9 月 15 日，最高人民法院、最高人民检察院、公安部、司法部公布《关于依法严惩危害食品安全犯罪活动的通知》，指出危害食品安全犯罪的定罪量刑，不仅要考虑犯罪数额、人身伤亡情况，还要充分考虑犯罪分子的主观恶性、犯罪手段、对市场秩序的破坏程度、恶劣影响等；要加大财产刑的适用，彻底剥夺犯罪分子非法获利和再次犯罪的

① 《五部委联合开展打击网上非法售药行动 重点打击 3 类行为 4 类药品》，中国经济网，2013 年 8 月 21 日。

② 国务院新闻办公室：《国家人权行动计划（2009—2010 年）》，外文出版社 2009 年版，第 11 页。

③ 国务院新闻办公室：《国家人权行动计划（2012—2015 年）》，人民出版社 2012 年版，第 14 页。

④ 国务院新闻办公室：《国家人权行动计划（2016—2020 年）》，人民出版社 2016 年版，第 8 页。

资本；要从严控制对该类犯罪分子适用缓刑和免予刑事处罚。截至2017年4月，国家共制定和发布了1224项国家食品安全标准，建立了违法食品添加物的“黑名单”制度。2013年12月25日，国家食品药品监督管理总局发布了《婴幼儿配方乳粉生产许可审查细则（2013版）》。

国务院连续制定国家食品安全五年规划。《“十三五”国家食品安全规划》提出，要遵循预防为主、风险管理、全程控制、社会共治的原则，到2020年，实现食品安全抽检覆盖全部食品类别、品种，农业源头污染得到有效治理，食品安全现场检查全面加强，食品安全标准更加完善，食品安全监管和技术支撑能力得到明显提升。

为了落实食品安全规划的各项要求，国务院办公厅连续多年印发《食品安全专项整治工作方案》，卫生部制定了《食品安全行动计划》，先后开展了全国食品药品专项整治工作、全国奶站专项整治行动、打击违法添加非食用物质和滥用食品添加剂专项整治行动、学校食堂食品安全专项整治行动、打击“地沟油”违法犯罪专项工作，打击食品非法添加和滥用食品添加剂专项整治工作等。各地政府也普遍制定了食品安全行动计划，并广泛开展了各种类型的食品安全专项整治行动。

（四）全民健身方面的政策措施

2003年，国家体育总局与有关部委联合发布《国民体质测定标准施行办法》。2009年1月7日，经国务院批准，将每年的8月8日定为全民健身日。国务院1995年发布了《全民计划健身纲要》，从2011年起，国务院开始制定全民健身五年规划。《全民健身计划（2016—2020年）》制定的目标是：到2020年，每周参加1次及以上体育锻炼的人数达到7亿，经常参加体育锻炼的人数达到4.35亿，体育消费总规模达到1.5万亿元。

为保障公民的公共体育方面的权利，国家投入资金支持“农民体育健身工程”“雪炭工程”“全民健身路径”“全民健身活动中心”以及全民健身户外活动营地、体育公园、全民健身广场等项目，改善城乡群众的健身环境，带动群众健身组织的建设和健身活动的开展。

国家体育总局发布的《体育事业发展“十二五”规划》提出，到2015年，要争取全国各类体育场地达到120万个，人均体育场地面积达到1.5平方米以上，经常参加体育锻炼的人数比例达到32%以上，比2007年提高3.8个百分点，达到《国民体质测定标准》合格以上的人数比例明显增加。城乡、区域群众体育发展差距进一步缩小，群众体育事业发展迈上新台阶。①

2009年8月30日，中国颁布《全民健身条例》，在国家法规中第一次明确提出“公民有依法参加全民健身活动的权利”、“保障公民在全民健身活动中的合法权益”，为保障人民群众在全民健身活动中的合法权益、促进全民健身活动开展提供了坚实的法律保障。

三、保障健康权利的实际效果

自20世纪50年代起，中国基本控制了鼠疫、霍乱、黑热病、麻风病等疾病的流行。20世纪60年代初，中国通过接种牛痘消灭了天花。2000年，中国实现了无脊髓灰质炎目标。

中国人均预期寿命从新中国成立之初的35岁和1981年的67.8岁提高到2018年的77岁，高于72岁的世界平均预期寿命。孕产妇死亡率从新中国成立之初的1500/10万和1989年的94.7/10万下降到2018年的18.3/10万，婴儿死亡率从新中国成立之初的200‰和1991年的50.2‰下降到2018年的6.1‰，提前达到联合国千年发展目标所确定的指标要求。②

覆盖城乡的基层医疗卫生服务体系基本建成。2018年末全国共有医疗卫生机构100.4万个，其中医院3.2万个，在医院中有公立医院1.2万个，民营医院2.0万个；基层医疗卫生机构95.0万个，其中乡镇卫生院3.6万个，社区卫生服务中心（站）3.5万个，门诊部（所）24.8万个，村卫生室63.0万个；专业公共卫生机构1.9万个，其中疾病预防控制中心3469个，卫生监督所（中心）3141个。2018年年末卫生技术人员950万人，其中执业医

① 《体育事业发展“十二五”规划》，国家体育总局网站。

② 《2018年我国卫生健康事业发展统计公报》，国家卫健委网站，2019年5月22日。

师和执业助理医师 358 万人，注册护士 412 万人。医疗卫生机构床位 845 万张，其中医院 656 万张，乡镇卫生院 134 万张。[①]2018 年，每千人口执业（助理）医师 2.59 人，每千人口注册护士 2.94 人；每万人口全科医生 2.22 人，每万人口专业公共卫生机构人员 6.34 人。[②]

2018 年，全国医疗卫生机构总诊疗人次达 83.1 亿人次，居民到医疗卫生机构平均就诊 6.0 次。其中，医院 35.8 亿人次（占 43.1%），基层医疗卫生机构 44.1 亿人次（占 53.1%），其他医疗机构 3.2 亿人次（占 3.9%）；公立医院诊疗人次 30.5 亿人次（占医院总数的 85.2%），民营医院 5.3 亿人次（占医院总数的 14.8%）。[③]

2018 年，全国医疗卫生机构入院人数 25453 万人，年住院率为 18.2%。入院人数中，医院 20017 万人（占 78.6%），基层医疗卫生机构 4375 万人（占 17.2%），其他医疗机构 1061 万人（占 4.2%）。[④]

2018 年全国卫生总费用预计达 57998.3 亿元，其中：政府卫生支出 16390.7 亿元（占 28.3%），社会卫生支出 24944.7 亿元（占 43.0%），个人卫生支出 16662.9 亿元（占 28.7%）。人均卫生总费用 4148.1 元，卫生总费用占 GDP 百分比为 6.4%。[⑤]

国家基本公共卫生服务项目持续推进。适龄儿童国家免疫规划疫苗接种率达 90% 以上，5 岁以下儿童乙肝病毒表面抗原携带率降至 1%。建成全球最大的法定传染病疫情和突发公共卫生事件网络直报系统，平均报告时间缩短到 4 小时。[⑥]

截至 2017 年底，全国体育场地已超过 195.7 万个，人均体育场地面积

---

① 国家统计局：《中华人民共和国 2018 年国民经济和社会发展统计公报》，《人民日报》，2019 年 3 月 1 日第 10 版。

② 《2018 年我国卫生健康事业发展统计公报》，国家卫健委网站，2019 年 5 月 22 日。

③ 《2018 年我国卫生健康事业发展统计公报》，国家卫健委网站，2019 年 5 月 22 日。

④ 《2018 年我国卫生健康事业发展统计公报》，国家卫健委网站，2019 年 5 月 22 日。

⑤ 《2018 年我国卫生健康事业发展统计公报》，国家卫健委网站，2019 年 5 月 22 日。

⑥ 国务院新闻办公室：《改革开放 40 年中国人权事业的发展进步》（白皮书），《人民日报》，2018 年 12 月 13 日第 13—15 版。

达到 1.66 平方米；全国全民健身站点平均已达到每万人 3 个，社会体育指导员超过 200 万人。[①]

第六节 教育权利保障的发展

受教育权是一项基本人权。根据联合国《经济、社会及文化权利国际公约》第 13 条的规定，人人有受教育的权利，国家为充分实现这一权利应当采取的政策措施包括：（1）初等教育应属义务性质并一律免费；（2）各种形式的中等教育，包括中等技术和职业教育，应以一切适当方法普遍设立，并对一切人开放，特别要逐渐做到免费；（3）高等教育应根据成绩，以一切适当方法对一切人平等开放，特别要逐渐做到免费；（4）对那些未受到或未完成初等教育的人的基础教育，应尽可能加以鼓励或推进；（5）应设置适当的奖学金制度，并不断改善教师的物质条件。

一、保障教育权利的制度建设

中华人民共和国成立前夕，适龄儿童的就学率是非常低的。新中国诞生标志着中国历史进入新篇章。新中国成立 70 年来，在中国共产党的领导下，逐步建立完备的教育体系，并对教育权利保障作出了明确的法律规定。

（一）保障受教育权的法律规定

1949 年 9 月颁布的《中国人民政治协商会议共同纲领》就规定："有计划有步骤地实行普及教育。"《中华人民共和国宪法》第四十六条规定："中华人民共和国公民有受教育的权利和义务。国家培养青年、少年、儿童在品德、智力、体质等方面全面发展。"第二十四条规定："国家通过普及理想教育、道德教育、文化教育、纪律和法制教育，通过在城乡不同范围的群众中制定和执行各种守则、公约，加强社会主义精神文明的建设。"第十九条规定："国家发展社会主义的教育事业，提高全国人民的科学文化水平。国家举办各种

① 《体育总局发布〈中国群众体育发展报告（2018）〉》，《中国体育报》，2018 年 8 月 3 日第 1 版。

学校，普及初等义务教育，发展中等教育、职业教育和高等教育，并且发展学前教育。国家发展各种教育设施，扫除文盲，对工人、农民、国家工作人员和其他劳动者进行政治、文化、科学、技术、业务的教育，鼓励自学成才。”第四十五条第三款规定国家和社会有义务帮助盲、聋、哑和其他有残疾的公民的教育。

《中华人民共和国教育法》对受教育者享有的各项权利作出了更加具体的规定，其中包括参加教育教学计划安排的各种活动，使用教育教学设施、设备、图书资料；按照国家有关规定获得奖学金、贷学金、助学金；在学业成绩和品行上获得公正评价，完成规定的学业后获得相应的学业证书、学位证书等。同时规定，从业人员有依法接受职业培训和继续教育的权利和义务。为了保障公民的受教育权，该法规定，国家实行学前教育、初等教育、中等教育、高等教育的学校教育制度；实行九年制义务教育制度。国家机关、企业事业组织和其他社会组织，应当为本单位职工的学习和培训提供条件和便利。国家鼓励学校及其他教育机构、社会组织采取措施，为公民接受终身教育创造条件。国家建立以财政拨款为主、其他多种渠道筹措教育经费为辅的体制，逐步增加对教育的投入，保证国家举办的学校教育经费的稳定来源。

《中华人民共和国义务教育法》对义务教育的性质作出了具体的规定：义务教育是国家统一实施的所有适龄儿童、少年必须接受的教育，是国家必须予以保障的公益性事业。实施义务教育，不收学费、杂费。国家建立义务教育经费保障机制，保证义务教育制度实施。各级人民政府及其有关部门应当履行本法规定的各项职责，保障适龄儿童、少年接受义务教育的权利。适龄儿童、少年的父母或者其他法定监护人应当依法保证其按时入学接受并完成义务教育。地方各级人民政府应当合理设置小学、初级中等学校，使儿童、少年就近入学。地方各级人民政府为盲、聋、哑和弱智的儿童、少年举办特殊教育学校（班）。

《中华人民共和国未成年人保护法》第三条第二款规定：“未成年人享有受教育权，国家、社会、学校和家庭尊重和保障未成年人的受教育权。”同时第二十八条规定："各级人民政府应当保障未成年人受教育的权利，并采取措施保障家庭经济困难的、残疾的和流动人口中的未成年人等接受义务教育。"

（二）保障选择教育权的法律规定

《中华人民共和国宪法》第十九条规定："国家鼓励集体经济组织、国家企业事业组织和其他社会力量依照法律规定举办各种教育事业。"《中华人民共和国教育法》第二十六条规定："国家鼓励企业事业组织、社会团体、其他社会组织及公民个人依法举办学校及其他教育机构。""以财政性经费、捐赠资产举办或参与举办的学校及其他教育机构不得设立为营利性组织。"

《中华人民共和国民办教育促进法》规定：民办教育事业属于公益性事业，是社会主义教育事业的组成部分。国家对民办教育实行积极鼓励、大力支持、正确引导、依法管理的方针。各级人民政府应当将民办教育事业纳入国民经济和社会发展规划。民办学校与公办学校具有同等的法律地位，国家保障民办学校的办学自主权。民办学校的受教育者在升学、就业、社会优待以及参加先进评选等方面享有与同级同类公办学校的受教育者同等权利。

（三）保障对平等接受教育权利的法律规定

《中华人民共和国教育法》第九条规定："公民不分民族、种族、性别、职业、财产状况、宗教信仰等，依法享有平等的受教育机会。"第三十七条指出："受教育者在入学、升学、就业等方面依法享有平等权利。学校和有关行政部门应当按照国家有关规定，保障女子在入学、升学、就业、授予学位、派出留学等方面享有同男子平等的权利。"

《中华人民共和国义务教育法》第四条规定："凡具有中华人民共和国国籍的适龄儿童、少年，不分性别、民族、种族、家庭财产状况、宗教信仰等，依法享有平等接受义务教育的权利，并履行接受义务教育的义务。"第二十二条强调："县级以上人民政府及其教育行政部门应当促进学校均衡发展，缩小学校之间办学条件的差距，不得将学校分为重点学校和非重点学校。学校不得分设重点班和非重点班。"

为了保障特殊群体平等享有受教育权，《中华人民共和国教育法》第十条规定："国家根据各少数民族的特点和需要，帮助各少数民族地区发展教育事业。国家扶持边远贫困地区发展教育事业。国家扶持和发展残疾人教育事业。"第三十八条规定："国家、社会对符合入学条件、家庭经济困难的儿童、少年、青年，提供各种形式的资助。"第三十九条规定："国家、社会、学校及其他教育机构应当根据残疾人身心特性和需要实施教育，并为其提供帮助和便利。"第四十条规定："国家、社会、家庭、学校及其他教育机构应当为有违法犯罪行为的未成年人接受教育创造条件。"

为保证有困难的特殊群体平等接受教育的权利，《中华人民共和国义务教育法》第十七条规定："县级人民政府根据需要设置寄宿制学校，保障居住分散的适龄儿童、少年入学接受义务教育。"第十八条规定："国务院教育行政部门和省、自治区、直辖市人民政府根据需要，在经济发达地区设置接收少数民族适龄儿童、少年的学校（班）。"第十九条规定："县级以上地方人民政府根据需要设置相应的实施特殊教育的学校（班），对视力残疾、听力语言残疾和智力残疾的适龄儿童、少年实施义务教育。特殊教育学校（班）应当具备适应残疾儿童、少年学习、康复、生活特点的场所和设施。普通学校应当接收具有接受普通教育能力的残疾适龄儿童、少年随班就读，并为其学习、康复提供帮助。"第二十条规定："县级以上地方人民政府根据需要，为具有预防未成年人犯罪法规定的严重不良行为的适龄少年设置专门的学校实施义务教育。"第二十一条规定："对未完成义务教育的未成年犯和被采取强制性教育措施的未成年人应当进行义务教育，所需经费由人民政府予以保障。"该法第二十九条规定："教师在教育教学中应当平等对待学生，关注学生的个体差异，因材施教，促进学生的充分发展。教师应当尊重学生的人格，不得歧视学生，不得对学生实施体罚、变相体罚或者其他侮辱人格尊严的行为，不得侵犯学生合法权益。"

（四）保障有尊严地受教育权利的法律规定

《中华人民共和国义务教育法》第二十九条规定了禁止教师在教育过程中对学生人格的不尊重行为："教师应当尊重学生的人格，不得歧视学生，不得对学生实施体罚、变相体罚或者其他侮辱人格尊严的行为，不得侵犯学生合法权益。”

《中华人民共和国教师法》第八条在规定教师的义务时，在第四款特别规定了对学生人格的尊重：“关心、爱护全体学生，尊重学生人格，促进学生在品德、智力、体质等方面全面发展。”第三十七条规定，教师“体罚学生，经教育不改的”，以及“品行不良、侮辱学生，影响恶劣的”，由所在学校、其他教育机构或者教育行政部门给予行政处分或者解聘。

《中华人民共和国未成年人保护法》第二十一条规定：“学校、幼儿园、托儿所的教职员工应当尊重未成年人的人格尊严，不得对未成年人实施体罚、变相体罚或者其他侮辱人格尊严的行为。”

《中华人民共和国教育法》第四十三条第四款规定了学生对学校处分的申诉权：“对学校给予的处分不服向有关部门提出申诉，对学校、教师侵犯其人身权、财产权等合法权益，提出申诉或者依法提起诉讼。”

二、保障教育权利的政策措施

（一）中国共产党关于保障教育权利的基本方针

1956 年刘少奇在中共八大所作的政治报告中明确提出：“必须用极大的努力逐步扫除文盲，并且在财政力量许可的范围内，逐步地扩大小学教育，以求在十二年内分区分期普及小学义务教育。”[①] 中共中央、国务院 1980 年颁发的《关于普及小学教育若干问题的决定》，要求在十年内基本普及小学教育，条件允许的地区要普及初中教育。它确立了义务教育普及的“两条腿走路”的思想，即以国家办学为主，同时积极提倡和鼓励社会力量参与捐资助学。1985 年发布的《中共中央关于教育体制改革的决定》，提出把发展基础教育的责任交给地方，有步骤地实行九年义务教育；调整中等教育结构，大力发展职业技术教育；改革高等学校的招生计划和毕业生分配制度，扩大

① 刘少奇：《在中国共产党第八次全国代表大会上的政治报告》，《建国以来重要文献选编》第九册，中央文献出版社 1994 年版，第 67 页。

高等学校办学自主权。[①]1992 年，中共十四大提出义务教育发展的“基本扫除青壮年文盲，基本普及九年义务教育”的“两基”目标。十四届三中全会关于建立市场经济体制的决定提出：“改变政府包揽办学的状况，形成政府办学为主与社会各界参与办学相结合的新体制。……义务教育主要由政府投资办学，同时鼓励多渠道、多形式社会集资办学和民间办学；职业教育、成人教育以及各种社会教育要更多地面向市场需求，发挥社会各方面的作用。”[②]1997 年，中共十五大的报告提出，“实施科教兴国战略”，“把教育摆在优先发展的战略地位”，“大力普及九年义务教育，扫除青壮年文盲”[③]。十六大报告提出：“人民享有接受良好教育的机会，基本普及高中阶段教育，消除文盲。”[④] 十六届六中全会关于构建和谐社会的决定提出，“坚持教育优先发展，促进教育公平”，“坚持公共教育资源向农村、中西部地区、贫困地区、边疆地区、民族地区倾斜，逐步缩小城乡、区域教育发展差距，推动公共教育协调发展。明确各级政府提供教育公共服务的职责，保证财政性教育经费增长幅度明显高于财政经常性收入增长幅度，逐步使财政性教育经费占国内生产总值的比例达到 4%。普及和巩固九年义务教育，落实农村义务教育经费保障机制，在农村并逐步在城市免除义务教育学杂费，全面落实对家庭经济困难学生免费提供课本和补助寄宿生生活费政策，保障农民工子女接受义务教育”。[⑤] 十七大报告提出，“教育公平是社会公平的重要基础”，要求坚

① 《中共中央关于教育体制改革的决定》，中共中央文献研究室编：《改革开放三十年重要文献选编》（上），中央文献出版社 2008 年版，第 381—390 页。

② 《中共中央关于建立社会主义市场经济体制若干问题的决定》，中共中央文献研究室编：《改革开放三十年重要文献选编》（上），中央文献出版社 2008 年版，第 746 页。

③ 江泽民：《高举邓小平理论伟大旗帜，把建设有中国特色社会主义事业全面推向二十一世纪——在中国共产党第十五次全国代表大会上的报告》，中共中央文献研究室编：《改革开放三十年重要文献选编》（下），中央文献出版社 2008 年版，第 904—910 页。

④ 江泽民：《全面建设小康社会，开创中国特色社会主义事业新局面——在中国共产党第十六次全国代表大会上的报告》，中共中央文献研究室编：《改革开放三十年重要文献选编》（下），中央文献出版社 2008 年版，第 1250 页。

⑤ 《中共中央关于构建社会主义和谐社会若干重大问题的决定》，中共中央文献研究室编：《改革开放三十年重要文献选编》（下），中央文献出版社 2008 年版，第 1646 页。

持教育公益性质，加大财政对教育投入，规范教育收费，扶持贫困地区、民族地区教育，健全学生资助制度，保障经济困难家庭、进城务工人员子女平等接受义务教育。[①] 十八大报告提出："大力促进教育公平，合理配置教育资源，重点向农村、边远、贫困、民族地区倾斜，支持特殊教育，提高家庭经济困难学生资助水平，积极推动农民工子女平等接受教育，让每个孩子都能成为有用之才。"[②] 十八届三中全会关于全面深化改革的决定再次强调："大力促进教育公平，健全家庭经济困难学生资助体系，构建利用信息化手段扩大优质教育资源覆盖面的有效机制，逐步缩小区域、城乡、校际差距。统筹城乡义务教育资源均衡配置。"[③] 十九大报告提出："推动城乡义务教育一体化发展，高度重视农村义务教育，办好学前教育、特殊教育和网络教育，普及高中阶段教育，努力让每个孩子都能享有公平而有质量的教育。"[④]

（二）国家关于保障教育权利的各种规划

1993 年中共中央、国务院印发《中国教育改革和发展纲要》，提出 20 世纪 90 年代我国义务教育发展的目标是：全国基本普及九年义务教育（包括初中阶段的职业技术教育），全国基本扫除青壮年文盲，使青壮年中的文盲率降到 5% 以下（简称"两基"）。同时，大城市市区和沿海经济发达地区积极普及高中阶段教育；高中阶段职业技术学校在校学生人数有较大幅度的增加，未升学的初中和高中毕业生普遍接受不同年限的职业技术培训；大中城市基本满足幼儿接受教育的要求，广大农村积极发展学前一年教育；高等学校培养的专门人才适应经济、科技和社会发展的需求，集中力量办好一批

① 胡锦涛：《高举中国特色社会主义伟大旗帜 为夺取全面建设小康社会新胜利而奋斗——在中国共产党第十七次全国代表大会上的报告》，中共中央文献研究室编：《改革开放三十年重要文献选编》（下），中央文献出版社 2008 年版，第 1731—1732 页。

② 胡锦涛：《坚定不移沿着中国特色社会主义道路前进 为全面建成小康社会而奋斗——在中国共产党第十八次全国代表大会上的报告》，人民出版社 2012 年版，第 35 页。

③《中共中央关于全面深化改革若干重大问题的决定》，《人民日报》，2013 年 11 月 16 日。

④ 习近平：《决胜全面建成小康社会 夺取新时代中国特色社会主义伟大胜利——在中国共产党第十九次全国代表大会上的报告》，《人民日报》，2017 年 10 月 28 日。

重点大学和重点学科。[1]1994 年发布的《国务院关于〈中国教育改革和发展纲要〉的实施意见》提出："2000 年全国基本普及九年义务教育（包括初中阶段的职业教育），即占全国总人口 85% 的地区普及九年义务教育，初中毛入学率达到 85%，全国小学入学率达到 99% 以上。积极创造条件，使残疾儿童与其他儿童同步实施义务教育。大中城市基本满足幼儿接受教育的要求，广大农村积极发展学前一年的教育。"[2]

1996 年制定的《全国教育事业"九五"计划和 2010 年发展规划》提出，在"九五"期间，要基本普及九年义务教育，基本扫除青壮年文盲；积极发展职业教育，适度扩大普通高中教育规模；适度扩大高等教育规模，优化结构，进一步提高教育质量和办学效益；大力加强职业培训。2010 年教育事业发展的主要目标是：全面普及九年义务教育，扫除青壮年文盲，职业教育和成人教育有更大发展，人口中接受高等教育的比重接近中等发达国家水平，各级各类学校办学条件有较大改善，质量和效益明显提高。具体发展目标是：青壮年文盲率降低到 1%左右，成人识字率提高到 90%以上，通过学文化和学技术相结合巩固扫盲成果。小学在校生保持在 1.3 亿人左右，初中达到 6300 万人，初中入学率达到 95%左右，在占人口约 95%的地区普及九年义务教育。3—5 周岁幼儿毛入园（班）率达到 55%。高中阶段各类学校在校生增加到 3500 万人左右，入学率达到 50%以上。普通高中在校生达到 1400 万人，中等职业学校在校生达到 2100 万人。高等学校在校生增加到 950 万人左右，每 10 万人口在校大学生数达到 700 人，毛入学率达到 11%左右。研究生培养规模达到 30 万—35 万人，每年授予硕士、博士学位人数达到 10 万人以上。[3]

2002 年制定的《全国教育事业第十个五年计划》提出，要巩固、扩大"两

① 《中国教育改革和发展纲要》，《十四大以来重要文献选编》（上），中央文献出版社 2011 年版，第 55—56 页。

② 《国务院关于〈中国教育改革和发展纲要〉的实施意见》，《中国高等教育》，1994 年第 10 期。

③ 《全国教育事业"九五"计划和 2010 年发展规划》，教育部网站，http：//www.moe.gov.cn/jyb_sjzl/moe_177/tnull_2485.html。

基”成果，发展学前教育，以多种形式大力发展高中阶段教育，采取各种措施积极扩大高等教育规模、办学条件明显改善。具体目标是：全国普及九年义务教育的人口覆盖率进一步提高，初中阶段毛入学率超过 95%。高中阶段毛入学率有较大提高，在城市和发达地区普及高中阶段教育。各类高等教育在学人数达到 2300 万人左右，其中研究生在学人数接近 100 万人，高等教育毛入学率争取达到 20% 左右。为此,要开展国家贫困地区义务教育工程、西部教育开发工程、教育信息化工程。①

2004 年，教育部制定并发布了《2003—2007 年教育振兴行动计划》，要求重点推进农村教育发展与改革以及高水平大学和重点学科建设，实施“新世纪素质教育工程”、“职业教育与培训创新工程”、“高等学校教学质量与教学改革工程”、“促进毕业生就业工程”、“教育信息化建设工程”、“高素质教师和管理队伍建设工程”，加强制度创新和依法治教，大力支持和促进民办教育持续健康协调快速发展，进一步扩大教育对外开放。②

2007 年制定的《国家教育事业发展“十一五”规划纲要》提出：要使城乡、区域教育更加协调，义务教育趋于均衡；教育质量明显提高，创新能力稳步增强；教育机会不断增加，国民受教育水平进一步提高。③

2010 年 7 月 29 日，国务院颁布了《国家中长期教育改革和发展规划纲要（2010—2020 年）》，提出要坚持“优先发展、育人为本、改革创新、促进公平、提高质量”的工作方针，到 2020 年基本实现教育现代化，基本形成学习型社会，进入人力资源强国行列，学前教育一年、两年、三年的毛入学率分别达到 95%、80%、70%，九年义务教育巩固率达到 95%，高中阶段教育毛入学率达到 90%，职业教育、高等教育毛入学率达到 40%，中等和高等职业教

① 《全国教育事业第十个五年计划》，教育部网站，http：//www.moe.gov.cn/jyb_sjzl/moe_177/tnull_2486.html。

② 《2003—2007 年教育振兴行动计划》，教育部网站，http：//www.moe.gov.cn/jyb_sjzl/moe_177/201003/t20100304_2488.html。

③ 《国家教育事业发展“十一五”规划纲要》，教育部网站，http：//old.moe.gov.cn//publicfiles/business/htmlfiles/moe/moe_1778/200710/27737.html。

育人数分别达到2350万人和1480万人，从业人员继续教育达到3.5亿人次，扫除青壮年文盲，新增劳动力平均受教育年限从12.4年提高到13.5年，主要劳动年龄人口平均受教育年限从9.5年提高到11.2年，其中受过高等教育的比例达到20%，具有高等教育文化程度的人数比2009年翻一番。①

2012年发布的《国家教育事业发展第十二个五年规划》提出，在“十二五”期间，农村学前一年毛入园率达到80%左右，城镇和经济发达地区农村基本普及学前三年教育；义务教育巩固率达到93%，农村义务教育阶段学校标准化率达到50%以上；高中阶段教育毛入学率达到87%；职业学校专业实训基地达标率达到80%；高等教育毛入学率达到36%；义务教育阶段新增教师具备高一级学历的比例达到85%以上。同时提出要落实教育“三个优先”的保障制度（即经济社会发展规划优先安排教育发展，财政资金优先保障教育投入，公共资源优先满足教育和人力资源开发需要），完善教育公平制度、教育与经济社会结合制度、民办教育制度、教育行政管理制度，建设现代学校制度，创新教育家办学制度，健全省级政府教育统筹制度，建立健全教育标准和绩效评价制度，健全教育督导制度，改革考试招生制度。②

2017年发布的《国家教育事业发展“十三五”规划》提出，要坚持优先发展、立德树人、服务导向、促进公平、改革创新、依法治教、党的领导原则，推动我国迈入人力资源强国和人才强国行列。主要目标包括全民终身学习机会进一步扩大，教育质量全面提升，教育发展成果更公平地惠及全民，人才供给和高校创新能力明显提升，教育体系制度更加成熟定型。其中特别提到要“实现家庭经济困难学生资助全覆盖”，“义务教育实现基本均衡的县（市、区）比例达到95%”。③

---

① 《中共中央国务院印发中长期教育改革和发展规划纲要》，中国政府网，http：//www.gov.cn/jrzg/2010-07/29/content_1666937.htm。

② 《国家教育事业发展第十二个五年规划》，教育部网站，http：//old.moe.gov.cn/publicfiles/business/htmlfiles/moe/moe_630/201207/139702.html。

③ 《国家教育事业发展“十三五”规划》，教育部网站，http：//www.moe.gov.cn/jyb_xxgk/moe_1777/moe_1778/201701/t20170119_295319.html。

（三）保障农村和贫困地区学生受教育权利的专项方案和专项行动

为了保障农村和贫困地区学生的受教育权利，在“九五”规划时期，当时的国家教委同财政部发起实施“国家贫困地区义务教育工程”，投入达 124.62 亿元，涵盖国家贫困县 568 个，省级贫困县 284 个，帮助经济不发达地区进行义务教育普及工作，2.5 亿人口受益。①2003 年 12 月，财政部、发改委、教育部等联合专门制定了《国家西部地区“两基”攻坚计划（2004—2007 年）》。2001 年至 2005 年间，国家专门设立义务教育助学金用于帮扶西部贫困学生。农村中小学教师专项工资从 2001 年开始设立，对于在西部贫困地区工作的教师每年拿出 50 亿元进行专门补助。2006 年，为了加速和保障攻坚计划的进程，国家在西部攻坚计划比较困难的农村中小学设置教师特设岗位。为了解决西部偏远地区地广人稀的特点造成的办学、上学成本较高的问题，2004—2007 年政府投入 90 亿元用于“农村中小学现代远程教育工程”，建立 8 万多个教学点、22 万多所农村完全小学，为西部贫困地区中小学生提供高质量教育资源；投入 100 亿元改建、兴建 6400 所农村寄宿制学校，缓解了 320 万贫困学生上学难的问题。②

为了提高农村地区义务教育的水平和质量，2005 年国家颁布《国务院关于深化农村义务教育经费保障机制改革的通知》，要求从 2006 年开始遵循“明确各级责任、中央地方共担、加大财政投入、提高保障水平”的宗旨原则，逐步将农村义务教育全面纳入公共财政保障范围，建立起中央和地方分项目、按比例分担的农村义务教育经费保障机制。③ 国家在 2006 年首先免除西部农村地区学生义务教育学杂费，同时对该地区义务教育阶段的中学和小学提供公用经费补助。全国农村地区在 2007 年全面推行“两免一补”政策。

2012 年 3 月 19 日，教育部、国家发展改革委、财政部、人力资源社会

---

① 全国人大教科文卫委员会教育室等合作项目研究组：《中国义务教育发展研究报告》，中国民主法制出版社 2006 年版，第 78—79 页。

② 全国人大教科文卫委员会教育室等合作项目研究组：《中国义务教育发展研究报告》，中国民主法制出版社 2006 年版，第 78—79 页。

③ 《国务院关于深化农村义务教育经费保障机制改革的通知》，《中国农村科技》，2006 年第 2 期。

保障部和国务院扶贫办联合发布了《关于实施面向贫困地区定向招生专项计划的通知》，从 2012 年开始，“十二五”期间，每年在全国普通高校招生年度计划总增量中安排 1 万名左右本科招生计划，面向集中连片特殊困难地区参加全国统考的考生，实行定向招生，并且引导和鼓励学生毕业后回到贫困地区就业创业和服务，生源范围为国务院确定的 21 个省（区、市）的 680 个贫困县。[①]2013 年 5 月 30 日，教育部发布《关于 2013 年扩大实施农村贫困地区定向招生专项计划的通知》，决定 2013 年扩大实施专项计划，包括扩大规模、扩大区域、增加高校、鼓励地方采取措施。

2013 年 5 月 22 日，教育部、国家发展改革委、财政部共同制定并发布了《中西部高等教育振兴计划（2012—2020 年）》，要求推进优质数字化资源共建共享，扩大中西部学生入学机会。坚持新增招生计划向中西部高等教育资源短缺地区倾斜，优化中西部地区院校设置工作，深入推进省部共建地方高校，加强中西部高校基础能力建设，支持中西部高校学生出国留学和回国创业发展，支持中西部高校接收来华留学生，加大中西部地方高校家庭经济困难学生资助力度。[②]

2013 年 7 月 29 日，国务院办公厅转发了教育部、发展改革委、财政部、扶贫办、人力资源和社会保障部、公安部、农业部发布的《关于实施教育扶贫工程的意见》。实施教育扶贫工程的范围为《中国农村扶贫开发纲要（2011—2020 年）》所确定的连片特困扶贫攻坚地区（以下简称片区），具体是：六盘山区、秦巴山区、武陵山区、乌蒙山区、滇桂黔石漠化区、滇西边境山区、大兴安岭南麓山区、燕山—太行山区、吕梁山区、大别山区、罗霄山区等区域的片区和已明确实施特殊政策的西藏、四省藏区、新疆南疆三地州。该工程要求，到 2015 年，片区学前三年毛入园率达到 55% 以上，少数民族双语地区基本普及学前一至两年双语教育，义务教育巩固率达到 90% 以上，

---

① 教育部等五部委：《关于实施面向贫困地区定向招生专项计划的通知》，财政部网站，http://www.mof.gov.cn/zhengwuxinxi/zhengcefabu/201204/t20120423_644817.htm。

② 《三部门印发〈中西部高等教育振兴计划〉的通知》，中国政府网，http://www.gov.cn/gzdt/2013-05/23/content_2409547.htm。

高中阶段毛入学率达到 80% 以上，视力、听力、智力三类残疾儿童义务教育入学率达到 80%。同时，要提高职业教育促进脱贫致富的能力，提高高等教育服务区域经济社会发展的能力，提高继续教育服务劳动者就业创业能力。到 2020 年使片区基本公共教育服务水平接近全国平均水平。[①]

（四）保障进城务工人员子女受教育权利的政策措施

为了保障进城务工人员随迁子女义务的受教育权利，教育部在 1996 年颁布了《城镇流动人口中适龄儿童、少年就学办法（试行）》。两年后，公安部和教育部联合公布《流动儿童少年就学暂行办法》。这些文件规定了流入地政府、流出地政府和监护人的责任范围；明确指出公办小学和打工子弟学校是接收进城务工人员随迁子女的主要渠道；要求对随迁子女的管理和收费要规范。2001 年颁布的《中国儿童发展纲要（2001—2010 年）》，要求保障流动儿童的教育权利，不断完善流动儿童就学制度，提高教育规划质量，适应在城镇化潮流中城市流动人口适龄儿童的入学需要。[②] 为了解决保障流动儿童受教育权的义务归属问题，2001 年国务院发布的《关于基础教育改革和发展的决定》规定，随迁子女义务教育问题的解决应该以流入地政府为主，随迁子女应主要进入城市公办中小学就读，即“两为主”策略。

在流动儿童教育收费问题上，教育部联合其他部委 2003 年制定的《关于进一步做好进城务工就业农民子女义务教育工作的意见》明确指出，对于随迁子女的管理和收费要与当地户籍人口子女一视同仁。教育部在 2005 年发布的《关于进一步推进义务教育均衡发展的若干意见》要求继续坚持一视同仁原则。2008 年发布的《国务院关于做好免除城市义务教育阶段学生学杂费工作的通知》要求免除随迁子女的学杂费，禁止向随迁子女收取借读费。

为解决农民工随迁子女在流入地参加高考的问题，国家在 2012 年 8 月发布了《关于做好进城务工人员随迁子女接受义务教育后在当地参加升学

---

① 《国务院办公厅转发教育部等部门关于实施教育扶贫工程意见的通知》，中国政府网，http：//www.gov.cn/zwgk/2013-09/11/content_2486107.htm。

② 《中国儿童发展纲要（2001—2010 年）》，中央政府网站，http：//www.gov.cn/ztzl/61/content_627720.htm。

考试工作的意见》，明确规定：“各省、自治区、直辖市有关随迁子女升学考试的方案原则上应于 2012 年年底前出台。北京、上海等人口流入集中的地区要进一步摸清底数，掌握非本地户籍人口变动和随迁子女就学等情况，抓紧建立健全进城务工人员管理制度，制定出台有关随迁子女升学考试的方案。”①

（五）保障残疾学生受教育权利的政策措施

1989 年 5 月，国务院办公厅转发了国家教委等八部门制定的《关于发展特殊教育的若干意见》，明确规定了中国发展特殊教育的目标、具体任务和实施保证，提出弱智教育在城市采取随班就读、依托儿童福利机构、建立特殊学校三种形式，在农村以随班就读为主要形式。

1992 年 5 月，国家教委和中国残联印发《残疾儿童少年义务教育工作“八五”实施方案》。1994 年，国务院颁布《残疾人教育条例》。1996 年，国家教委和中国残疾人联合会发布《残疾儿童少年义务教育工作“九五”实施方案》，要求可以接受普通教育的残疾儿童少年入学率努力达到与当地其他儿童少年同等水平，到 2000 年，视力、听力言语和智力残疾儿童少年的入学率全国平均分别达到 80% 左右。② 同年 5 月，国家教委和中国残疾人联合会联合印发了《残疾儿童少年九年制教育实施方案》。2014 年 1 月 20 日，教育部、发展改革委、民政部、财政部等七部委联合发布《特殊教育提升计划（2014—2016 年）》。2017 年 7 月 17 日，教育部、国家卫生计生委、中国残疾人联合会等七部门联合印发《第二期特殊教育提升计划（2017—2020 年）》，要求到 2020 年，残疾儿童少年义务教育入学率要达到 95% 以上。

（六）保障学生有尊严受教育权利的相关规定

1984 年 5 月 4 日，教育部办公厅发出了《关于坚持正面教育，严禁体罚和变相体罚学生的通知》。该通知指出：“对学生坚持正面教育，是所有教

① 《关于做好进城务工人员随迁子女接受义务教育后在当地参加升学考试工作的意见》，中国政府网，http：//www.gov.cn/zwgk/2012-08/31content_2214566.htm。

② 《残疾儿童少年义务教育工作“九五”实施方案》，中国政府网，1996 年 5 月 9 日。

育工作者必须遵循的一条重要的教育原则。教师对学生要动之以情，晓之以理，导之以行，持之以恒。既要管教管导，严格要求，又要循循善诱，诲人不倦。要遵循儿童身心发展的规律，通过生动活泼、丰富多彩的教育、教学活动，积极引导他们为振兴中华而勤奋学习，奋发向上。不要脱离儿童好动、好玩、好问的特点，把天真烂漫的少年儿童培养成唯唯诺诺的'小老头'。教师要面向全体学生，对全体学生负责，不要偏爱一部分人，歧视另一部分人。对于有缺点、错误的学生，要深入了解情况，具体分析原因，满腔热情地做好他们的思想转化工作。要善于发现、培养和调动后进学生身上的积极因素，肯定他们的微小进步，尊重他们的自尊心，鼓励他们的上进心，帮助他们满怀信心地前进。对于极个别屡教不改、错误性质严重、需要给予纪律处分的学生，也要进行耐心细致的说服教育工作，以理服人，不能采用简单粗暴和压服的办法，更不得体罚和变相体罚学生。"该通知要求："把禁止体罚和变相体罚学生作为一条学校纪律，严格遵守。今后，对于体罚和变相体罚学生的人员，必须及时进行批评教育，帮助他们认识和改正错误。对于情节严重、屡教不改的，要查清事实，区别情况，给予适当的纪律处分。对于残害儿童、情节恶劣并造成严重后果的，要报请有关部门追究其法律责任。"

三、保障教育权利的实际效果

2007 年西部地区基本普及九年义务教育，基本扫除青壮年文盲，攻坚目标如期实现。[①]

为保障农村学生有平等的机会享受义务教育，自 2010 年开始，国家免除了全国约 1.3 亿名农村义务教育学生学杂费和教科书费，免除了寄宿生住宿费，按照小学每生每年 750 元、初中每生每年 1000 元的标准，对约 1224 万名农村家庭经济困难寄宿生补助了生活费。中央财政支持农村义务教育阶段学校教师特设岗位计划，公开招聘高校毕业生到农村教学任教。政府还实

① 《西部地区基本普及九年义务教育基本扫除青壮年文盲　攻坚目标如期实现》，《人民日报》，2007 年 11 月 16 日。

施了农村义务教育学生营养改善计划，由中央财政拨付专项资金予以支持。国家建立了普通高中国家助学金，资助家庭经济困难学生；所有农村学生、城市涉农专业和家庭经济困难学生均享受中职免学费政策，一、二年级在校涉农专业学生和非涉农专业家庭经济困难学生享受国家助学金。

中国国民受教育程度大幅提升，15 岁及以上人口平均受教育年限由 1982 年的 5.3 年提高到 2017 年的 9.6 年，劳动年龄人口平均受教育年限达 10.5 年。

中国学前教育快速发展。2018 年，全国幼儿园数量达 26.67 万所，学前教育入园幼儿 1863.91 万人，学前教育毛入园率由 1978 年的 10.6% 升至 81.7%，在园幼儿由 1978 年的 788 万人增至 2018 年的 4656.42 万人，幼儿园教职工 453.15 万人，专任教师 258.14 万人。①

中国义务教育普及程度已达到世界高收入国家的平均水平。2018 年，全国共有义务教育阶段学校 21.38 万所，招生 3469.89 万人，在校生 1.50 亿人，专任教师 973.09 万人。小学学龄儿童净入学率达到 99.95%，初中阶段毛入学率 100.9%，九年义务教育巩固率 94.2%。②

高中阶段教育基本普及。2018 年，全国共有高中阶段教育学校 2.43 万所，在校学生 3934.67 万人，比 1978 年增加 2130.67 万人；初中毕业生升学率达 95.2%，比 1978 年提高 54.3 个百分点；高中阶段毛入学率达 88.8%，已超过世界中高收入国家 86.7% 的平均水平。③

高等教育蓬勃发展。2018 年，全国各类高等教育在学总规模达到 3833 万人，高等教育毛入学率达到 48.1%。研究生招生 85.80 万人，其中，招收博士生 9.55 万人，招收硕士生 76.25 万人。在学研究生 273.13 万人，其中，在学博士生 38.95 万人，在学硕士生 234.17 万人。毕业研究生 60.44 万人，其中，毕业博士生 6.07 万人，毕业硕士生 54.36 万人。④

---

① 教育部 :《2018 年全国教育事业发展统计公报》，教育部网站，2019 年 7 月 24 日。

② 教育部 :《2018 年全国教育事业发展统计公报》，教育部网站，2019 年 7 月 24 日。

③ 教育部 :《2018 年全国教育事业发展统计公报》，教育部网站，2019 年 7 月 24 日。

④ 教育部 :《2018 年全国教育事业发展统计公报》，教育部网站，2019 年 7 月 24 日。

表 2-7　幼儿园入园率和小学、初中、高中、高等教育入学率　　单位：%

年份	幼儿园毛入园率	小学净入学率	初中毛入学率	高中毛入学率	高等教育毛入学率
1978	10.6	94.00	66.4	33.6	2.7
2012	64.5	99.85	102.1	85.0	30.0
2017	79.6	99.91	103.5	88.3	45.7

数据来源：教育部：《2017 年全国教育事业发展统计公报》；陈宝生：《中国教育：波澜壮阔四十年》，《人民日报》，2018 年 12 月 17 日。

2018 年，全国义务教育阶段在校生中进城务工人员随迁子女共 1424.04 万人。其中，在小学就读 1048.39 万人，在初中就读 375.65 万人。[①]

2018 年，全国共有特殊教育学校 2152 所，特殊教育学校共有专任教师 5.87 万人。全国共招收各种形式的特殊教育学生 12.35 万人，在校生 66.59 万人。其中，附设特教班在校生 3316 人，占特殊教育在校生 0.50%；随班就读在校生 32.91 万人，占特殊教育在校生 49.41%；送教上门在校生 11.64 万人，占特殊教育在校生 17.48%。[②]

2018 年，全国中等职业教育共有学校 1.02 万所，招生 557.05 万人，在校生 1555.26 万人，毕业生 487.28 万人。[③]

2018 年，全国共有各级各类民办学校 18.35 万所，占全国比重 35.36%；招生 1779.75 万人，在校生达 5378.21 万人。其中，民办幼儿园 16.58 万所，民办普通小学 6179 所，民办初中 5462 所，民办普通高中 3216 所，民办中等职业学校 1993 所，民办高校 750 所。[④]

① 教育部：《2018 年全国教育事业发展统计公报》，教育部网站，2019 年 7 月 24 日。

② 教育部：《2018 年全国教育事业发展统计公报》，教育部网站，2019 年 7 月 24 日。

③ 教育部：《2018 年全国教育事业发展统计公报》，教育部网站，2019 年 7 月 24 日。

④ 教育部：《2018 年全国教育事业发展统计公报》，教育部网站，2019 年 7 月 24 日。

第七节　文化权利保障的发展

根据联合国《经济、社会及文化权利国际公约》第15条的规定，文化权利主要包括三个方面：（1）参加文化生活的权利；（2）享受科学进步及其应用所产生的利益的权利；（3）对本人的任何科学、文学或艺术作品所产生的精神上和物质上的利益受到保护的权利。中国政府为保护公民享有充分的文化权利，结合中国的具体国情，制定了专门的政策计划，并采取了相应的行动措施。

一、保障文化权利的制度建设

为保障人民享受文化权利，中国政府对文化权利保障作出了明确的法律规定，建立了相应的制度保障。

（一）保障参加文化生活权利的法律规定

《中华人民共和国宪法》第四十七条规定：“中华人民共和国公民有进行科学研究、文学艺术创作和其他文化活动的自由。国家对于从事教育、科学、技术、文学、艺术和其他文化事业的公民的有益于人民的创造性工作，给予鼓励和帮助。”第五十一条规定：“中华人民共和国公民在行使自由和权利的时候，不得损害国家的、社会的、集体的利益和其他公民的合法的自由和权利。”

国家制定了《国家科学技术奖励条例》，鼓励和奖励知识分子进行科学研究。

（二）保障享受文化发展利益权利的法律规定

《中华人民共和国宪法》第二十条规定：“国家发展自然科学和社会科学事业，普及科学和技术知识，奖励科学研究成果和技术发明创造。”第二十二条规定：“国家发展为人民服务、为社会主义服务的文学艺术事业、新闻广播电视事业、出版发行事业、图书馆博物馆文化馆和其他文化事业，开展群众性的文化活动。”

（三）保障作品利益受保护权利的法律规定

1992 年 7 月 1 日，全国人民代表大会常务委员会通过了关于我国加入《世界版权公约》的决定。

《中华人民共和国著作权法》第二条明确规定："中国公民、法人或者其他组织的作品，不论是否发表，依照本法享有著作权。"该法所称的作品，包括以下列形式创作的文学、艺术和自然科学、社会科学、工程技术等作品：（1）文字作品；（2）口述作品；（3）音乐、戏剧、曲艺、舞蹈、杂技艺术作品；（4）美术、建筑作品；（5）摄影作品；（6）电影作品和以类似摄制电影的方法创作的作品；（7）工程设计图、产品设计图、地图、示意图等图形作品和模型作品；（8）计算机软件；（9）法律、行政法规规定的其他作品。

该法第十条规定了著作权的 17 项具体内容，包括发表权、署名权、修改权、保护作品完整权、复制权、发行权、出租权、展览权、表演权、放映权、广播权、信息网络传播权、摄制权、改编权、翻译权、汇编权，以及应当由著作权人享有的其他权利。

该法第四十八条规定，未经著作权人许可，复制、发行、表演、放映、广播、汇编、通过信息网络向公众传播其作品的，出版他人享有专有出版权的图书的，未经表演者许可，复制、发行录有其表演的录音录像制品，或者通过信息网络向公众传播其表演的，未经录音录像制作者许可，复制、发行、通过信息网络向公众传播其制作的录音录像制品的，播放或者复制广播、电视的，故意避开或者破坏权利人为其作品、录音录像制品等采取的保护著作权或者与著作权有关的权利的技术措施的，故意删除或者改变作品、录音录像制品等的权利管理电子信息的，以及制作、出售假冒他人署名的作品的，均构成侵权行为。应当根据情况，承担停止侵害、消除影响、赔礼道歉、赔偿损失等民事责任；同时损害公共利益的，可以由著作权行政管理部门责令停止侵权行为，没收违法所得，没收、销毁侵权复制品，并可处以罚款；情节严重的，著作权行政管理部门还可以没收主要用于制作侵权复制品的材料、工具、设备等；构成犯罪的，依法追究刑事责任。第四十九条规定："侵犯著作权或者与著作权有关的权利的，侵权人应当按照权利人的实际损失给予赔偿；实际损失难以计算的，可以按照侵权人的违法所得给予赔偿。赔偿数额还应当包括权利人为制止侵权行为所支付的合理开支。”

（四）保障集体文化权利的法律规定

《中华人民共和国宪法》第二十二条规定：“国家保护名胜古迹、珍贵文物和其他重要历史文化遗产。”第四条规定：“国家根据各少数民族的特点和需要，帮助各少数民族地区加速经济和文化的发展。”第一百一十九条规定：“民族自治地方的自治机关自主地管理本地方的教育、科学、文化、卫生、体育事业，保护和整理民族的文化遗产，发展和繁荣民族文化。”

《中华人民共和国民族区域自治法》第三十八条规定：“民族自治地方的自治机关自主地发展具有民族形式和民族特点的文学、艺术、新闻、出版、广播、电影、电视等民族文化事业，加大对文化事业的投入，加强文化设施建设，加快各项文化事业的发展。民族自治地方的自治机关组织、支持有关单位和部门收集、整理、翻译和出版民族历史文化书籍，保护民族的名胜古迹、珍贵文物和其他重要历史文化遗产，继承和发展优秀的民族传统文化。”

2011 年 2 月 25 日通过的《中华人民共和国非物质文化遗产法》，其目的就是“为了继承和弘扬中华民族优秀传统文化，促进社会主义精神文明建设，加强非物质文化遗产保护、保存工作”。

2015 年 4 月 24 日第十二届全国人民代表大会常务委员会第十四次会议修订的《中华人民共和国文物保护法》对文物的具体形式、文物保护的具体部门及职责划分、经费来源等作出了具体的规定。

二、保障文化权利的政策措施

为保障人民享有文化权利，中国共产党提出了指导方针，党和国家制定了促进文化事业发展的总体规划，政府相关部门也制定并实施了专项规划，采取了专项行动。

（一）中国共产党保障文化权利的指导方针

中共十四大报告提出，要“积极推进文化体制改革，完善文化事业的有关经济政策，繁荣社会主义文化”[①]。十四届三中全会作出的《中共中央关于建立社会主义市场经济体制若干问题的决定》指出：“要把社会效益放在首位，正确处理精神产品社会效益与经济效益的关系。”[②]十六届六中全会作出的《中共中央关于构建社会主义和谐社会若干重大问题的决定》再次强调，要“坚持把社会效益放在首位，坚持把发展公益性文化事业作为保障人民文化权益的主要途径，推动文化事业和文化产业共同发展”[③]。十七大报告提出，要“坚持把发展公益性文化事业作为保障人民基本文化权益的主要途径，加大投入力度，加强社区和乡村文化设施建设”[④]。2011 年 10 月 18 日，中国共产党第十七届六中全会通过《中共中央关于深化文化体制改革 推动社会主义文化大发展大繁荣若干重大问题的决定》，为保障人民基本文化权益，提出了大力发展公益性文化事业的具体举措，主要涉及构建公共文化服务体系，发展现代传播体系，建设优秀传统文化传承体系，加快城乡文化一体化发展等四大方面。[⑤]十八届三中全会作出的《中共中央关于全面深化改革若干重大问题的决定》提出，要“构建现代公共文化服务体系”，“促进基本公共文化服务标准化、均等化”。[⑥]十九大报告提出：“推动文化事业和文化产业发展。满足人民过上美好生活的新期待，必须提供丰富的精神食粮。要深化文化体制改革，完善文化管理体制，加快构建把社会效益放在首位、社

---

① 江泽民：《加快改革开放和现代化建设步伐 夺取有中国特色社会主义事业的更大胜利——在中国共产党第十四次全国代表大会上的报告》，中共中央文献研究室编：《改革开放三十年重要文献选编》（上），中央文献出版社 2008 年版，第 667 页。

② 《中共中央关于建立社会主义市场经济体制若干问题的决定》，中共中央文献研究室编：《改革开放三十年重要文献选编》（上），中央文献出版社 2008 年版，第 749 页。

③ 《中共中央关于构建社会主义和谐社会若干重大问题的决定》，中共中央文献研究室编：《改革开放三十年重要文献选编》（下），中央文献出版社 2008 年版，第 1647 页。

④ 胡锦涛：《高举中国特色社会主义伟大旗帜 为夺取全面建设小康社会新胜利而奋斗——在中国共产党第十七次全国代表大会上的报告》，中共中央文献研究室编：《改革开放三十年重要文献选编》（下），中央文献出版社 2008 年版，第 1731 页。

⑤ 《中共中央关于深化文化体制改革推动社会主义文化大发展大繁荣若干重大问题的决定》，《人民日报》，2011 年 10 月 26 日第 1 版。

⑥ 《中共中央关于全面深化改革若干重大问题的决定》，《人民日报》，2013 年 11 月 16 日。

会效益和经济效益相统一的体制机制。完善公共文化服务体系，深入实施文化惠民工程，丰富群众性文化活动。加强文物保护利用和文化遗产保护传承。”[①]

（二）党和国家保障文化权利的总体规划

国家制定的三期人权行动计划都有专节涉及文化权利保障。《国家人权行动计划（2009—2010年）》要求“采取有力措施，发展繁荣文化事业，保障公民基本文化权利”[②]，并从建设公共文化服务体系、实现全国文化信息资源共享工程“十一五”建设目标、全面推进广播影视数字化、实施重大文化产业项目带动战略、鼓励支持文化创造和普及、继续推动博物馆和爱国主义教育基地向公众免费开放、研究建立有关公益性文化事业保障的法律制度、加大知识产权保护力度等方面提出了具体的目标和指标要求。《国家人权行动计划（2012—2015年）》要求“采取有力措施，加快公共文化设施建设，促进文化事业发展，丰富人民文化生活，保障公民文化权利”[③]，并从加强文化立法 、健全公共文化设施和服务网络、推动文化覆盖和科技普及、加快互联网建设四个方面提出了具体目标和具体指标。《国家人权行动计划（2016—2020年）》要求“完善公共文化服务体系、文化产业体系、文化市场体系，提升公民基本文化权利的保障水平”[④]，并从加快推进文化权利保障立法、推进基本公共文化服务标准化和均等化、促进新兴文化产业发展、构建中华优秀传统文化传承体系、全面实施全民阅读工程、加强互联网与网络文化建设等方面提出了实现目标和具体指标。

为了促进文化事业发展，保障人民的文化权利，国家专门制定了文化发展五年规划。2006年9月中共中央办公厅、国务院办公厅印发了《国家“十一五”时期文化发展规划纲要》，这是中国第一个专门部署文化建设的中

① 习近平：《决胜全面建成小康社会 夺取新时代中国特色社会主义伟大胜利——在中国共产党第十九次全国代表大会上的报告》，《人民日报》，2017年10月28日。

② 国务院新闻办公室：《国家人权行动计划（2009—2010年）》，外文出版社2009年版，第14页。

③ 国务院新闻办公室：《国家人权行动计划（2012—2015年）》，人民出版社2012年版，第18页。

④ 国务院新闻办公室：《国家人权行动计划（2016—2020年）》，人民出版社2016年版，第15页。

长期规划。该规划纲要提出，要从现阶段经济社会发展水平出发，以实现和保障公民基本文化权益、满足广大人民群众基本文化需求为目标，坚持公共服务普遍均等原则，兼顾城乡之间、地区之间的协调发展，统筹规划，合理安排，形成实用、便捷、高效的公共文化服务网络。①

2012 年 2 月，中共中央办公厅、国务院办公厅印发了《国家“十二五”时期文化改革发展规划纲要》。该规划纲要提出，“十二五”期间要基本建立覆盖全社会的公共文化服务体系，使城乡居民能够较为便捷地享受公共文化服务。为此需要重点在以下四个方面开展工作：（1）不断完善公共文化服务设施状况；（2）着力加强公共文化产品和服务供给；（3）重点关注公共文化服务均等化；（4）加强文化遗产的保护、传承与利用。②

2017 年 5 月 7 日，中共中央办公厅、国务院办公厅印发了《国家“十三五”时期文化发展改革规划纲要》，将“现代公共文化服务体系基本建成，基本公共文化服务标准化、均等化水平稳步提高，体现地方和民族特色的文化设施网络基本形成，公共文化供给与群众文化需求有效匹配”作为全面实现文化发展改革的目标任务之一，并在完善公共文化服务网络、推动基层公共文化设施资源共建共享、创新公共文化服务运行机制、推动老少边贫地区公共文化跨越发展四个方面提出了具体的目标要求。③

（三）关于公共文化服务的专项政策和规划

在公共文化服务体系和设施建设方面。2007 年 8 月 1 日，中共中央办公厅和国务院办公厅联合发布了《关于加强公共文化服务体系建设的若干意见》，提出“加快建立覆盖全社会的公共文化服务体系，是维护好、实现好、发展好人民群众基本文化权益的主要途径”。该意见要求实施重大公共文化服务工程，包括广播电视村村通工程、全国文化信息资源共享工程、乡镇综合文化站和基层文化阵地建设工程、农村电影放映工程、农家书屋建设工程。

① 《国家“十一五”时期文化发展规划纲要》，《人民日报》，2006 年 9 月 14 日第 10—12 版。

② 《国家“十二五”时期文化改革发展规划纲要》，《人民日报》，2012 年 2 月 16 日第 5—6 版。

③ 《国家“十三五”时期文化发展改革规划纲要》，中国政府网，2017 年 5 月 7 日。

2011 年 11 月 15 日，文化部、财政部共同发布了《关于进一步加强公共数字文化建设的指导意见》。该意见提出，要重点实施文化共享工程、数字图书馆推广工程和公共电子阅览室建设计划三大公共数字文化惠民工程，在此基础上，带动数字美术馆、数字文化馆、数字博物馆、数字爱国主义教育基地等建设，大力整合汇聚非物质文化遗产、国有艺术院团、民间文艺社团等方面的数字化资源，不断丰富和加强公共数字文化建设。①2012 年 2 月，国家发展改革委、文化部和国家文物局共同研究编制了《全国地市级公共文化设施建设规划》，该规划是针对地市级公共图书馆、文化馆和博物馆建设制定的专项规划，实行项目储备库制度。经地方申报，国家发展改革委会同文化部、国家文物局审核后，共筛选了符合申报条件的 532 个项目纳入项目储备库，其中，公共图书馆 189 个、文化馆 221 个、博物馆 122 个。申报总建设规模约为 450 万平方米，总投资约 200 亿元。② 文化部先后制定了《全国文化信息资源共享工程“十二五”规划纲要》《文化部“十三五”时期公共数字文化建设规划》，在“十三五”建设规划中提出的重点任务包括构建互联互通的公共数字文化服务网络，打造公共数字文化资源库群，创新服务方式，提升服务效能，统筹推进重点公共数字文化工程建设，鼓励和支持社会力量参与公共数字文化建设等。③

在免费开放各种公共文化设施方面。2008 年 1 月 23 日，根据中宣部、财政部、文化部和国家文物局联合下发的《关于全国博物馆、纪念馆免费开放的通知》要求，全国各级文化文物部门归口管理的公共博物馆、纪念馆，全国爱国主义教育示范基地实行免费开放。文物建筑及遗址类博物馆暂不实行全部免费开放，继续实行减免门票等优惠政策。2011 年 1 月 26 日，财政部、文化部联合发布了《关于推进全国美术馆、公共图书馆、文化馆（站）免费开放工作的意见》，要求在 2011 年底之前国家级、省级美术馆全部向公众免

① 《两部门出台进一步加强公共数字文化建设指导意见》，中国政府网，2011 年 12 月 9 日。
② 《〈全国地市级公共文化设施建设规划〉正式印发》，中国政府网，2012 年 2 月 7 日。
③ 《文化部“十三五”时期公共数字文化建设规划》，中国政府网，2017 年 7 月 7 日。

费开放，2012 年底之前各级美术馆全部向公众免费开放。文化部也制定了《文化部公共图书馆事业发展“十二五”规划》《“十三五”时期全国公共图书馆事业发展规划》，要求完善公共图书馆设施服务网络，加强文献信息资源保障能力建设，完善文献资源协调与共享机制，推进公共图书馆服务均等化建设，提升数字化服务能力。①

在农村文化建设方面。自 2011 年起，中央财政在整合“农村文化以奖代补资金”、“农村电影放映场次补贴资金”的基础上，新设了农村文化建设专项资金。2013 年 4 月，财政部印发了《中央补助地方农村文化建设专项资金管理暂行办法》，对专项资金的支出范围和标准、申报与审批、管理与使用、监督检查等作了明确规定。②

在鼓励文化产业发展方面。2009 年 7 月，国家通过《文化产业振兴规划》支持有条件的文化企业进入主板、创业板上市融资，鼓励已上市文化企业通过公开增发、定向增发等再融资方式进行并购和重组，迅速做大做强。支持符合条件的文化企业发行企业债券。2010 年 3 月，中国人民银行会同中宣部、财政部等九部委联合发布《关于金融支持文化产业振兴和发展繁荣的指导意见》，明确提出支持处于成熟期、经营较为稳定的文化企业在主板市场上市；鼓励已上市的文化企业通过公开增发、定向增发等再融资方式进行并购和重组；探索建立宣传文化部门与证券监管部门的项目信息合作机制，加强适合于创业板市场的中小文化企业项目的筛选和储备，支持其中符合条件的企业上市。文化部先后制定了《文化部“十二五”时期文化产业倍增计划》《文化部“十三五”时期文化产业发展规划》，在“十三五”发展规划中提出，要培育一批具有核心竞争力的文化企业，打造一批具有较强影响力的文化产品和品牌，支持实施一批具有较强带动作用的重点文化产业项目，创建一批具有显著示范效应的国家级文化产业园区，确定一批国

① 文化部：《“十三五”时期全国公共图书馆事业发展规划》，文化和旅游部网站，2017 年 7 月 7 日。

② 《财政部关于印发〈中央补助地方农村文化建设专项资金管理暂行办法〉的通知》，中国政府网，2013 年 4 月 10 日。

家文化消费试点城市，打造3至5个市场化、专业化、国际化的重点文化产业展会，支持建设50个左右文化金融服务中心，培训各类文化产业人才超过5000人次。[①]

在鼓励文化参与方面。文化部制定了《文化部“十三五”时期文化科技创新规划》，提出要实施文化创新工程、文化科技重点研发工程、文化大数据工程、文化装备系统提升工程、文化标准化工程、文化科技成果转化工程等一系列重点工程。[②]文化部还制定了《“十三五”时期繁荣群众文艺发展规划》，围绕推进优秀群众文艺作品、广泛开展群体文艺活动、完善群众文艺工作机制、培育和壮大群众文艺力量等方面制定了重点工作任务目标。[③]

（四）开展打击侵犯知识产权专项行动

为保护文化创造者的合法权益，政府持续开展了各种打击侵犯知识产权的专项行动。2005年9月，在中宣部和信息产业部、公安部等部门的有力配合下，国家版权局率先在国内开展网络知识产权保护工作，启动了每年延续的打击网络侵权盗版专项行动。2010年，网络专项行动被命名为“剑网行动”。2012年，在原有国家版权局、公安部、工信部3个部门的基础上，增加了国家互联网信息办公室。“剑网行动”以查办大案要案为抓手，针对网络文学、音乐、视频、游戏、动漫、软件等重点领域，突出图书、音像制品、电子出版物、网络出版物等重点产品，集中强化对网络侵权盗版行为的打击力度。[④]

2010年10月27日，国务院办公厅发布了《关于印发打击侵犯知识产权和制售假冒伪劣商品专项行动方案的通知》，决定在全国集中开展打击侵犯知识产权和制售假冒伪劣商品专项行动。要求以保护著作权、商标权以及专利权和植物新品种权等为重点内容，以产品制造集中地、商品集散地、

① 《文化部“十三五”时期文化产业发展规划》，文化和旅游部网站，2017年4月12日。
② 《文化部“十三五”时期文化科技创新规划》，文化和旅游部网站，2017年4月26日。
③ 《文化部“十三五”时期文化科技创新规划》，文化和旅游部网站，2017年4月26日。
④ 《四部门启动“剑网2014”行动　打击网络侵权盗版》，人民网，2014年6月12日。

侵犯知识产权和制售假冒伪劣商品案件高发地为重点整治地区，以新闻出版业、文化娱乐业、高新技术产业、农业为重点整治领域，以图书、音像、软件、大宗出口商品、汽车配件、手机、药品、种子等为重点查处产品，遏制规模性侵犯知识产权行为。同时，还开展了打击网络游戏的侵权盗版行为专项行动、“软件正版化”和打击侵权盗版等专项行动。

2012 年 3—12 月，国家知识产权局为落实《关于加强专利行政执法工作的决定》，开展了“知识产权执法维权‘护航’专项行动”。2014 年，该局又开展了“电子商务领域专利执法维权专项行动”。

三、保障文化权利的实际效果

全国文化事业费投入持续快速增长，由 1978 年的 4.44 亿元增至 2017 年的 855.80 亿元，增长 192.7 倍，年均增长 14.4%。①

从 1949 年到 2018 年底，全国的公共图书馆由 55 个上升到 3173 个，文化馆由 896 个上升到 3326 个，博物馆由 21 个增加到 3331 个，艺术表演团体由 1000 个增长到 2075 个。②2017 年，每万人拥有公共图书馆面积为 109 平方米，是 1978 年的 12.1 倍；公共图书馆共藏书 9.7 亿册，总流通人次 7.45 亿次，分别比 1979 年增长 438.9%、856.7%。③

1950 年至 2018 年，出版图书从 12153 种增至 247108 种，总印数从 2.7 亿册（张）增到 25.17 亿册（张）；全国杂志从 295 种增至 10139 种，出版份数由 0.4 亿册增至 22.92 亿册；报纸从 382 种增至 1871 种，出版由 8 亿份增至 337.26 亿份。此外，2018 年，全国共出版录音制品 6391 种、17756.61 万盒（张）；共出版录像制品 4672 种、6367.48 万盒（张）；共出版电子出版

① 国务院新闻办公室：《改革开放 40 年中国人权事业的发展进步》（白皮书），《人民日报》，2018 年 12 月 13 日第 13—15 版。

② 《中华人民共和国 2018 年国民经济和社会发展统计公报》，《人民日报》，2019 年 3 月 1 日第 10 版。

③ 国务院新闻办公室：《改革开放 40 年中国人权事业的发展进步》（白皮书），《人民日报》，2018 年 12 月 13 日第 13—15 版。

物 8403 种、25884.21 万张；全国累计出口图书、报纸、期刊 1696.07 万册（份）、7194.75 万美元；全国出版物进出口经营单位累计进口图书、报纸、期刊 4088.02 万册（份）、36202.19 万美元；全国累计出口音像制品、电子出版物与数字出版物 5.29 万盒（张）、2897.86 万美元；全国出版物进出口经营单位累计进口音像制品、电子出版物与数字出版物 8.84 万盒（张）、38019.93 万美元。①

2018 年，全国广播节目制作时间 801.76 万小时，其中，农村广播节目制作 124.64 万小时，占广播节目制作总时长的 15.55%。全国公共广播节目播出时间 1526.74 万小时，其中，农村广播节目播出时间 441.46 万小时，占公共广播节目播出总时长的 28.92%。全国电视节目制作时间 357.74 万小时，其中，农村电视节目制作时间 66.54 万小时，占电视节目制作总时长的 18.60%。全国公共电视节目播出时间 1925.03 万小时，其中，农村电视节目播出时间 417.79 万小时，占公共电视节目播出总时长的 21.70%。全国制作发行电视剧 323 部、1.37 万集，制作发行电视动画片 241 部、8.62 万分钟，制作纪录片 7.59 万小时。电视剧播出 21.76 万部，电视纪录片播出时间 44.67 万小时，电视动画片播出时间 37.45 万小时。全国广播综合人口覆盖率 98.94%，电视综合人口覆盖率 99.25%。农村广播综合人口覆盖率 98.58%，农村电视综合人口覆盖率 99.01%。②

2018 年，全国艺术表演团体共演出 312.46 万场，其中赴农村演出 178.82 万场，赴农村演出场次占总演出场次的 57.2%；国内观众 13.76 亿人次，其中农村观众 7.79 亿人次。全国美术馆有 528 个，从业人员 4744 人，全年共举办展览 7021 次，参观人次 3721 万人次。全国共有公共图书馆 3176 个，全国公共图书馆实际使用房屋建筑面积 1595.98 万平方米，全国平均每万人公共图书馆建筑面积 114.4 平方米。全国共有群众文化机构 44464 个，全国

---

① 国家新闻出版署：《2018 年新闻出版业基本情况》，人民网，http://media.people.com.cn/nl/2019/0829/c40606-31325579.html。

② 《2018 年全国广播电视行业统计公报》，国家广播电视总局网站，2019 年 4 月 23 日。

群众文化机构共组织开展各类文化活动 219.48 万场次，服务人次 70553 万。[①]

1953 年中国科学研究支出仅 0.56 亿元。2018 年，全年研究与试验发展（R&D）经费支出 19657 亿元，其中基础研究经费 1118 亿元。全年国家重点研发计划共安排 1052 个项目，国家科技重大专项共安排 563 个课题，国家自然科学基金共资助 44504 个项目。截至 2018 年底，正在运行的国家重点实验室 501 个，累计建设国家工程研究中心 132 个，国家工程实验室 217 个，国家企业技术中心 1480 家。[②]

2018 年，专利申请数量 432.3 万件，其中，境内申请 412.1 万件；专利授权量 244.7 万件，其中，境内授权量 231.9 万件；年末有效专利数 838.1 万件，其中，境内有效专利数 739.7 万件；每万人口发明专利拥有量 11.5 件。[③]2016 年，向国外及港澳台地区申请发明专利 51729 件，发明专利授权 19736 件。2017 年专利侵权纠纷共立案 27305 件、总累计 74258 件，结案 26987 件、总累计 71737 件；其他专利纠纷立案 852 件、总累计 2680 件，结案 836 件、总累计 2566 件；查处假冒专利案件 38492 件，总累计 115641 件。[④]

第八节　环境权利保障的发展

环境权是指享有在不被污染和破坏的环境中生存及利用环境资源的权利，包括对环境的使用权、知情权和受到环境侵害时向有关部门请求保护的权利。

---

① 《中华人民共和国文化和旅游部 2018 年文化发展统计公报》，文化和旅游部网站，2019 年 5 月 30 日。

② 国家统计局：《中华人民共和国 2018 年国民经济和社会发展统计公报》，《人民日报》，2019 年 3 月 1 日第 10 版。

③ 国家统计局：《中华人民共和国 2018 年国民经济和社会发展统计公报》，《人民日报》，2019 年 3 月 1 日第 10 版。

④ 国家知识产权局规划发展司：《中华人民共和国国家知识产权局专利统计年报 2017》，国家知识产权局网站，http：//www.sipo.gov.cn/docs/20181019135307585336.pdf。

1972年6月16日，联合国人类环境会议全体会议通过的《人类环境宣言》提出："人人有在良好的环境里享受自由、平等和适当生活条件的基本权利。"人类有权在一种能够过尊严和福利的生活环境中，享有自由、平等和充足的生活条件的基本权利，并且负有保护和改善这一代和将来的世世代代的环境的庄严责任。为了这一代和将来的世世代代的利益，必须通过周密计划或适当管理来保护地球上的自然资源，其中包括空气、水、土地、植物和动物，特别是自然生态类中具有代表性的标本，保护地球生产非常重要的再生资源的能力，保护受到严重危害的野生动物后嗣及其产地；必须制止在排除有毒物质或其他物质以及散热时其数量或集中程度超过环境能使之无害的能力，防止海洋受到那些会对人类健康造成危害的、损害生物资源和破坏海洋生物舒适环境的或妨害对海洋进行其他合法利用的物质的污染。1992年6月3日至14日在里约热内卢举行的联合国环境与发展会议通过的《里约环境与发展宣言》指出，人类有权同大自然协调一致从事健康的、创造财富的生活；各国有责任保证在它们管辖或控制范围内的活动不对其他国家或不在其管辖范围内的地区的环境造成危害；应当公正合理地满足当代和世世代代的发展与环境需要，环境保护应成为发展进程中的一个组成部分，不能同发展进程孤立开来看待。

针对经济高速发展带来的环境和生态问题，中国政府大力推进生态文明建设，努力建设美丽中国，给子孙后代留下天蓝、地绿、水净的美好家园，保障人民享有良好环境的权利。

一、保障环境权利的制度建设

中国批准加入30多项与生态环境有关的多边公约或议定书，率先发布《中国落实2030年可持续发展议程国别方案》，向联合国交存气候变化《巴黎气候变化协定》批准文书。

《中华人民共和国宪法》第二十六条中明确规定："国家保护和改善生活和生态环境，防治污染和其他公害。"

《中华人民共和国环境保护法》（以下简称《环境保护法》）明确规定立

法目的是为了“保护和改善生活环境与生态环境，防治污染和其他公害，保障公众健康”。

《环境保护法》明确规定了单位和个人保护环境的义务。该法第六条规定：“一切单位和个人都有保护环境的义务。”

《环境保护法》明确规定了政府组织和领导环境保护的义务。该法第十三条规定：“县级以上人民政府应当将环境保护工作纳入国民经济和社会发展规划。”第十四条规定：“国务院有关部门和省、自治区、直辖市人民政府组织制定经济、技术政策，应当充分考虑对环境的影响，听取有关方面和专家的意见。”第十六条规定：“国务院环境保护主管部门根据国家环境质量标准和国家经济、技术条件，制定国家污染物排放标准。”

《环境保护法》明确规定了政府监督和管理环境保护的义务。该法第十条规定：“国务院环境保护主管部门，对全国环境保护工作实施统一监督管理；县级以上地方人民政府环境保护主管部门，对本行政区域环境保护工作实施统一监督管理。”第二十六条规定：“县级以上人民政府应当将环境保护目标完成情况纳入对本级人民政府负有环境保护监督管理职责的部门及其负责人和下级人民政府及其负责人的考核内容，作为对其考核评价的重要依据。”第二十七条规定：“县级以上人民政府应当每年向本级人民代表大会或者人民代表大会常务委员会报告环境状况和环境保护目标完成情况，对发生的重大环境事件应当及时向本级人民代表大会常务委员会报告，依法接受监督。”

《环境保护法》明确规定了政府对行政区域内环境质量负责的义务。该法第六条规定：“一切单位和个人都有保护环境的义务。地方各级人民政府应当对本行政区域的环境质量负责。”第二十八条规定：“地方各级人民政府应当根据环境保护目标和治理任务，采取有效措施，改善环境质量。”第六十七条规定：“上级人民政府及其环境保护主管部门应当加强对下级人民政府及其有关部门环境保护工作的监督。”第六十八条规定：“地方各级人民政府、县级以上人民政府环境保护主管部门和其他负有环境保护监督管理职责的部门有下列行为之一的，对直接负责的主管人员和其他直接责任人员给予记过、记大过或者降级处分；造成严重后果的，给予撤职或者开除处分，其主要负责人应当引咎辞职。”

《环境保护法》明确规定了政府阻止和处罚环境违法行为的义务。该法第二十四条规定：“县级以上人民政府环境保护主管部门及其委托的环境监察机构和其他负有环境保护监督管理职责的部门，有权对排放污染物的企业事业单位和其他生产经营者进行现场检查。”第二十五条规定：“企业事业单位和其他生产经营者违反法律法规规定排放污染物，造成或者可能造成严重污染的，县级以上人民政府环境保护主管部门和其他负有环境保护监督管理职责的部门，可以查封、扣押造成污染物排放的设施、设备。”

《环境保护法》明确规定了政府为环境保护提供资金技术支持的义务。该法第七条规定：“国家支持环境保护科学技术研究、开发和应用，鼓励环境保护产业发展，促进环境保护信息化建设，提高环境保护科学技术水平。”第八条规定：“各级人民政府应当加大保护和改善环境、防治污染和其他公害的财政投入，提高财政资金的使用效益。”

《环境保护法》还明确规定了政府公布环境信息，确保公民环境知情权的义务。该法第五十三条规定：“公民、法人和其他组织依法享有获取环境信息、参与和监督环境保护的权利。各级人民政府环境保护主管部门和其他负有环境保护监督管理职责的部门，应当依法公开环境信息、完善公众参与程序，为公民、法人和其他组织参与和监督环境保护提供便利。”第五十七条规定：“公民、法人和其他组织发现任何单位和个人有污染环境和破坏生态行为的，有权向环境保护主管部门或者其他负有环境保护监督管理职责的部门举报。”

此外，有关环境保护的近百部专项法律、行政法规和地方法规分别对大气、水、土壤、海洋、森林、草原、河流、土地野生动植物、矿产资源的保护，以及防止固体废物、放射性污染、环境噪声污染、陆源污染、船舶污染、畜禽规模养殖污染、建设工程污染、废弃电器电子产品污染、城镇排污、拆船污染、危险化学品污染、核污染等的防治作出具体规定，并制定了具体的评估、监管、惩罚和应急管理的机制和措施。

二、保障环境权利的政策措施

（一）中国共产党促进生态环境保护的基本原则和方针

中国共产党高度重视环境保护。针对经济快速发展过程中带来的资源过度消耗和环境污染问题，党先后提出了一系列促进环境保护的指导原则和方针。中共十三大报告指出："在推进经济建设的同时，要大力保护和合理利用各种自然资源，努力开展对环境污染的综合治理，加强生态环境的保护，把经济效益、社会效益和环境效益很好地结合起来。"① 十四大报告提出，要认真执行"加强环境保护的基本国策"，"要增强全民族的环境意识，保护和合理利用土地、矿藏、森林、水等自然资源，努力改善生态环境"。② 十五大报告提出，要"加强对环境污染的治理，植树种草，搞好水土保持，防治荒漠化，改善生态环境"③。十六大报告指出，"生态环境、自然资源和经济社会发展的矛盾日益突出"，要求坚持"保护环境和保护资源的基本国策"，"树立全民环保意识，搞好生态保护和建设"。④ 十七大报告再次指出，"经济增长的资源环境代价过大"，"坚持节约资源和保护环境的基本国策，关系人民群众切身利益和中华民族生存发展"⑤，"必须把建设资源节约型、环境友好型社会放在工业化、现代化发展战略的突出位置，落实到每个单位、

① 《沿着有中国特色的社会主义道路前进——在中国共产党第十三次全国代表大会上的报告》，中共中央文献研究室编：《改革开放三十年重要文献选编》（上），中央文献出版社 2008 年版，第 483 页。

② 江泽民：《加快改革开放和现代化建设步伐 夺取有中国特色社会主义事业的更大胜利——在中国共产党第十四次全国代表大会上的报告》，中共中央文献研究室编：《改革开放三十年重要文献选编》（上），中央文献出版社 2008 年版，第 668 页。

③ 江泽民：《高举邓小平理论伟大旗帜，把建设有中国特色社会主义事业全面推向二十一世纪——在中国共产党第十五次全国代表大会上的报告》，中共中央文献研究室编：《改革开放三十年重要文献选编》（下），中央文献出版社 2008 年版，第 905 页。

④ 江泽民：《全面建设小康社会，开创中国特色社会主义事业新局面——在中国共产党第十六次全国代表大会上的报告》，中共中央文献研究室编：《改革开放三十年重要文献选编》（下），中央文献出版社 2008 年版，第 1249 页。

⑤ 胡锦涛：《高举中国特色社会主义伟大旗帜 为夺取全面建设小康社会新胜利而奋斗——在中国共产党第十七次全国代表大会上的报告》，中共中央文献研究室编：《改革开放三十年重要文献选编》（下），中央文献出版社 2008 年版，第 1714 页。

每个家庭。要完善有利于节约能源资源和保护生态环境的法律和政策”[①]。十八大报告提出了“绿色发展”的理念，强调：“坚持节约资源和保护环境的基本国策，坚持节约优先、保护优先、自然恢复为主的方针，着力推进绿色发展、循环发展、低碳发展，形成节约资源和保护环境的空间格局、产业结构、生产方式、生活方式，从源头上扭转生态环境恶化趋势，为人民创造良好生产生活环境，为全球生态安全作出贡献。”[②] 十八届三中全会关于全面深化改革的决定提出：“建设生态文明，必须建立系统完整的生态文明制度体系，实行最严格的源头保护制度、损害赔偿制度、责任追究制度，完善环境治理和生态修复制度，用制度保护生态环境。”[③] 中共十九大明确提出打好污染防治攻坚战的重大战略部署，十九大报告提出，“既要创造更多物质财富和精神财富以满足人民日益增长的美好生活需要，也要提供更多优质生态产品以满足人民日益增长的优美生态环境需要”，要推进绿色发展，着力解决突出的环境问题，加大生态系统保护力度，改革生态环境监管体制。[④]2018 年 6 月 24 日，中共中央、国务院印发《关于全面加强生态环境保护坚决打好污染防治攻坚战的意见》，明确了打好污染防治攻坚战的时间表、路线图、任务书。

（二）设立生态环境保护专门机构

为了加强环境保护工作，国家成立了专门的环境保护机构，其行政级别逐步提升。1974 年 10 月，成立了国务院环境保护领导小组。1982 年 5 月，根据第五届全国人大常委会第二十三次会议决定，将国家建委、国家城建

① 胡锦涛：《高举中国特色社会主义伟大旗帜　为夺取全面建设小康社会新胜利而奋斗——在中国共产党第十七次全国代表大会上的报告》，中共中央文献研究室编：《改革开放三十年重要文献选编》（下），中央文献出版社 2008 年版，第 1715 页。

② 胡锦涛：《坚定不移沿着中国特色社会主义道路前进　为全面建成小康社会而奋斗——在中国共产党第十八次全国代表大会上的报告》，人民出版社 2012 年版，第 39 页。

③《中共中央关于全面深化改革若干重大问题的决定》，《人民日报》，2013 年 11 月 16 日。

④ 习近平：《决胜全面建成小康社会　夺取新时代中国特色社会主义伟大胜利——在中国共产党第十九次全国代表大会上的报告》，《人民日报》，2017 年 10 月 28 日。

总局、国家建工总局、国家测绘局、国务院环境保护领导小组办公室合并，组建城乡建设环境保护部，部内设环境保护局。1984 年 5 月，成立国务院环境保护委员会。1984 年 12 月，城乡建设环境保护部环境保护局改为国家环境保护局，仍归城乡建设环境保护部领导，同时也是国务院环境保护委员会的办事机构。1988 年 7 月，国家环保局从城乡建设部独立出来，成为国务院的直属机构。1998 年升格为正部级的国家环境保护总局，撤销国务院环境保护委员会。2008 年升格为环境保护部，成为国务院组成部门。2018 年组建生态环境部，不再保留环境保护部。

（三）制定生态环境保护规划

自 1979 年中国通过第一部环境保护法以来，生态环境保护就成为中国发展战略规划中的重要一环。1982 年，首次将环境保护作为独立篇章纳入国民经济和社会发展计划。1983 年，保护环境被确定为基本国策。1994 年，通过《中国 21 世纪议程——中国 21 世纪人口、环境与发展白皮书》，中国成为世界上第一个制定实施本国可持续发展战略的国家。国家还制定了一系列生态环境保护规划，以促进人民环境权的保障。

三期国家人权行动计划都设“环境权利”专节。《国家人权行动计划（2016—2020 年）》提出：到 2020 年，在大气污染治理方面，地级以上城市空气质量优良天数比率超过 80%，细颗粒物（PM2.5）未达标地级以上城市浓度下降 18%，二氧化硫、氮氧化物排放总量减少 15%；在水污染防治方面，达到或好于Ⅲ类水体比例超过 70%，劣Ⅴ类水体比例小于 5%，地级以上城市建成区黑臭水体控制在 10% 以内，化学需氧量、氨氮排放总量减少 10%；在土壤污染治理方面，完成 200 个土壤污染治理与修复技术应用试点项目，建设 6 个土壤污染综合防治先行区，受污染耕地治理与修复面积达到 1000 万亩，轻度和中度污染耕地实现安全利用的面积达到 4000 万亩；在能源结构优化升级方面，单位 GDP 能源消耗降低 15%，万元 GDP 用水量下降 23%，非化石能源占一次能源消费比重达 15%，单位 GDP 二氧化碳排放降低 18%；在生态建设方面，森林覆盖率提高到 23% 以上，湿地保有量稳定在 8 亿亩，自然保护地占国有面积稳定在 17% 以上，新增沙化土地治理面积 1000 万公顷，新增水土流失综合治理面积 27 万平方公里，国家森林城市达到 200 个，全国 80% 以上的行政村居民点绿化覆盖率达 25% 以上。[①]

国家和政府相关部门连续制定了国家生态环境保护“九五”计划、“十五”计划、“十一五”规划、“十二五”规划和“十三五”规划纲要。环境保护部 2016 年制定的《全国生态保护“十三五”规划纲要》提出的具体工作目标是：全面划定生态保护红线，管控要求得到落实，国家生态安全格局总体形成；自然保护区布局更加合理，管护能力和保护水平持续提升，新建 30—50 个国家级自然保护区，完成 200 个国家级自然保护区规范化建设，全国自然保护区面积占陆地国土面积的比例维持在 14.8% 左右（包括列入国家公园试点的区域）；完成生物多样性保护优先区域本底调查与评估，建立生物多样性观测网络，加大保护力度，国家重点保护物种和典型生态系统类型保护率达到 95%；生态监测数据库和监管平台基本建成；体现生态文明要求的体制机制得到健全；推动 60—100 个生态文明建设示范区和一批环境保护模范城创建，生态文明建设示范效应明显。[②] 为完成上述工作目标，该规划纲要确定了一系列具体的任务指标和保障措施。

除了环境保护的总体规划之外，政府还制定了一系列专项计划，包括国家环境保护科技发展五年规划、环境与健康工作五年规划、废物资源化科技工程五年专项规划、重点流域水污染防治五年规划、节能减排五年规划、危险废物污染防治五年规划、重点区域大气污染防治五年规划、化学品环境风险防控五年规划、重金属污染综合防治五年规划、两控区酸雨和二氧化硫污染防治五年规划、国家环境保护污染建设五年规划、核安全与放射性污染防治五年规划、国家环境保护标准五年发展规划、国家环境保护工程技术中心五年专项规划、国家环境保护技术中心五年专项规划、国家环境监管能力建

① 国务院新闻办公室：《国家人权行动计划（2016—2020 年）》，人民出版社 2016 年版，第 17—19 页。

② 生态环境部：《全国生态保护“十三五”规划纲要》，生态环境部网站，2016 年 10 月 27 日。

设五年规划、循环经济发展五年规划、全国地下水污染防治十年规划、水质较好湖泊生态环境保护总体规划，以及淮河、海河、辽河、巢湖、太湖、滇池、松花江流域、黄河中上游等重点流域水污染防治的五年规划，长江经济带生态环境保护规划等。

（四）开展专项治理行动

国家制定了一系列环境保护的专项行动计划，如国务院印发的《土壤污染防治行动计划》《大气污染防治行动计划》《水污染防治行动计划》《中国生物多样性保护战略与行动计划（2011—2030 年）》《京津冀及周边地区落实大气污染防治行动计划》《国家环境与健康行动计划（2007—2015 年）》《禁止洋垃圾入境，推进固体废物进口管理制度改革实施方案》《国家海洋局海洋生态文明建设实施方案（2015—2020 年）》等。

针对损害群众健康的突出环境问题，有关部门开展了一系列专项行动，包括整治违法排污企业保障群众健康环保专项行动、全国水土保持监督执法专项行动、重金属污染企业专项检查、粉尘与高毒物品危害治理专项行动、整治违法排污企业专项行动、城市饮用水水源地环保执法专项行动、打击进口废物加工利用行业环境违法行为专项行动、固体废物集散地整治专项行动、自然保护区监督检查专项行动等，严肃查处惩戒污染环境的违法和犯罪行为。

（五）加大生态环境保护投入

政府不断加大生态环境保护投入。2017 年中央财政大气、水、土壤污染防治等专项资金规模达 497 亿元。2005—2015 年全国环境污染治理投资情况如表 2–8 所示。

表 2–8 全国环境污染治理投资情况 单位：亿元

年度	城市环境基础设施建设投资	老工业污染源治理投资	建设“三同时”环保投资	投资总额
2000	561.3	239.4	260.0	1060.7
2005	1289.7	458.2	640.1	2388.0

续表

年度	城市环境基础设施建设投资	老工业污染源治理投资	建设“三同时”环保投资	投资总额
2010	4224.2	397.0	2033.0	6654.2
2015	4946.8	773.7	3085.8	8806.3

注：从 2012 年起，城市环境基础设施建设投资中不仅包括城市的环境基础设施建设投资，还包括县城的相关投资。

资料来源：环境保护部历年环境统计年报。

（六）建立责任和协作机制

环境保护部与各省（区、市）签订了大气污染防治目标责任书，启动了环境功能区划编制试点，建立了全国大气污染防治部际协调机制、长三角区域和京津冀及周边地区大气污染防治协作机制，建立起最严格的水资源管理制度考核组，建立了省（区、市）行政首长负责制。

（七）开展环境监测

2011 年 12 月 21 日，在第七次全国环境保护大会上，环境保护部部长周生贤公布了 PM2.5 和臭氧监测时间表，PM2.5 监测全国将分“四步走”：2012 年在京津冀、长三角、珠三角等重点区域以及直辖市、省会城市开展监测；2013 年在 113 个环境保护重点城市和环保模范城市开展监测；2015 年在所有地级以上城市开展监测；2016 年 1 月 1 日，全国各地按照新的环境质量标准监测和评价环境空气质量，并向社会公布监测结果。[①] 生态环境部在官方网站上设置了城市空气质量实时发布系统，实时滚动播报各城市的 AQI、PM2.5、PM10、SO_2、NO_2、CO、O_3 及首要污染物的情况；还设置了国家地表水水质自动监测实时数据发布系统，实时滚动播报各测量站 pH 值、溶解氧、氨氮、高锰酸盐指数、总有机碳、水质类别的情况。

2013 年 10—12 月，国家卫生和计划生育委员会开展了 2013 年农村环境卫生监测工作，监测范围为全国 31 个省、自治区、直辖市和新疆生产建

---

① 《全国城市监测 PM2.5 有了时间表》，《人民日报》，2011 年 12 月 22 日第 4 版。

设兵团共 700 个县 14000 个行政村。[①]

截至 2017 年，全国 278 家已建生活垃圾焚烧厂布设 679 个监控点，依法安装自动监控设备，在厂区门口树立电子显示屏，实时监控数据与环保部门联网。

三、保障环境权利的实际效果

中国坚持绿色发展理念，将生态文明建设纳入国家发展总体战略，以前所未有的力度治理环境污染，推进生态文明建设，对生态环境的治理力度不断加大，生态环境状况总体持续好转，美丽中国建设迈出重要步伐，人民群众的环保权益得到有效维护。

2017 年，煤炭在中国能源消费中的比重为 60.4%，比 1978 年下降 10.3 个百分点；天然气、水、核、风、电等清洁能源消费比重从 1978 年的 6.6% 提升至 2017 年的 20.8%。2017 年，全国 338 个地级及以上城市可吸入颗粒物（PM10）平均浓度比 2013 年下降 22.7%，74 个重点城市细颗粒物（PM2.5）平均浓度比 2013 年下降 34.7%。[②]

城镇污水日处理能力由 2010 年的 1.25 亿吨增加到 2015 年的 1.82 亿吨，城镇污水处理率由 2000 年的 34.3% 提高到 2015 年的 91.97%。安装脱硫设施的煤电机组由 2010 年的 5.8 亿千瓦增加到 2015 年的 8.9 亿千瓦，安装率由 83% 增加到 99% 以上；安装脱硝设施的煤电机组由 2010 年的 0.8 亿千瓦增加 2015 年的 8.3 亿千瓦，安装率由 12% 增加到 92%。安装脱硫设施的钢铁烧结机面积由 2010 年的 2.9 万平方米增加到 2015 年的 13.8 万平方米，安装率由 19% 增加到 88%；安装脱硝设施的新型干法水泥生产线由 2010 年的 0 增加到 16 亿吨。2015 年全国化学需氧量、二氧化硫、氨氮和氮氧化物排

① 国家卫生和计划生育委员会：《国家卫生计生委办公厅关于印发〈2013 年空气污染（雾霾）人群健康影响监测和农村环境卫生监测工作方案〉的通知》，国家卫生计生委疾病预防控制局网站，2013 年 10 月 15 日。

② 国务院新闻办公室：《改革开放 40 年中国人权事业的发展进步》（白皮书），《人民日报》，2018 年 12 月 13 日第 13—15 版。

放总量分别比 2010 年下降 12.9%、18.0%、13.0% 和 18.6%。[①] 截至 2018 年底，全国城市生活垃圾无害化处理率达 98.2%，农村生活垃圾得到处理的行政村比例达 58%。全面地表水优良水质比例不断提升，2018 年Ⅰ－Ⅲ类水体比例达到 71.0%，劣Ⅴ类水体比例下降到 6.7%。[②]

中国的森林覆盖率由 1989 年的 12.98% 增长到 2017 年的 21.63%，全国森林面积 2.08 亿公顷，森林蓄积 151.37 亿立方米。根据联合国粮农组织发布的 2015 年全球森林资源评估结果，中国森林面积和森林蓄积分别位居世界第 5 位和第 6 位，人工林面积居世界首位。草原面积由 1989 年的 3.12 亿公顷上升到 2017 年的近 4 亿公顷，约占国土面积的 41.7%。截至 2017 年底，中国共建立各种类型、不同级别的自然保护区 2750 个，总面积 147.17 万平方公里。其中，自然保护区陆域面积 142.70 万平方公里，占陆域国土面积的 14.86%。国家级自然保护区 463 个，面积 97.45 万平方公里。2018 年国家级自然保护区增至 474 个。第五次全国荒漠化和沙化监测结果显示，截至 2014 年，全国荒漠化土地面积 261.16 万平方公里，比 2009 年净减少 12120 平方公里；沙化土地面积 172.12 万平方公里，比 2009 年净减少 9902 平方公里。[③]

陈驰（Chi Cheng）和拉马·内马尼（Rama Nemani）2019 年 2 月 11 日在《自然·可持续发展》杂志上发表了《中国和印度通过土地使用管理引领世界绿化》的研究报告，报告指出，美国航天局最近的卫星数据显示，全世界的绿化程度比 20 年前更高，过去 20 年里地球增加的绿化面积，相当于亚马孙热带雨林的覆盖面积。而在这 20 年间，中国和印度始终都是全球绿化努力的引领者。来自美国航天局地球卫星的数据显示，中国和印度的植树造

① 环境保护部：《2015 中国环境状况公报》，生态环境部网站，http：//www.mee.gov.cn/hjzl/zghjzkgb/lnzghjzkgb/201606/P020160602333160471955.pdf。

② 生态环境部：《2018 中国生态环境状况公报》，生态环境部网站，http://www.mee.gov.cn/hjzl/zghjzkgb/lnzghjzkgb/201905/P020190619587632630618.pdf。

③ 生态环境部：《2018 中国生态环境状况公报》，生态环境部网站，http://www.mee.gov.cn/hjzl/zghjzkgb/lnzghjzkgb/201905/P020190619587632630618.pdf。

林和农业等活动主导了地球变绿的过程。中国和印度境内的绿化规模非常醒目，而这些绿化地区与世界各地的农田区域重叠。今天的地球之所以能变得“更绿”，主要是受到中国雄心勃勃的植树计划和中印两国集约型农业的影响，中国和印度在全球绿化面积中占比达三分之一。其中，中国的贡献更加突出，中国仅占全球植被面积的 6.6%，但全球植被叶面积净增长的 25% 都来自中国。中国的绿化主要来自森林（42%）和耕地（32%）两个方面。中国对全球绿化的巨大贡献在很大程度上来自其保护和扩大森林计划，该项目旨在缓解土地退化、空气污染和气候变化。①

① 《地球更绿了！美国航天局：中国和印度贡献最大》，中国日报网，2019 年 2 月 15 日。

第三章
公民权利和政治权利建设 70 年发展

公民权利和政治权利保障，是中国人权建设的重要组成部分。习近平总书记指出："长期以来，中国坚持把人权的普遍性原则同中国实际相结合，不断推动经济社会发展，增进人民福祉，促进社会公平正义，加强人权法治保障，努力促进经济、社会、文化权利和公民、政治权利全面协调发展。"[①] 中华人民共和国成立以来，尤其是改革开放以来，党和国家不断加大公民权利、政治权利协调发展的力度，全面实行依法治国，建设法治国家，民主政治建设不断加强，公民的个人权利和政治权利在民主与法制的轨道上得到了不断扩大和有效保障。中国在公民权利和政治权利保障方面已经走出了一条适合自身国情的发展道路。这条道路的特点是坚持以人为本，以稳定为前提，以改革为动力，以发展为关键，以法治为保障，促进公民权利和政治权利与经济、社会、文化权利全面协调发展。只要顺着这条道路走下去，人民的公民权利和政治权利保障水平必将会随着现代化事业的发展而不断提高。

第一节　公民权利和政治权利与中国的政治发展

实现对公民权利和政治权利的根本保障是中国共产党和中国政府一贯的努力目标。习近平总书记明确强调："公民的基本权利和义务是宪法的核心内容"，"我们要依法保障全体公民享有广泛的权利，保障公民的人身权、

① 《习近平致"2015·北京人权论坛"的贺信》，《人民日报》，2015 年 9 月 17 日。

财产权、基本政治权利等各项权利不受侵犯”[①]。中华人民共和国成立以来，尽管出现过曲折，但中国人民的公民权利和政治权利保障状况总体上与中国社会主义民主政治建设同步发展，随着中国的政治发展而不断得到改善和提高。特别是改革开放以来，中国共产党、中国政府和人民坚持中国特色社会主义政治发展道路，坚持中国共产党的领导、人民当家做主、依法治国有机统一，积极稳妥地推进政治体制改革，社会主义民主政治展现出更加旺盛的生命力，中国人民享有的以知情权、参与权、表达权、监督权为核心的公民权利和政治权利保障水平与人民政治参与积极性不断提高相适应，日益走上了制度化、规范化、程序化的轨道，得到了充分的政治和法律保障。

一、中华人民共和国成立后促进公民权利和政治权利保障的努力

中华人民共和国成立前夕，中国人民政治协商会议第一届全体会议通过的《中国人民政治协商会议共同纲领》继续充分体现了中国共产党、中国政府和人民切实保障公民权利和政治权利的宗旨。《中国人民政治协商会议共同纲领》规定的公民权利和政治权利主要包括：第一，人民依法享有选举权和被选举权；第二，人民有思想、言论、出版、集会、结社、通讯、人身、居住、迁徙、宗教信仰和示威游行这 11 种基本的自由权利；第三，妇女在政治的、经济的、文化教育的、社会生活的各方面，均有与男子平等的权利，男女婚姻自由；第四，各民族享有平等的权利。

1954 年，新中国制定的《中华人民共和国宪法》进一步将公民权利和政治权利纳入了宪法保障的范畴。宪法第三章专门规定了“公民的基本权利和义务”，其中受保障的公民权利和政治权利主要有：公民在法律上的平等权；选举权和被选举权；公民言论、出版、集会、结社、游行示威的自由；宗教信仰的自由；公民人身不受侵犯，非经法院决定或检察院批准，不受逮捕；住宅不受侵犯；通信秘密受法律保护；居住和迁徙的自由；公民对于任

① 习近平：《在首都各界纪念现行宪法公布施行 30 周年大会上的讲话》，《人民日报》，2012 年 12 月 5 日第 2 版。

何违法失职的国家机关工作人员有向各级国家机关提出书面控告或口头控告的权利；由于国家机关工作人员侵犯公民权利而受到损失的人有取得赔偿的权利；海外华侨的正当权力和利益受国家保护；对于任何由于拥护正义事业、参加和平运动、进行科学工作而受到迫害的外国人，给予居留权。宪法还增加了保障公民权利和政治权利得以实现的具体措施，如针对言论、出版、集会、结社等基本自由，宪法规定，“国家供给必需的物质上的便利，以保证公民享受这些自由”。1954 年宪法的制定，基本上确立了新中国保障公民政治权利的基本宗旨和目标原则，这是比较适合当时中国的政治、经济和社会现实的，它既规定了公民在各方面的个人权利和政治权利，也要求公民承担必要的义务；既采取了保证权利实现的措施，也对某些权利予以了必要的限制，还对一些有待进一步发展的公民权利采取了灵活的规范方式。毛泽东在对宪法所作的说明中就指出，“缺乏灵活性，就行不通……比如对公民权利的物质保证，将来生产发展了，比现在一定扩大”[①]。

20 世纪 50 年代中后期开始，由于“左”的思想逐渐泛滥，宪法确立的保障公民权利和政治权利的原则逐渐失去了正常的功能和保障效力，特别是在十年“文化大革命”中，宪法中对公民权利和政治权利的保障成了一纸空文，非法侵犯人权的现象更是屡见不鲜。依法应于每年举行的人民代表大会和政治协商会议在长达十年的时间中没有召开，公、检、法等履行人权保障的国家机构不在社会生活中起任何作用。

二、改革开放后促进公民权利和政治权利保障的努力

“文化大革命”结束后，中国的政治发展逐渐走上正轨。1978 年 12 月，邓小平发表《解放思想，实事求是，团结一致向前看》的重要讲话，揭开了中国重建社会主义民主与法制进程的序幕。他鲜明地提出：“我们要创造民主的条件……在党内和人民内部的政治生活中，只能采取民主手段，不能采

① 《毛泽东在中央人民政府委员会第三十次会议上的讲话》，转引自董云虎、刘武萍编：《世界人权约法总览》，四川人民出版社 1990 年版，第 619 页。

取压制、打击的手段。宪法和党章规定的公民权利、党员权利、党委委员的权利，必须坚决保障，任何人不得侵犯。……为了保障人民民主，必须加强法制。必须使民主制度化、法律化，使这种制度和法律不因领导人的改变而改变。……应该集中力量制定刑法、民法、诉讼法和其他各种必要的法律……经过一定的民主程序讨论通过，并且加强检察机关和司法机关，做到有法可依，有法必依，执法必严，违法必究。"①这篇讲话，重新明确了中国重视保障公民权利和政治权利的基本原则和法治思路。

邓小平讲话后不久，中共中央召开了十一届三中全会，在正式确立全党和全国工作重心转移到经济建设上的同时，加快了社会主义民主政治的建设步伐，中国对公民权利和政治权利的保障也相应地进入了进一步深化和完善的新时期。1979 年 6 月，五届人大二次会议首次以宪法修正案的形式通过了《关于修正〈中华人民共和国宪法〉若干规定的决议》，对政府体制和前一部宪法中公民权利规定方面的一些缺陷进行了部分调整。1982 年 12 月 4 日，五届人大五次会议通过了新的《中华人民共和国宪法》。新宪法在国家保障人权的宗旨、基本原则和规则制定方面全面恢复了 1954 年宪法的精神，并根据时代的变化作了进一步的充实和完善。在公民权利和政治权利方面，新宪法作了许多合乎中国社会实际的增删，一些过时的或不科学的权利内容被删除，如取消了对"地富反坏"等人政治权利的剥夺和"大鸣、大放、大辩论、大字报"权利等，规定"公民的人格尊严不受侵犯，禁止用任何方法对公民进行侮辱、诽谤和进行诬告陷害"，"公民的住宅不受侵犯，禁止非法搜查或者非法侵入公民的住宅"。新宪法还完善了保障公民权利的法律程序，规定"任何公民，非经人民检察院批准或者决定或者人民法院决定，并由公安机关执行，不受逮捕"，"禁止非法拘禁和以其他方法非法剥夺或者限制公民的人身自由，禁止非法搜查公民的身体"，"对于公民的申述、控告或者检举，有关国家机关必须查清事实，负责处理，任何人不得压制和打击报复"。这些也是过去宪法中没有的规定。

① 《邓小平文选》第二卷，人民出版社 1994 年版，第 144—147 页。

新宪法的制定，标志着中国保障公民权利和政治权利的基本宗旨和制度规范在经历了 30 多年的风雨和曲折后终于得到了稳定的确立和基本完善。到今天，1982 年宪法确立的人权保障原则和制度框架基本没有发生大的变化，主要是根据时代的发展和尊重保障人权的精神作了进一步的充实和完善。其中最大的发展主要表现在 1998 年底，中国正式签署了《公民权利和政治权利国际公约》，表明中国认同并同意按照公约的精神充分保障人民的公民权利和政治权利。2004 年 3 月，中国将“尊重和保障人权”正式写入宪法，2007 年 10 月，中共十七大又将“尊重和保障人权”写入党章，强调“尊重和保障人权，依法保证全体社会成员平等参与、平等发展的权利”。这一切，都充分体现了中国在不断推进社会主义民主政治建设、政治发展取得世界公认的巨大成就的基础上，不断提高公民权利和政治权利保障水平的决心和信心。

回顾和总结中华人民共和国成立 70 年来中国共产党和中国政府保障公民权利和政治权利的历史轨迹，可以发现的一条基本规律是，公民权利和政治权利受到重视和保障的水平始终是与中国的政治发展和社会主义民主政治建设的状况相一致的。每当中国处于政治稳定、民主政治建设发展顺利的时期，公民权利和政治权利就能受到全社会的广泛重视，制度和法律保障的力度就会得到不断的增强；反之，如果难以维护安定的政治局面和有序的政治发展态势，社会主义民主和法制就难以取得进步，尊重和保障公民权利和政治权利也就成了一句空话。

第二节　保障公民权利和政治权利的制度与法律体系

维护公民权利和政治权利，需要相应的制度保障和法律保障。中华人民共和国成立 70 年来，中国保障公民权利和政治权利的制度与法律经过不断的调整和完善，已经形成了适合中国国情的日益健全的制度和法律保障体系。

一、公民权利和政治权利的制度保障

中国共产党是中国的执政党，也是为公民权利和政治权利提供制度和法律保障的领导核心，在国家政治生活中发挥总揽全局、协调各方的作用。近年来，中国共产党在总结中华人民共和国成立以来保障公民权利和政治权利的历史经验的基础上，把健全和完善法治、尊重和保障公民权利和政治权利提升到了执政兴国的战略高度。中国共产党始终坚持国家一切权力属于人民，从各个层次、各个领域扩大公民有序政治参与，最广泛地动员和组织人民依法管理国家事务和社会事务，坚持依法治国基本方略，保障公民合法权益。同时，中国共产党不断扩大人民民主，不断健全民主制度，丰富民主形式，拓宽民主渠道，依法实行民主选举、民主决策、民主监督，保障人民的知情权、参与权、表达权、监督权，支持人民代表大会依法履行职能，善于使党的主张通过法定程序成为国家意志。中国共产党还要求各级党组织和全体党员要自觉在宪法和法律范围内活动，带头维护宪法和法律的权威。可以说，只有在中国共产党的领导下，中国才能充分实现对公民权利和政治权利的制度和法律保障。

（一）人民代表大会制度

中国的根本政治制度是人民代表大会制度。在国家制度层面，人民代表大会制度是保障公民权利和政治权利的最高组织形式。中国宪法规定，国家的一切权力属于人民，人民行使国家权力的机关是全国人民代表大会和地方各级人民代表大会。人民代表大会制度的组织基础是民主选举。人民通过民主选举，产生代表自己意愿的代表，组成各级人民代表大会。中国的人民代表大会共有 5 级，即全国人大、省级（省、自治区、直辖市）人大、市级（设区的市、自治州）人大、县级（县、自治县、不设区的市、市辖区）人大、乡级（乡、民族乡、镇）人大。其中，县、乡两级人大代表由本行政区选民直接选举产生，省级人大代表、设区的市级人大代表由下一级人民代表大会选举产生。全国人大代表由各省、自治区、直辖市、特别行政区和解放军分别选举产生。各级人大代表分布在全国各个地区、各个部门、各个行业、各个岗位，从事各种不同职业，具有广泛的代表性。

中国宪法和法律都对公民的选举权利作了规定。宪法第三十四条规定："中华人民共和国年满十八周岁的公民，不分民族、种族、性别、职业、家庭出身、宗教信仰、教育程度、财产状况、居住期限，都有选举权和被选举权；但是依照法律被剥夺政治权利的人除外。"公民的选举权利具有普遍性和平等性。为保证公民能够依法行使其选举权利，选举法对地方人大和全国人大的代表名额，少数民族的选举，选区划分，选民登记，代表候选人的提出，选举程序，对代表的监督、罢免和补选，对破坏选举的制裁等都作了详细的规定。选举法还对差额选举作了明确规定："全国和地方各级人民代表大会代表实行差额选举，代表候选人的人数应多于应选代表的名额。""由选民直接选举的代表候选人名额，应多于应选代表名额三分之一至一倍；由地方各级人民代表大会选举上一级人民代表大会代表候选人的名额，应多于应选代表名额五分之一至二分之一。"为了保证选民在投票时自由地表达自己的意愿，选举法规定："全国和地方各级人民代表大会的选举，一律采用无记名投票的方法。"

截至 2019 年 11 月，全国当选的乡镇人大代表 188 万名，县级人大代表 59 万多名，设区的市级包括自治州人大代表 12 万多名，省级包括省、自治区、直辖市人大代表 2 万多名。[①]2018 年当选的第十三届全国人大代表 2980 名。作为最高国家权力机关组成人员的全国人大代表，是由内地各省、自治区、直辖市以及香港和澳门两个特别行政区、台湾省籍同胞、中国人民解放军等 35 个选举单位选举产生的，相应组成 35 个代表团。从十三届全国人大代表的结构来看，56 个民族都有本民族的代表，人口特少的民族至少有一名代表。从选举结果看，选出的全国人大代表具有广泛的代表性，各地区各民族各方面都有适当数量的代表，一线工人农民代表、妇女代表比例有所上升，党政领导干部代表比例有所下降。选出的代表中少数民族代表 438 名，占代表总数的 14.70%，全国 55 个少数民族都有本民族的代表。与十二

① 《沈春耀：当前全国各级人大代表共有 262 万》，新京报网站，http://www.bjnews.com.cn/news/2019/11/01/644419.html。

届相比，妇女代表 742 名，占代表总数的 24.90%，提高了 1.5 个百分点；一线工人、农民代表 468 名，占代表总数的 15.70%，提高了 2.28 个百分点；党政领导干部代表 1011 名，占代表总数的 33.93%，降低了 0.95 个百分点。

全国人民代表大会是最高国家权力机关，国家行政机关、审判机关、检察机关都由人民代表大会产生，对它负责，受它监督，对公民权利和政治权利发挥着核心的制度保障作用。根据宪法和有关法律的规定，各级人大及其常委会对本级人民政府、人民法院和人民检察院的工作实施监督，促进依法行政、公正司法。各级人大及其常委会实行监督的方式包括听取和审议人民政府、人民法院和人民检察院的工作报告；各级人大审查和批准计划和预算，各级人大常委会审查和批准决算，审查和批准计划和预算的部分调整方案，听取和审议审计工作报告；各级人大常委会进行法律法规实施情况的检查；人大代表在人大会议期间，人大常委会组成人员在常委会会议期间，可以依法提出对本级人民政府、人民法院、人民检察院的质询案；县级以上各级人大及其常委会可以组织特定问题调查。全国人民代表大会有权罢免由其选出的国家领导人员，地方各级人民代表大会有权罢免由其选出的地方国家机关领导人员。

（二）中国共产党领导的多党合作和政治协商制度

中国共产党领导的多党合作制度和政治协商制度是保障社会各阶层、各人民团体和各界爱国人士都能在国家政治生活和社会生活中发挥作用的基本政治制度。人民政协的主要职能是政治协商、民主监督、参政议政。人民政协广泛吸收各党派团体和各族各界人士参与国事，广开言路、集思广益、尊重多数、照顾少数，扩大公民有序的政治参与，巩固中国共产党领导的多党合作的政治格局，发展民主团结、生动活泼、安定和谐的政治局面。民主党派作为与共产党亲密合作的参政党，参加国家政权，参与国家大政方针和国家领导人选的协商，参与国家事务的管理和国家方针、政策、法律、法规的制定执行。有关国家的重大问题，执政的中国共产党都要反复向各民主党派征求意见，协商解决。

2018 年 3 月第十三届全国政协产生后，人民政协的代表性、包容性进一步增强，团结合作的共同政治基础更加巩固。新当选的全国政协委员2158名，分别来自中国共产党、中国国民党革命委员会、中国民主同盟、中国民主建国会、中国民主促进会、中国农工民主党、中国致公党、九三学社、台湾民主自治同盟、无党派人士、中国共青团、全国总工会、全国妇联、全国青联、全国工商联、中国科协、全国台联、全国侨联、文化艺术界、科技界、社科界、经济界、农业界、教育界、体育界、新闻出版界、医药卫生界、对外友好界、社会福利和社会保障界、少数民族界、宗教界、特邀香港人士、特邀澳门人士以及特别邀请人士等34个界别。其中，中国共产党99人，中国国民党革命委员会65人，中国民主同盟65人，中国民主建国会65人，中国民主促进会45人，中国农工民主党45人，中国致公党30人，九三学社45人，台湾民主自治同盟20人，无党派人士65人。各民主党派和无党派人士是人民政协制度有效运行的重要组成部分，中国共产党按照长期共存、互相监督、肝胆相照、荣辱与共的方针，同各民主党派和无党派人士在政协中团结合作、共商国是、互相监督。

进入新时代，人民政协的政治协商、民主监督、参政议政的作用进一步加强，在保障公民权利和政治权利方面越来越发挥着不可替代的作用。在政治协商方面，《中共中央关于加强人民政协工作的意见》[①] 明确提出，在重大决策之前要在人民政协内部进行充分协商，尽可能就共同性问题取得一致意见，并规范了政治协商的内容、形式和基本程序，有效地推动了政治协商的制度化、规范化、程序化；在民主监督方面，该意见强调人民政协的民主监督是中国社会主义监督体系的重要组成部分，是在坚持四项基本原则的基础上通过提出意见、批评、建议的方式进行的政治监督，是参加人民政协的各党派团体和各族各界人士通过政协组织对国家机关及其工作人员的工作进行的监督，也是中国共产党在政协中与各民主党派和无党派人士之间进行的互相监督；在参政议政方面，人民政协的参政议政是参加政协的各党派团体、各族各界代表人士对政治、经济、文化和社会生活中的重要问题以及人民群

---

① 《中共中央关于加强人民政协工作的意见》（摘要），《人民日报》，2006年3月2日第1版。

众普遍关心的问题，开展调查研究，反映社情民意，进行协商讨论，通过会议发言、调研报告、提案、建议案或其他形式，向国家机关提出意见和建议。它是各方面人民群众有序参与国事和表达利益诉求的重要渠道，也是国家机关了解群众意愿、实现正确决策的重要依据。

（三）基层群众自治制度

基层群众自治制度也是中国公民权利和政治权利重要的制度保障之一，中共十七大报告已经明确将这一制度与中国共产党领导的多党合作和政治协商制度、民族区域自治制度一起并列为基本政治制度的范畴。在今天的中国，基层群众自治是保障公民直接行使各项民主权利的重要途径和制度保障。企事业单位普遍地建立和健全了职工代表大会，城乡和社区建立了居民委员会和村民委员会，职工和城乡居民、村民可以通过这些组织行使直接管理社会生活的权利。此外，中国还建立了从中央到地方的根据各种年龄、性别、职业形成的各种社会团体和各类群众组织，政府鼓励它们依照法律自主地开展社会活动，充分行使其受宪法和法律保障的各种权利。

城市基层群众自治包括民主选举、民主决策、民主管理、民主监督四个部分。根据法律的规定，民主选举主要是指社区居委会成员由社区居民依照民主程序选举产生，每三年换届选举一次；民主决策主要是指涉及居民利益的重大社区事务由社区居民民主讨论决定；民主管理是指社区居民依照居民公约或规章制度，共同管理社区内部事务，维护社区公共秩序；民主监督则用于约束和规范社区成员的行为。

中国共产党和中国政府历来对城市基层民主选举高度重视。1982 年颁布的宪法第一次将居委会及其选举写入国家的根本大法，为城市基层选举提供了宪法保障。1989 年颁布的《城市居民委员会组织法》对居委会选举作了进一步规范，使城市基层选举的制度化建设迈出了新的步伐。按规定，居民委员会主任、副主任和委员，由本居住地区全体有选举权的居民或者由每户派代表选举产生；根据居民意见，也可以由每个居民小组推举代表二至三人选举产生。居民委员会每届任期三年，其成员可以连选连任。2001 年以后，随着城市社区建设的广泛开展，社区居委会的选举得到了进一步推进。

目前，全国 8 万多个社区居委会普遍进行了 6 届以上的选举，参选率一般可达到 70% 以上，直接选举率接近 30%，“海选”也已经在多处出现。城市基层选举的推进，切实地保障了公民的政治权利。

在民主决策方面，社区事务民主决策的基本形式是居民大会和居民代表会议，居民大会是由年满 18 周岁的全体居民参加的会议，居民代表会议则是由居民代表参加的会议，居民代表会议是在居民大会出于某种原因不便召开的情况下采取的形式。这两种形式决策的内容都是涉及全体居民利益的事务。近些年来，一些决策社区事务的会议有了新的变化。有些地方采取了民主协商的方式，即决策社区事务时，召开由有关各方代表参加的民主协商会，在反复协商的基础上进行决策。

在民主管理方面，一般是根据国家的法律法规、党的方针政策，结合社区的实际制定社区居民自治章程或居民公约，作为社区事务管理的主要依据。在这方面，各地近年来做了不少探索，比如，利用社区论坛、居民论坛、评议会等形式，对社区内的不良现象进行评议，有条件的地方则是通过社区局域网进行网上讨论，使人们在讨论的过程中受到教育，纠正社区生活中的不良现象。

在民主监督方面，一般包括四种形式：一是每年两次（年中和年末各一次）由社区居委会向居民会议或居民代表会议作报告，接受居民的审议监督；二是对社区的主要事务在公开栏内实行定期公开，如财务收支情况、社保金发放情况、办事程序等；三是一般在社区里都设有意见箱，居民有意见，可以写成文字投入其中；四是通过电话向居民委员会提出意见和要求。近两年开展的廉政文化进社区活动，使社区的民主监督向更深层次发展。

中国的农村村民自治始于 20 世纪 80 年代初农民自发创建的第一批村委会。经历 30 多年的实践和创新，以民主选举、民主决策、民主管理和民主监督为主要内容的村民自治取得了重大进展，制度体系基本确立，组织载体日益健全，内容不断丰富，形式更加多样，为保障农民民主权利，推进社会主义民主政治建设和人权建设作出了重要贡献。农村村委会选举，逐步实现了从指定到选举、从等额选举到差额选举、从间接选举到直接选举的转变。

“海选”（选民一人一票推荐候选人的直接选举）在全国普遍推广，选举的自由度、公开性、竞争性有所增强。

村务公开、民主管理是村民自治的主要内容。1998 年《中华人民共和国村民委员会组织法》正式颁布实施以来，村务公开和民主管理工作的地位日益重要，取得重大进展，协调推进“四个民主”已经成为推进村民自治的主流态势。历次党代会和中央全会及每年的中央纪委全会、中央农村工作会议以及政府工作报告都对加强村务公开、民主管理工作提出明确要求。2004 年，中央政治局会议专题研究部署这项工作，中共中央办公厅、国务院制定下发了《关于健全和完善村务公开和民主管理制度的意见》，进一步明确和完善了村务公开、民主管理工作中的一系列方针政策，第一次概括了农民在村级治理中的“四权”，即知情权、决策权、参与权和监督权。由此，村民自治权利形成了由选举权、知情权、决策权、参与权和监督权“五权”构成的权利体系。

目前，从中央到地方，各级政府都高度重视村务公开、民主管理的领导体制和工作机制建设，初步形成了党委政府领导、民政部门牵头（个别地方除外）、部门共同负责、人大政协监督、社会普遍参与的领导体制和工作机制，从领导、协调、保障、激励和监督入手，合力推进村务公开、民主管理工作。中央成立了全国村务公开协调小组，由民政部牵头，负责统一协调全国工作。省级全部建立了村务公开领导协调机构，地、县（市）、乡镇的村务公开协调机构正在陆续成立。以此为动力，农村基层治理更加民主化、规范化，民主的实现形式更加丰富有效。全国 85% 的村建立了实施民主决策的村民大会或村民代表大会，80% 以上的村建立了公开栏，90% 以上的村建立了保障民主监督的村民理财小组、村务公开监督小组等组织，村务公开、民主评议等活动普遍开展。

二、公民权利和政治权利的立法、司法和执法保障

中国的公民权利和政治权利不仅得到了日益健全的制度保障，而且随着中国特色社会主义法律体系的不断完善，得到了强有力的法律保障。特

别是随着依法治国方略的全面落实，社会主义法治国家的加快建设，中国共产党和中国政府正在采取有力措施加强宪法和法律的实施，坚持公民在法律面前一律平等，维护社会公平正义，维护社会主义法制的统一、尊严、权威，依法保证全体社会成员平等参与、平等发展的权利。2018 年 12 月 4 日在第五个国家宪法日到来之际，习近平作出重要指示，强调坚持依法治国首先要坚持依宪治国，坚持依法执政首先要坚持依宪执政。我国现行宪法是在党的领导下，在深刻总结我国社会主义革命、建设、改革实践经验基础上制定和不断完善的，实现了党的主张和人民意志的高度统一，具有强大生命力，为改革开放和社会主义现代化建设提供了根本法治保障。党领导人民制定和完善宪法，就是要发挥宪法在治国理政中的重要作用。要用科学有效、系统完备的制度体系保证宪法实施，加强宪法监督，维护宪法尊严，把实施宪法提高到新水平。要在全党全社会深入开展尊崇宪法、学习宪法、遵守宪法、维护宪法、运用宪法的宣传教育活动，弘扬宪法精神，树立宪法权威，使全体人民都成为社会主义法治的忠实崇尚者、自觉遵守者、坚定捍卫者。

（一）立法保障

在法律规范体系方面，改革开放以来中国根据政治和经济形势的发展变化，不断制定和完善以保障人权为重点的法律体系，先后颁布了大量重要的法律和法规，形成了较系统的法律体系，使中国成为一个法制较完备的国家。经过多年不懈努力，到 2010 年底，一个立足中国国情和实际、适应改革开放和社会主义现代化建设需要、集中体现中国共产党和中国人民意志，以宪法为统帅，以宪法相关法、民法商法、行政法、经济法、社会法、刑法、诉讼与非诉讼程序法等多个法律部门的法律为主干，包括行政法规、地方性法规等多个层次的法律法规构成的中国特色社会主义法律体系已经形成。截至 2018 年 9 月，中国已制定现行宪法和有效法律 267 件，行政法规约 756 件，地方性法规 12000 多件[①]，“涵盖社会关系各个方面的法律部门已经齐全，各

① 杨维汉、陈菲:《目前我国现行有效法律 267 件，行政法规 756 件》，2018 年 9 月 17 日，新浪网：http：//news.sina.com.cn/sf/news/fzrd/2018-09-17/doc_ihkahyhy0240202.shtmL。

个法律部门中基本的、主要的法律已经制定，相应的行政法规和地方性法规比较完备，法律体系内部总体做到科学和谐统一。中国特色社会主义法律体系的形成，是中国人权事业发展的一个重要标志，实现了中国人权保障的法制化”①。

在立法保障方面，中国制定了一系列保障公民基本权利的法律制度，对公民的选举权，言论、出版、宗教信仰、集会、结社、游行、示威等基本自由和政治权利以及生命权、人身自由、人格尊严、平等权等个人权利提供保障。为使法律符合公众的根本利益和国家的整体利益，同时又兼顾各方面的具体利益，保证立法的科学性和民主性，中国法律规定了全国人民代表大会及其常务委员会的立法程序。全国人民代表大会常务委员会审议法律草案一般实行“三审制”，即法律草案一般应当经过三次常务委员会会议审议后再交付表决，对重大的、意见分歧较大的法律草案，审议的次数可以超过三次，如物权法草案经过全国人民代表大会常务委员会七次审议后，才提请第十届全国人民代表大会第五次会议审议通过。提请全国人民代表大会审议的法律草案，要经过大会全体会议、代表团全体会议、代表小组会议的反复审议；提请全国人民代表大会常务委员会审议的法律草案，要经过常务委员会全体会议、分组会议的反复审议。每部法律的出台，都要经过反复审议，充分讨论，基本达成一致意见后，再提请全国人民代表大会或者全国人民代表大会常务委员会的全体会议表决。这种多次审议的过程，就是通过协商以求充分表达各种利益诉求，并力求把各种利益关系调整好、平衡好的过程。

在立法过程中，各级人大坚持发扬民主，集中民智，反映民意。全国人大常委会审议的法律草案，一般都予以公开，向社会广泛征求意见。在审议法律草案时，通过召开座谈会、论证会、听证会、网上征求意见等多种形式，广泛听取各方面意见，增强立法的透明度和公众参与度。

---

① 国务院新闻办公室：《2012 年中国人权事业的进展》（白皮书），《人民日报》，2013 年 5 月 15 日第 19—20 版。

根据社会和经济情况的变化，中国还适时地修改法律，不断完善保障人权的法律制度。在中国特色社会主义法律体系中，宪法居于核心和统帅地位。现行宪法通过后，为与中国社会发生的变革相适应，全国人民代表大会先后五次对宪法的部分内容和条款作了修改。按照宪法确定的尊重和保障人权的原则和精神，中国将继续修改和完善现行法律，加强人权的法制保障。

法律、行政法规、地方性法规、自治条例和单行条例、部门规章和地方政府规章等作为普遍适用的法律文件，对公民、社会团体的权益会产生较大的影响。为保证公民权利不受侵害，保证国家机关依法行使权力，必须对这些法律文件进行严格的审查。按照宪法和有关法律的规定，国务院可以制定行政法规；省级人大及其常委会可以制定地方性法规，较大的市的人大及其常委会可以制定地方性法规，报省级人大常委会批准；民族自治地方人大有权制定自治条例和单行条例，自治区的自治条例和单行条例报全国人大常委会批准后生效，自治州、自治县的自治条例和单行条例报省级人大常委会批准后生效，并报全国人大常委会备案。全国人大有权改变或者撤销它的常委会制定的不适当的法律，有权撤销全国人大常委会批准的违背宪法和法律的自治条例和单行条例。全国人大常委会有权撤销同宪法和法律相抵触的行政法规，有权撤销同宪法、法律和行政法规相抵触的地方性法规，有权撤销省、自治区、直辖市的人大常委会批准的违背宪法和法律的自治条例和单行条例。国务院有权改变或者撤销不适当的部门规章和地方政府规章；省、自治区、直辖市的人大有权改变或者撤销它的常委会制定和批准的不适当的地方性法规；地方人大常委会有权撤销本级人民政府制定的不适当的规章；省、自治区的人民政府有权改变或者撤销下一级人民政府制定的不适当的规章。

（二）司法保障

司法部门充分发挥职能作用，在促进和保障人权相关立法、执法、法律服务上，在提高公民人权保障意识上，做了大量工作，取得了重要进展。

人民法院是国家的审判机关，在公民权利和政治权利方面发挥着首要的司法保障作用。中华人民共和国成立以来，中国各级法院坚持“公正司法、一心为民”的方针，充分发挥审判职能作用，依法尊重和保障人权，为公民权利和政治权利提供了坚实的司法保障。

依法惩罚犯罪，维护国家安全和社会稳定，维护全体社会成员共同的公民权利和政治权利是人民法院的基本职能和基本职责。在刑事审判工作中，各级人民法院严把案件的事实关、证据关、程序关和适用法律关，保证案件审理事实清楚、证据确凿充分、定罪准确、量刑适当、审判程序合法。2013—2017 年，最高人民法院严惩严重危害群众生命财产安全犯罪。制定办理盗窃、敲诈勒索、抢夺、抢劫等刑事案件司法解释，审结相关案件 131.5 万件，判处罪犯 153.8 万人。严厉打击黑恶势力犯罪，依法审结刘汉、刘维等 36 人组织、领导、参加黑社会性质组织等案件。严惩重大责任事故、危险驾驶等危害公共安全犯罪，审结相关案件 127.1 万件。积极参与禁毒斗争，审结毒品犯罪案件 57.1 万件。会同有关部门出台维护正常医疗秩序的意见，依法惩治暴力伤医犯罪，保护医务人员和患者合法权益，推动构建和谐医患关系。各级人民法院严格执行宽严相济的刑事政策，做到“该宽则宽，当严则严，宽严相济，罚当其罪”。对于具有严重社会危害性和从重处罚情节的犯罪分子，坚决依法予以惩治。对于具有法定从轻、减轻处罚情节的犯罪分子，依法从宽处理；对于具有酌定从宽处罚情节的犯罪分子，依法予以裁量。在审判过程中，人民法院积极尊重并确保被告人自行辩护、委托他人辩护权利的实现。同时，对于符合条件的被告人，积极指定承担法律援助义务的律师，为其提供法律辩护服务。坚决纠正和防范冤假错案。坚持实事求是、有错必纠，加强审判监督，以对法律负责、对人民负责、对历史负责的态度，对错案发现一起、纠正一起。2013—2017 年再审改判刑事案件 6747 件，其中依法纠正呼格吉勒图案、聂树斌案等重大冤错案件 39 件 78 人，并依法予以国家赔偿，让正义最终得以伸张，以纠正错案推动法治进步。深刻汲取教训，出台防范刑事冤假错案指导意见，落实罪刑法定、证据裁判、疑罪从无等原则，对 2943 名公诉案件被告人和 1931 名自诉案件被告人依法宣告无罪，确保无罪的人不受刑事追究，有罪的人受到公正惩罚。

在民事案件审理中，人民法院依法平等保护自然人、法人和其他组织的民事权利，加大调解力度，促进社会和谐稳定。坚持先行调解的审判原则，做到“能调则调，当判则判，调判结合，案结事了”，把诉讼调解贯穿于案件审理全过程，以定纷止争为目标，最大限度地化解社会矛盾纠纷。2013—2017 年，各级法院审结一审民事案件 3139.7 万件，同比上升 54.1%。制定关于劳动争议、食品药品纠纷、消费者权益保护等司法解释，审结相关案件 232.5 万件。明确工伤认定标准，保障劳动者合法权益。海南、云南、陕西等法院设立旅游法庭，就地化解旅游纠纷。推广河南、湖南、四川等法院破解农民工讨薪难经验，依法惩处恶意欠薪行为，为农民工追回“血汗钱”294.4 亿元。妥善审理涉及承包地“三权分置”、征地补偿等案件 126.1 万件，促进农村改革发展。妥善审理涉及扶贫、贫困地区产业发展等案件，促进精准扶贫、精准脱贫。

人民法院通过行政审判工作，发挥中国特色的司法审查制度，既监督和支持行政机关依法行政，又保护公民、法人和其他组织的合法权益。2013—2017 年 5 年中，各级法院审结一审行政案件 91.3 万件，同比上升 46.2%。支持、监督行政机关依法履职，通过司法审查支持“放管服”改革，服务法治政府建设。妥善审理征地拆迁等案件，支持城中村、棚户区改造，维护被拆迁人合法权益。配合推进行政机关负责人出庭应诉等工作，坚持依法裁判和协调化解并重，促进行政争议实质性解决。通过行政诉讼，有效增加了当事人和社会公众对人民法院裁判和政府的信任程度，减少了社会的不稳定因素。

中国共产党和中国政府十分重视律师在司法人权保障中的作用，把律师参与诉讼、特别是参与刑事诉讼作为保护司法人权的一项重要内容，通过律师参与诉讼，保障所有人平等地获得律师帮助，以最大限度地促进司法程序的公正，维护当事人、犯罪嫌疑人和被告人合法权益，强化中国人权的司法保障。截至 2017 年底，全国共有律师事务所 2.8 万多家，相比 2013 年增幅为 8.3%。其中，合伙所 1.8 万多家，占 66.5%，国资所 1200 多家，占 4.3%，个人所 8200 多家，占 29.2%。

各级人民法院还加强和改进执行工作，努力解决“执行难”问题，最大限度实现生效裁判所确认的权益；完善申诉复查和再审工作机制，着力解决“申诉难”问题，依法支持当事人的合理诉求。2013—2017 年，各级法院加大执行工作力度，着力破解“执行难”问题，受理执行案件 2224.6 万件，执结 2100 万件，执行到位金额 7 万亿元，同比分别上升 82.4%、74.4% 和 164.1%。推动形成综合治理执行难工作格局。2016 年 3 月，在全国法院部署“用两到三年时间基本解决执行难问题”，制定工作纲要和实施方案，明确时间表、路线图。地方各级党政机关高度重视执行工作，普遍将解决执行难问题纳入法治建设重点工作，有效形成解决执行难问题工作合力。在北京、河南等地多部门共同参与下，北京法院顺利执结全国首例万吨粮食异地执行案。有效破解查人找物和财产变现难题。与公安部、银监会等 10 多个单位建立网络执行查控系统，通过信息化、网络化、自动化手段查控被执行人及其财产，共查询案件 3910 万件次，冻结款项 2020.7 亿元，极大地提高了执行效率。建立全国统一的网络司法拍卖平台，2017 年 3 月上线以来，共进行网络拍卖 36.9 万次，成交额 2545.3 亿元，溢价率 52%，为当事人节省佣金 78 亿元，在高风险的司法拍卖领域实现违纪违法零投诉。不断健全执行管理体制机制。在浙江、广东、广西等地开展审判权和执行权相分离改革试点。建立执行指挥中心，推行执行案件全程信息化管理，四级法院执行指挥体系基本建成，执行管理模式发生重大变革。制定财产保全等 15 个司法解释和规范执行行为“十个严禁”等 33 个指导性文件，对群众反映强烈的案件挂牌督办，切实解决消极执行、选择性执行等问题。

按照宪法和人民检察院组织法的规定，人民检察院是国家的法律监督机关，在落实宪法“国家尊重和保障人权”原则，依法保护公民的人身权利和政治权利方面负有重要使命。各级人民检察院对于公安机关的侦查活动是否合法实行监督，对于人民法院的审判活动是否合法实行监督，对于刑事案件判决、裁定的执行和监狱、看守所、劳动改造机关的活动是否合法实行监督。人民检察院依法保障公民对于违法的国家工作人员提出控告的权利，追究侵犯公民的人身权利、民主权利和其他权利的人的法律责任。

检察机关通过行使立案监督权、不批准逮捕权和不起诉决定权，力求及时有力打击犯罪与依法有效保障人权相统一，保障犯罪嫌疑人的合法权益与保障案件被害人的合法权益相统一，使无罪、罪行轻微和犯罪证据不足等依法不应受刑事处罚的人免受追究，使依法应当追究刑事责任的人得到应有的处罚，切实做到不枉不纵。2013 年至 2017 年，全国检察机关共批捕各类刑事犯罪嫌疑人 453.1 万人，较前五年下降 3.4%；起诉 717.3 万人，较前五年上升 19.2%。强化民事行政诉讼监督。对认为确有错误的民事行政生效裁判、调解书提出抗诉 2 万余件，人民法院已改判、调解、发回重审、和解撤诉 1.2 万件；提出再审检察建议 2.4 万件，人民法院已采纳 1.6 万件。对审判程序中的违法情形提出检察建议 8.3 万件，对民事执行活动提出检察建议 12.4 万件。针对民间借贷、企业破产、房屋买卖、驰名商标认定等领域为谋取不正当利益打“假官司”问题，开展虚假诉讼专项监督，重点监督“规模性造假”和中介服务机构“居间造假”，2016 年以来共向人民法院提出抗诉或再审检察建议 3877 件，对构成犯罪的起诉 452 人。坚决惩治司法腐败。注重在诉讼监督中发现执法不严、司法不公背后的职务犯罪，立案侦查以权谋私、贪赃枉法、失职渎职的司法工作人员 11560 人。

为更好地实现对公民权利和政治权利的司法保障，近年来检察机关加快了检察体制改革和工作机制创新的步伐。司法责任制全面实施。检察官、检察辅助人员、司法行政人员分类管理格局基本形成。检察官员额制全面推开。截至 2017 年，从原有 16 万名检察官中遴选出员额内检察官 8.7 万名，入额检察官全部配置在办案一线，实行员额动态管理。落实检察官办案责任制，建立检察官办案组和独任检察官两种办案组织，制定检察官权力清单，检察官在职权范围内依法作出决定、承担责任。与检察人员职务序列相配套的履职保障制度逐步完善。坚持放权不放任，全面开展流程监控和质量评查，全程、同步、动态监督司法办案。入额领导干部带头办理重大疑难复杂案件。1854 个检察院开展内设机构改革，一线办案力量普遍增长 20% 以上。

（三）执法保障

中国的公安机关依法承担着预防、制止和惩治违法犯罪活动，保障人民群众生命财产安全的重要职责。近年来，公安机关认真贯彻依法治国方略和社会主义法治理念，按照“最大限度地增加和谐因素，最大限度地减少不和谐因素”的总要求，坚持以人为本，坚持执法为民，强化执法制度建设，严格、公正、文明执法，完善执法监督制度，解决执法中的突出问题，在依法尊重和保障人权方面取得了突出成效。

各级公安机关和广大民警不断强化以人为本、执法为民的意识，确立了维护社会秩序与保护人权、打击犯罪与保护人权并重的执法理念，不断强调在各项执法活动中全力维护宪法和法律赋予人民群众的合法权益，既有效维护正常的社会秩序又有效保护相对人的权利，既依法及时打击刑事犯罪又依法保障嫌疑人的合法权益。保护人权的思想、理念在公安机关得到空前的强化。

为切实保障公民权利，公安部根据国家的有关法律制定、颁布了《公安机关办理刑事案件程序规定》《公安机关办理行政案件程序规定》《公安机关办理行政复议案件程序规定》等规定，从执法程序上进一步严密了公安机关各项执法活动的规范及其标准。单独或者与其他部门联合发布了《关于刑事诉讼法实施中若干问题的规定》《关于取保候审若干问题的规定》《关于依法适用逮捕措施有关问题的规定》《关于适用刑事强制措施有关问题的规定》《公安机关适用刑事羁押期限规定》等规范，突出了对人权的保护。比如，《公安机关办理刑事案件程序规定》第八条规定：“公安机关办理刑事案件，应当重证据，重调查研究，不轻信口供。严禁刑讯逼供和以威胁、引诱、欺骗以及其他非法方式收集证据，不得强迫任何人证实自己有罪。”第九条规定：“公安机关在刑事诉讼中，应当保障犯罪嫌疑人、被告人和其他诉讼参与人依法享有的辩护权和其他诉讼权利。”《公安机关办理行政案件程序规定》第四条规定：“公安机关办理行政案件应当遵循合法、公正、公开、及时的原则，尊重和保障人权，保护公民的人格尊严。”

公安机关还不断完善监督机制，确保公安机关及其人民警察依法履行职责。为规范民警的执法行为，公安部先后制定《公安机关内部执法监督工作规定》《公安机关人民警察执法过错责任追究规定》和《公安机关执法质量考核评议规定》等内部监督制度，建立了警务督察制度，实行了公安厅局长定期接访等制度，形成了系统的执法监督和过错责任追究制度。各地公安机关紧密结合本地实际，普遍建立了执法责任制，加强执法监督，形成“事前监督、事中监督和事后监督”相结合的全方位监督体系，使公安执法监督逐步规范化、制度化。同时，加强了法制部门案件审核工作，加大了对办理各类案件的执法监督力度，近年来先后组织开展了刑事诉讼法执法检查、超期羁押专项治理、“规范执法行为、促进执法公正”、逮捕专项检查等执法检查监督活动，有效减少了侵犯犯罪嫌疑人合法权益等执法问题，提高了执法办案质量。

罪犯人权保障是监狱工作的重要组成部分，是一个国家人权状况的重要标志之一，是当今国际社会关注的热点问题。中国监狱高度重视依法保障罪犯的权利，采取切实有效措施保障罪犯人权。从监狱立法到监狱日常管理和执法工作，始终高度重视罪犯人权保障工作，并努力在监狱日常管理和执法工作中，切实采取有效的措施，大力保障罪犯人权，维护罪犯这一特殊群体的正当权益。

第三节　公民权利和政治权利在民主化、法治化轨道上发展

改革开放以来，中国实行依法治国，建设社会主义法治国家，民主政治建设步伐不断加快，公民的个人权利和政治权利在民主与法治的轨道上得到了不断扩大和有效保障。一个以宪法为核心的中国特色社会主义法律体系已基本形成，公民的各项权利有了坚实的法律保障。与此同时，中国积极稳妥地推进政治体制改革，不断扩大公民的有序政治参与，强化政务公开，加强对权力的监督与制约，公民的民主权利切实得到保障。

一、对公民基本自由和权利的保障

（一）言论、新闻、出版自由

中国的言论自由、新闻自由、出版自由等基本的自由权利受中国法律保护。中国宪法第三十五条规定：“中华人民共和国公民有言论、出版、集会、结社、游行、示威的自由。”第五十一条规定：“中华人民共和国公民在行使自由和权利的时候，不得损害国家的、社会的、集体的利益和其他公民的合法的自由和权利。”既保证自由和权利的行使，又防止自由和权利被滥用。没有绝对的自由，权利不能滥用，这是中国宪法的基本精神。

中国公民享有充分的言论自由，中国没有新闻检查制度。公民的人身自由、人格尊严和住宅不受侵犯；公民的通信自由和通信秘密受法律保护。国家大力发展新闻出版事业，为公民行使言论、出版自由提供良好的条件。在宪法和法律允许的范围内，中国公民的出版自由权利不受其民族、信仰、经济和社会地位的影响，相关法律法规给予了充分的保障。《出版管理条例》第二十三条明确规定：“公民可以依照本条例规定，在出版物上自由表达自己对国家事务、经济和文化事业、社会事务的见解和意愿，自由发表自己从事科学研究、文学艺术创作和其他文化活动的成果。合法出版物受法律保护，任何组织和个人不得非法干扰、阻止、破坏出版物的出版。”第二十五条、第二十六条规定了出版物禁止刊载的内容，这在一个法治国家中是正常的，世界各国都有法律禁止某些内容的出版物出版。这些措施，对于保护社会公共道德、未成年人身心健康等是必需的。

近年来，中国共产党和中国政府加快了电信法制建设步伐，营造安全健康的网络环境，依法保障公民的通信权利。中国政府已颁布《全国人大常委会关于维护互联网安全的决定》《电信条例》《互联网信息服务管理办法》《互联网上网服务营业场所管理条例》等法律法规，并为实施这些法律法规出台了《互联网电子公告服务管理规定》《电信服务质量监督管理暂行办法》《电信服务规范》《互联网电子邮件服务管理办法》等 30 多件规章，为政府依法实施监管、企业依法开展运营、用户依法维护通信权益营造了良好的环境。

中国政府依法加强对电信行业的监管和指导，加大对互联网不良信息、移动信息服务收费、垃圾电子邮件等的治理力度，切实解决群众反映强烈的电信服务热点问题，并积极引导互联网行业自律及公众参与违法和不良信息举报，营造绿色健康的网络应用环境。数以亿计的中国网民在国内外各种网站、论坛、博客上浏览信息、互动交流，并开展电子商务和电子政务、电子医疗等各项活动，互联网已经成为中国公众交流信息和进行各项经济社会活动的基础设施平台，为公民的言论和出版自由提供了新的广泛的渠道。

（二）宗教信仰自由

中国是个多宗教的国家，主要有佛教、道教、伊斯兰教、天主教和基督教。中国公民可以自由地选择、表达自己的信仰和表明宗教身份，既有信仰的自由，也有不信仰的自由。据不完全统计，截至 2016 年，中国有各种宗教信徒 1 亿多人，宗教活动场所 8.5 万余处，宗教教职人员约 30 万人，宗教团体 3000 多个。宗教团体还办有培养宗教教职人员的宗教院校 74 所。自 1980 年至今，中国基督教会累计印刷发行《圣经》超过 5000 万册，共有 22 种版本，已成为世界上年印刷《圣经》最多的教会。

中国政府不断加大对宗教团体、宗教院校和宗教活动场所建设的支持力度。从 20 世纪 80 年代开始，中国政府每年向宗教界提供寺观教堂维修款 300 万—500 万元。从 1997 年开始提高到每年约 1000 万元，从 2006 年开始，提高到每年 1500 万元。自 2003 年起，政府对佛教、道教、伊斯兰教、天主教、基督教五大教的 7 个全国性宗教团体办公会所和 6 所宗教院校校舍建设给予支持并提供优惠政策，在 11 个建设项目中，国家资助经费超过 7 亿元人民币，全国性宗教团体的办公条件和宗教院校的办学条件得到了明显改善。

截至 2018 年，全国依法登记的宗教活动场所 14.4 万处。佛教寺院约 3.35 万座，其中汉传佛教 2.8 万余座，藏传佛教 3800 余座，南传佛教 1700 余座。道教宫观 9000 余座。伊斯兰教清真寺 3.5 万余处。天主教教区 98 个，教堂和活动堂点 6000 余处。基督教教堂和聚会点约 6 万处。宗教团体、宗教活动场所执行国家统一的税收制度，按照国家有关规定缴纳税收和享受税收优惠；水、电、气、暖、道路、通信，以及广播电视、医疗卫生等公共服务延伸和覆盖到宗教活动场所。[①]

在中国，各种宗教地位平等，和谐共处，未发生过宗教纷争；信教的与不信教的公民之间也彼此尊重，团结和睦。这既是受到源远流长的中国传统文化中兼容并包、宽容和谐等精神的影响，更是中国共产党和中国政府坚持贯彻执行宗教信仰自由政策，积极引导，维护保持符合国情的政教关系的结果。中国共产党和中国政府越来越重视发挥宗教的积极作用。近年来，在中国共产党和中国政府的鼓励和支持下，中国各宗教在弘扬宗教教义中的积极因素、广泛开展社会公益慈善事业、参与构建和谐社会、积极开展对外友好交往、共建和谐世界等方面进行了大量的探索和实践，作出了积极的贡献。

中国共产党和中国政府制定并实行了正确的宗教政策，较好地处理了中国社会主义条件下的宗教问题。特别是实行改革开放以来，中国宗教进入恢复性增长时期，并逐步过渡到持续平稳发展时期。进入新世纪，中国共产党和中国政府不断深化对宗教问题的认识，提出了“全面贯彻宗教信仰自由政策，依法管理宗教事务，坚持独立自主自办的原则，积极引导宗教与社会主义社会相适应”的宗教工作基本任务，后被确立为宗教工作基本方针。2004 年国务院颁布并于 2005 年实施的《宗教事务条例》，其宗旨就是通过规范宗教事务管理来更好地保障公民宗教信仰自由，标志着中国对公民宗教信仰自由权利的保护提高到了一个更高的层次。《宗教事务条例》对宗教团体、宗教活动场所和信教公民的合法权益作了明确规定，同时也对政府有关行政管理部门的行政行为进行了规范，将政府的行政行为限定在法律规定的范围之内，更加有助于保障宗教界的合法权益。该条例还规定，国家工作人员在宗教事务管理工作中有违法行为的，要承担相应的法律责任；对宗教事务部门的具体行政行为不服的，可以依法申请行政复议；对行政复议不服的，可以依法提起行政诉讼。条例颁布后，国家宗教事务局还制定了一系列的部门规

① 国务院新闻办公室：《中国保障宗教信仰自由的政策和实践》，《人民日报》，2018 年 4 月 4 日第 9 版。

章，许多地方也都相应制定了地方性法规和地方政府规章，以落实条例的有关规定，切实保护公民的宗教信仰自由权利。

二、对知情权、参与权、表达权、监督权的保障

知情权、参与权、表达权、监督权是中国共产党和中国政府对人民享有的主要政治权利进行的归纳和概括，这些权利既包括了一般意义上言论、出版、信仰等基本自由的内涵，也涵盖了选举权、平等权、自治权、协商权等传统的政治权利。在此意义上，知情权、参与权、表达权、监督权的提出和保障水平的不断提高，不仅突出了当前中国政治发展对于政治权利保障的紧迫要求，也有助于使中国人民的政治权利得到更加广泛的保障。

（一）知情权

知情权的核心是政府采取各种有效措施切实保障公民全面及时了解政府工作情况和有关政务信息的权利。因此，政务公开成为中国各级政府保障公民知情权的一项基本制度和重要举措。近年来，政务公开工作取得了明显成效，法治化进程不断加快。各级政府把社会公众普遍关心、涉及公众权益的问题作为政务公开的重点内容，公开办事制度、公开办事程序、公开办事结果，努力增强政府工作透明度。乡镇机构重点公开贯彻落实国家有关农村工作政策以及财政、财务收支、各类专项资金等情况；县、市政府部门重点公开本地区发展规划、重大项目审批和实施、政府采购、征地拆迁等事项；省级政府重点公开本地区本部门经济建设和社会发展的相关政策和总体规划、财政预决算报告、产权交易等情况。

2005 年 3 月，中共中央办公厅、国务院办公厅印发《关于进一步推行政务公开的意见》；2008 年 5 月 1 日，国务院颁布的《中华人民共和国政府信息公开条例》正式施行。条例将政府信息公开确定为政府的法定义务。条例按照以公开为原则、以不公开为例外的精神规定，行政机关应当遵循公正、公平、便民的原则，及时、准确、主动地向社会公开涉及公民、法人或者其他组织切身利益的政府信息；同时，应当根据公民、法人和其他组织基于自身生产、生活、科研的特殊需要提出的申请，向申请人提供相关政府信息。

条例还明确了对政府机关不依法履行政府信息公开义务的监督方式和渠道，标志着中国共产党和中国政府迈向信息公开的时代。

近年来，各级政府政务公开的形式更加丰富。2006 年元旦，中国中央人民政府网站开通运行，作为国务院及其部门、各省（区、市）政府在互联网上发布政务信息和提供在线服务的平台，被誉为“24 小时不下班的政府”。目前，全国几乎所有县级以上政府或政府部门都建立了政府网站，大多数政府网站开设公共服务栏目，实行网上办公，在促进政务公开、提供公共服务、维护民主权利方面发挥着重要作用。2007 年 9 月底，国家电子政务网络中央级骨干网网络正式开通，为建设统一的国家电子政务网络，促进各部门各地区政务信息资源的共享和公开提供了公共平台。在促进政务公开工作中，各级政府注意落实公众对关系自己切身权益事项的知情权，进一步激发了社会公众对政务公开工作的民主参与热情，更好地保障了公众的各项权益。

根据 2015 年开展的全国政府网站首次“大体检”，截至 2015 年 7 月 7 日，全国各地区、各部门通过全国政府网站信息报送系统上报的政府网站共 85890 个，其中地方 82674 个，国务院部门 3216 个。根据国务院办公厅政府信息与政务公开办公室 2018 年组织开展全国政府网站抽查，2018 年二季度，全国政府网站抽查总体合格率达到 96%。

在政务公开的同时，国家权力机关运行和人大代表履职情况也日益透明。全国人大会议开放透明程度不断提高。自 2003 年采访“两会”的记者首次突破 3000 名，其中外国记者超过 500 名以来，全国人大会议代表团团组开放场次不断扩大。2006 年首次开通“网上新闻中心”，2007 年首次对外公布各代表团驻地详细地址、允许境外记者直接联系采访代表、公开各代表团新闻联络员联系电话、提供重要法律草案说明英文版，将全国人民代表大会的开放透明度提高到一个新水平。2016 年 2 月，中共中央办公厅、国务院办公厅印发《关于全面推进政务公开工作的意见》，全面推行权力清单、责任清单、负面清单公开工作，推动政务服务向网上办理延伸，全国 31 个省（自治区、直辖市）均已公布省市县三级政府部门权力清单。2015 年，实现全国所有省份全部公开省级财政总预算；2017 年，公开部门预算的中央部门增加到 105 个。截至 2017 年 4 月，全国县级以上地方各级人民政府共设立政务大厅 3058 个，覆盖率 94.3%；乡镇（街道）共设立便民服务中心 38513 个，覆盖率 96.8%。厂务、村务公开逐步落实。截至 2017 年 9 月，全国已建立工会的企事业单位单独建立职工代表大会制度的有 500.9 万家，区域（行业）职工代表大会制度覆盖企业 138.7 万家，已建立工会的企事业单位单独建立厂务公开制度的有 487.1 万家。截至 2017 年，全国 95% 的村实现村务公开，94% 以上的县制订村务公开目录，91% 的村建立村务公开栏。

（二）参与权

参与权是指公民直接和通过自由选择的代表平等参与国家政治和公共事务的权利。近年来，中国进一步完善选举制度，规范选举程序，逐步扩大公民的选举权，从各个层次、各个领域扩大公民有序的政治参与，中国公民的参与权不断扩大。

中国根据国情和实际，不断修改选举法，完善选举制度，逐步实现了城乡按相同人口比例选举人大代表，并保证各地区、各民族、各方面都有适当数量的代表。在 2016 年开始的全国县乡两级人民代表大会换届选举中，共有 9 亿多选民参选，直接选举产生 250 多万名县乡两级人民代表大会代表。全国人民代表大会代表的代表性不断增强，在 2018 年十三届全国人大的 2980 名代表中，一线工人、农民代表 468 名，专业技术人员代表 613 名，妇女代表 742 名，少数民族代表 438 名。城乡基层民主有序发展，以城乡村（居）民自治为核心，民主选举、民主协商、民主决策、民主管理、民主监督为主要内容的基层群众自治制度基本建立。截至 2017 年，全国农村普遍开展了 9 轮以上村委会换届选举,98% 以上的村委会依法实行直接选举，村民参选率达 95%；居民委员会换届选举参选率达 90% 以上。

全国人民代表大会制度在实践中不断发展。全国人大常委会密切同人大代表、人民群众的联系。2013—2017 年，全国人大建立并落实委员长会议组成人员、常委会委员联系全国人大代表制度，委员长会议组成人员直接联系 87 名代表，常委会委员直接联系 333 名代表。拓宽代表参与常委会、专门委员会工作渠道，1500 人次参加执法检查活动，1600 人次列席常委会会议，实现基层全国人大代表任期内至少列席一次常委会会议的目标。完善常委会、专门委员会重要工作情况向代表通报制度。制定代表密切联系人民群众的实施意见，组织代表开展调研和视察，畅通社情民意表达和反映渠道。增强代表议案审议和建议办理实效。2013—2017 年的 5 年中，十二届全国人大代表共提出 2366 件议案、41353 件建议。各承办单位把办理代表建议与转变作风、改进工作结合起来，做到件件有答复、有着落。将代表反映比较集中的 860 件建议合并归类为 91 项，交由有关专门委员会重点督办，推动解决了一批关系群众切身利益的重点难点问题。

中国共产党领导的多党合作和政治协商制度在保障公民参与权方面发挥着越来越大的作用。越来越多的非中共人士在各级人大、政府、司法机关和政协等机构担任领导职务。截止到 2010 年年底，全国担任县处级以上领导职务的非中共人士有 3.2 万人，最高人民法院、最高人民检察院和国务院的部委办局领导班子当中，非中共的领导干部有 19 名，省级人大政府、政协领导班子当中的非中共干部 207 名，30 个省自治区直辖市配备了非中共的副省长（副主席、副市长）。① 无党派人士陈竺、致公党副主席万钢曾先后被任命为卫生部部长和科技部部长，并进而分别担任全国人大常委会副委员长和全国政协副主席，分别成为改革开放以来首位担任政府部长的无党派人士和民主党派人士。这是中国共产党领导的多党合作制度在国家最高行政机关的一种新的体现，也成为非中共人士政治参与的重要渠道。在政治协商制度下，执政党和政府把政治协商纳入决策程序，完善民主监督机制，提高各民主党派和无党派人士参政议政的实效，尊重各民主党派和无党派人士在政协会议上发表的意见，充分保障他们开展视察、参加调研和检查活动、提出意见、反映社情民意的权利。改革开放以来，全国政协共开展 2000 多项视察调研，收到 135111 件提案，立案 124868 件，编刊及转送社情民意信息 11688 件，大多数提案的建议得到采纳和落实。大量社会组织活跃于城乡社

① 《三万多非中共人士任县处级以上领导职务》，《人民日报》，2011 年 6 月 30 日第 11 版。

区，提升了人民群众有序表达诉求和自我管理、自我服务的能力和水平，截至 2018 年 9 月，全国依法登记的社会组织 79.6 万个。

基层群众自治制度更加健全，基层群众实行民主选举、民主决策、民主管理、民主监督，直接行使着管理公共事务和公益事业的民主权利。大量的社会组织业务范围覆盖工商服务业、农业及农村发展、科学研究、教育卫生、文化体育、生态环境、社会服务、法律、职业组织等十几个领域，涵盖了国民经济、学科建设、职业等各个门类和各个专业，成为公民有序政治参与的重要载体。

（三）表达权

表达权是中国公民对国家政治事务和政府重大决策发表意见和建议的权利。充分保障公民的表达权有助于推进决策科学化、民主化，完善决策信息和治理支持系统，增强决策的透明度。中共十七大报告明确指出："制定与群众利益密切相关的法律法规和公共政策原则上要公开听取意见。"这充分体现了中国共产党和中国政府对保障公民表达权的高度重视。

近年来，公众在法律、政策和决策制定中的政治表达权不断增强。在人大立法过程中，开门立法、民主立法，畅通民意表达渠道越来越成为各级人大立法中的普遍做法。全国人大及其常委会就关系人民切身利益的法律草案向全社会公开征求意见，越来越成为惯例。2005 年 9 月 27 日，全国人大围绕个人所得税法个税工薪所得减除费用标准，举行了历史上第一次立法听证会，直接听取公众和有关方面的意见，扩大了公民的表达权，实现了开门立法的重要突破。2014 年 10 月，党的十八届四中全会明确提出编纂民法典。2016 年 3 月 4 日，十二届全国人大四次会议副秘书长、发言人傅莹在新闻发布会上表示，民法典编纂工作已经启动，从做法上分两步走，第一步是制定民法总则，第二步是全面整合民事法律。民法总则的征求意见稿已经出来，预期 6 月份能够提请人大常委会进行审议。经过专家学者的深入参与和网络广泛征求公民意见，2016 年 6 月，十二届全国人大常委会第二十一次会议初次审议了民法总则草案，标志着民法典编纂工作进入立法程序。

与此同时，为了更好地保障公民的表达权，使政府的决策过程更加民主，国务院作出规定，重大决策必须经过专家或研究、咨询、中介机构的评估或法律分析。在制定与群众利益密切相关的公共政策时，原则上要公开听取意见。近年来，一大批学者、专家、企业家等相继受到党中央和国务院的邀请，对“十一五”发展规划等关系国计民生的大事发表意见。2009 年 4 月，国务院新闻办发布的《国家人权行动计划（2009—2010 年）》更在多次邀请中国法律援助基金会、中国妇女发展基金会、中国扶贫基金会、中国残疾人福利基金会等 20 多家代表不同群体的社会组织表达各自的权益诉求的同时，广泛征求不同社会团体、研究机构以及社会各界的意见，使各方面的权利表达和利益诉求得到了充分的反映。统计显示，目前全国 70% 以上的市县政府出台了规范政府决策的专门规定，建立了政府决策听取公众意见制度。截至 2018 年 6 月，全国互联网上网人数达 8.02 亿，其中手机上网人数达 7.88 亿，互联网普及率达 57.7%，农村地区互联网普及率达 36.5%。网络表达平台更加便捷高效。

中国公民的表达权还体现为具有中国特色的信访制度。着力搭建“信、访、网、电”多元化、立体式信访渠道，为民意诉求表达拓宽通道、提供便利。县级以上监察机关都建立了信访机构，乡镇、街道社区设有专职或兼职信访工作人员。公民可以通过写信、来访、电话、传真、网络、参加有关会议、运用新闻媒介发表意见等多种形式表达诉求。各级政府普遍建立了领导批阅群众来信制度、定期接待群众来访制度、初信初访工作责任制。中国还建设了全国信访信息系统，建立健全人民建议征集制度，为人民群众表达诉求、反映问题、提出意见建议提供制度化的保障。

（四）监督权

中国公民享有的监督权是全面的和多方位的，能够保证权力依法运行。为实现权力之间的监督与制约，中国宪法、监督法、立法法等都对监督权作出了规定。中国对于权力的监督可以分为三个层次：一是各级人大及其常委会对本级人民政府、人民法院和人民检察院进行监督；二是各级人民检察院作为法律监督机关对国家机关及其工作人员的活动是否合法进行监督；三是公民、社会团体等可以对国家机关及其工作人员的行为进行监督。

中国宪法第二十七条规定，一切国家机关和国家工作人员必须依靠人民的支持，经常保持同人民的密切联系，倾听人民的意见和建议，接受人民的监督，努力为人民服务。完善权力制约与监督机制，确保人民权利不受侵犯。2006 年 8 月 27 日，《中华人民共和国各级人民代表大会常务委员会监督法》历时 20 年获得通过，对全国人大及各级人大常委会对"一府两院"行使监督权作出规定。这部在中国立法史上历时最长的法律使权力机关对行政机关和司法机关的监督和制约步入了法治化轨道，对于促进和确保依法行政和公正司法，防止公权力的滥用和误用，维护公民的人权，意义重大。目前，一个决策权、执行权、监督权相互制约又相互协调的权力结构正在逐步完善，执法有保障、有权必有责、用权受监督、违法必追究、侵权需赔偿的运行机制正在形成。2016 年至 2017 年，全国人大常委会检查了食品安全法、安全生产法、环境保护法、道路交通安全法等 12 部关系人民切身利益的法律的实施情况。人民政协积极探索和完善民主监督机制，就决策执行中的问题提出批评和建议。十二届全国政协视察调研的监督性议题由 2015 年的 12 项占 11%，增至 2017 年的 20 项占 28%。

2004 年 3 月，国务院颁布《全面推进依法行政实施纲要》，向世界庄严宣告中国将用十年的时间建成法治政府。近年来，中国的行政立法日趋规范。国务院坚持依法全面履行政府职能，着力加强和创新社会治理，社会保持和谐稳定。2013—2017 年，国务院提请全国人大常委会制定修订法律 95 部，制定修订行政法规 195 部，修改废止一大批部门规章。省、市、县政府部门制定公布权责清单。开展国务院大督查和专项督查，对积极作为、成效突出的给予表彰和政策激励，对不作为的严肃问责。创新城乡基层治理。完善信访工作制度。扩大法律援助范围。促进安全生产领域改革发展，事故总量和重特大事故数量持续下降。改革完善食品药品监管，强化风险全程管控。加强地震、特大洪灾等防灾减灾救灾工作，健全分级负责、相互协同的应急机制，最大程度降低了灾害损失。加强国家安全。健全社会治安防控体系，依法打击各类违法犯罪，有力维护了公共安全。

在当前中国保障公民权利和政治权利的制度体系中，公民、社会团体是对国家机关及其工作人员进行监督的重要主体。宪法规定，中华人民共和国公民对于任何国家机关和国家工作人员，有提出批评和建议的权利；对于任何国家机关和国家工作人员的违法失职行为，有向有关国家机关提出申诉、控告或者检举的权利。社会团体、企业事业组织以及公民认为行政法规、地方性法规、自治条例和单行条例同宪法或者法律相抵触的，可以向全国人大常委会书面提出进行审查的建议，由常委会工作机构进行研究，必要时，送有关的专门委员会进行审查、提出意见。为了保障公民的申诉、控告、检举权，各级各类国家机关都普遍设立了信访机构，人民检察机关和行政监察系统从中央到地方普遍设立了对违法犯罪行为的举报机构。新闻传媒对国家工作人员渎职、滥用职权和侵犯公民合法权益行为的舆论监督大大加强。由于国家机关和国家工作人员侵犯公民权利而受到损失的人，有依照法律规定取得赔偿的权利。

三、对生命权、人身权和公平审判权的保障

中国坚持实行依法治国，加快建设法治国家，切实将尊重和保障人权贯穿于立法、执法和司法各个环节之中，努力实现国家各项工作法治化，使公民各项人权在法治的轨道上得到了有效保障。

（一）生命权

生命权是最基本的人权，是其他一切人权的基础。中国高度重视对生命权的保障，并采取各种措施确保公民的生命权不受侵犯，确保每个人不仅拥有生命，而且在和谐的社会环境下体面地、高质量地享受生活。据国家统计局 2018 年 9 月发布的“改革开放 40 年经济社会发展成就”系列报告，2018 年中国人口平均预期寿命已经达到 77 岁，婴儿死亡率降低为 6.1‰，人们的幸福指数、生活质量大幅度提高。与此同时，法律严厉惩治侵犯他人生命的行为。对于故意杀人、过失致人死亡以及爆炸、重大责任事故等故意、过失非法剥夺他人生命的犯罪行为，刑法明确规定为犯罪，予以严厉禁止和惩处。

中国保留死刑、严格控制并慎重适用死刑。死刑是剥夺犯罪分子生命

的最严厉的刑罚。根据中国的具体国情，目前还不能废除死刑。中国的死刑政策是“保留死刑、严格控制并慎重适用死刑”。中国目前正处于全面建成小康社会的重要战略机遇期，同时又是刑事犯罪高发的时期，维护社会和谐稳定的任务相当繁重，必须继续坚持正确运用死刑这一刑罚手段同严重刑事犯罪作斗争，有效遏制犯罪活动猖獗和蔓延势头，对于那些罪行极其严重，性质极其恶劣，社会危害极大，罪证确实充分，必须依法判处死刑立即执行的，坚决依法判处死刑立即执行。同时，全面落实“国家尊重和保障人权”的宪法原则，切实保障被判处死刑的被告人的诉讼权利以及其他合法权益。坚持依法惩罚犯罪和依法保障人权并重，坚持罪刑法定、罪刑相适应、适用刑法人人平等和审判公开、程序法定等基本原则，对于那些依法不构成犯罪的被告人，坚决宣告无罪；对于具有法定从轻、减轻情节的，依法从轻或者减轻处罚，一般不判处死刑立即执行。为尊重并保障死刑罪犯的人权，中国建立并完善了死刑缓期二年执行制度，明确规定了不适用死刑的对象，逐步健全了死刑审判程序特别是死刑核准程序，确保严格控制并慎重适用死刑。

死刑缓期二年执行是中国死刑制度的重要组成部分。在死刑案件审判过程中，中国坚持宽严相济的刑事政策，注重发挥死缓制度既能够依法严惩严重犯罪又能够有效减少死刑执行的作用。对于罪行极其严重的犯罪分子，如果不是必须立即执行的，就判处死刑缓期二年执行。“不是必须立即执行的”，一般是指该犯罪分子虽然罪行极其严重，罪该判处死刑立即执行，但犯罪分子具有投案自首或者立功表现的；共同犯罪中有多名主犯，其中的首要分子或者罪行最严重的主犯已经被判处死刑立即执行，其他主犯不具有最严重罪行的；被害人在犯罪发生前或者发生过程中有明显过错的；因婚姻家庭、邻里纠纷等民间矛盾激化引发的案件，案发后真诚悔罪积极赔偿被害人经济损失，民愤尚不是特别大的；等等。实践中，对于具有上述情节的犯罪分子，一般判处死刑缓期二年执行。对于被判处死刑缓期二年执行的犯罪分子，根据刑法第五十条的规定，在死刑缓期执行期间，如果没有故意犯罪，二年期满以后，减为无期徒刑；如果确有重大立功表现，二年期满以后，减为二十五年有期徒刑；如果故意犯罪，情节恶劣的，报请最高人民法院核准后执行死刑。从实际情况看，死刑缓期二年执行的犯罪分子基本上得到了减刑，没有被执行死刑。

中国法律明确规定了不适用死刑的对象。刑法第四十九条规定，犯罪的时候不满 18 周岁的人和审判的时候怀孕的妇女，不适用死刑。根据刑法规定，最高人民法院作出了有关司法解释，明确规定，不适用死刑，是指不仅不能被执行死刑，而且不能被判处死刑，包括死刑缓期二年执行。对于审判时怀孕的妇女，即便在审判过程中自然流产，也不能被判处死刑。这种做法，比《公民权利和政治权利国际公约》对妇女权利的保护还要严格。公约仅是规定对孕妇不得执行死刑。

严格死刑案件审判程序是中国法律“严格控制并慎重适用死刑”政策的重要体现。根据刑事诉讼法的规定，死刑案件必须由中级人民法院作为第一审，由高级人民法院作为第二审，并由最高人民法院进行最后复核。刑事诉讼法对于侦查、起诉、审判的每一阶段以及公开审理、回避、辩护、举证、质证、认证、宣判、送达、执行等活动都规定了必须严格遵循的程序规则，为正确审理死刑案件提供了严格的法律保障。

最高人民法院特别注重依法做好死刑复核工作。中华人民共和国成立以来相当长时期，死刑案件都是由最高人民法院核准的。1983 年 9 月，全国人大常委会根据当时的社会治安状况，修改了人民法院组织法，规定对于严重危害社会治安的犯罪分子判处死刑的案件，最高人民法院必要时可授权高级人民法院行使核准权。根据全国人大常委会关于修改人民法院组织法的决定，最高人民法院决定从 2007 年 1 月 1 日起，由最高人民法院统一行使死刑案件核准权。最高人民法院复核死刑案件，由三名以上单数的审判人员组成合议庭。合议庭对一、二审裁判的事实认定、法律适用和诉讼程序进行全面审查。复核坚持重证据、不轻信口供的原则。对证据有疑问的，须对证据进行调查核实，必要时到案发现场调查。死刑案件复核期间，被告人委托的辩护人提出听取意见要求的，合议庭须听取辩护人的意见，并制作笔录附卷。辩护人提出书面意见的，均予附卷。最高人民法院复核死刑案件，对于疑难、复杂的案件，合议庭认为难以作出决定的，依法提请院长决定是否提交审判委员会讨论决定。在复核死刑案件过程中，最高人民法院依法履行职责，严格执行刑法和刑事诉讼法，切实把好死刑案件的事实关、证据关、程序关、适用法律关，避免因剥夺或者限制犯罪嫌疑人、被告人的合法权利而导致冤错案件的发生。

中国法律还尊重死刑罪犯人格尊严。人民法院向罪犯送达核准死刑的裁判文书时，应当告知罪犯有权申请会见其近亲属。罪犯提出会见申请并提供具体地址和联系方式的，人民法院应当准许；原审人民法院应当通知罪犯的近亲属。罪犯近亲属提出会见申请的，人民法院应当准许，并及时安排会见。执行死刑应当公布，禁止游街示众或者其他有辱死刑罪犯人格的行为，禁止侮辱死刑罪犯的尸体。执行死刑一般采取枪决和注射两种方式。经过试点，最高人民法院目前正在全国范围内大力推广采用注射方式执行死刑。

（二）人身权

人身权是每个人享有的人身自由和安全的权利。按照普遍的国际人权标准，它主要指任何人不得加以任意逮捕和拘禁，除非依照法律所规定的程序，任何人不得被剥夺自由。

中国宪法确认了公民人格权。民法总则专设“民事权利”一章，其中对人格权作了专门规定。2018 年 8 月，提请审议的民法典各分编草案中，设立了独立的人格权编。废止收容遣送制度和劳动教养制度。大力推进户籍制度改革。2014 年，国务院印发关于进一步推进户籍制度改革的意见，进一步放宽了户口迁徙政策限制，促进有能力在城镇稳定就业的常住人口有序实现市民化。2017 年，全国户籍人口城镇化率达到 42.35%，比 2012 年提高 7 个百分点。中共十八大以来，共为 1400 余万无户口人员办理了落户，全国无户口人员登记户口问题已经基本解决。严格依法保障住宅不受侵犯、通信自由和信息安全。2017 年，公安机关开展专项行动，集中办理了一批涉嫌侵犯公民个人信息的案件，泄露公民个人信息案件得到有效遏制。

防止刑讯逼供是司法过程中保障人身权利的重要内容。刑讯逼供是指司法工作人员对犯罪嫌疑人、被告人使用肉刑或者变相肉刑，逼取口供的行为，严重侵害犯罪嫌疑人、被告人的人格尊严和人身自由，严重损害司法权威和司法形象。中国政府从保障犯罪嫌疑人、被告人人权的角度，切实采取措施，严厉禁止和依法惩治刑讯逼供行为。刑法第二百四十七条规定，司法工作人员对犯罪嫌疑人、被告人实行刑讯逼供或者使用暴力逼取证人证言的，构成刑讯逼供罪，处三年以下有期徒刑或者拘役。致人伤残、死亡的，依照本法第二百三十四条、第二百三十二条的规定，分别以故意伤害罪、故意杀人罪定罪从重处罚。不仅如此，法律还从程序方面规定了如何依法取证和禁止刑讯逼供。刑事诉讼法第五十二条规定："审判人员、检察人员、侦查人员必须依照法定程序，收集能够证实犯罪嫌疑人、被告人有罪或者无罪、犯罪情节轻重的各种证据。严禁刑讯逼供和以威胁、引诱、欺骗以及其他非法方法搜集证据，不得强迫任何人证实自己有罪。"

2006 年 7 月 26 日，最高人民检察院公布了《关于渎职侵权犯罪案件立案标准的规定》，首次以司法解释的形式对以殴打、捆绑、违法使用械具等恶劣手段逼取口供的刑讯逼供案等八种立案情形予以详细规定。同时，最高人民法院《关于执行〈中华人民共和国刑事诉讼法〉若干问题的解释》第六十一条规定："严禁以非法的方法搜集证据。凡经查证确实属于采用刑讯逼供或者威胁、引诱、欺骗等非法的方法取得的证人证言、被害人陈述、被告人供述，不能作为定案的根据。"

为了有效遏制刑讯逼供的发生，切实保障犯罪嫌疑人、被告人的权利，同时也为了规范侦查讯问行为，中国检察机关也努力纠正刑讯逼供。最高人民检察院制定了《人民检察院讯问职务犯罪嫌疑人实行全程同步录音录像的规定（试行）》，要求全国检察机关自 2006 年 3 月 1 日起逐步实施讯问职务犯罪嫌疑人全程录音录像，在侦查、审查逮捕和审查起诉三个阶段，每次讯问犯罪嫌疑人的全过程均实施不间断的全程同步录音录像。针对容易导致刑讯逼供案件发生的问题，最高人民检察院先后下发了《关于在办理审查逮捕案件中加强讯问犯罪嫌疑人工作的意见》《人民检察院审查逮捕质量标准》和《关于加强诉讼监督，防止重大刑事错案的若干意见》等规定，明确规定审查提请批准逮捕的案件，认为证据存有疑问的，可以复核有关证据、讯问犯罪嫌疑人、询问证人。必要时，可以派人参加侦查机关对重大案件的讨论。对于犯罪嫌疑人是否构成犯罪、是否需要予以逮捕等关键问题有疑点的，案情重大复杂疑难的，犯罪嫌疑人系未成年人的，侦查活动可能存在刑讯逼供、暴力取证等违法行为的，以及犯罪嫌疑人要求讯问的，审查时应当讯问犯罪嫌疑人。讯问犯罪嫌疑人时，应当依法告知其享有的诉讼权利，认真听取其供述、辩解，及时发现和纠正刑讯逼供等违法行为，确保侦查活动依法进行。

针对非法拘禁、错误羁押、超期羁押等严重侵犯人身权的问题，中国先后建立了各种执法制度，采取了一系列有效措施，在不断加大惩治力度的同时，有效预防了此类问题的发生。公安机关在执法过程中，严格依照相关法律法规，认真履行保护公民人身自由权利的各项职责，禁止非法限制人身自由。在办理刑事案件过程中，严格按照刑事诉讼法规定的条件和程序采取限制人身自由的强制措施，认真履行对案件当事人权利义务的告知制度，为律师参与刑事诉讼创造条件，防止非法拘留、超期羁押等侵犯人身自由权的行为发生。在办理治安案件时，严格执行《中华人民共和国治安管理处罚法》关于传唤、讯问、取证、裁决和执行等规定，依法保障公民的人身自由权。

为建立纠正和防止超期羁押的长效机制，公安部与最高人民法院、最高人民检察院联合制定了《关于严格执行刑事诉讼法，切实纠防超期羁押的通知》，公安部出台了《公安机关适用刑事羁押期限规定》，进一步严格执法程序，规范公安机关适用刑事羁押期限工作，维护犯罪嫌疑人的合法权益。各级公安机关建立了执法责任制、执法质量考核评议制、错案追究制、领导责任追究和引咎辞职制等公安执法制度，各地看守所建立了换押制度、案件到期催办制度、羁押期限届满告知制度、超期羁押情况报告和通报制度等，积极预防非法拘禁和超期羁押现象的发生。

为充分保障案件当事人的陈述权和申辩权，公安机关建立了听证制度。《公安机关办理行政案件程序规定》和《公安机关行政许可工作规定》均明确规定了案件当事人听证权，并规定了详细的听证程序。公安机关根据治安管理处罚法和《公安机关办理行政案件程序规定》的有关规定，建立了治安调解制度，明确了治安调解的原则、适用范围和程序。公安机关在查明事实、搜集证据的基础上，遵循合法、公正、自愿、及时的原则，通过教育和疏导，化解违反治安管理行为人、被侵害人之间的矛盾，保护被侵害人的合法权益，为违反治安管理行为人提供改过自新机会。公安机关还制定了《公安机关办理行政复议案件程序规定》，建立了公安行政复议应诉制度，地方公安机关结合本地实际，制定了一批行政复议应诉工作制度，有效地保护了当事人的合法权益，促进了执法质量和执法水平的提高。

（三）被羁押者和被监禁者的权利

保障被羁押者和被监禁者的人身安全和人格尊严、禁止酷刑是中国共产党和中国政府的一贯立场。1986 年 12 月 12 日，中国代表签署了《禁止酷刑和其他残忍、不人道或有辱人格的待遇或处罚公约》，1988 年 9 月 5 日第七届全国人民代表大会常务委员会第三次会议正式批准了该公约。宪法、刑法、人民警察法、监狱法等法律的有关规定，与该公约的规定精神是一致的。宪法第三十八条规定："中华人民共和国公民的人格尊严不受侵犯。禁止用任何方法对公民进行侮辱、诽谤和诬告陷害。"1997 年修订实施的刑法第二百四十八条规定："监狱、拘留所、看守所等监管机构的监管人员对被监管人进行殴打或者体罚虐待，情节严重的，处三年以下有期徒刑或者拘役；情节特别严重的，处三年以上十年以下有期徒刑。致人伤残、死亡的，依照本法第二百三十四条、第二百三十二条的规定定罪从重处罚。"监狱法第七条，第十四条第三款、第五款对此也有明确规定，确保罪犯人身不受刑讯逼供、体罚、虐待的权利得到保障。

保证被羁押者和被监禁者申诉、控告、检举权利的行使。监狱法赋予了被监禁者申诉、控告、检举的权利，被羁押者如果认为法院判决不公或者在监狱服刑时受到了不公正待遇等，可以向司法机关或者监狱的上级机关写信申诉、控告或者检举。对被羁押者的申诉、控告、检举材料，监狱应当及时转递，不得扣押。监狱在执行刑罚过程中，根据被监禁者的申诉，认为判决可能有错误的，应当提请人民检察院或者人民法院处理。

对被羁押者和被监禁者物质生活、精神生活的保障。监狱法第五十三条规定："罪犯居住的监舍应当坚固、通风、透光、清洁、保暖。"监狱里的被监禁者人均建筑设施使用面积在 5 平方米以上，人均居住面积不低于 3 平方米，监舍要做到坚固、通风、透光、清洁，有必要的防暑防寒设备。监狱要设有图书室、教学楼、篮球场、操场、礼堂等供被羁押者学习、娱乐的文体活动场所。监狱法第四十八条规定："罪犯在监狱服刑期间，按照规定，可以会见亲属、监护人。"根据法律和监狱管理的相关规定，监狱可定期安排被羁押者与其亲属会见。由于血缘和情感上的特殊关系，被监禁者，特别是未成年被监禁者对家庭的依赖感比较强，为保证被监禁者合法的社会交往，体现对被监禁者权利的保障，监狱实行表现较好的被监禁者与配偶及直系亲属同餐制度及被监禁者离监探亲制度等。

保障女犯等特殊群体的权利。中国监狱根据女犯的生理、心理特点对女犯实施有针对性的特殊管理。监狱在执行刑罚和对罪犯实施管理的过程中，首先坚持男女平等的原则，不得歧视和虐待女犯。监狱法第四十条规定："女犯由女性人民警察直接管理。"第七条规定："罪犯的人格不受侮辱，其人身安全、合法财产和辩护、申诉、控告、检举以及其他未被依法剥夺或者限制的权利不受侵犯。"该法还明确规定了服刑人员不受体罚虐待。在劳动、学习方面，监狱照顾女犯的生理特点，女犯从事轻体力劳动。日常不仅进行法制、道德、政策、形势、前途等内容的思想教育及各类文化教育，还重视女犯回归社会后的生存就业能力，根据女犯心理、生理特点，开办缝纫和毛衣编织等技能培训，通过考试、考核，获得不同工种的职业技能资格证书。在生活上，女犯享有国家统一规定的法定假日及传统节日。假日期间，女犯和其他服刑人员一样可以收看电视、录像，参加球类、棋类等文体活动。监狱还组织女犯演出各类文艺节目，开展各类体育运动及知识竞赛，活跃服刑人员的娱乐生活。对未成年犯、老弱病残犯、少数民族犯、外籍犯，在充分考虑他们的生理、心理、体力和生活习惯等方面特点的前提下，都有一些不同于其他犯人的特别或特殊的待遇。如对未成年犯实行半天习艺性劳动、半天学习文化的规定。

深化狱务公开是中国监狱保障被监禁者权利的重要措施。2001 年，司法部制定下发《关于在监狱系统推行狱务公开的实施意见》。根据该实施意见，被监禁者计分考核，奖励、处罚的条件和审批程序，减刑、假释的条件和程序等内容，都应当公开。监狱通过设立举报电话、设置监狱长信箱、建立监狱长接待日、聘请执法监督员四种形式，接受被监禁者、被监禁者家属及社会各界的监督。同时，自觉接受检察机关的监督，并不断加强内部监督，形成了“有权必有责，用权受监督，违法受追究”的有效工作机制。

（四）获得公开、公平审判的权利

审判公开是中国宪法规定的一项基本原则。审判公开，是指人民法院审理案件和宣告判决应当向社会公开，允许公民旁听，允许新闻记者采访报道。宪法第一百三十条规定：“人民法院审理案件，除法律规定的特别情况外，一律公开进行。”刑事诉讼法、民事诉讼法、行政诉讼法重申了上述宪法的要求并明确了审判公开的例外情形，确立了一系列保障性制度。

——审判信息依法、及时、全面公开。刑事诉讼法第一百八十七条和最高人民法院《关于执行〈中华人民共和国刑事诉讼法〉若干问题的解释》第一百一十九条均规定，人民法院决定开庭审判后，应当将人民检察院的起诉书副本至迟在开庭十日以前送达被告人；传唤当事人，通知辩护人、诉讼代理人、证人、鉴定人和翻译人员，传票和通知书至迟在开庭三日以前送达。同时，为确保审判向社会公开，保障公众旁听案件的权利，对于公开审判的案件，人民法院应当在开庭三日以前先期公布案由、被告人姓名、开庭时间和地点。

——审理过程公开。人民法院审理案件，严格执行刑事诉讼法、民事诉讼法、行政诉讼法及相关司法解释关于公开审理的规定，应当公开审理的，必须公开审理。被告人被判处死刑的刑事二审案件一律开庭审理；一般刑事二审案件，逐步实现开庭审理。公开审理时，必须公开举证、质证、辩论、认证，公开宣判；不公开审理时，必须宣布不公开审理的理由。应当依法公开审理的案件没有公开审理的，应当按下列规定处理：“（一）当事人提起上诉或者人民检察院对刑事案件的判决、裁定提起抗诉的，第二审人民法院应当裁定撤销原判决，发回重审。（二）当事人申请再审的，人民法院可以决定再审；人民检察院按照审判监督程序提起抗诉的，人民法院应当决定再审。上述发回重审或者决定再审的案件应当依法公开审理。”公开审理时，公民可以旁听，但精神病人、醉酒的人和未经人民法院批准的未成年人除外。外国人和无国籍人持有效证件要求旁听的，参照中国公民旁听的规定办理。依法公开审理案件,有利于人民群众对审判工作进行监督，促进法院严格执法，正确运用法律处理案件；有利于对广大群众进行法制宣传，增强法律意识。

——裁判公开。刑事诉讼法第二百零二条规定：“宣告判决，一律公开进行。”最高人民法院 2007 年 6 月 4 日发布的《关于加强人民法院审判公开工作的若干意见》要求：“人民法院审理案件，能够当庭宣判的，应当当庭宣判。定期宣判、委托宣判的，应当在裁判文书签发或者收到委托函后及时进行，宣判前应当通知当事人和其他诉讼参与人。宣判时允许旁听，宣判后应当立即送达法律文书。”该意见还要求各高级人民法院应当制定通过出版物、局域网、互联网等方式公布生效裁判文书的具体办法，加大生效裁判文书公开的力度。此外，该意见还要求，有条件的人民法院对于庭审活动和相关重要审判活动可以录音、录像，建立审判工作的声像档案，当事人可以按规定查阅和复制。

——向公众和媒体公开。最高人民法院 2007 年 6 月 4 日发布的《关于加强人民法院审判公开工作的若干意见》规定，依法公开审理的案件，中国公民可以持有效证件旁听。经高级人民法院批准，电视、互联网等媒体可以对人民法院公开审理的案件进行直播、转播。

——切实保障人民陪审员依法参加审判的权利。人民法院在审判社会影响较大的刑事、民事、行政案件，刑事案件被告人、民事案件原告或者被告、行政案件原告申请由人民陪审员参加合议庭审判的案件的第一审案件时，由人民陪审员和法官组成合议庭进行。依法参加审判活动是人民陪审员的权利和义务。人民陪审员依法参加审判活动，受法律保护，除不得担任审判长以外，享有与法官同样的权利义务。人民法院应当依法保障人民陪审员参加审判活动。人民陪审员参加合议庭审判案件，对事实认定、法律适用独立行使表决权。合议庭评议案件时，实行少数服从多数的原则。人民陪审员同合议庭其他组成人员存在意见分歧的，应当将其意见写入笔录，必要时，人民陪审员可以要求合议庭将案件提请院长决定是否提交审判委员会讨论决定。这极大地增强了人民法院审判活动的公信力和公正性，更好地满足了人民群众对公开、公平审判的诉讼需求。

（五）获得司法救助的权利

司法救助包括公民因财产缺乏可能导致平等行使诉权机会的丧失而得到救助和被害人因受犯罪侵害而得到国家的财产救助。中国宪法规定，中华人民共和国公民在法律面前一律平等，要保障公民在法律面前一律平等，必须首先确保公民接近司法、利用司法机关解决纠纷，确定权利义务归属的机会均等，这种机会上的均等不因个人财富的多少而受到影响。为保障公民接近司法、利用司法的机会均等，消除贫困公民行使诉权的障碍，中国政府从本国国情出发，不断改革诉讼费用的缴纳收取制度，降低收取标准，增加免、减、缓交诉讼费用的范围和数额，努力保障公民裁判请求权的平等实现。

1994 年，中国政府提出探索建立有中国特色的法律援助制度。2003 年 9 月施行的《法律援助条例》，明确规定法律援助是政府的责任，公民在依法请求国家赔偿，请求给予社会保险待遇或者最低生活保障待遇，请求发给抚恤金、救济金，请求给付赡养费、抚养费、扶养费，请求支付劳动报酬，主张因见义勇为行为产生的民事权益和刑事案件方面，因经济困难无力支付律师费用或者经人民法院指定，可以获得免费的法律援助。2000 年 7 月，最高人民法院审判委员会通过了《关于对经济确有困难的当事人提供司法救助的规定》，并于 2005 年 4 月进行了修订。2007 年 4 月 1 日国务院制定的《诉讼费用交纳办法》施行，该办法对原来的一些规定进行了较大改革和修订：扩大增加了免、减、缓交诉讼费用的范围和数额；调低了财产案件收费比例的起点；进一步简化了免、减、缓交诉讼费用的程序。

2013—2018 年，全国法援机构共组织办理法律援助案件 633.6 万件，法律援助受援人达 695.7 万人次，提供法律咨询超过 3652 万人次，有力维护了困难民众合法权益。农民工和残疾人群体为主要对象。目前，法律援助覆盖面进一步扩大，全国绝大多数省份将涉及劳动保障、婚姻家庭、食品药品、教育医疗等与民生紧密相关的事项纳入补充事项范围，20 个省份将经济困难标准调整至低收入、最低工资标准或者低保标准的 2 倍，进一步降低了法律援助门槛，使更多困难民众获得法律援助。五年来，各级法律援助机构共为 246.7 万农民工、32.8 万残疾人、58.5 万老年人、74.2 万未成年人提供了法律援助。公共法律服务是重新组建后的司法部四大职能之一，法律援助作为为基层困难民众提供免费法律服务的民生工程，是公共法律服务的重要内容。中国司法部明确表示，尽全力帮助困难群体获得法律援助，绝不允许让困难群众打不起官司。

人民法院积极探索建立刑事被害人国家救助制度，对因犯罪行为导致生活确有困难的被害人及其亲属提供适当的经济资助，努力使刑事被害人的损失降到最低限度。被害人救助是指对受到犯罪侵害的被害人或其近亲属，在未能获得犯罪分子的赔偿及其他方面的补偿时，由有关方面给予适当经济补助，帮助其解决暂时生活、医疗困难的一种措施。它是一种抚慰性、救济性的体现司法人文关怀的经济资助。2007 年 8 月 28 日，最高人民法院下发了《关于进一步加强刑事审判工作的决定》，要求积极开展刑事被害人国家救助，对因犯罪行为导致生活确有困难的被害人及其亲属提供适当的经济资助，努力使被害人的损失减少到最低限度。

司法机构不断加强法律援助机构、人员的建设，并提供经费保障。按照行政区划在各省（区、市）、地级市和县区设立了法律援助机构，负责组织实施法律援助事务。按照国家规定，在各地法律援助机构的统一协调组织下办理法律援助事务。一些社会团体、法学院校的志愿者，也在各地法律援助机构的组织和指导下，参与了具体的法律援助事务。中国各级政府都将法律援助所需经费纳入政府预算，并已经建立起中央和省级财政对贫困地区法律援助的转移支付制度。

（六）获得国家赔偿的权利

公民、组织的合法权益受到国家机关和国家机关工作人员违法行使职权行为的侵犯并造成损害时，公民和组织能否获得国家的赔偿及赔偿的程度是一个国家人权保障程度的重要体现。保障公民和组织依法获得赔偿的权利，在中国已成为宪法规定。中国宪法第四十一条第三款规定："由于国家机关和国家工作人员侵犯公民权利而受到损失的人，有依照法律规定取得赔偿的权利。"为使该项权利具有现实操作性，中华人民共和国第八届全国人民代表大会常务委员会第七次会议于 1994 年 5 月 12 日讨论通过了《中华人民共和国国家赔偿法》，于 1995 年 1 月 1 日起施行。该法从发展中国家的国情出发，对赔偿请求人、赔偿的种类和范围、赔偿义务机关、赔偿程序、赔偿的方式和计算标准等问题进行了明确规定。

在中国，受害的公民、法人和其他组织有权要求赔偿；受害的公民死亡，其继承人和其他有扶养关系的亲属有权要求赔偿；受害的法人或者其他组织终止，承受其权利的法人或者其他组织有权要求赔偿。

为保障赔偿权利的实现，中国中级以上人民法院（包括中级人民法院）都设有赔偿委员会，赔偿委员会由人民法院三至七名审判员组成。在行政赔偿中，当赔偿义务机关收到赔偿请求人的赔偿申请两个月内未作出是否赔偿的决定的，赔偿请求人可以自期间届满之日起三个月内向人民法院提起诉讼。在刑事赔偿中，赔偿义务机关在收到赔偿申请之日起两个月内未作出是否赔偿的决定的，赔偿请求人可以自期间届满之日起三十日内向其上一级机关申请复议。复议机关应当自收到申请之日起两个月内作出决定。赔偿请求人不服复议决定的，可以在收到复议决定之日起三十日内向复议机关所在地的同级人民法院赔偿委员会申请作出赔偿决定；复议机关逾期不作决定的，赔偿请求人可以自期间届满之日起三十日内向复议机关所在地的同级人民法院赔偿委员会申请作出赔偿决定。

自国家赔偿法颁布以来，中国法院 1995 年收到要求赔偿案件 197 件，结案 154 件，决定赔偿 64 件；2000 年收案 2447 件，结案 2430 件，决定赔偿 925 件，分别是 1995 年的 12.42 倍、15.78 倍、14.45 倍；2012—2015 年，各级人民法院共审结国家赔偿案件 1.23 万件。2015 年，最高人民法院、最高人民检察院联合发布《关于办理刑事赔偿案件适用法律若干问题的解释》，规范了终止追究刑事责任的情形，进一步解决了实践中因刑事案件久拖不决公民无法申请国家赔偿的问题。

第四节　持续提升公民权利和政治权利保障水平

70 年来，中国共产党和中国政府坚持将人权的普遍性同中国的具体国情相结合，在促进和保护公民权利和政治权利方面作出了不懈的努力，取得了历史性的进展。但是，应该看到，当今世界正在发生广泛而深刻的变化，当代中国正在发生广泛而深刻的变革，中国的公民权利和政治权利保障也面临着新的机遇和挑战。尤其是随着中国进入人均国内生产总值超过 8500 美元的中等收入阶段，中国正在进入一个新的社会转型期，社会经济结构正在发生着前所未有的巨大变化，社会群体不断分化、利益关系日益复杂、社会矛盾逐步突出，价值取向、群体结构、权利诉求、利益博弈日益呈现出多元化的特征。现实生活中众多而又复杂的社会问题，使中国既有可能进入黄金发展期，也有可能进入社会矛盾凸显期，对中国共产党和中国政府如何更好地运用民主与法治的方式处理各种社会矛盾、整合社会各阶层利益、保障公民权利和政治权利提出了全新的要求。

2012 年 11 月 29 日，在国家博物馆，中共中央总书记习近平在参观《复兴之路》展览时，第一次阐释了“中国梦”的概念。他说：“大家都在讨论中国梦。我认为，实现中华民族伟大复兴，就是中华民族近代以来最伟大的梦想。”根据中国梦的历史宏愿，到中国共产党成立 100 年时全面建成小康社会的目标一定能实现，到新中国成立 100 年时建成富强民主文明和谐的社会主义现代化国家的目标一定能实现，中华民族伟大复兴的梦想一定能实现。

中国梦在本质上就是把国家、民族和个人作为一个命运的共同体，把国家利益、民族利益和每个人的具体利益都紧紧地联系在一起。习近平总书记强调：“中国梦归根到底是人民的梦，必须紧紧依靠人民来实现，必须不断为人民造福。”

中国梦关乎着中国未来的发展方向，凝聚了中国人民对中华民族伟大复兴的憧憬和期待；它是整个中华民族不断追求的梦想，是亿万人民世代相传的夙愿，每个中国人都是中国梦的参与者、创造者。

在中国梦的引领下，当前，中国共产党和中国政府正在根据新时代新要求推动经济结构升级、维护社会稳定，以改革创新精神探索公民权利和政治权利保障的新方式和新途径。

一是公民权利和政治权利保障在中国民主政治建设和政治发展全局中的地位将进一步提高。2009 年 4 月中国政府发布的第一个国家人权行动计划中，既包含了对人民经济、社会和文化权利的保障内容，也对公民权利和政治权利的保障给予了高度重视，这说明国家已经将促进人权事业的全面发展提上十分重要的议事日程。

二是中国将在继续深化改革中推进公民权利和政治权利保障。中国的改革不仅是经济体制的改革，更是一场深刻的政治变革，从根本上说是在解放和发展生产力的同时实现人的自由而全面的发展。可以预见，随着中国政治体制改革的不断深化，社会主义政治制度自我完善和发展进程的不断推进，社会主义民主政治的制度化、规范化、程序化水平不断提高，公民有序政治参与的层次和领域将不断得到扩大，人民依法管理国家事务的自主性和自觉性将进一步得到提升，公民的合法权益将得到更加切实的保障，最大多数人的价值和尊严将得到最大限度的实现。

三是中国将在进一步加强国际人权对话和合作基础上提高国内公民权利和政治权利的保障水平。历史表明，中国的发展离不开世界，关起门来搞建设是不行的，这一经验不仅适用于经济建设，也同样适用于公民权利和政治权利保障。中国的人权保障是一个从无到有的发展过程，从一开始就借鉴了其他国家在保障人权，尤其是在保障公民权利和政治权利方面的有益经验。今后，中国将更加强调与其他国家和国际社会在人权方面的合作与交流，体现出更加积极的开放精神，在相互理解、求同存异的基础上加强人权领域内的国际合作，在国际人权合作中实现联合国维护和促进人权与基本自由的宗旨，也通过国际人权合作更好地促进对公民权利和政治权利的保障，使人民的公民权利和政治权利得到更好的制度化和法制化保障。

四是中国将在保持社会稳定的条件下促进公民权利和政治权利保障。一个国家社会和政治的稳定是经济建设的基础，也是包括公民权利和政治权利在内的人权发展的基础。没有任何一个国家可以在动乱中把经济建设搞上去，也没有任何一个国家能在动乱的状态下实现对公民权利和政治权利的切实保障。基于这一历史和现实的经验教训，中国将继续在公民权利和政治权利的保障中始终把维护社会稳定放在重要的位置，正确处理改革、发展与稳定的关系，注重在公民权利、政治权利的制度和法制保障建设中协调各个方面的权利诉求，保持长期的社会稳定。

五是中国将进一步扩大公民有序政治参与，在社会主义民主更加完善的基础上增进公民权利和政治权利保障。没有民主就没有社会主义，发展社会主义民主政治是社会主义的中国始终不渝的奋斗目标，中国将在健全民主制度、丰富民主形式、拓宽民主渠道，依法实行民主决策、民主管理、民主监督的基础上实现对人民的知情权、参与权、表达权、监督权的更好保障，更加充分地体现公民权利和政治权利保障的广泛性、公平性和真实性，使公民权利、政治权利在主体、内容上更加广泛，使公民权利、政治权利为全社会的所有公民平等地享有，并能够在制度上、法律上、物质上得到有效保障，使宪法和法律中规定的各种公民权利和政治权利在现实生活中得到完全充分的实现。

六是中国将在法治的轨道上切实保障公民权利和政治权利，充分发挥法律在保障人权方面的作用，努力提高公民权利和政治权利保障的法制化水平，维护社会的公平正义。不断完善中国特色社会主义法律体系，使公民权利和政治权利保障有法可依、有律可循。全社会的法治观念进一步增强，全体公民有序政治参与、依法维护自身合法权利的意识进一步提高。法治政府建设取得新成效，各级政府依法保障公民权利和政治权利的水平和能力进一步增强。审判机关和检察机关更加独立公正地行使审判权和检察权，在执法和司法的各个环节更加有效地尊重人权，更好地运用法律手段维护和保障公民权利和政治权利。

第四章

人权保障法治化建设 70 年发展

法治和人权是现代社会的基本价值，法治和人权存在密切联系。法治不仅是人权的重要内容，也是人权的重要保障。中国共产党历来重视人权的法治保障体系建设，早在中国共产党成立初期，中国共产党就通过法律来保障人权实现。如 1926 年《中国共产党湖南区第六次代表大会之农民纲领》就将“集会、结社、言论、出版、抗租之自由权”等作为农民的最低限度之政治要求。1929 年中国共产党红军第四军第九次代表大会即决定废止肉刑等。中华人民共和国成立之后，中国共产党领导人民逐步建立人权的法治化保障体系。1954 年宪法在第一章“总纲”部分规定了国家保障公民的发展权、财产权以及劳动权等基本人权，第三章专门规定“公民的基本权利和义务”，1954 年宪法也成为新中国人权法治保障体系建设的重要基础。改革开放以来，中国的人权法治保障体系不断完善，总体可划分为三个阶段。第一个阶段是 1978 年改革开放初期至 1991 年，这一阶段的法治建设重在维护社会秩序，保障公民的法定权利；从 1991 年发表《中国的人权状况》至 2012 年是第二阶段，人权在法治建设中地位凸显，“国家尊重和保障人权”于 2004 年被写入宪法；第三阶段始于党的十八大，法治的人权保障价值与人权的法治保障方式趋于融合。[①] 十八大以来，以习近平同志为核心的党中央，坚持以人民为中心的发展思想，从推进国家治理体系和治理能力现代化的高度，作出了全面依法治国的重大战略部署，将尊重和保障人权置于社会主义法治国

---

① 陈佑武 :《改革开放以来我国人权法治保障的时代内涵》,《光明日报》，2018 年 8 月 2 日。

家建设更加突出的位置，开启了中国人权法治化建设的新时代。[①] 在推进全面依法治国的伟大进程中，中国将人权保障贯穿于科学立法、严格执法、公正司法等各个环节：尊重和保障人权成为立法的一条重要原则，以宪法为核心的中国特色社会主义法律体系不断完善；依法行政深入推进，行政权力运行更加规范；深化司法改革，努力让人民群众在每一个司法案件中感受到公平正义。

第一节 民主立法，建立和完善人权保障的立法体系

完备的法律体系是实现人权法治化保障的前提和基础。1978年中共十一届三中全会提出“有法可依、有法必依、执法必严、违法必究”的方针，之后中国不断完善人权法治化保障的立法机制和立法体系。中共十八大以来，中国更全面地构建起以宪法为核心，以法律为主干，包括行政法规、地方性法规等规范性文件在内的，由多个法律部门组成的中国特色社会主义法律体系，为保障人权夯实法制基础。

一、完善中国特色社会主义立法体制

参政议政是公民的一项基本政治权利。《世界人权宣言》第21条规定：“（一）人人有直接或通过自由选择的代表参与治理本国的权利。（二）人人有平等机会参加本国公务的权利。（三）人民的意志是政府权力的基础；这一意志应以定期的和真正的选举予以表现，而选举应依据普遍和平等的投票权，并以不记名投票或相当的自由投票程序进行。”人民代表大会是我国的权力机构，也是人民行使政治权利的重要途径。党的十八大以来，我国不断改进立法体制，推进科学立法、民主立法、依法立法，充分保障公民政治权

① 国务院新闻办公室：《中国人权法治化保障的新进展》（白皮书），《人民日报》，2017年12月16日第6—7版。

利的实现。

（一）推进科学立法、民主立法和依法立法

立法应当充分吸收社情民意，从而使法律成为社会意志的集中体现。人民群众参与国家立法活动，主要通过以下两个方面体现出来：一方面，通过民主选举各级人大代表，由人大代表在参与国家权力机关的工作中，反映人民的意见和要求；另一方面，有关国家机关在其立法活动中，拓宽公民有序参与立法途径，广泛听取人民群众的意见。中国宪法第六十四条规定："宪法的修改，由全国人民代表大会常务委员会或者五分之一以上的全国人民代表大会代表提议，并由全国人民代表大会以全体代表的三分之二以上的多数通过。法律和其他议案由全国人民代表大会以全体代表的过半数通过。"中国立法法第五条规定："立法应当体现人民的意志，发扬社会主义民主，坚持立法公开，保障人民通过多种途径参与立法活动。"

为了防范立法的恣意并保证公民政治权利的实现，在多年的立法实践中，全国人大及其常委会形成了一系列广泛听取人民群众意见的工作方法和程序。主要表现为：（1）在起草法律草案的过程中，吸收有关方面的专家参加起草班子，并召开各种形式的座谈会、论证会、研讨会，就法律草案涉及的问题，广泛听取各方面的意见；（2）凡提请全国人大常委会审议的法律案，在提请常委会会议初审时，由法律委员会和全国人大常委会法制工作委员会将法律草案发至中央有关部门和各省、自治区、直辖市人大常委会征求意见，各省、自治区、直辖市人大常委会在当地广泛征求各方面的意见，并将意见报全国人大常委会；（3）在审议法律案的过程中，法律委员会和有关专门委员会以及法制工作委员会要召开各种座谈会、论证会、听证会，邀请有关部门、单位、专家参加，并到基层进行调查，广泛听取各方面的意见；（4）对与人民群众利益密切相关的法律，常委会会议初审后，在报纸上公布草案，在人民群众中广泛征求意见。这些行之有效的做法，对于保障人民参与国家的立法活动，起到了积极的作用。[①]

① 《中华人民共和国立法法释义》，中国人大网，2001 年 8 月 1 日。

党的十八届三中、四中全会提出健全立法机关主导、社会各方面有序参与立法的途径和方式，拓宽公民有序参与立法途径，健全法律法规规章草案公开征求意见和公众意见采纳情况反馈机制，要把公开原则贯穿立法全过程等要求。2015 年中国修改立法法，贯彻落实党的十八届三中、四中全会精神，对立法发扬民主，保障人民通过多种途径参与立法，作了几个方面的补充和修改。主要是：(1) 增强立法的公开性。2015 年中国立法法在第五条中增加"坚持立法公开"的内容，并增加了统一刊载法律、行政法规、地方性法规、自治条例和单行条例、部门规章和地方政府规章的文本的内容。(2) 完善立法论证、听证、法律草案公开征求意见、书面征求意见的制度，健全向下级人大征询意见机制。总结 2008 年以来法律草案一般都通过网络向社会公布征求意见和十二届全国人大以来对二审以后的法律草案也公开征求意见的做法，规定列入常委会会议议程的法律案，应当将法律草案及其说明等向社会公布；法律草案发送地方人大常委会征求意见。(3) 增加吸收专家起草法律草案的规定。专业性较强的法律草案，可以吸收相关领域的专家参与起草工作，或者委托有关专家、教学科研单位、社会组织起草。(4) 发挥代表参与起草和修改法律的作用。全国人大常委会审议法律案应当通过多种形式征求全国人大代表的意见；全国人大专门委员会和常委会工作机构进行立法调研可以邀请有关的代表参加；全国人大常委会会议审议法律案，应当邀请有关的全国人大代表列席等。(5) 健全法律草案公开征求意见和公众意见采纳情况反馈机制。增加规定，论证、听证情况向常委会报告；公开征求意见的情况应当向社会通报；征求代表对法律案的意见的有关情况应予以反馈等。

自 2015 年起，全国人大常委会连续四年提请全国人民代表大会审议重要法律案。建立全国人大专门委员会、常委会工作机构组织起草重要法律草案制度，2013 年至 2018 年，组织起草或提请审议法律案 70 件次。充分发挥立法机关在表达、平衡、调整社会利益方面的作用，最大限度凝聚立法共识。出台立法项目征集论证、立法重大利益调整论证咨询、重要立法事项引入第三方评估等工作规范。健全立法专家顾问制度，建立基层立法联系点制度，明确常委会初次审议和继续审议的法律草案都及时向社会公布征求意见，共公布法律草案 81 件次。从第十三届常委会通过的第一部法律开始，建立并实施法律案通过前评估制度，使立法更加科学缜密，确保法律规定立得住、行得通、真管用。①

（二）完善立法监督工作机制，保障公民基本权利的实现

法律的生命在于实施，中国不断完善立法监督工作机制，以保障公民基本权利的实现。全国人大不断健全执法检查工作机制，改进和完善专题询问制度。自 2015 年以来，全国人大常委会每年执法检查项目增加到 6 个；委员长会议组成人员 96 人次带队进行执法检查，常委会、专门委员会组成人员和全国人大代表约 900 人次参加执法检查。针对突出问题,深入了解实情，查清问题症结，提出中肯建议，推动整改落实，探索形成包括选题、组织、报告、审议、整改、反馈 6 个环节的“全链条”工作流程；出台改进完善专题询问的若干意见，要求提出问题切中要害、回答问题实事求是，“一问一答”反映人民群众呼声、回应人民群众关切。②

综合运用多种监督形式，推动在发展中保障和改善民生。十届常委会通过加强跟踪监督，推动解决了拖欠出口退税、拖欠农民工工资、超期羁押等一批长期得不到解决的问题。在此基础上，全国人大综合运用多种监督形式，来推动公民基本权利的保障工作。2015 年以来，全国人大常委会围绕保障人民群众生产生活安全，在食品安全法修订后随即开展执法检查，同年听取审议国务院研究处理执法检查报告及审议意见情况的反馈报告；检查安全生产法、道路交通安全法、网络安全法、消费者权益保护法等法律实施情况，听取审议安全生产、药品管理、传染病防治等专项报告。检查职业教育法、义务教育法、未成年人保护法、老年人权益保障法等法律实施情况，听取审议城乡社保体系建设、医药卫生体制改革、公共文化服务体系建设等专项报

① 张德江：《全国人民代表大会常务委员会工作报告——2018 年 3 月 11 日在第十三届全国人民代表大会第一次会议上》，《人民日报》，2018 年 3 月 25 日第 1 版。

② 张德江：《全国人民代表大会常务委员会工作报告——2018 年 3 月 11 日在第十三届全国人民代表大会第一次会议上》，《人民日报》，2018 年 3 月 25 日第 1 版。

告，推动基本公共服务均等化。[①]

加强司法工作监督，维护司法公正。法院和检察院要接受同级人民代表大会及其常委会的监督，通过监督一方面对法院和检察院工作进行监督制约，另一方面也有力促进公民基本人权的实现。此外，全国人民代表也通过听取专项报告等方式来监督法院和检察院的工作。如 2017 年 11 月 1 日，第十二届全国人民代表大会常务委员会第三十次会议审议了《最高人民法院关于人民法院全面深化司法改革情况的报告》；2018 年 10 月 24 日，十三届全国人大常委会第六次会议审议了《最高人民法院关于人民法院解决“执行难”工作情况的报告》等。

（三）推动人民代表大会制度完善，扩大公民实现政治权利的途径

人民代表大会制度是公民参与国家管理的重要方式，我国于 1954 年颁布《中华人民共和国全国人民代表大会组织法》，对我国的人民代表大会制度进行规范。之后根据国家政治和社会发展，中国于 1979 年颁布《中华人民共和国地方各级人民代表大会和地方各级人民政府组织法》，并于 1982 年制定《中华人民共和国全国人民代表大会组织法》。截至目前，《中华人民共和国地方各级人民代表大会和地方各级人民政府组织法》已经过五次修订。近年来，针对人民代表大会制度在实践中出现的问题，并在深刻汲取辽宁拉票贿选案、湖南衡阳破坏选举案教训的基础上，中国进一步推动了人民代表大会制度的完善。

加强县乡人大工作和建设。在我国的五级人民代表大会中，县乡两级人大地位特殊、作用重要。全国人大常委会组织开展了为期两年的专题调研，提出加强县乡人大工作和建设的若干意见，报请党中央批准转发，同步修改地方组织法、选举法、代表法……解决了长期制约基层人大工作发展的一些突出难题。先后召开县乡人大工作和建设座谈会、经验交流会，集中培训全国 2850 多个县（区、市）的人大常委会负责同志，并从 2017 年开始新一轮

① 张德江：《全国人民代表大会常务委员会工作报告——2018 年 3 月 11 日在第十三届全国人民代表大会第一次会议上》，《人民日报》，2018 年 3 月 25 日第 1 版。

培训。经过各方面共同努力，县乡人大工作和建设呈现出新气象新风貌。[①]

赋予所有设区的市地方立法权。地方性法规，是指法定的地方国家权力机关依照法定的权限，在不同宪法、法律和行政法规相抵触的前提下，制定和颁布的在本行政区域范围内实施的规范性文件。由于我国行政区域广大，各地发展情势不同，赋予各地一定的立法权可使各地制定符合本地具体情况的地方性法规。我国 1979 年地方组织法规定省级人大及其常委会行使地方性法规制定权，第一次以法律的形式赋予地方立法权。截至 2015 年，全国设区的市 284 个，按照现行立法法规定，享有地方立法权的有 49 个（包括 27 个省、自治区的人民政府所在地的市，4 个经济特区所在地的市和 18 个经国务院批准的较大的市），尚没有地方立法权的 235 个。[②]2015 年，十二届全国人大三次会议通过关于修改立法法的决定，依法赋予设区的市地方立法权，明确地方立法权限和范围，进一步完善了我国立法体制。2015 年至 2018 年，新赋予地方立法权的市、州人大制定地方性法规 595 件，为加强和创新地方治理提供了有力的法治支撑。[③]

二、完善人权保障的社会主义法律体系

完善人权保障立法体系的第二个内容就是完善人权保障的社会主义法律体系。依法治国，建设社会主义法治国家，是中国共产党领导人民治理国家的基本方略。形成中国特色社会主义法律体系，保证国家和社会生活各方面有法可依，是全面落实依法治国基本方略的前提和基础，是中国发展进步的制度保障。中共十八大以来，中国更全面地构建起以宪法为核心，以法律为主干，包括行政法规、地方性法规等规范性文件在内的，由多个法律部门

① 张德江：《全国人民代表大会常务委员会工作报告——2018 年 3 月 11 日在第十三届全国人民代表大会第一次会议上》，《人民日报》，2018 年 3 月 25 日第 1 版。

② 李建国：《关于〈中华人民共和国立法法修正案（草案）〉的说明》，《人民日报》，2015 年 3 月 9 日第 4 版。

③ 张德江：《全国人民代表大会常务委员会工作报告——2018 年 3 月 11 日在第十三届全国人民代表大会第一次会议上》，《人民日报》，2018 年 3 月 25 日第 1 版。

组成的中国特色社会主义法律体系。

不断完善公民权利和政治权利领域立法。第一，不断限制适用死刑。2011 年刑法修正案（八）取消 13 个罪名的死刑，2014 年刑法修正案（九）再次取消 9 个罪名的死刑，至此中国刑法仅保留了 46 个罪的死刑。2012 年刑事诉讼法也对死刑复核程序进行改革，强化最高人民检察院和辩护律师在死刑复核程序中的参与。第二，修改三大诉讼法，维护当事人的人权。2012 年修改刑事诉讼法时确立“禁止强迫自证其罪”原则等；2014 年修改行政诉讼法扩大行政诉讼受案范围等；2015 年修改民事诉讼法增加检察机关提起公益诉讼的规定。第三，废除劳动教养制度。2013 年，全国人大常委会通过《关于废止有关劳动教养法律规定的决定》，废止运行 50 多年的劳动教养制度。此外，我国还制定了国家安全法、国家情报法、反间谍法、反恐怖主义法、网络安全法、核安全法等一系列法律，为维护国家安全、公共安全和公民人身财产安全提供坚实的法制保障。

不断完善经济、社会和文化权利领域立法。第一，启动民法典编纂工作，并颁布《中华人民共和国民法总则》。我国宪法确立了保障公民人身权利和财产权利的原则，宪法的精神和原则必须在民事法律中予以体现和落实。为健全民事法律秩序、加强对民事主体合法权益的保护并更好地维护人民群众的切身利益，党的十八大后我国正式启动民法典编纂工作。2017 年，十二届全国人大五次会议审议通过民法总则，规定了民事活动必须遵循的基本原则和一般性规则。第二，修改《中华人民共和国个人所得税法》，将个人所得税起征点提高到每月 5000 元，并决定自 2018 年 10 月 1 日起实施最新起征点和税率。第三，修改就业促进法、劳动合同法、安全生产法、职业病防治法，保障劳动者的合法权益。第四，制定公共文化服务保障法和电影产业促进法，丰富公共文化服务内容，推进基本公共文化服务标准化、均等化，保障人民群众文化权益。第五，修改教育法，促进教育公平，推动教育均衡发展，加快普及学前教育，构建覆盖城乡特别是农村的学前教育公共服务体系，更好地保障公民受教育权。此外，我国全面修订环境保护法、大气污染防治法、野生动物保护法，修改海洋环境保护法、水污染防治法、环境影响评价法、固体废物污染环境防治法、消费者权益保护法，制定环境保护税法、慈善法，全面维护公民经济社会文化领域的人权。

加强特定群体权利保障立法。制定反家庭暴力法，设立公安告诫、人身安全保护令和强制报告等制度，明确加害人法律责任及追究程序，切实保护家庭暴力受害人特别是未成年人、老年人、残疾人、孕期和哺乳期妇女、重病患者的合法权益。修改刑法，加大对拐卖妇女儿童犯罪收买方的刑事处罚力度，将收买被拐卖妇女儿童的行为一律纳入刑事责任追究范围；明确规定，虐待被监护、看护的未成年人、老年人、患病的人、残疾人，情节恶劣的，追究刑事责任。制定《校车安全管理条例》，保障学生人身安全。制定、修改《无障碍环境建设条例》《残疾预防和残疾人康复条例》《残疾人教育条例》等，完善残疾人权益保障。此外，我国还探索建立法规政策性别平等评估机制，截至 2017 年 6 月，全国已有 27 个省（区、市）建立了此类机制。[①]

第二节 依法行政，健全人权的行政执法保障机制

依法行政，建设法治政府，是人权法治化保障的重要环节。党的十五大报告将依法治国作为治国理政的基本方略，不断完善人权的行政执法保障机制。党的十八大以来，按照习近平总书记提出的“坚持依法治国、依法执政、依法行政共同推进，法治国家、法治政府、法治社会一体建设”，中国不断强化依法行政，通过建设职能科学、权责法定、执法严明、公开公正、廉洁高效、守法诚信的法治政府，将人民权益得到切实有效保障作为法治政府的衡量标准和最终目标，在严格执法、执法为民中尊重和保障人权。

① 国务院新闻办公室：《中国人权法治化保障的新进展》（白皮书），《人民日报》，2017 年 12 月 16 日第 6—7 版。

一、依法确定行政权力界限

权力必然要存在一定的边界，否则就极易被滥用。为防止行政权力被滥用，我国确立“法无授权不可为”的行政执法原则。中国宪法序言规定：“全国各族人民、一切国家机关和武装力量、各政党和各社会团体、各企业事业组织，都必须以宪法为根本的活动准则。”国务院行使下列职权：（1）根据宪法和法律，规定行政措施，制定行政法规，发布决定和命令;（2）向全国人民代表大会或者全国人民代表大会常务委员会提出议案；（3）规定各部和各委员会的任务和职责，统一领导各部和各委员会的工作，并且领导不属于各部和各委员会的全国性的行政工作；（4）统一领导全国地方各级国家行政机关的工作，规定中央和省、自治区、直辖市的国家行政机关的职权的具体划分;（5）编制和执行国民经济和社会发展计划和国家预算;（6）领导和管理经济工作和城乡建设、生态文明建设；（7）领导和管理教育、科学、文化、卫生、体育和计划生育工作;（8）领导和管理民政、公安、司法行政等工作；（9）管理对外事务，同外国缔结条约和协定；（10）领导和管理国防建设事业；（11）领导和管理民族事务，保障少数民族的平等权利和民族自治地方的自治权利；（12）保护华侨的正当的权利和利益，保护归侨和侨眷的合法的权利和利益；（13）改变或者撤销各部、各委员会发布的不适当的命令、指示和规章；（14）改变或者撤销地方各级国家行政机关的不适当的决定和命令；（15）批准省、自治区、直辖市的区域划分，批准自治州、县、自治县、市的建置和区域划分；（16）依照法律规定决定省、自治区、直辖市的范围内部分地区进入紧急状态；（17）审定行政机构的编制，依照法律规定任免、培训、考核和奖惩行政人员；（18）全国人民代表大会和全国人民代表大会常务委员会授予的其他职权。

中国逐渐建立权力清单、责任清单制度，禁止法外设权、违法用权。权力清单是将各级政府及其工作部门所行使的各项公共权力进行梳理和统计，以清单的形式向社会公布，主动接受社会监督的一项制度。[①]《中共中央关

① 《中共中央关于全面深化改革若干重大问题的决定》，《人民日报》，2013 年 11 月 15 日。

于全面推进依法治国若干重大问题的决定》指出："行政机关要坚持法定职责必须为、法无授权不可为，勇于负责、敢于担当，坚决纠正不作为、乱作为，坚决克服懒政、怠政，坚决惩处失职、渎职。行政机关不得法外设定权力，没有法律法规依据不得作出减损公民、法人和其他组织合法权益或者增加其义务的决定。推行政府权力清单制度，坚决消除权力设租寻租空间。"2015 年 3 月，中共中央办公厅、国务院办公厅印发了《关于推行地方各级政府工作部门权力清单制度的指导意见》，要求省级政府 2015 年年底前、市县两级政府 2016 年年底前要基本完成政府工作部门、依法承担行政职能的事业单位权力清单的公布工作。截至 2016 年 1 月 6 日，全国 31 个省级政府权力清单的实施工作全部完成。通过权力清单制度，行政权力行使的边界不断明晰化。

中国不断推进行政审批制度改革。为了规范行政许可的设定和实施，保护公民、法人和其他组织的合法权益，维护公共利益和社会秩序，保障和监督行政机关有效实施行政管理，2003 年中国颁布行政许可法，并确立行政许可法定原则，"设定和实施行政许可，应当依照法定的权限、范围、条件和程序"。2004 年《全面推进依法行政实施纲要》提出，依法界定和规范经济调节、市场监管、社会管理和公共服务的职能，减少行政许可项目，规范行政许可行为，改革行政许可方式。党的十八大以来，中国继续推进行政审批制度改革，切实保障公民基本权利。国务院部门累计取消行政审批事项 618 项，彻底清除非行政许可审批，中央指定地方实施行政许可事项目录清单取消 269 项，国务院行政审批中介服务清单取消 320 项，国务院部门设置的职业资格许可和认定事项削减比例达 70% 以上，3 次修订政府核准的投资项目目录，中央层面核准的投资项目数量累计减少 90%。实施权力清单、责任清单制度，将政府职能、法律依据、职责权限等内容以权力清单的形式向社会公开，截至 2016 年，全国 31 个省级政府部门均已公布权力清单。加强规范性文件监督管理，行政机关规范性文件不得设定行政许可、行政处罚、行政强制，各类行政法规、规章和规范性文件都已纳入备案审查范围，实现

“有件必备，有备必审，有错必究”。[①]

二、完善行政执法程序

法律的生命在于实施，中国不断完善行政执法程序，来保障公民的基本权利。中华人民共和国成立以来，中国对关涉公民基本权利限制或剥夺的行政行为进行立法，如行政处罚法、行政监察法、行政强制法、行政复议法、行政许可法、治安管理处罚法等。此外，中国还制定了大量的涉及具体行政行为的法律、行政法规、行政规章等。通过立法，使得行政执法程序的法律体系不断完备。

行政裁量是行政权的核心[②]，现代行政管理中存在着大量的裁量权。所以，防范行政权滥用的关键举措之一在于规制行政裁量权。为规制行政裁量权，中国逐步建立健全行政裁量权基准制度。2004 年浙江金华公安局发布《关于行政处罚自由裁量基准制度的意见》，成为中国行政裁量基准制度之滥觞。同年 3 月，国务院发布《全面推进依法行政实施纲要》，将“合理行政”作为“依法行政”的基本要求，规定“行使自由裁量权应当符合法律目的，排除不相关因素的干扰；所采取的措施和手段应当必要、适当；行政机关实施行政管理可以采用多种方式实现行政目的的，应当避免采用损害当事人权益的方式”。2008 年，《国务院关于加强市县政府依法行政的决定》明确要求市县政府及其部门“根据各地发展的实际，对行政裁量权予以细化、量化并将行政裁量标准予以公布、执行”。2014 年，《中共中央关于全面推进依法治国若干重大问题的决定》明确“建立健全行政裁量权基准制度，细化行政裁量标准，规范裁量范围、种类、幅度”。

中国深入推进严格规范公正文明执法，依法约束行政权行使。行政机关在行政执法中应当遵循合法合理、公正文明、程序正当、高效便民、诚实守

---

① 国务院新闻办公室：《中国人权法治化保障的新进展》（白皮书），《人民日报》，2017 年 12 月 16 日第 6—7 版。

② ［美］伯纳德·施瓦茨著，徐炳译：《行政法》，群众出版社 1986 年版，第 566 页。

信和权责统一的原则，不得滥用权力损害行政相对人的基本权利。为实现严格规范公正文明执法，中国大力推进执法规范化建设，构建高效、便捷、公正、透明的执法机制。2007 年中国颁布政府信息公开条例，要求“行政机关应当将主动公开的政府信息，通过政府公报、政府网站、新闻发布会以及报刊、广播、电视等便于公众知晓的方式公开”。2014 年，《中共中央关于全面推进依法治国若干重大问题的决定》提出建构行政执法过程中的“三项制度”，即行政执法公示制度、执法全过程记录制度和重大行政执法决定法制审核制度。2017 年，国务院发布《推行行政执法公示制度执法全过程记录制度重大执法决定法制审核制度试点工作方案》，确定在天津市、河北省、安徽省、甘肃省、国土资源部以及呼和浩特市等 32 个地方和部门开展试点。此外，中国健全行政执法调查取证、告知、罚没收入管理等制度，加强行政执法信息化建设和信息共享，推动建立统一的行政执法信息平台，完善网上执法办案及信息查询系统。①

中国依法保障公民在行政决策和执法中的参与权，保障公民对行政权力的监督权。行政执法涉及公民基本权利，重大行政决策更涉及不特定行政相对人的利益，应当依法保障公民在行政决策和执法中的参与权，防范行政执法和决策过程中的权力滥用。第一，优化决策程序，把公众参与、专家论证、风险评估、合法性审查、集体讨论决定确定为重大行政决策法定程序。2017 年 6 月，国务院法制办公室起草的《重大行政决策程序暂行条例（征求意见稿）》向社会公开征求意见，明确规定了公众参与、专家论证、风险评估、合法性审查和集体讨论决定等决策程序。第二，推行政府法律顾问制度和公职律师制度，推动县级以上各级党政机关普遍设立法律顾问、公职律师，为重大决策、重大行政行为提供法律意见。1988 年，深圳市政府率先设立政府法律顾问制度，为政府提供经济领域的法律咨询；1989 年，司法部发布《关于律师担任政府法律顾问的若干规定》，规定律师担任政府法律顾问

---

① 国务院新闻办公室：《改革开放 40 年中国人权事业的发展进步》（白皮书），《人民日报》，2018 年 12 月 13 日第 13—15 版。

的任务是“为政府在法律规定的权限内行使管理职能提供法律服务，促进政府工作的制度化、法律化”。2014 年，《中共中央关于全面推进依法治国若干重大问题的决定》提出“积极推行政府法律顾问制度，建立政府法制机构人员为主体、吸收专家和律师参加的法律顾问队伍，保证法律顾问在制定重大行政决策、推进依法行政中发挥积极作用”，这也使得政府法律顾问的定位从“法律咨询者”向“法律守护人”转变，并实现政府法律顾问对行政行为的事前介入和全面介入。[①] 第三，依法保障公民对行政权力的监督权。创新政务公开方式，加强互联网政务信息数据服务平台和便民服务平台建设，提高政务公开信息化、集中化水平，增强公民获取信息的便捷性，126 个政府单位政务网站完成了无障碍改造。建立对行政机关违法行政行为投诉举报登记制度，畅通举报邮箱、电子信箱、热线电话等监督渠道。发挥报刊、广播、电视等传统媒体监督作用，运用和规范网络监督。[②]

三、依法治理侵犯公民生命健康财产权利的突出问题

中国将环境保护作为一项基本国策，严厉打击污染生态环境的行为。宪法第二十六条规定 :“国家保护和改善生活环境和生态环境，防治污染和其他公害。 国家组织和鼓励植树造林，保护林木。”1994 年中国发布《中国 21 世纪议程——中国 21 世纪人口、环境与发展白皮书》，提出中国可持续发展的总体战略、对策以及行动方案。1996 年中国发布《中国的环境保护》白皮书，提出中国环境保护所面临的困难和解决路径。之后，中国连续发布《国家环境保护“九五”计划和 2010 年远景目标》《国家环境保护“十五”计划》《国家环境保护“十一五”规划》《国家环境保护“十二五”规划》《全国生态保护“十三五”规划纲要》《国家环境保护“十三五”科技发展规划纲要》《核安全与放射性污染防治“十三五”规划及 2025 年远景目标》

① 汤维建 :《政府法律顾问和公职律师制度的构建和完善》,《贵州民族大学学报（哲学社会科学版）》，2017 年第 3 期。

② 国务院新闻办公室 :《中国人权法治化保障的新进展》（白皮书），《人民日报》，2017 月 12 月 16 日第 6—7 版。

等，将环境保护与国家五年计划衔接起来。此外，中国也针对生态环境污染领域发布行动计划，如《国家环境与健康行动计划（2007—2015 年）》《中国生物多样性保护战略与行动计划（2011—2030 年）》《水污染防治行动计划》《大气污染防治行动计划》《土壤污染防治行动计划》等。中国对环境污染采取零容忍，依法清理“散乱污”企业，关停整改违法排污企业。2016 年 1 月，中共中央成立环境保护督查委员会，代表党中央、国务院对各省、自治区、直辖市党委和政府及其有关部门开展环境保护督察。第一轮环保督查期间，共问责党政干部 1.8 万多人，受理群众环境举报 13.5 万件，直接推动解决群众身边的环境问题 8 万多个。2017 年，全国实施行政处罚案件 23.3 万件，罚款金额 115.8 亿元，比新环境保护法实施前的 2014 年增长 265%。[①]2018 年，中共中央正式启动环保督查“回头看”，对第一轮环保督查整改情况进行检查，并依法依规督查各地环保问题。

中国加强食品药品监管执法，保障公民生命健康权。民以食为天，食品、药品关系公民的生命健康，中国历来重视食品、药品安全工作。2015 年，十八届中共中央政治局就健全公共安全体系进行第二十三次集体学习时，习近平总书记强调：“要切实加强食品药品安全监管，用最严谨的标准、最严格的监管、最严厉的处罚、最严肃的问责，加快建立科学完善的食品药品安全治理体系，严把从农田到餐桌、从实验室到医院的每一道防线。”[②]2018 年，国家食品药品监管总局、公安部联合发布《关于加大食品药品安全执法力度严格落实食品药品违法行为处罚到人的规定》，要求各级食品药品监督管理部门、公安机关要严格按照依法行政的要求，认真落实法律法规和规章有关“处罚到人”的规定，认真调查并严肃追究相关责任人员的法律责任，用最严格的监管、最严厉的处罚，保障食品药品安全。此外，中国也根据食品药品监管发展的需要，对食品药品监管体制进行不断调整。1998 年中国组建

① 生态环境部：《2017 年中国生态环境保护公报》，生态环境部网站，http：//www.mee.gov.cn/hjzl/zghjzkgb/lnzghjzkgb/201805/P020180531534645032372.pdf。

② 《牢固树立切实落实安全发展理念　确保广大人民群众生命财产安全》，《人民日报》，2015 年 5 月 31 日第 1 版。

国家药品监督管理局，2003 年组建国家食品药品监督管理局，2008 年将国家食品药品监督管理局交由卫生部管理；2010 年设立国务院食品安全委员会；2013 年成立国家食品药品监督管理总局，将其作为国务院综合监督管理药品、医疗器械、化妆品、保健食品和餐饮环节食品安全的直属机构；2018 年设立国家市场监督管理总局，将国家食品药品监督管理总局并入其中。

表 4-1　2006—2017 年查处药品、食品案件数量

年份	查处药品案件数量 / 件	查处食品（含保健品）案件数量 / 件
2006	307909	无数据资料
2007	304343	
2008	273265	
2009	196910	
2010	188112	
2011	182636	
2012	170266	
2013	147322	
2014	103318	256079
2015	89226	247826
2016	96825	174946
2017	112000	257000

数据来源：国家药品监督管理局和国务院食品安全委员会以及原国家食品药品监督管理总局发布的年度报告。

中国严厉打击电信诈骗，保障公民财产权。近些年来电信诈骗高发，严重损害公民财产权。2015 年，中国国务院批准建立由 23 个部门和单位组成的打击治理电信网络新型违法犯罪工作部际联席会议制度，并部署各地公安机关全面建设反电信诈骗中心，进一步优化公安内部工作流程，合力配置和利用警力，提高打防能力。中央综治办、最高法、最高检、公安部、工信部、中国人民银行、银监会等联合出台《关于进一步防范和打击电信网络新型违法犯罪的若干意见》，公安部会同有关部门出台《关于防范和打击电信网络诈骗犯罪的通告》，基本形成齐抓共管的格局。为尽力挽回被害人财产损失，中国人民银行、工业和信息化部、公安部、工商总局联合下发《关于建立电信网络新型违法犯罪涉案账户紧急止付和快速冻结机制的通知》，通过建设紧急止付中心、境外改号电话拦截机制等手段，推动建立诈骗电话通报阻断、被骗资金快速止付机制，最大限度地减少了被骗群众的经济损失。2016年，公安部、银监会发布《电信网络新型违法犯罪案件冻结资金返还若干规定实施细则》，明确电信诈骗资金冻结以溯源返还为原则，擅自返还或违反协助公安机关资金返还义务的单位和人员，将追究法律责任。中国对电信诈骗的严厉打击，极大地保护了被害公民的财产权。如 2017 年，全国共破获电信网络诈骗案件 13.1 万起，查处违法犯罪人员 5.3 万名，同比分别上升 57.8%、53.09%；立案 59.6 万起，同比下降 5.2%；涉案金额下降 33.5%。[①]

第三节 司法改革，完善人权保障的司法体制

司法是公正的最后一道防线，人权在司法领域得到充分有效保障的情况，反映一个国家的人权保护状况、社会文明进步程度和民主法治建设的发展水平。中国共产党和中国政府历来十分重视公民基本权利的保护，特别重视公民基本权利在司法领域中的保护。中华人民共和国成立后特别是改革开放 40 年来，党和政府一直把司法中的人权保障作为一项重要的工作来抓，通过改革司法体制和工作机制，为司法中的人权保障提供了法律依据与制度保障：推进以审判为中心的刑事诉讼制度改革，完善人权司法保障程序；保障犯罪嫌疑人、被告人的合法权益，以及被害人、辩护人和其他诉讼参与人的合法权益；不断完善行政诉讼程序和民事诉讼程序，维护当事人的合法权益。中国有力地推进了司法中的人权保障工作健康发展，推动了中国人权事业的健康发展。

① 《开启网络强国战略新征程》，《人民日报》，2018 年 11 月 4 日第 4 版。

一、推进司法体制改革，确保法院检察院依法独立行使审判权检察权

中国宪法确立了人民法院、人民检察院依法独立审判权、检察权的制度，第一百三十一条规定“人民法院依照法律规定独立行使审判权，不受行政机关、社会团体和个人的干涉”，第一百三十六条规定“人民检察院依照法律规定独立行使检察权，不受行政机关、社会团体和个人的干涉”。这一制度在刑事诉讼法中被作为原则确定下来。刑事诉讼法第五条规定：“人民法院依照法律规定独立行使审判权，人民检察院依照法律规定独立行使检察权，不受行政机关、社会团体和个人的干涉”，第七条规定“人民法院、人民检察院和公安机关进行刑事诉讼，应当分工负责，互相配合，互相制约，以保证准确有效地执行法律”。为了适应时代的发展以及推进社会进步和民主法制建设，中国启动司法体制改革。中国司法改革的根本目标是保障人民法院、人民检察院依法独立公正地行使审判权和检察权，建设公正高效权威的社会主义司法制度，为维护人民群众合法权益、维护社会公平正义、维护国家长治久安提供坚强可靠的司法保障。①

改革开放以来，为实现审判权检察权依法独立行使，中国进行了三轮司法体制改革。第一轮改革是从党的十五大开始至 2007 年，旨在健全权责明确、相互配合、相互制约、高效运行的司法体制；第二轮是从 2008 年至 2012 年，从优化司法职权配置、落实宽严相济刑事政策、加强司法队伍建设、加强司法经费保障等四个方面提出具体改革任务；第三轮则是从 2012 年党的十八大以来，中共中央提出全面深化司法体制改革，在广度和深度上均达到了前所未有的程度。2013 年，《中共中央关于全面深化改革若干重大问题的决定》提出“确保依法独立公正行使审判权检察权”、“健全司法权力运行机制”和“完善人权司法保障制度”三大改革事项；2014 年，《中共中央关于全面推进依法治国若干重大问题的决定》进一步明确“完善确保依法独立公正行使审判权和检察权的制度”，规定“各级党政机关和领导干部要支持法院、检察院依法独立公正行使职权。建立领导干部干预司法活动、插手具体

① 国务院新闻办公室：《中国的司法改革》（白皮书），《人民日报》，2012 年 10 月 10 日第 22—23 版。

案件处理的记录、通报和责任追究制度。任何党政机关和领导干部都不得让司法机关做违反法定职责、有碍司法公正的事情，任何司法机关都不得执行党政机关和领导干部违法干预司法活动的要求。对干预司法机关办案的，给予党纪政纪处分；造成冤假错案或者其他严重后果的，依法追究刑事责任。健全行政机关依法出庭应诉、支持法院受理行政案件、尊重并执行法院生效裁判的制度。完善惩戒妨碍司法机关依法行使职权、拒不执行生效裁判和决定、藐视法庭权威等违法犯罪行为的法律规定。建立健全司法人员履行法定职责保护机制。非因法定事由，非经法定程序，不得将法官、检察官调离、辞退或者作出免职、降级等处分”。之后，公安部制定《关于全面深化公安改革若干重大问题的框架意见》及相关改革方案，最高人民检察院制定《关于深化检察改革的意见（2013—2017 年工作规划）》，最高人民法院发布《关于全面深化人民法院改革的意见——人民法院第四个五年改革纲要（2014—2018）》，提出公检法本轮司法体制改革的具体举措。

确保审判权检察权依法独立行使的核心在于司法责任制改革。习近平总书记强调，要紧紧牵住司法责任制这个牛鼻子。[①] 司法责任制的核心不在于建立法官错案责任追究制度，而是要建立法官职权保障机制，保障其依法公正处理案件。所以，实行司法责任制，就是要让审理者裁判、由裁判者负责，实现权责相统一，建立办案质量终身负责制和错案责任追究制度。[②] 法官法规定，法官必须忠实执行宪法和法律，全心全意为人民服务；法官依法履行职责，受法律保护。《中共中央关于全面推进依法治国若干重大问题的决定》提出，建立健全司法人员履行法定职责保护机制，明确各类司法人员工作职责、工作流程、工作标准，实行办案质量终身负责制和错案责任倒查问责制，确保案件处理经得起法律和历史检验。最高人民法院在《人民法院五年改革纲要》中提出了“完善主审法官、合议庭办案责任制”的改革任务，并发布《最

① 中共中央文献研究室：《习近平关于全面依法治国论述摘编》，中央文献出版社 2015 年版，第 102 页。

② 张文显：《论司法责任制》，《中州学刊》，2017 年第 1 期。

高人民法院关于完善人民法院司法责任制的若干意见》，强调要“让审理者裁判、由裁判者负责”。最高人民检察院在《关于深化检察改革的意见（2013—2017 年工作规划）》中提出了“深化检察官办案责任制改革”的任务，强调要“以落实和强化检察官执法责任为重点，完善主任检察官办案责任制，科学界定主任检察官、副检察长、检察长和检察委员会在执法办案中的职责权限”，并颁布《关于完善人民检察院司法责任制的若干意见》，要求“做到谁办案谁负责、谁决定谁负责”。通过改革，强化了合议庭、法官对案件的决定权，也强化了法官的办案责任。如上海市试点法院直接由独任法官、合议庭裁判的案件比例达 99.9%，提交审判委员会讨论的案件只有 0.1%。①

确立行政机关依法出庭应诉、支持法院受理行政案件、尊重并执行法院生效裁判的制度。行政诉讼是为解决行政机关与行政相对人争议的诉讼，其对确保公民、法人和其他组织免受行政机关非法侵犯具有重要意义。行政机关作为行政诉讼一方当事人，应当出庭应诉，并尊重与执行法院生效裁判。行政诉讼法规定，人民法院应当保障公民、法人和其他组织的起诉权利，对应当受理的行政案件依法受理；行政机关及其工作人员不得干预、阻碍人民法院受理行政案件；被诉行政机关负责人应当出庭应诉，不能出庭的，应当委托行政机关相应的工作人员出庭。《最高人民法院关于适用〈中华人民共和国行政诉讼法〉的解释》规定，行政诉讼法第三条第三款规定的行政机关负责人，包括行政机关的正职、副职负责人以及其他参与分管的负责人；行政机关负责人出庭应诉的，可以另行委托一至二名诉讼代理人。行政机关负责人不能出庭的，应当委托行政机关相应的工作人员出庭，不得仅委托律师出庭；涉及重大公共利益、社会高度关注或者可能引发群体性事件等的案件以及人民法院书面建议行政机关负责人出庭的案件，被诉行政机关负责人应当出庭；行政机关负责人有正当理由不能出庭应诉的，应当向人民法院提交情况说明，并加盖行政机关印章或者由该机关主要负责人签字认可；行政机

① 国务院新闻办公室：《中国人权法治化保障的新进展》（白皮书），《人民日报》，2017 年 12 月 16 日第 6—7 版。

关拒绝说明理由的，不发生阻止案件审理的效果，人民法院可以向监察机关、上一级行政机关提出司法建议。

二、推进以审判为中心的刑事诉讼制度改革，完善人权司法保障程序

中国刑事诉讼程序分为立案、侦查、审查起诉、审判和执行五个诉讼阶段，公安机关、检察院和法院在办理刑事案件时分工负责、互相配合、互相制约。为防范庭审虚化以及侦查中心主义的出现，中国自20世纪80年代末开始启动刑事审判方式改革，强化庭审的作用。如1996年刑事诉讼法取消免于起诉制度，并吸收无罪推定的合理内核，规定未经人民法院依法判决对任何人都不得确定有罪；改革庭前审查程序，将法院庭前审查从实质性审查改为程序性审查；改革庭审方式，增加合议庭的职责，实行控辩双方对抗、法官居中裁判的方式等。2010年，最高人民法院、最高人民检察院、公安部等联合发布《关于办理死刑案件审查判断证据若干问题的规定》和《关于办理刑事案件排除非法证据若干问题的规定》，第一次明确提出证据裁判原则，并对非法证据排除规则作了细致规定。2013年，最高人民法院在第六次全国刑事审判工作会议上提出，审判案件应当以庭审为中心，事实证据调查在法庭，定罪量刑辩论在法庭，裁判结果形成于法庭，要求全面落实直接言词原则、严格执行非法证据排除制度。①2014年，《中共中央关于全面推进依法治国若干重大问题的决定》明确提出，推进以审判为中心的刑事诉讼制度改革。为推进以审判为中心的刑事诉讼制度改革，2016年最高人民法院、最高人民检察院、公安部、国家安全部和司法部联合发布《关于推进以审判为中心的刑事诉讼制度改革的意见》，对以审判为中心的刑事诉讼制度改革作出全面部署。

（一）确立未经人民法院依法判决对任何人不得确定有罪原则

中国刑事诉讼法第十二条规定，未经人民法院依法判决，对任何人都不得确定有罪。这一原则吸收了无罪推定原则的合理成分，并总结了过去刑

---

① 陈卫东：《以审判为中心：当代中国刑事司法改革的基点》，《法学家》，2016年第4期。

事诉讼执行中的经验教训。根据这一原则，刑事诉讼法在相关条文中作出了具体规定，包括如下三方面的内容：第一，对任何人的定罪权只属于人民法院，取消了免予起诉制度；第二，明确控方举证责任，并进一步完善辩护制度；第三，明确规定人民法院必须依据事实和法律作出判决，对证据不足、不能认定被告人有罪的，应当作出证据不足、指控罪名不成立的无罪判决等。[①] 如2013年至2017年间，全国检察机关督促侦查机关撤案7.7万件，对不构成犯罪或证据不足的不批捕62.5万人、不起诉12.1万人，其中因排除非法证据不批捕2864人、不起诉975人[②]；全国法院再审改判刑事案件6747件，并对2943名公诉案件被告人和1931名自诉案件被告人依法宣告无罪，确保无罪的人不受刑事追究、有罪的人受到公正惩罚。[③]

（二）确立证据裁判规则，并不断完善非法证据排除规则

刑事诉讼法规定，对一切案件的判处都要重证据，重调查研究，不轻信口供。只有被告人供述，没有其他证据的，不能认定被告人有罪和处以刑罚；没有被告人供述，证据确实、充分的，可以认定被告人有罪和处以刑罚。证据确实、充分，应当符合以下条件：（1）定罪量刑的事实都有证据证明；（2）据以定案的证据均经法定程序查证属实；（3）综合全案证据，对所认定事实已排除合理怀疑。侦查机关侦查终结，人民检察院提起公诉，人民法院作出有罪判决，都应当做到犯罪事实清楚，证据确实、充分。侦查机关、人民检察院应当按照裁判的要求和标准收集、固定、审查、运用证据，人民法院应当按照法定程序认定证据，依法作出裁判。人民法院作出有罪判决，对于证明犯罪构成要件的事实，应当综合全案证据排除合理怀疑，对于量刑证据存疑的，应当作出有利于被告人的认定。

---

① 全国人大常委会法制工作委员会刑法室：《中华人民共和国刑事诉讼法解读》（最新版），中国法制出版社2012年版，第24页。

② 曹建明：《最高人民检察院工作报告——2018年3月9日在第十三届全国人民代表大会第一次会议上》，《人民日报》，2018年3月26日第3、6版。

③ 周强：《最高人民法院工作报告——2018年3月9日在第十三届全国人民代表大会第一次会议上》，《人民日报》，2018年3月26日第2、6版。

中国不断完善非法证据排除规则。非法证据排除规则意在排除非法证据在刑事诉讼中的适用，其对防范冤假错案具有极为重要的意义。中国刑事诉讼法规定，采用刑讯逼供等非法方法收集的犯罪嫌疑人、被告人供述和采用暴力、威胁等非法方法收集的证人证言、被害人陈述，应当予以排除。收集物证、书证不符合法定程序，可能严重影响司法公正的，应当予以补正或者作出合理解释；不能补正或者作出合理解释的，对该证据应当予以排除。在侦查、审查起诉、审判时发现有应当排除的证据的，应当依法予以排除，不得作为起诉意见、起诉决定和判决的依据。2017年最高人民法院、最高人民检察院、公安部、国家安全部、司法部共同发布的《关于办理刑事案件严格排除非法证据若干问题的规定》进一步扩充非法证据的范围，规定采用以暴力或者严重损害本人及其近亲属合法权益等进行威胁的方法，使犯罪嫌疑人、被告人遭受难以忍受的痛苦而违背意愿作出的供述，应当予以排除；采用非法拘禁等非法限制人身自由的方法收集的犯罪嫌疑人、被告人供述，应当予以排除；除法定情形外，采用刑讯逼供方法使犯罪嫌疑人、被告人作出供述，之后犯罪嫌疑人、被告人受该刑讯逼供行为影响而作出的与该供述相同的重复性供述，应当一并排除。

（三）完善庭前会议制度和庭审程序，确保庭审成为事实认定和法律适用中的核心

庭前会议的主要功能在于庭前解决可能影响法庭进程的程序性事项，有助于充分发挥审判特别是庭审在刑事诉讼中的决定性作用，构建更加精密化、规范化、实质化的刑事审判制度。中国刑事诉讼法规定，在开庭以前，审判人员可以召集公诉人、当事人和辩护人、诉讼代理人，对回避、出庭证人名单、非法证据排除等与审判相关的问题，了解情况，听取意见。2017年最高人民法院发布《人民法院办理刑事案件庭前会议规程（试行）》，进一步完善庭前会议制度。人民法院适用普通程序审理刑事案件，对于证据材料较多、案情疑难复杂、社会影响重大或者控辩双方对事实证据存在较大争议等情形的，可以决定在开庭审理前召开庭前会议。控辩双方可以申请人民法院召开庭前会议。申请召开庭前会议的，应当说明需要处理的事项。人民法

院经审查认为有必要的，应当决定召开庭前会议；决定不召开庭前会议的，应当告知申请人。被告人及其辩护人在开庭审理前申请排除非法证据，并依照法律规定提供相关线索或者材料的，人民法院应当召开庭前会议。

庭审是审判的核心，发挥庭审在查明事实、认定证据、保护诉权、公正裁判中的决定性作用，确保诉讼证据出示在法庭、案件事实查明在法庭、诉辩意见发表在法庭、裁判结果形成在法庭。

第一，完善证据出示、质证规则。中国刑事诉讼法规定，证据必须经过查证属实，才能作为定案的根据；公诉人、辩护人应当向法庭出示物证，让当事人辨认，对未到庭的证人的证言笔录、鉴定人的鉴定意见、勘验笔录和其他作为证据的文书，应当当庭宣读。《关于推进以审判为中心的刑事诉讼制度改革的意见》规定，证明被告人有罪或者无罪、罪轻或者罪重的证据，都应当在法庭上出示，依法保障控辩双方的质证权利。对定罪量刑的证据，控辩双方存在争议的，应当单独质证；对庭前会议中控辩双方没有异议的证据，可以简化举证、质证。

第二，完善证人出庭作证制度。中国刑事诉讼法规定，公诉人、当事人或者辩护人、诉讼代理人对证人证言有异议，且该证人证言对案件定罪量刑有重大影响，人民法院认为证人有必要出庭作证的，证人应当出庭作证。人民警察就其执行职务时目击的犯罪情况作为证人出庭作证，适用前款规定。公诉人、当事人或者辩护人、诉讼代理人对鉴定意见有异议，人民法院认为鉴定人有必要出庭的，鉴定人应当出庭作证。经人民法院通知，鉴定人拒不出庭作证的，鉴定意见不得作为定案的根据。为防止证人因为出庭作证而遭受打击报复以及弥补证人因出庭作证而造成受损失，中国刑事诉讼法规定证人保护制度。对于危害国家安全犯罪、恐怖活动犯罪、黑社会性质的组织犯罪、毒品犯罪等案件，证人、鉴定人、被害人因在诉讼中作证，本人或者其近亲属的人身安全面临危险的，人民法院、人民检察院和公安机关应当采取一项或者多项证人保护措施；证人因履行作证义务而支出的交通、住宿、就餐等费用，应当给予补助。

第三，完善证据认定规则，切实防范冤假错案。证据是诉讼的核心，中国在确立证据必须经过质证才能作为定案依据的基础上，不断完善证据认定规则。中国刑事诉讼法规定，在侦查、审查起诉、审判时发现有应当排除的证据的，应当依法予以排除，不得作为起诉意见、起诉决定和判决的依据。最高人民法院《关于全面推进以审判为中心的刑事诉讼制度改革的实施意见》规定，通过勘验、检查、搜查等方式收集的物证、书证等证据，未通过辨认、鉴定等方式确定其与案件事实的关联的，不得作为定案的根据；收集证据的程序、方式存在瑕疵，严重影响证据真实性，不能补正或者作出合理解释的，有关证据不得作为定案的根据。人民法院作出有罪判决，对于定罪事实应当综合全案证据排除合理怀疑。定罪证据不足的案件，不能认定被告人有罪，应当作出证据不足、指控的犯罪不能成立的无罪判决。定罪证据确实、充分，量刑证据存疑的，应当作出有利于被告人的认定。

三、保障犯罪嫌疑人、被告人的合法权益

中国刑事司法中的人权保障经历了由注重全社会的集体人权的保护，向同时保障犯罪嫌疑人、被告人的人权转变。刑事司法中犯罪嫌疑人、被告人的人权保障是刑事司法中人权保障的重点问题，这是由犯罪嫌疑人、被告人的诉讼地位决定的。犯罪嫌疑人、被告人在刑事诉讼中处于被追究的地位，面对的是强大的国家专政机器，因此其在刑事司法中的权利也需要更有效的保障措施。中国通过立法规定了犯罪嫌疑人、被告人享有的诉讼权利，并在实践中对这些权利予以充分保障，从而使犯罪嫌疑人、被告人获得公正审判。

（一）犯罪嫌疑人、被告人享有人权

犯罪嫌疑人、被告人虽然可能被追究刑事责任，但并不意味着其不享有人权。人权是每一位公民所享有的基本权利。中国宪法规定，国家尊重和保障人权。中国刑事诉讼法第二条明确规定，尊重和保障人权是中国刑事诉讼法的任务。所以，犯罪嫌疑人、被告人也享有人权，其在刑事诉讼中的诸多权利都以此为基础。

（二）犯罪嫌疑人、被告人有使用本民族语言文字进行诉讼的权利

这是诉讼参与人都享有的诉讼权利。犯罪嫌疑人、被告人作为当事人自然也享有这项权利。中国刑事诉讼法第九条规定：“各民族公民都有用本民族语言文字进行诉讼的权利。人民法院、人民检察院和公安机关对于不通晓当地通用语言文字的诉讼参与人，应当为他翻译。在少数民族聚居或者多民族杂居的地区，应当用当地通用的语言进行审讯，用当地通用的语言文字发布判决书、布告和其他文件。”

（三）犯罪嫌疑人、被告人有权获得辩护

中国刑事诉讼法第十一条规定，被告人有权获得辩护，人民法院有义务保证被告人获得辩护。获得辩护是犯罪嫌疑人、被告人享有的一项基本权利。联合国《公民权利和政治权利国际公约》第14条将“有相当时间和便利准备他的辩护并与他自己选择的律师联络”和“出席受审并亲自替自己辩护或经由他自己所选择的法律援助进行辩护；如果他没有法律援助，要通知他享有这种权利；在司法利益有此需要的案件中，为他指定法律援助，而在他没有足够能力偿付法律援助的案件中，不要他自己付费”，作为判定对任何人提出任何刑事指控的最低限度标准。根据中国刑事诉讼法的相关规定，犯罪嫌疑人、被告人的辩护权表现为以下几方面：

第一，犯罪嫌疑人、被告人有自行辩护权。犯罪嫌疑人、被告人在刑事诉讼中，可以自己进行辩护，维护其合法权益。

第二，犯罪嫌疑人、被告人有权委托辩护人。中国刑事诉讼法第三十三条规定：“犯罪嫌疑人、被告人除自己行使辩护权外，还可委托一至二人作为辩护人。下列的人可以被委托为辩护人：（一）律师；（二）人民团体或者犯罪嫌疑人、被告人所在单位推荐的人；（三）犯罪嫌疑人、被告人的监护人、亲友。正在被执行刑罚或者依法被剥夺、限制人身自由的人不得担任辩护人。被开除公职和被吊销律师、公证员执业证书的人，不得担任辩护人，但系犯罪嫌疑人、被告人的监护人、近亲属的除外。”第三十四条规定：“犯罪嫌疑人自被侦查机关第一次讯问或者采取强制措施之日起，有权委托辩护人；在侦查期间，只能委托律师作为辩护人。被告人有权随时委托辩护人。犯罪嫌

疑人、被告人在押的，也可以由其监护人、近亲属代为委托辩护人。”

第三，符合法定条件的犯罪嫌疑人、被告人有权获得法律援助。中国刑事诉讼法第三十五条规定：“犯罪嫌疑人、被告人因经济困难或者其他原因没有委托辩护人的，本人及其近亲属可以向法律援助机构提出申请。对符合法律援助条件的，法律援助机构应当指派律师为其提供辩护。犯罪嫌疑人、被告人是盲、聋、哑人，或者是尚未完全丧失辨认或者控制自己行为能力的精神病人，没有委托辩护人的，人民法院、人民检察院和公安机关应当通知法律援助机构指派律师为其提供辩护。犯罪嫌疑人、被告人可能被判处无期徒刑、死刑，没有委托辩护人的，人民法院、人民检察院和公安机关应当通知法律援助机构指派律师为其提供辩护。”第三十六条规定：“法律援助机构可以在人民法院、看守所等场所派驻值班律师。犯罪嫌疑人、被告人没有委托辩护人，法律援助机构没有指派律师为其提供辩护的，由值班律师为犯罪嫌疑人、被告人提供法律咨询、程序选择建议、申请变更强制措施、对案件处理提出意见等法律帮助。”

（四）犯罪嫌疑人、被告人有权控告

中国刑事诉讼法第十四条第二款规定：“诉讼参与人对于审判人员、检察人员和侦查人员侵犯公民诉讼权利和人身侮辱行为，有权提出控告。”犯罪嫌疑人、被告人在刑事诉讼中是被追诉的对象，其人身权往往容易受到侵犯。因此，遇有公安司法人员侵犯其人身权利的行为或者有人身侮辱行为的，有权向该公安司法人员所在单位的纪检监察部门或者领导提出控告，也可以依法向人民检察院提出控告，要求保护，追究侵犯其人权构成犯罪的行为人的责任。

（五）犯罪嫌疑人、被告人有权提出管辖异议、回避和不公开审理的申请

中国刑事诉讼法第二章规定，管辖包括立案管辖和审判管辖；第二十九条规定，审判人员、检察人员、侦查人员符合法定情形的，应当自行回避，当事人及其法定代理人也有权要求他们回避；第一百八十八条规定，人民法院审判第一审案件应当公开进行。但是有关国家秘密或者个人隐私的案件，不公开审理；涉及商业秘密的案件，当事人申请不公开审理的，可以不

公开审理。《人民法院办理刑事案件庭前会议规程（试行）》对犯罪嫌疑人、被告人提出管辖权异议、回避申请和不公开审理申请的具体程序进行规定。第十一条规定："被告人及其辩护人对案件管辖提出异议，应当说明理由。人民法院经审查认为异议成立的，应当依法将案件退回人民检察院或者移送有管辖权的人民法院；认为本院不宜行使管辖权的，可以请求上一级人民法院处理。人民法院经审查认为异议不成立的，应当依法驳回异议。"第十二条规定："被告人及其辩护人申请审判人员、书记员、翻译人员、鉴定人回避，应当说明理由。人民法院经审查认为申请成立的，应当依法决定有关人员回避；认为申请不成立的，应当依法驳回申请。被告人及其辩护人申请回避被驳回的，可以在接到决定时申请复议一次。对于不属于刑事诉讼法第二十八条、第二十九条规定情形的，回避申请被驳回后，不得申请复议。被告人及其辩护人申请检察人员回避的，人民法院应当通知人民检察院。"第十三条规定："被告人及其辩护人申请不公开审理，人民法院经审查认为案件涉及国家秘密或者个人隐私的，应当准许；认为案件涉及商业秘密的，可以准许。"

（六）犯罪嫌疑人、被告人享有不得强迫其证实自己有罪的权利

中国刑事诉讼法第五十二条规定："审判人员、检察人员、侦查人员必须依照法定程序，收集能够证实犯罪嫌疑人、被告人有罪或者无罪、犯罪情节轻重的各种证据。严禁刑讯逼供和以威胁、引诱、欺骗以及其他非法方法收集证据，不得强迫任何人证实自己有罪。"不得强迫任何人证实自己有罪，是指不得以任何强迫手段迫使任何人认罪和提供证明自己有罪的证据，如刑讯逼供、暴力、威胁、打骂冻饿等方法。这一规定与联合国《公民权利和政治权利国际公约》中"不被强迫作不利于他自己的证言或强迫承认犯罪"规定的精神是一致的。[①] 为保障这一权利的有效行使，犯罪嫌疑人、被告人有权对非法取证行为提出控告，并享有申请排除非法证据等权利。中国刑

① 全国人大常委会法制工作委员会刑法室：《中华人民共和国刑事诉讼法解读》（最新版），中国法制出版社 2012 年版，第 109 页。

事诉讼法第五十七条规定“人民检察院接到报案、控告、举报或者发现侦查人员以非法方法收集证据的，应当进行调查核实。对于确有以非法方法收集证据情形的，应当提出纠正意见；构成犯罪的，依法追究刑事责任”，第五十八条规定“当事人及其辩护人、诉讼代理人有权申请人民法院对以非法方法收集的证据依法予以排除。申请排除以非法方法收集的证据的，应当提供相关线索或者材料”。

（七）犯罪嫌疑人、被告人有权申请变更和解除强制措施

中国刑事诉讼法第九十七条规定，犯罪嫌疑人、被告人及其法定代理人、近亲属或者辩护人有权申请变更强制措施。人民法院、人民检察院和公安机关收到申请后，应当在三日以内作出决定；不同意变更强制措施的，应当告知申请人，并说明不同意的理由。第九十九条规定，犯罪嫌疑人、被告人及其法定代理人、近亲属或者辩护人对于人民法院、人民检察院或者公安机关采取强制措施法定期限届满的，有权要求解除强制措施。为保障犯罪嫌疑人、被告人的人身权利并防范“一押到底”的情形，中国刑事诉讼法规定了羁押必要性审查制度。第九十五条规定“犯罪嫌疑人、被告人被逮捕后，人民检察院仍应当对羁押的必要性进行审查。对不需要继续羁押的，应当建议予以释放或者变更强制措施。有关机关应当在十日以内将处理情况通知人民检察院”。

（八）认罪认罚的犯罪嫌疑人、被告人有权获得从宽处理

犯罪嫌疑人、被告人认罪认罚后可以获得从宽处理，此从宽处理包括程序上从宽和实体上从宽两方面的内容。中国刑事诉讼法第十五条规定：“犯罪嫌疑人、被告人自愿如实供述自己的罪行，承认指控的犯罪事实，愿意接受处罚的，可以依法从宽处理。”第八十一条规定：“批准或者决定逮捕，应当将犯罪嫌疑人、被告人涉嫌犯罪的性质、情节，认罪认罚等情况，作为是否可能发生社会危险性的考虑因素。”第一百七十六条规定：“犯罪嫌疑人认罪认罚的，人民检察院应当就主刑、附加刑、是否适用缓刑等提出量刑建议，并随案移送认罪认罚具结书等材料。”第一百八十二条规定：“犯罪嫌疑人自愿如实供述涉嫌犯罪的事实，有重大立功或者案件涉及国家重大利益的，经

最高人民检察院核准，公安机关可以撤销案件，人民检察院可以作出不起诉决定，也可以对涉嫌数罪中的一项或者多项不起诉。”第二百零一条规定，对于认罪认罚案件，除法定情形外，人民法院依法作出判决时，一般应当采纳人民检察院指控的罪名和量刑建议。

（九）犯罪嫌疑人、被告人有权参加法庭庭审

程序参与权是犯罪嫌疑人、被告人的一项基本权利，中国刑事诉讼法保障犯罪嫌疑人、被告人对庭审的参与权。中国刑事诉讼法第一百八十七条规定，人民法院决定开庭审判后，应当确定合议庭的组成人员，将人民检察院的起诉书副本至迟在开庭十日以前送达被告人及其辩护人；人民法院确定开庭日期后，应当将开庭的时间、地点通知人民检察院，传唤当事人，通知辩护人、诉讼代理人、证人、鉴定人和翻译人员，传票和通知书至迟在开庭三日以前送达。第一百九十四条规定，公诉人、当事人和辩护人、诉讼代理人经审判长许可，可以对证人、鉴定人发问。审判长认为发问的内容与案件无关的时候，应当制止。第一百九十五条规定，审判人员应当听取当事人对未到庭的证人的证言笔录、鉴定人的鉴定意见、勘验笔录和其他作为证据的文书的意见。第一百九十七条规定，法庭审理过程中，当事人和辩护人、诉讼代理人有权申请通知新的证人到庭，调取新的物证，申请重新鉴定或者勘验，也有权申请法庭通知有专门知识的人出庭。第一百九十八条规定，经审判长许可，公诉人、当事人和辩护人、诉讼代理人可以对证据和案件情况发表意见并且可以互相辩论；审判长在宣布辩论终结后，被告人有最后陈述的权利。

（十）犯罪嫌疑人、被告人有权提起上诉、申请再审和申请国家赔偿

犯罪嫌疑人、被告人拥有程序救济权，通过提起上诉或申请再审维护自己的合法权益。中国刑事诉讼法第二百二十七条规定，被告人、自诉人和他们的法定代理人，不服地方各级人民法院第一审的判决、裁定，有权用书状或者口头向上一级人民法院上诉。被告人的辩护人和近亲属，经被告人同意，可以提出上诉。对被告人的上诉权，不得以任何借口加以剥夺。第二百五十二条规定，当事人及其法定代理人、近亲属，对已经发生法律效力

的判决、裁定，可以向人民法院或者人民检察院提出申诉，但是不能停止判决、裁定的执行。

犯罪嫌疑人、被告人的人身权利和财产权利受到侵犯时有取得赔偿的权利。中国国家赔偿法第十七条规定："行使侦查、检察、审判职权的机关以及看守所、监狱管理机关及其工作人员在行使职权时有下列侵犯人身权情形之一的，受害人有取得赔偿的权利：（一）违反刑事诉讼法的规定对公民采取拘留措施的，或者依照刑事诉讼法规定的条件和程序对公民采取拘留措施，但是拘留时间超过刑事诉讼法规定的时限，其后决定撤销案件、不起诉或者判决宣告无罪终止追究刑事责任的；（二）对公民采取逮捕措施后，决定撤销案件、不起诉或者判决宣告无罪终止追究刑事责任的；（三）依照审判监督程序再审改判无罪，原判刑罚已经执行的；（四）刑讯逼供或者以殴打、虐待等行为或者唆使、放纵他人以殴打、虐待等行为造成公民身体伤害或者死亡的；（五）违法使用武器、警械造成公民身体伤害或者死亡的。"第十八条规定："行使侦查、检察、审判职权的机关以及看守所、监狱管理机关及其工作人员在行使职权时有下列侵犯财产权情形之一的，受害人有取得赔偿的权利：（一）违法对财产采取查封、扣押、冻结、追缴等措施的；（二）依照审判监督程序再审改判无罪，原判罚金、没收财产已经执行的。"

（十一）未成年犯罪嫌疑人、被告人享有特殊的诉讼权利

未成年犯罪嫌疑人、被告人因其生理与心理发育不成熟，需要对其予以特别保护。中国刑事诉讼法在第五编中专门规定未成年人刑事案件诉讼程序，形成一套有别于成年人刑事案件的特殊诉讼程序。中国刑事诉讼法第二百七十七条规定："对犯罪的未成年人实行教育、感化、挽救的方针，坚持教育为主、惩罚为辅的原则。人民法院、人民检察院和公安机关办理未成年人刑事案件，应当保障未成年人行使其诉讼权利，保障未成年人得到法律帮助，并由熟悉未成年人身心特点的审判人员、检察人员、侦查人员承办。"未成年犯罪嫌疑人、被告人享有一系列特殊的诉讼权利，主要包括：（1）未成年犯罪嫌疑人、被告人享有申请法律援助的权利；（2）办案机关应当对未

成年人进行社会调查；（3）对未成年人严格适用逮捕措施以及分案处理、分别管理、分别关押、分别教育；（4）讯问时，有权要求法定代理人、合适成年人到场；（5）未成年人附条件不起诉；（6）未成年人刑事案件不公开审理；（7）未成年犯罪记录封存。

四、保障被害人、律师和其他诉讼参与人的合法权益

（一）保障刑事被害人的合法权益

被害人是遭受犯罪行为侵害因而与案件处理结果具有直接利害关系的诉讼当事人。被害人在中国刑事诉讼中的地位经历了从“其他诉讼参与人”到“当事人”的转变。1979 年刑事诉讼法将被害人界定为当事人以外的“其他诉讼参与人”。这主要是受传统刑事诉讼理念的影响，认为被害人与刑事追诉无关，其在刑事诉讼中并不具备当事人的地位。但受国际上加强被害人权利保护趋势的影响，1996 年刑事诉讼法赋予刑事被害人独立的诉讼地位，将其从“其他诉讼参与人”提升为“当事人”。之后的 2012 年和 2017 年刑事诉讼法均延续被害人具有独立诉讼地位这一趋势，并强化对被害人合法权益的保障。

根据中国刑事诉讼法的规定，被害人享有诸多诉讼权利，被害人享有的诉讼权利可分为被害人特有的诉讼权利和与其他诉讼参与人共同享有的诉讼权利。第一，刑事司法中被害人特有的权利主要包括以下 7 种：（1）诉讼代理人的委托权；（2）附带民事诉讼提起权；（3）自诉案件被害人的直接起诉权;（4）对不起诉的申诉与直接起诉权;（5）请求抗诉权;（6）隐私保护权;（7）获得国家补偿权。第二，被害人的一些诉讼权利是与其他诉讼参与人同样享有的，主要包括：（1）使用本民族语言文字进行诉讼的权利；（2）控告权；（3）申请回避权；（4）报案权；（5）诉讼中的身份保密权；（6）补充鉴定或者重新鉴定申请权；（7）参与法庭调查权；（8）获得法院判决书的权利；（9）对生效判决、裁定的申诉权等。

为保障被害人的合法权益，中国大力推进被害人的国家司法救助制度。2006 年人民法院探索刑事被害人救助办法，据开展试点工作的 10 个高级人

民法院统计，全年共为 378 名刑事被害人及其亲属发放救助金 780.24 万元，努力减少被害人的损失。[①]2014 年中央政法委等六部委联合发布《关于建立完善国家司法救助制度的意见（试行）》，指出："开展国家司法救助是中国特色社会主义司法制度的内在要求，是改善民生、健全社会保障体系的重要组成部分。"2014 年最高人民检察院发布《关于贯彻实施〈关于建立完善国家司法救助制度的意见（试行）〉的若干意见》，2016 年最高人民法院和最高人民检察院分别发布《关于加强和规范人民法院国家司法救助工作的意见》和《人民检察院国家司法救助工作细则（试行）》，2018 年最高人民检察院发布《关于全面加强未成年人国家司法救助工作的意见》。《关于建立完善国家司法救助制度的意见（试行）》第二条规定，对下列人员提出国家司法救助申请的，应当予以救助：（1）刑事案件被害人受到犯罪侵害，致使重伤或严重残疾，因案件无法侦破造成生活困难的；或者因加害人死亡或没有赔偿能力，无法经过诉讼获得赔偿，造成生活困难的。（2）刑事案件被害人受到犯罪侵害危及生命，急需救治，无力承担医疗救治费用的。（3）刑事案件被害人受到犯罪侵害而死亡，因案件无法侦破造成依靠其收入为主要生活来源的近亲属生活困难的；或者因加害人死亡或没有赔偿能力，依靠被害人收入为主要生活来源的近亲属无法经过诉讼获得赔偿，造成生活困难的。（4）刑事案件被害人受到犯罪侵害，致使财产遭受重大损失，因案件无法侦破造成生活困难的；或者因加害人死亡或没有赔偿能力，无法经过诉讼获得赔偿，造成生活困难的。（5）举报人、证人、鉴定人因举报、作证、鉴定受到打击报复，致使人身受到伤害或财产受到重大损失，无法经过诉讼获得赔偿，造成生活困难的。（6）追索赡养费、扶养费、抚育费等，因被执行人没有履行能力，造成申请执行人生活困难的。（7）对于道路交通事故等民事侵权行为造成人身伤害，无法经过诉讼获得赔偿，造成生活困难的。（8）党委政法委和政法各单位根据实际情况，认为需要救助的其他人员。

---

① 肖扬：《最高人民法院工作报告——2007 年 3 月 13 日在第十届全国人民代表大会第五次会议上》，《人民日报》，2007 年 3 月 22 日，第 2—3 版。

（二）保障律师的合法权益

犯罪嫌疑人、被告人享有辩护权，但犯罪嫌疑人、被告人受人身自由以及法律知识等限制可能无法有效行使辩护权，故现代各国都规定委托辩护制度，允许犯罪嫌疑人、被告人委托律师为其辩护。中国刑事诉讼法也规定犯罪嫌疑人、被告人有委托律师担任辩护人的权利。而且与控方不同，辩护人参与刑事诉讼的目的在于维护犯罪嫌疑人、被告人的合法权益，是犯罪嫌疑人、被告人合法权益的专门维护者。所以，律师权利的行使状况将会直接影响犯罪嫌疑人、被告人合法权益的实现状况。根据中国刑事诉讼法规定，律师在刑事诉讼中享有一系列的权利，包括职务保障权，阅卷权，会见、通信权，调查取证权，提出辩护意见权，获得出庭通知权，出庭辩护权，拒绝辩护权，申请变更、解除强制措施权，申诉、控告权，保守秘密权，其他诉讼权利等。

为保障律师的合法权益，中国不断完善律师权利保障机制。2012 年刑事诉讼法将辩护律师介入刑事诉讼的时间提前至犯罪嫌疑人被第一次讯问或采取强制措施之日起，并规定辩护律师持“三证”会见，解决了“会见难”等问题。2015 年，最高人民法院、最高人民检察院、公安部、国家安全部、司法部联合发布《关于依法保障律师执业权利的规定》，就保障律师知情权、申请权、申诉权，以及会见、阅卷、收集证据和发问、质证、辩论辩护等方面的权利作出规定。之后，中国又制定最高人民法院《关于依法切实保障律师诉讼权利的规定》，最高人民法院、最高人民检察院、司法部《关于逐步实行律师代理申诉制度的意见》，最高人民法院、司法部《关于依法保障律师诉讼权利和规范律师参与庭审活动的通知》，最高人民法院、司法部《关于开展刑事案件律师辩护全覆盖试点工作的办法》等一系列文件，进一步保障律师的合法权益。

（三）保障服刑人员的合法权益

中国有 13 亿多人口，是世界上人口最多的国家。尽管由于人民政府采取了发展经济和维护社会稳定的一系列措施，犯罪案件的发案率远低于世界平均水平，但每年仍然有不少犯罪案件发生，有数以万计的人被人民法院依法定罪。中国改造服刑人员的工作所取得的巨大成就，得益于在服刑人员改造工作中坚持依法保障罪犯应有权利原则、人道主义原则和教育为主原则，特别是在刑罚执行中注意保障服刑人员的权利，注重对罪犯的感化教育，培养罪犯回归社会后的谋生知识与技能，将服刑人员改造成自食其力的新人。多年来中国罪犯的重新犯罪率一直保持在 6% 至 8% 的水平，是世界上重新犯罪率最低的国家之一。中国法律规定，服刑人员在服刑期间依法享有的权利受到保护，不容侵犯。根据中国的现行法律，服刑人员在关押服刑期间主要享有下列权利：申诉权；被控重新犯罪时的辩护权；在任何情况下人格不受侮辱、人身安全不受侵犯的权利；选举权；建议权；生活保障权；健康医疗权；通信会见权；受教育权；宗教信仰权；民事权利；特殊群体的特殊待遇权；获得减刑、假释的权利；休息权；有劳动的权利等。

为切实保障服刑人员的合法权益，中国不断完善监狱、看守所的监管条件，强化对监管活动和刑罚执行的监督，严格规范减刑、假释和暂予监外执行，规定刑事被告人或上诉人出庭受审不再穿着监管机构的识别服，切实保障被羁押人的人格尊严、人身安全、合法财产和辩护、申诉、控告、检举等合法权利。第一，中国实施新的《看守所建设标准》，全面推行床位制，对看守所的建筑标准和人均最低使用面积作出规定。严格落实入所身体检查制度，建立预防和打击牢头狱霸的长效机制，对新收押人员实行过渡管理，严禁使用在押人员管理监室。严格提讯、提解制度。第二，看守所严格执行本地区财政部门核定的在押人员伙食实物量标准，在监室内张贴伙食标准、每周食谱和伙食账目，接受监督。监狱按照《关于加强监狱生活卫生管理工作的若干规定》，严格落实 2013 年调整后的在押服刑人员伙食实物量标准、食品留样及抽样检测、生活物资招标采购制度。监狱、看守所加强在押人员医疗卫生保障，为在押人员建立医疗档案，配备驻监狱、看守所医生并每日在监室巡诊，对需要出监狱、看守所就医的在押人员及时送当地医院治疗。第三，加强对监狱、看守所的监督，保障被监禁人合法权利不受侵犯。看守所提高执法工作透明度，定期向社会开放。截至 2015 年，全国有 2610 个看守所建立在押人员投诉处理机制，有 2558 个看守所聘请了特邀监督员。第四，规范减刑、假释、暂予监外执行工作，保障服刑罪犯刑罚变更执行的权利。

深化狱务公开，依法向社会公开减刑、假释、暂予监外执行的法定条件、程序和结果。人民法院强化网上公示、开庭审理等措施，开通全国法院减刑、假释、暂予监外执行信息网。第五，实施国家特赦，彰显人道精神。2015 年 8 月 29 日，第十二届全国人大常委会第十六次会议通过关于特赦部分服刑罪犯的决定。经人民法院依法裁定，全国共特赦服刑罪犯 31527 人。对无工作单位、无劳动能力、无生活来源、无法定赡养人的被特赦人员，依法按政策落实最低生活保障等措施，帮助被特赦人员顺利融入社会。[①]

五、完善行政诉讼程序，保障行政相对人合法权益

行政诉讼处理的行政机关与行政相对人间的争议，俗称“民告官”。1989 年，中国颁布《中华人民共和国行政诉讼法》，这为我国行政诉讼工作提供了依据，也为行政领域中的人权保障工作奠定了基础。之后，行政诉讼法历经两次修正。2014 年，第十二届全国人民代表大会常务委员会第十一次会议通过《全国人民代表大会常务委员会关于修改〈中华人民共和国行政诉讼法〉的决定》；2017 年，第十二届全国人民代表大会常务委员会第二十八次会议通过《全国人民代表大会常务委员会关于修改〈中华人民共和国民事诉讼法〉和〈中华人民共和国行政诉讼法〉的决定》。为保证行政诉讼法实施，最高人民法院发布《关于适用〈中华人民共和国行政诉讼法〉的解释》，对行政诉讼过程中的诸多法律适用问题作出了规范。中国通过完善行政诉讼程序，不断提升行政诉讼程序的正当性，从而有力维护行政相对人的合法权益。

中国不断扩大行政诉讼受案范围，为行政相对人提供充分的司法救济。行政诉讼法第二条规定：“公民、法人或者其他组织认为行政机关和行政机关工作人员的行政行为侵犯其合法权益，有权依照本法向人民法院提起诉讼。前款所称行政行为，包括法律、法规、规章授权的组织作出的行政行

① 国务院新闻办公室：《中国人权法治化保障的新进展》（白皮书），《人民日报》，2017 年 12 月 16 日第 6—7 版。

为。”第十二条详细列举了行政诉讼的受案范围：“人民法院受理公民、法人或者其他组织提起的下列诉讼：（一）对行政拘留、暂扣或者吊销许可证和执照、责令停产停业、没收违法所得、没收非法财物、罚款、警告等行政处罚不服的；（二）对限制人身自由或者对财产的查封、扣押、冻结等行政强制措施和行政强制执行不服的；（三）申请行政许可，行政机关拒绝或者在法定期限内不予答复，或者对行政机关作出的有关行政许可的其他决定不服的；（四）对行政机关作出的关于确认土地、矿藏、水流、森林、山岭、草原、荒地、滩涂、海域等自然资源的所有权或者使用权的决定不服的；（五）对征收、征用决定及其补偿决定不服的；（六）申请行政机关履行保护人身权、财产权等合法权益的法定职责，行政机关拒绝履行或者不予答复的；（七）认为行政机关侵犯其经营自主权或者农村土地承包经营权、农村土地经营权的；（八）认为行政机关滥用行政权力排除或者限制竞争的；（九）认为行政机关违法集资、摊派费用或者违法要求履行其他义务的；（十）认为行政机关没有依法支付抚恤金、最低生活保障待遇或者社会保险待遇的；（十一）认为行政机关不依法履行、未按照约定履行或者违法变更、解除政府特许经营协议、土地房屋征收补偿协议等协议的；（十二）认为行政机关侵犯其他人身权、财产权等合法权益的。除前款规定外，人民法院受理法律、法规规定可以提起诉讼的其他行政案件。”

中国实行立案登记制，保障当事人的诉权。为解决行政诉讼“立案难”的问题，中国实行立案登记制，并要求法院说明不立案的理由。行政诉讼法第五十一条规定：“人民法院在接到起诉状时对符合本法规定的起诉条件的，应当登记立案。对当场不能判定是否符合本法规定的起诉条件的，应当接收起诉状，出具注明收到日期的书面凭证，并在七日内决定是否立案。不符合起诉条件的，作出不予立案的裁定。裁定书应当载明不予立案的理由。原告对裁定不服的，可以提起上诉。起诉状内容欠缺或者有其他错误的，应当给予指导和释明，并一次性告知当事人需要补正的内容。不得未经指导和释明即以起诉不符合条件为由不接收起诉状。对于不接收起诉状、接收起诉状后不出具书面凭证，以及不一次性告知当事人需要补正的起诉状内容的，当事人可以向上级人民法院投诉，上级人民法院应当责令改正，并对直接负责的主管人员和其他直接责任人员依法给予处分。”

六、完善民事诉讼程序，保障当事人合法权益

公民之间、法人之间、其他组织之间以及他们相互之间因财产关系和人身关系而产生的纠纷，可以提起民事诉讼保护其合法权益。中国不断完善民事诉讼程序，以保障当事人合法权益。

中国建立立案登记制，着力解决“立案难”问题。立案是司法救济程序的开始，不被立案的案件当然就无法获得司法救济。《中共中央关于全面推进依法治国若干重大问题的决定》提出，“增强全社会尊重和保障人权意识，健全公民权利救济渠道和方式”，并“改革法院案件受理制度，变立案审查制为立案登记制，对人民法院依法应该受理的案件，做到有案必立、有诉必理，保障当事人诉权”。依据《最高人民法院关于人民法院登记立案若干问题的规定》，对起诉、自诉，人民法院应当一律接收诉状，出具书面凭证并注明收到日期；对符合法律规定的起诉、自诉，人民法院应当当场予以登记立案；对不符合法律规定的起诉、自诉，人民法院应当予以释明。

中国建立检察机关提起公益诉讼制度。公益诉讼是以保护社会公共利益为目的的诉讼，《中共中央关于全面推进依法治国若干重大问题的决定》提出“探索建立检察机关提起公益诉讼制度”。2015 年，《全国人民代表大会常务委员会关于授权最高人民检察院在部分地区开展公益诉讼试点工作的决定》授权“最高人民检察院在生态环境和资源保护、国有资产保护、国有土地使用权出让、食品药品安全等领域开展提起公益诉讼试点”。此后，最高人民检察院发布《检察机关提起公益诉讼试点方案》和《人民检察院提起公益诉讼试点工作实施办法》，标志着检察院提起公益诉讼制度正式开始试点。依其规定，检察机关提起公益诉讼包括检察机关提起民事公益诉讼和行政公益诉讼两种。

中国推进涉法涉诉信访法治化，完善权利救济渠道。按照“诉访分离、有序分流、依法解决”的原则，我国规范涉法涉诉信访工作的受理范围、标

准、程序和工作职责，整合来信、来访、电话、网络、视频等诉求表达渠道，推进综合性受理平台建设，保障人民群众依法表达诉求权利。2014 年 2 月，最高人民法院开通网上申诉信访平台。如 2014 年 5 月，最高人民法院开通远程视频接访系统，截至 2015 年完成接谈 8200 余件；最高人民检察院建成全国四级检察机关全联通的远程视频接访系统。[①] 此外，还组织律师参与信访接待、代理信访案件，增强化解信访问题的公信力。

中国切实解决“执行难”，保障胜诉当事人权利实现。中国民事诉讼法第二百二十四条规定：“发生法律效力的民事判决、裁定，以及刑事判决、裁定中的财产部分，由第一审人民法院或者与第一审人民法院同级的被执行的财产所在地人民法院执行。法律规定由人民法院执行的其他法律文书，由被执行人住所地或者被执行的财产所在地人民法院执行。”为确保生效裁判文书获得执行，中国建立健全民事裁判文书强制执行机制，建立失信被执行人信用监督、威慑和惩戒法律制度，建立全国统一的网络执行查控体系、信用惩戒网络系统和网络司法拍卖平台。2013 年，最高人民法院发布《关于公布失信被执行人名单信息的若干规定》，要求人民法院应当将失信被执行人名单信息，向政府相关部门、金融监管机构、金融机构、承担行政职能的事业单位及行业协会等通报，供相关单位依照法律、法规和有关规定，在政府采购、招标投标、行政审批、政府扶持、融资信贷、市场准入、资质认定等方面，对失信被执行人予以信用惩戒。2016 年，中共中央办公厅、国务院办公厅发布《关于加快推进失信被执行人信用监督、警示和惩戒机制建设的意见》，提出加快推进失信被执行人跨部门协同监管和联合惩戒机制建设，构建一处失信、处处受限的信用监督、警示和惩戒工作体制机制，维护司法权威，提高司法公信力，营造向上向善、诚信互助的社会风尚。中国也不断完善包括先予执行在内的执行工作机制，切实有效缓解当事人困难。开展涉民生案件专项集中执行活动，着重执行涉及人民群众生存生活的追索劳动报酬、农民工工资、赡养费、抚养费等 9 类案件。

---

① 国务院新闻办公室：《中国司法领域人权保障的新进展》，《法制日报》，2016 年 9 月 13 日。

第五章

妇女儿童权利保障 70 年发展

妇女和儿童人权是普遍人权中不可分割的一个重要组成部分，也是衡量一个国家人权状况的重要尺度。中国是世界上人口最多的发展中国家，女性人口 6.7 亿多，占世界妇女人口的五分之一，18 岁以下儿童有 3.6 亿多，占世界儿童总数的五分之一。中国共产党将男女平等作为促进国家和社会发展的一项基本国策，确立儿童利益优先的法律原则，制定和完善法律法规，出台和实施公共政策，编制发展规划，在保障妇女儿童权利方面取得了巨大成就。

第一节　中国促进妇女儿童权利保障的基本方略

中华人民共和国成立 70 年来，中国共产党和中国政府在保障男女平等方面作出了不懈努力，中国妇女的人权状况发生了翻天覆地的变化，中国儿童的权利也得到了前所未有的充分保障。

在人类历史进程中，由于种种文化、体制、行为和态度方面的歧视，妇女曾长期处于不平等的地位，被剥夺了许多应当平等享有的权利。1948 年，以《世界人权宣言》的通过为标志，妇女被正式纳入了人权的主体。1975 年第一次世界妇女大会通过的《墨西哥宣言》第一次给性别平等下了定义：“男女平等是指男女作为人的尊严和价值的平等以及男女权利、机会和责任的平等。”1980 年第二次世界妇女大会通过的《联合国妇女十年：平等、发展与和平后半期行动纲领》明确指出：“平等不仅指法律平等和消除法律上的歧视，而且还指妇女作为受惠者和积极动力参加发展的权利、责任和机会等。”1985 年第三次世界妇女大会通过的《到 2000 年提高妇女地位内罗毕前瞻性战略》进一步强调：“对于妇女来说，平等意味着实现某些由于文化、体制、行为和态度方面的歧视而被剥夺的权利。”1993 年的《维也纳宣言和行动纲领》第一次使用了“妇女的人权”这一概念，强调“妇女的平等地位和妇女的人权应汇入联合国全系统活动的主流”。1995 年第四次世界妇女大会通过的《北京宣言》和《行动纲领》进一步明确提出“妇女权利就是人权”。该文件把妇女权利准确地纳入人权，这在权利概念上是一个创新，在维护妇女权利的方式上也是一个创新。这标志着性别平等问题开始进入国际人权的主流。

在长达两千年的封建社会和百余年的半殖民地半封建社会中，中国妇女深受封建政权、族权、神权和夫权的压迫，受外国侵略者的欺凌。中华人民共和国成立后，中国废除了压迫妇女的封建制度和歧视妇女的旧法律，妇女的人权受到了国家宪法和法律的明确保护。新中国的妇女在政治、经济、文化、社会和家庭生活等各方面均享有中国社会几千年来从未达到、许多发达国家历时数百年方才得到承认的与男子平等的权利和地位。

一、将男女平等确立为宪法原则和基本国策

中华人民共和国成立 70 年来，中国共产党高度重视推进男女平等，毛泽东、邓小平、江泽民、胡锦涛、习近平等同志都对促进男女平等和保护儿童权利作出了许多重要论述。在成功主办联合国第四次世界妇女大会之后，中国政府认真落实《北京宣言》和《行动纲领》，将包括性别平等在内的公平正义作为中国特色社会主义事业的重要内容，认真落实《行动纲领》和《成果文件》，加大了对妇女人权保障机制建设的指导力度，在立法、执法和司法等方面采取了一系列措施，取得了新的成就。特别是党的十八大以来，以习近平同志为核心的党中央从党和国家事业全局出发，强调把中国发展进步的历程同促进男女平等发展的历程更加紧密地融合在一起，中国妇女权利保障和儿童权利保障事业不断取得新成就。

中华人民共和国成立后颁布的四部宪法都明确写入了男女平等的原则。1954 年新中国颁布的第一部宪法明确规定："妇女在政治的、经济的、文化的、社会的和家庭的生活各方面享有同男子平等的权利。"1975 年宪法规定："妇女在各方面享有同男子平等的权利。"1978 年宪法进一步明确规定："妇女在政治的、经济的、文化的、社会的和家庭的生活各方面享有同男子平等的权利。男女同工同酬。"1982 年宪法对男女平等原则作出了新规定："妇女在政治的、经济的、文化的、社会的和家庭的生活等各方面享有同男子平等的权利。国家保护妇女权利和利益，实行男女同工同酬，培养和选拔妇女干部。"国家宪法对男女平等原则和妇女权利的规定，为促进男女平等提供了最高法律依据。20 世纪 90 年代，中国共产党和中国政府把实现男女平等作为一项基本国策，把妇女人权放到优先事项上来考虑。2005 年，中国将"实行男女平等是国家的基本国策"写入《中华人民共和国妇女权益保障法》，进一步加大对妇女权利的保护力度。

二、不断完善保障妇女儿童权利的法律体系

中国积极批准加入联合国有关妇女人权保护的国际公约。1980 年我国批准加入《消除对妇女一切形式歧视公约》，是最早批准加入该公约的国家之一。中国认真履行公约所载义务，按时提交执行《消除对妇女一切形式歧视公约》履约报告，接受联合国消除对妇女歧视委员会的审议，在法律、政策和规划制定中体现《消除对妇女一切形式歧视公约》的精神和原则，持续消除对妇女各种形式的歧视，保障妇女人权。

中国共产党和中国政府非常重视对妇女权利的立法保护。中华人民共和国颁布的第一部法律就是赋予妇女平等权利的婚姻法。随后，中国颁布的选举法、继承法、民法、刑法等都进一步把宪法规定的男女平等原则具体化，体现了保障妇女人权的精神。

自 20 世纪 80 年代以来，中国立法机构加大了对妇女权利的立法保护。这一时期，有关妇女权益保障的法律法规的颁布最为集中、成效最为显著。1992 年，《中华人民共和国妇女权益保障法》出台，这是中华人民共和国第

一部综合性的妇女权利保护法律，全面体现了男女平等和禁止歧视的宪法原则。2005 年，我国修改妇女权益保障法，将“实行男女平等是国家的基本国策”写入总则，进一步规定“国家采取必要措施，逐步完善保障妇女权益的各项制度，消除对妇女一切形式的歧视”，并第一次明确规定：“禁止对妇女实施性骚扰。受害妇女有权向单位和有关机关投诉”，“违反本法规定，对妇女实施性骚扰或者家庭暴力，构成违反治安管理行为的，受害人可以提请公安机关对违法行为人依法给予行政处罚，也可以依法向人民法院提起民事诉讼”。该法首开我国性骚扰立法之先河，对保障妇女权利具有重大意义。2001 年修改婚姻法，第一次明确写入了禁止家庭暴力的规定，设立了离婚过错补偿制度和对离婚妇女无报酬劳动补偿制度；2003 年颁布的农村土地承包法强调了结婚、离婚和丧偶妇女平等获得土地的权利。在当今中国，已基本形成了以宪法为基础，以妇女权益保障法为主体，包括民法总则、刑法、婚姻法、劳动法、母婴保健法、反家庭暴力法等法律法规和地方性法规在内的一整套保障妇女权益、促进男女平等和妇女发展的法律法规体系。

在儿童权利保障方面，中国宪法明确规定：“国家培养青年、少年、儿童在品德、智力、体质等方面全面发展”，“儿童受国家的保护”，“禁止虐待儿童”。中国从国情出发，依据宪法，参照世界各国立法，特别是有关保护儿童权益的法律和国际文件，制定一系列法律保护儿童权利。20 世纪 90 年代以来，中国在保护儿童权利方面加大了立法步伐，1991 年颁布了未成年人保护法，1999 年颁布了预防未成年人犯罪法等。特别是近年来，在全面推进依法治国的进程中我国进一步加大对妇女儿童权利的立法保护。2015 年颁布反家庭暴力法，2017 年颁布民法总则，加强了对妇女儿童权利的保护。目前中国基本形成了以宪法为核心，包括未成年人保护法、预防未成年人犯罪法、教育法、义务教育法、母婴保健法、反家庭暴力法、民法总则、传染病防治法、收养法等在内的一系列有关儿童的法律，以及大量的有关法规和政策措施，形成了较为完备的保护儿童权益的法律体系。

三、建立和完善保护妇女儿童权利的政府工作机构

1990 年，中国成立了国务院妇女儿童工作委员会，负责组织、协调、指导、督促有关部门，共同促进性别平等与妇女发展。国务院妇女儿童工作委员会由相关政府部门部级领导组成，主任由国务院领导担任。国务院妇女儿童工作委员会下设办公室负责日常工作，配有专职工作人员和专项工作经费。全国 31 个省（区、市）县级以上人民政府均成立了相应机构，基本形成了促进性别平等和保护妇女儿童权利的组织体系。

四、制定实施专门的妇女发展纲要和儿童发展纲要

从第十个国民经济和社会发展五年规划开始，我国将妇女儿童的发展列入每个国民经济和社会发展五年规划，目标更加明确，内容不断丰富，措施更加有效。例如，《中华人民共和国国民经济和社会发展第十三个五年规划纲要》专列章节对“促进妇女全面发展”作出部署。

国务院先后颁布三个周期的中国妇女发展纲要，明确各阶段妇女发展的总体目标、重点领域及策略措施。1995 年制定了第一部促进性别平等的行动纲领——《中国妇女发展纲要（1995—2000 年）》。2001 年，在《中国妇女发展纲要（1995—2000 年）》目标基本实现的基础上，颁布了《中国妇女发展纲要（2001—2010 年）》。2011 年，在《中国妇女发展纲要（2001—2010 年）》目标基本实现的基础上，又颁布了《中国妇女发展纲要（2011—2020 年）》。这一纲要对保障妇女在健康、教育、经济、决策与管理、社会保障、环境、法律七个发展领域的权利提出了具体措施和具体目标。新纲要在策略措施中专门提出了一项策略措施：未来十年，将建立健全预防和制止性骚扰的法规和工作机制，加大对性骚扰行为的打击力度；用人单位应采取有效措施，防止工作场所的性骚扰。新纲要增加了“加强对法规政策的性别平等审查”目标，加强对法规政策的性别平等审查：一方面要求在立法的过程中，征求社会性别专家和有关部门的意见，从性别视角审查法律条款，以确保法规政策对男女产生事实上平等；另一方面要求对现行的法规政策进行清理，修订或删除不符合性别平等原则的法律条款。

国务院有关部门和地方各级政府，都制定了本部门的纲要实施方案和本地区的妇女发展规划。全国 31 个省（区、市）县级以上人民政府分别制定本地区妇女发展规划，形成了全国自上而下促进妇女发展的规划体系。中央和地方财政逐年加大实施妇女发展纲要的经费投入。妇女纲要的实施，有助于推动将法律上的平等变为事实，这是中国妇女权利保障的一个重要特点。

1992 年 2 月 16 日，依据世界儿童问题首脑会议通过的《儿童生存、保护和发展世界宣言》和《执行 90 年代儿童生存、保护和发展世界宣言行动计划》两个文件的精神，结合中国儿童工作的实际情况，中国制订了《九十年代中国儿童发展规划纲要》。这是中国第一部以儿童为主体、促进儿童发展的国家行动计划。2001 年中国制定了《中国儿童发展纲要（2001—2010 年）》。在该纲要目标基本实现的基础上，2011 年中国又制定了《中国儿童发展纲要（2011—2020 年）》，确定了在儿童健康、教育、福利、社会环境和法律保护五个领域的 52 项主要目标，提出了 67 项策略措施，以落实儿童优先原则，保障儿童生存、发展、受保护和参与的权利，缩小儿童发展的城乡区域差距，提升儿童福利水平和身心健康水平，提高儿童整体素质，促进儿童健康、全面发展。中国还制定实施了《儿童疾病综合管理实施行动计划（2003—2005 年）》《2003—2010 年全国保持无脊髓灰质炎状态行动计划》《中国反对拐卖人口行动计划（2013—2020 年）》，加强对儿童权利的保障。

五、在国家人权行动计划中设立保障妇女权利的目标和任务

制定国家人权行动计划，促进人权，是 2009 年以来我国采取的新的工作举措和要求。从 2009 年制定第一部《国家人权行动计划（2009—2010 年）》，到 2012 年制定的第二部《国家人权行动计划（2012—2015 年）》，再到 2016 年发布的第三部《国家人权行动计划（2016—2020 年）》，每一部行动计划都提出了消除性别歧视，保障妇女儿童各项权利的战略目标和具体措施。第三部《国家人权行动计划（2016—2020 年）》明确提出："贯彻落

实男女平等基本国策，全面实现《中国妇女发展纲要（2011—2020 年）》目标，消除性别歧视，改善妇女发展环境，保障妇女合法权益。”“继续促进妇女平等参与管理国家和社会事务。逐步提高女性在各级人大代表、政协委员中的比例，以及在各级人大、政府、政协领导成员中的比例。到 2020 年，村民委员会成员中女性比例达 30% 以上，村民委员会主任中女性比例达 10% 以上，居民委员会成员中女性比例保持在 50% 左右。”“保障妇女的婚姻家庭权利。设立男性职工带薪陪护分娩妻子的假期制度。大力发展针对 0—3 岁幼儿的托幼机构，为妇女平衡工作与家庭提供支持。保障妇女在婚姻家庭中的财产权益。”“贯彻落实反家庭暴力法。完善预防和制止家庭暴力多部门合作机制，以及预防、制止和救助一体化工作机制。鼓励和扶持社会组织参与反家庭暴力工作。”“落实《中国反对拐卖人口行动计划（2013—2020 年）》，有效预防和依法打击拐卖妇女犯罪行为。”“预防和制止针对妇女的性骚扰。”

在儿童权利部分，《国家人权行动计划（2016—2020）年》提出，坚持儿童优先原则，强化政府和社会保障儿童权益的责任，全面实现《中国儿童发展纲要（2011—2020 年）》目标：（1）修改未成年人保护法。（2）完善儿童监护制度。构建未成年人关爱社会网络。逐步建立以家庭监护为主体，以社区、学校等有关单位和人员监督为保障，以国家监护为补充的监护制度。完善并落实不履行监护职责或严重侵害被监护儿童权益的父母或其他监护人资格撤销的法律制度。（3）保障儿童健康权。加强出生缺陷综合防治，建立覆盖城乡居民，涵盖孕前、孕期、新生儿各阶段的出生缺陷防治服务制度。加强儿童疾病防治和预防伤害，到 2020 年，婴儿死亡率、5 岁以下儿童死亡率分别控制在 7.5‰和 9.5‰以内。纳入国家免疫规划的疫苗接种率以乡（镇）为单位保持在 95% 以上。继续推行农村义务教育学生营养改善计划。强化学校体育工作，不断提升学生体质健康水平。加强未成年人心理健康引导。（4）加强儿童财产权益保护。依法保障儿童的财产收益权和获赠权、知识产权、继承权、一定权限内独立的财产支配权。（5）加强校园及周边社会治安综合治理，加强校车安全管理，预防和制止校园暴力。

（6）创造有利于儿童参与的社会环境。鼓励并支持儿童参与家庭、学校和社会事务，畅通儿童参与和表达渠道。（7）保障儿童享有闲暇和娱乐的权利。加强社区儿童活动和服务场所建设，到2020年，“儿童之家”覆盖90%以上的城乡社区。确保街道和乡镇配备1名以上专职或者兼职儿童社会工作者。标本兼治减轻学生课业负担。（8）关爱困境儿童。全面构建覆盖市、县、乡镇（街道）、社区四级儿童福利保障和服务体系，实施县级儿童福利机构和未成年人保护机构建设规划。健全困境儿童保障制度。进一步完善孤儿保障制度。提高受艾滋病影响儿童和服刑人员未满18周岁子女的生活、受教育、医疗等权利保障水平。加大对农村留守儿童的关爱保护力度。（9）建立儿童暴力伤害的监测预防、发现报告、调查评估、处置、救助工作运行机制。依法打击拐卖、虐待、遗弃儿童，利用儿童进行乞讨，以及针对儿童的一切形式的性侵犯等违法犯罪行为。严厉惩处使用童工和对儿童进行经济剥削的违法行为。（10）最大限度地降低未成年犯罪嫌疑人的批捕率、起诉率和监禁率。改革少年审判和家事审判工作制度，建立儿童司法保护和行政保护衔接机制。继续做好犯罪未成年人社区矫正工作。

六、不断加大对妇女儿童权利的司法保护

国家司法机关不断加大执法力度，保护妇女儿童人权。

法院系统设立专门的妇女维权合议庭、家事审判庭，妥善审理婚姻家庭纠纷案件，保障妇女在情感补偿、财产分割等方面的合法权益。加大对猥亵、侮辱妇女，拐卖妇女，收买被拐卖妇女等侵害妇女人身权益违法犯罪行为的惩治力度，维护妇女人身权益和尊严。各地司法部门与妇联组织合作，成立家庭暴力伤情鉴定中心、110家庭暴力报警中心、家庭暴力投诉站、妇女避救站、妇女权益法律援助中心等。

2014年，最高人民法院与澳大利亚人权委员会合作，选择福建省莆田市作为“中澳反家暴联动机制试点”，“莆田经验”继而向全国进行推广。福建省法院系统所倡导的“五环维权工作法”、“蓝丝带行动计划”等，均已形

成一定的工作基础和影响力。[①]

最高人民法院还与联合国儿童基金会达成“妇女儿童权益司法保护”项目合作协议，重点针对妇女儿童权益的刑事司法保护工作，设立“妇女儿童权益刑事司法保护”课题组，使对妇女儿童“特殊、优先、积极保护”的司法理念得到更加深入、全面的贯彻，为妇女儿童等弱势群体的合法权益提供更有力的司法保障。

国家积极开展执法和司法人员的性别意识培训，发挥司法人员在保障妇女权利方面的作用。注重发挥妇女在公正司法中的重要作用。2013 年，人民陪审员中女性占 34.2%；女法官、女检察官比例分别为 28.8%、29.3%，比 1995 年分别增长了 12.1%、12.3%。女法官协会、女检察官协会、女律师协会等专业性妇女组织发挥积极作用，维护妇女权益。[②]

1984 年 10 月，新中国历史上第一个少年法庭在上海市长宁区诞生。人民法院将未成年人刑事案件从成年人刑事案件中分离出来进行专门审判，不断完善我国少年司法制度。全国法院系统稳步推进少年法庭建设。2015 年，全国已有少年法庭 2253 个，基本实现未成年人刑事案件由专门机构审判的目标。[③]

依法坚决惩治针对妇女儿童的暴力、虐待、性侵害行为。最高人民法院牵头起草发布了《关于依法惩治性侵害未成年人犯罪的意见》等一系列司法政策文件，密织儿童权益司法保护的制度之网；2013 年至 2017 年审结相关案件 13.1 万件，对偷盗婴幼儿等行为依法从严惩处，审结拐卖妇女儿童犯罪案件 4685 件。

2013 年、2014 年我国出台《关于进一步推进法律援助工作的意见》和《关于建立完善国家司法救助制度的意见（试行）》，为更多妇女获得法律援助和司法救助提供制度保障。2014 年全国共设立法律援助机构 3737 个[④]；在相关

① 刘婧：《妇幼保护：让幸福入驻千家万户》，《人民法院报》，2018 年 12 月 17 日。
② 国务院新闻办公室：《中国性别平等与妇女发展》，《人民日报》，2015 年 9 月 23 日。
③ 刘婧：《妇幼保护：让幸福入驻千家万户》，《人民法院报》，2018 年 12 月 17 日。
④ 国务院新闻办公室：《中国性别平等与妇女发展》，《人民日报》，2015 年 9 月 23 日。

部门大力推进下，2017 年，全国共建立省、市、县三级政府法律援助机构 4292 个；2011—2017 年，妇女获得法律援助人数超过 225 万人次，妇女的合法权益得到维护。①

七、逐步完善性别统计制度

建立妇女发展综合统计制度，将其纳入国家和部门常规统计或统计调查，规范和完善妇女生存发展统计指标和分性别统计指标。逐步建立国家和省（区、市）妇女状况监测体系，制定统计监测指标体系，建立各地区各部门综合统计报表和定期报送审评制度。1990 年、2000 年、2010 年开展三期中国妇女社会地位调查，全面客观反映中国妇女社会地位的状况和变化，为国家制定促进妇女发展、推动性别平等政策措施提供依据。1995 年、1999 年、2004 年、2007 年和 2012 年，分别出版《中国社会中的女人和男人——事实和数据》；2008 年起，每年出版《中国妇女儿童状况统计资料》。②

八、鼓励人民团体和社会组织承担促进妇女儿童人权保障义务

中国共产党和中国政府重视发挥与妇女儿童发展有关的非政府组织的作用。中国的社会组织已经超过 80 万家，其中很多非政府组织在保护妇女儿童权利方面发挥着越来越重要的作用，包括中华全国妇女联合会（以下简称全国妇联）、中华全国总工会、中国共产主义青年团中央委员会、中国残疾人联合会、北京青少年法律援助中心等。

全国妇联是中国最大的促进性别平等和妇女发展的非政府组织。2005 年 3 月，全国妇联成立了法律帮助中心并开通了全国统一号码的妇女维权热线 12338 和玫琳凯反家暴热线 16838198，受理有关妇女儿童的侵权投诉，为权益受侵害的妇女儿童提供法律服务。目前，31 个省（区、市）的 2800

① 国家统计局：《2017 年〈中国妇女发展纲要（2011—2020 年）〉统计监测报告》（2018 年 10 月），国家统计局网站：http：//www.stats.gov.cn/tjsj/zxfb/201811/t20181109_1632537.html。

② 国务院新闻办公室：《中国性别平等与妇女发展》，《人民日报》，2015 年 9 月 23 日。

多个区（县）开通“12338”妇女维权服务热线，建立妇女维权站、维权岗、家庭暴力投诉站等各类维权服务机构25万个，为妇女提供维权服务。2006年，全国妇联法律帮助中心又开设了流动妇女维权专线，专门受理女性农民工的投诉和有关政策、法规方面的咨询。2007 年 8 月，反家庭暴力热线变更为“平安家庭·美好家园”公益服务热线 4008812338，拓展了心理调适等服务内容，引导妇女理性表达诉求，以身心健康、家庭平安服务于社会稳定大局。近年来，全国妇联法律帮助中心每年受理各种投诉量都在 5000 余人次，接听热线 5 万余次。2006 年 3 月，全国妇联与中国法律援助基金会共同开展了“中国妇女法律援助行动”，重点为中西部、贫困地区妇女，女性农民工等提供法律援助服务。近年来，妇联组织依托村级组织和社区活动场所建立 70 余万个“妇女之家”。[①]2000 年，中国法学会启动了“反对针对妇女的家庭暴力对策研究与干预”项目，开办了反对家庭暴力网站和向全国开放的反对家庭暴力资料中心。

2016 年 2 月 4 日，国务院发布了《关于加强农村留守儿童关爱保护工作的意见》；2016 年 6 月 13 日，国务院发布了《关于加强困境儿童保障工作的意见》。这两个意见要求建立有效的留守儿童和困境儿童的救助保护机制，同时要求推动社会组织积极参与保护儿童权利。在中国政府的支持下，中国与儿童有关的非政府组织发展到 15 万个。[②]

第二节　反性别歧视

反对性别歧视是保障妇女经济、社会、文化权利的重要原则。中国政府颁布法律法规，明确规定平等和禁止性别歧视的原则，维护妇女在经济、社会、文化领域的平等人权。

---

① 国务院新闻办公室：《中国性别平等与妇女发展》，《人民日报》，2015 年 9 月 23 日。

② 《这是，中国儿童类社会组织一次高峰会议》，北京青少年法律援助与研究中心网，2018 年 4 月 16 日。

一、反性别歧视是妇女人权的内在要求

保障妇女平等的经济、社会和文化权利，必然要求反对性别歧视。在现实中，影响妇女经济、政治、社会和文化权利实现的最大障碍是性别歧视。性别歧视是性别不平等的产物，性别歧视的根本原因是妇女没有被当作平等的“人”来看待，妇女的权利没有被当作人权。

以 1948 年《世界人权宣言》通过为标志，反性别歧视斗争进入一个全新的发展阶段。《世界人权宣言》第一次从全球层次明确提出：“人人生而自由；在尊严和权利上是平等的。”为了落实《世界人权宣言》的平等和不歧视原则，联合国通过了一系列反对性别歧视的国际人权公约和宣言。在这些文件中，一个重要的里程碑文件是 1979 年的《消除对妇女一切形式歧视公约》，该公约被称为《妇女权利宪章》。该公约第一次以国际法的形式给“对妇女的歧视”下了定义：“对妇女的歧视一词指基于性别而作的任何区别、排斥或限制，其影响或其目的是要妨碍或否认妇女不论已婚未婚在男女平等的基础上认识、享有或行使在政治、经济、社会、文化、公民或任何其他方面的人权和基本自由。”该定义指出了性别歧视的目的是否定妇女的人权和自由。

反性别歧视的另一个重要的国际人权文件是 1993 年第二次世界人权大会的最后文件《维也纳宣言和行动纲领》。该文件第一次明确提出“消除基于性别的一切形式的歧视是国际社会的首要目标”，要求将妇女人权列为各国政府和联合国的优先事项。这标志着反对性别歧视、促进性别平等开始进入国际人权运动的主流。

1995 年在北京召开的第四次世界妇女大会通过的《北京宣言》和《行动纲领》再次强调“防止和消除对妇女和女孩的一切形式歧视”，并指出，“提高妇女地位和实现男女平等，是人权问题和社会正义的条件，不应孤立地视为是妇女问题”。

这些国际人权文件对性别歧视的界定，对性别平等与人权关系的阐述，为国际社会认识和解决性别歧视问题提供了一个国际标准。

二、将男女平等和反性别歧视作为立法的鲜明主题

性别不平等是旧中国社会的基本特征。中华人民共和国成立后，中国共产党和中国政府一直致力于运用法律的、行政的和教育的手段消除对妇女的各种歧视，保护妇女的平等权利。特别是改革开放以来，中国制定和修改了许多法律，这些法律改革既是中国人权保障发展的内在要求，也是为了把国际人权公约的反歧视原则更好地体现在国内法中。

（一）制定新法律落实联合国有关公约反性别歧视的原则和要求

中国于 1980 年批准了 1979 年联合国通过的《消除对妇女一切形式歧视公约》，是最早批准该公约的国家之一。为了更好地实施该公约，中国于 1992 年颁布了妇女权益保障法，对妇女的平等保护作出全面而详细的规定，这表明了政府承认和接受国际人权标准的立场和促进性别平等的决心。1994 年中国颁布实施的劳动法进一步重申了平等和反性别歧视原则（第十二、十三条），并在第七章专门规定了“对女职工和未成年工实行特殊劳动保护”。

2005 年中国批准加入《消除就业和职业歧视公约》后，进一步在立法中强化了反歧视原则。2007 年出台的《中华人民共和国物权法》《中华人民共和国就业促进法》《中华人民共和国劳动合同法》《残疾人就业条例》和《就业服务与就业管理规定》等法律法规明确规定，禁止对妇女以及其他特殊群体的就业歧视，规定要对妇女等就业群体提供专门的职业指导服务。就业促进法第三条规定：“劳动者依法享有平等就业和自主择业的权利。劳动者就业，不因民族、种族、性别、宗教信仰等不同而受歧视。”第二十七条规定：“国家保障妇女享有与男子平等的劳动权利。用人单位招用人员，除国家规定的不适合妇女的工种或者岗位外，不得以性别为由拒绝录用妇女或者提高对妇女的录用标准。用人单位录用女职工，不得在劳动合同中规定限制女职工结婚、生育的内容。”第六十二条规定：“违反本法规定，实施就业歧视的，劳动者可以向人民法院提起诉讼。”2008 年实施的劳动合同法进一步重申反歧视原则和对女职工的特殊保护，规定女职工在孕期、产期、哺乳期的，用人单位不得解除劳动合同。

（二）修改法律加大对妇女平等权利的保护

2001 年中国批准《经济、社会及文化权利国际公约》后，在反性别歧视方面采取新的立法措施。2001 年修改的婚姻法第一次明确设立了离婚过错补偿制度和对离婚妇女无报酬劳动补偿制度；2003 年颁布的农村土地承包法强调了结婚、离婚和丧偶妇女平等获得土地的权利。

2005 年新修订的妇女权益保障法第一次在法律上明确规定“男女平等是国家的基本国策”，并新增第四十条“禁止对妇女实施性骚扰。受害妇女有权向单位和有关机关投诉”，第五十八条“违反本法规定，对妇女实施性骚扰或者家庭暴力，构成违反治安管理行为的，受害人可以提请公安机关对违法行为人依法给予行政处罚，也可以依法向人民法院提起民事诉讼”。这是反歧视立法的一个重要的突破。中国地方法规以宪法和妇女权益保障法为依据，以列举的形式对禁止性骚扰的规定予以细化。2005 年妇女权益保障法修订颁布后，全国 31 个省、自治区、直辖市相继修订了本地方的《〈中华人民共和国妇女权益保障法〉实施办法》，增加了禁止性骚扰的规定，并对性骚扰行为的表现形式、投诉渠道和责任主体予以明确规定。如《河北省实施〈中华人民共和国妇女权益保障法〉办法》（2008 年）第三十五条规定：“禁止违背妇女意愿，以带有性内容或者与性有关的肢体行为、语言、文字、图片、电子信息等形式，对妇女实施性骚扰。用人单位和公共场所管理单位应当采取必要措施，制定相应的调查投诉制度，预防和制止对妇女的性骚扰。”

可见，平等和不歧视原则是国际人权法的核心，也是中国宪法和法律的基本精神。中国立法中既有禁止性别歧视的规范，也有积极行动的规范。立法禁止性别歧视的范围在扩大（基于性别、婚姻状况、怀孕的歧视，以及性骚扰都属违法），立法反性别歧视的力度在加强。

第三节　妇女政治权利保障的发展

妇女广泛参与国家和社会事务管理是国家文明进步的重要标志。充分保障妇女参与国家和社会事务管理及决策的权利，是中国人权发展的一个重要目标。

一、建立和实施保障妇女政治权利的法律和政策

对中国妇女政治权利的保障，一方面体现在有关妇女政治权利的一系列法律规定上，另一方面体现在政府的各项政策中。

（一）妇女政治权利的法律保障

妇女的政治权利也被称为妇女参政权，是指妇女参加国家管理、参政议政的民主权利和自由的总称。妇女参政权有广义和狭义之分。根据联合国《公民权利和政治权利国际公约》，广义的参政权主要包括言论自由权，和平集会、结社、游行示威权，选举权和被选举权，平等参加本国公务的权利，担任公职的权利等。我国宪法第三十四条规定，公民有选举权和被选举权；第三十五条规定，公民有言论、出版、集会、结社、游行和示威的自由；第四十一条规定，公民有批评、建议、申诉等监督权利等。

狭义的妇女参政权主要包括选举权、被选举权和担任公职的权利。联合国《妇女政治权利公约》第一条明确规定："妇女有权参加一切选举，其条件与男子平等，不得有任何歧视。"第二条规定："妇女有资格当选任职于依国家法律设立而由公开选举产生之一切机关，其条件应与男子平等，不得有任何歧视。"第三条规定："妇女有权担任依国家法律而设置之公职及执行国家法律所规定之一切公务，其条件应与男子平等，不得有任何歧视。"联合国《消除对妇女一切形式歧视公约》第七条规定："保证妇女在与男子平等的条件下：（a）在一切选举和公民投票中有选举权，并在一切民选机构有被选举权；（b）参加政府政策的制订及其执行，并担任各级政府公职，执行一切公务。"这些国际人权文件确立了妇女参政权的国际标准。妇女的参政权在妇女权利体系中处于核心的地位，是妇女人权的重要组成部分，也是妇女平等享有其他权利的基础。

在历史上，政治曾经长期是我国妇女的禁区，妇女完全被排除在社会政治生活之外。1949 年新中国成立之后，废除了一切压迫和歧视妇女的旧法律、旧制度，妇女的政治地位发生翻天覆地的变化，在法律上享有了同男性平等的政治权利。

妇女政治权利是妇女人权的重要组成部分，也是妇女是否具有与男性同

等的尊严、价值、地位和权利的集中体现。

中国妇女政治权利受到法律的充分保障。中国宪法第四十八条规定:“中华人民共和国妇女在政治的、经济的、文化的、社会的和家庭的生活等各方面享有同男子平等的权利。国家保护妇女的权利和利益,实行男女同工同酬,培养和选拔妇女干部。”宪法的妇女政治权利平等原则在中国选举法、妇女权益保障法等中得到了具体体现。

1992 年 4 月 3 日第七届全国人大第五次会议通过的妇女权益保障法规定 :“妇女享有与男子平等的选举权和被选举权。全国人民代表大会和地方各级人民代表大会的代表中，应当有适当数量的妇女代表，并逐步提高妇女代表的比例。”2005 年修改的妇女权益保障法进一步规定 :“国家积极培养和选拔女干部。国家机关、社会团体、企业事业单位在任用干部时必须坚持男女平等的原则，重视培养、选拔女干部担任领导成员。国家重视培养和选拔少数民族女干部。”同时，该法第十三条还规定 :“各级妇女联合会及其团体会员，可以向国家机关、社会团体、企业事业单位推荐女干部。”

中国立法不断加大促进妇女参政水平的力度。2007 年 3 月,《第十届全国人民代表大会第五次会议关于第十一届全国人民代表大会代表名额和选举问题的决定》规定“第十一届全国人民代表大会代表中，妇女代表比例不低于 22%”，首次对妇女代表的比例作出明确规定。这体现了联合国《消除对妇女一切形式歧视公约》第四十二条的精神，把特别措施作为暂行的促进性别平等的战略。

2010 年修订的村民委员会组织法规定 :“村民委员会成员中，应当有妇女成员”(第六条);“妇女村民代表应当占村民代表会议组成人员的三分之一以上”(第二十五条)。2013 年 5 月,民政部颁布的《村民委员会选举规程》为保证村委会中有女性成员作出如下规定 :“候选人中应当有适当的妇女名额，没有产生妇女候选人的，以得票最多的妇女为候选人。”“村民委员会主任、副主任的当选人中没有妇女，但委员的候选人中有妇女获得过半数选票的，应当首先确定得票最多的妇女当选委员，其他当选人按照得票多少的顺序确定 ;如果委员的候选人中没有妇女获得过半数选票的，应当从应选名额中确定一个名额另行选举妇女委员，直到选出为止，其他当选人按照得票多少的顺序确定。”“补选时，村民委员会没有妇女成员的，应当至少补选一名妇女成员。”2015 年修订的《中华人民共和国全国人民代表大会和地方各级人民代表大会选举法》规定，全国人民代表大会和地方各级人民代表大会的代表应当具有广泛的代表性，应当有适当数量的妇女代表，并逐步提高妇女代表的比例。这些法律为妇女参政权的实现提供了法律保障。

（二）保障妇女参政权的政策和制度措施

中国共产党和中国政府采取多种措施，加大政策和制度保障力度，提高妇女参政水平。

1.《中国妇女发展纲要（2011—2020 年）》提出促进妇女参政的目标和举措

制定妇女发展纲要，促进妇女参政，是我国的一贯做法。从 1995 年开始，中国制定的三部中国妇女发展纲要都明确提出了妇女参政的目标。2011 年我国发布的《中国妇女发展纲要（2011—2020 年）》提出主要目标：“1. 积极推动有关方面逐步提高女性在全国和地方各级人大代表、政协委员以及人大、政协常委中的比例。2. 县级以上地方政府领导班子中有 1 名以上女干部，并逐步增加。3. 国家机关部委和省（区、市）、市（地、州、盟）政府工作部门领导班子中女干部数量在现有基础上逐步增加。4. 县（处）级以上各级地方政府和工作部门领导班子中担任正职的女干部占同级正职干部的比例逐步提高。5. 企业董事会、监事会成员及管理层中的女性比例逐步提高。6. 职工代表大会、教职工代表大会中女代表比例逐步提高。7. 村委会成员中女性比例达到 30% 以上。村委会主任中女性比例达到 10% 以上。8. 居委会成员中女性比例保持在 50% 左右。”

2.《国家人权行动计划（2016—2020 年）》进一步提出保障妇女参政权的具体目标

制定国家人权行动计划，促进妇女参政，是 2009 年以来我国采取的新的工作举措和要求。2016 年发布的《国家人权行动计划（2016—2020 年）》明确提出：“继续促进妇女平等参与管理国家和社会事务。逐步提高女性在各级人大代表、政协委员中的比例，以及在各级人大、政府、政协领导成员中的比例。到 2020 年，村民委员会成员中女性比例达 30% 以上，村民委员会主任中女性比例达 10% 以上，居民委员会成员中女性比例保持在 50% 左右。”

3. 加大培养、选拔妇女干部力度

中央组织部高度重视妇女干部的培养选拔工作，多次召开会议进行专门部署，明确提出培养选拔女干部工作的目标和政策措施，要求在各级领导班子中都要有一定数量的女干部。为了落实这些要求，各级党委和政府不断采取许多特别的措施，加大培养选拔女干部工作力度。一是通过培养、交流等形式，推动一定比例的女干部到重要部门、关键岗位担任主要领导职务。二是注重从基层、生产一线培养选拔女干部。三是组织有关大专院校采取定向招生的办法，为基层培养女干部。四是从高等院校选调优秀女应届毕业生到基层工作。五是坚持从县以上政府机关，特别是女性比较集中的行业、部门和企事业单位选派一些年轻优秀的女干部到基层任职；乡镇、街道招聘录用干部时规定一定的女性比例，并坚持同等条件下优先招聘录用女性。

4. 党政群团密切合作积极推动妇女参政

2014 年，中央组织部、民政部和全国妇联联合召开村“两委”换届工作座谈会，要求各地制定换届工作意见和方案时，把村“两委”至少各有 1 名女性、村妇代会主任 100% 进村“两委”、村“两委”女性成员和女性正职比例高于上届等，纳入换届选举工作的全过程。

2008 年，民政部和全国妇联联合发布了《关于充分发挥妇联组织在基层群众自治制度建设中积极作用的若干意见》《关于进一步加强新形势下妇女参加村民委员会工作的意见》，对农村妇女当选村委会成员和村民代表的比例作出规定。这些年各地不断采取新措施落实这一精神。有的地方采取“女委员专职专选”的做法，提高妇女的当选率。各地更加重视妇联组织在培养、推荐女干部和优秀女性人才，以及推动妇女参政议政等方面的意见和建议等等。

中国妇女政治权利不仅受到法律的保护，而且有政策的保证和支持，这是中国实现男女平等的得天独厚的有利条件。

二、妇女政治权利保障取得的成就

在国家法律和政策的保障下，中国妇女参与管理国家和社会事务的水平不断提高，主要表现在以下方面：

（一）全国人民代表大会的女代表比例不断提高

人民代表大会制度是中国的根本政治制度，是妇女参政的重要平台，我国妇女被选为全国人大代表的比例越来越高。

1954 年召开的第一届全国人民代表大会，共有女性代表 147 人，只占代表总数的 12%。2003 年召开的第十届全国人大会议，共有女代表 604 人，占代表总数的 20.2%，远远高于新中国成立初期占代表人数的比例。女常委占常委总数的 13.2%，女副委员长占总数的 18.8%。第十届全国人大还选出女副总理 1 人、女国务委员 1 人。2008 年第十一届全国人民代表大会，代表和常委中女性的比例分别为 21.3% 和 16.1%，分别比上届提高了 1.1 个和 3 个百分点；女代表 637 人，女常委 29 人；全国人大常委会副委员长中，有 3 位是女性。在第十二届全国人大代表中，妇女代表 699 名，占代表总数的 23.4%，与十一届相比提高了 2.1 个百分点。①

表 5–1　历届全国人民代表大会代表人数及性别构成

届别及召开年份	人数		性别构成 /%	
	女	男	女	男
第一届（1954）	147	1079	12.0	88.0
第二届（1959）	150	1076	12.2	87.8
第三届（1964）	542	2498	17.8	82.2
第四届（1975）	653	2232	22.6	77.4
第五届（1978）	740	2757	21.2	78.8

① 王姝：《2987 名十二届全国人大代表名单公布》，《新京报》，2013 年 2 月 28 日。

续表

届别及召开年份	人数		性别构成 /%	
	女	男	女	男
第六届（1983）	632	2346	21.2	78.8
第七届（1988）	634	2336	21.3	78.7
第八届（1993）	626	2352	21.0	79.0
第九届（1998）	650	2329	21.8	78.2
第十届（2003）	604	2380	20.2	79.8
第十一届（2008）	637	2350	21.3	78.7
第十二届（2013）	699	2288	23.4	76.6

资料来源：国家统计局社会科技和文化产业统计司编：《中国社会中的女人和男人——事实和数据（2012）》，中国统计出版社 2012 年版，第 95 页；第十二届全国人大代表数据根据新华网全国人大统计资料整理。

2018 年，我国妇女参政进一步发展，在第十三届全国人大 2980 名代表中，女代表 742 名，占代表总数的 24.9%，比十二届全国人大女代表总数增加了 43 名，比上届提高了 1.5 个百分点，是历届人大代表中女性比例最高的一届；有女常委 18 人，占常委总数的 11.3%，低于上届 4.2 个百分点。[①]

与十二届全国人大相比，十三届全国人大 35 个选举单位中有 23 个选举单位女代表比例有所上升，5 个选举单位女代表与上届持平，其中，上升幅度最大的是辽宁，提高了 13.72 个百分点。其次为台湾、福建和西藏，分别提高了 7.69 个、5.41 个和 5 个百分点。海南、广西、陕西、河北、贵州 5 省区紧随其后，上升幅度在 3 个百分点以上。

更加可喜的是，在十三届全国人大 35 个选举单位中，6 个选举单位女代表比例超 30%，比上届翻了一番，达到了联合国提出的 30% 的目标。它

① 贺燕荣、林丹燕、张婧文：《新一届全国两会代表委员中女性比例创新高》，《人民日报（海外版）》海外网，2018 年 2 月 27 日，http：//news.haiwainet.cn/n/2018/0227/c3543388-31265940.html。

们分别是广西（32.58%）、福建（31.88%）、云南（31.87%）、辽宁（31.37%）、台湾（38.46%）、澳门（33.33%）。①

表 5-2　35 个选举单位十三、十二届全国人大女代表比例分层一览表

层次	女代表比例	届次	个数	选举单位
第一档	30% 及以上	十三届	6	广西（32.58%）、福建（31.88%）、云南（31.87%）、辽宁（31.37%）、台湾（38.46%）、澳门（33.33%）
		十二届	3	云南（31.78%）、澳门（33.33%）、台湾（30.77%）
第二档	25%—29.99%	十三届	15	安徽（28.32%）、陕西（27.94%）、贵州（27.75%）、浙江（27.66%）、河北（27.20%）、广东（27.16%）、山东（26.86%）、湖南（26.27%）、重庆（26.23%）、黑龙江（26.09%）、内蒙古（25.86%）、天津（25.58%）、湖北（25.42%）、西藏（25.00%）、河南（25.00%）
		十二届	12	广西（28.89%）、重庆（27.87%）、江苏（26.67%）、安徽（26.55%）、福建（26.47%）、广东（26.25%）、浙江（26.04%）、黑龙江（25.81%）、天津（25.58%）、上海（25.42%）、湖南（25.21%）、香港（25.00%）
第三档	22%—24.99%	十三届	8	江西（24.69%）、四川（24.32%）、甘肃（24.07%）、海南（24.00%）、北京（23.64%）、山西（22.86%）、上海（22.03%）、江苏（22.00%）
		十二届	12	贵州（24.66%）、四川（24.32%）、山西（24.29%）、陕西（24.29%）、内蒙古（24.14%）、山东（24.00%）、河北（23.81%）、江西（23.46%）、河南（23.26%）、湖北（22.88%）、青海（22.73%）、甘肃（22.22%）
第四档	22% 以下	十三届	6	吉林（21.88%）、新疆（21.31%）、宁夏（19.05%）、青海（19.05%）、香港（13.89%）、解放军（12.69%）
		十二届	8	北京（21.82%）、新疆（21.67%）、西藏（20.00%）、吉林（20.00%）、海南（20.00%）、宁夏（19.03%）、辽宁（17.65%）、解放军（10.82%）

① 贺燕荣、林丹燕、张婧文：《新一届全国两会代表委员中女性比例创新高》，《人民日报（海外版）》海外网，2018 年 2 月 27 日，http：//news.haiwainet.cn/n/2018/0227/c3543388-31265940.html。

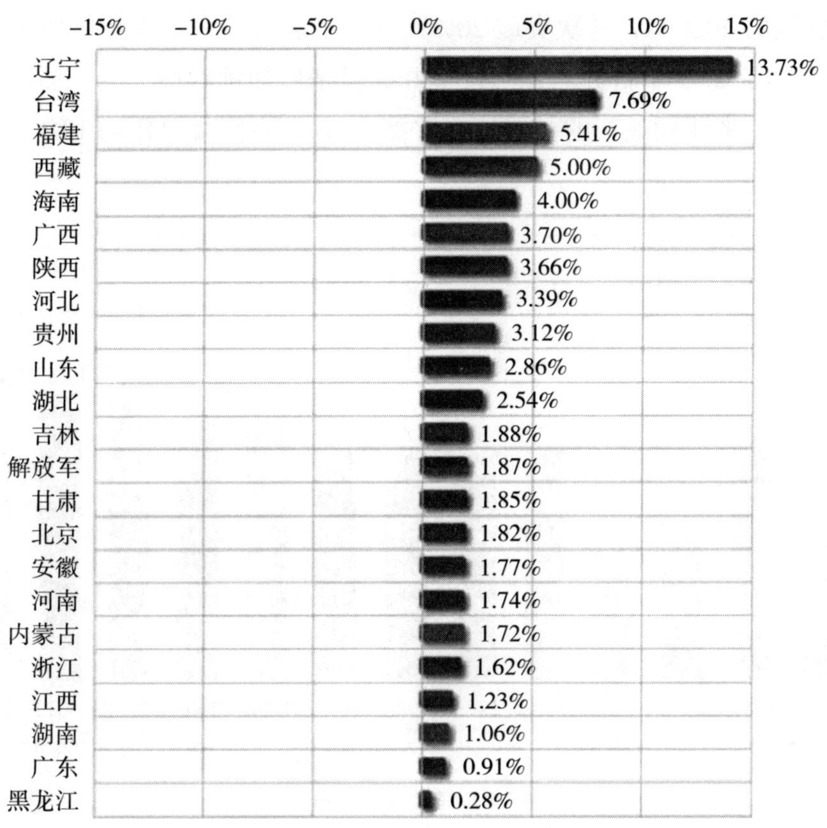

图 5-1　十三届全国人大女代表比例提高的 23 个选举单位

（二）全国政协女委员比例不断提高

人民政协是中国妇女参政议政的重要渠道。十一届全国政协一次会议委员和常委中的女性分别占 17.7% 和 10.1%，全国政协副主席中有 4 位是女性。在第十二届全国政协委员中，妇女委员人选占 17.8%[①]；在当选的 23 名副主席中，女性 2 名；在当选的常务委员中，女性 36 名。[②]

2018 年第十三届全国政协共有委员 2158 名，其中女委员 440 名，占全

① 《十二届全国政协委员名单中非中共委员人选占 61.1%》，中国网，2013 年 3 月 2 日，http://www.china.com.cn/news/23013-03/02/contnt_28109209.html。

② 《新一届全国政协领导人》，新浪网，2013 年 3 月 12 日。

体代表总数的 20.39%，首次突破 20%，较十二届全国政协女代表所占比例 17.84% 增加了 2.55 个百分点，是改革开放以来增加幅度最大的一届，也是新中国成立以来比例最高的一届。女常委 39 人，占常委总数的 13%，比上届提高 0.96 个百分点。

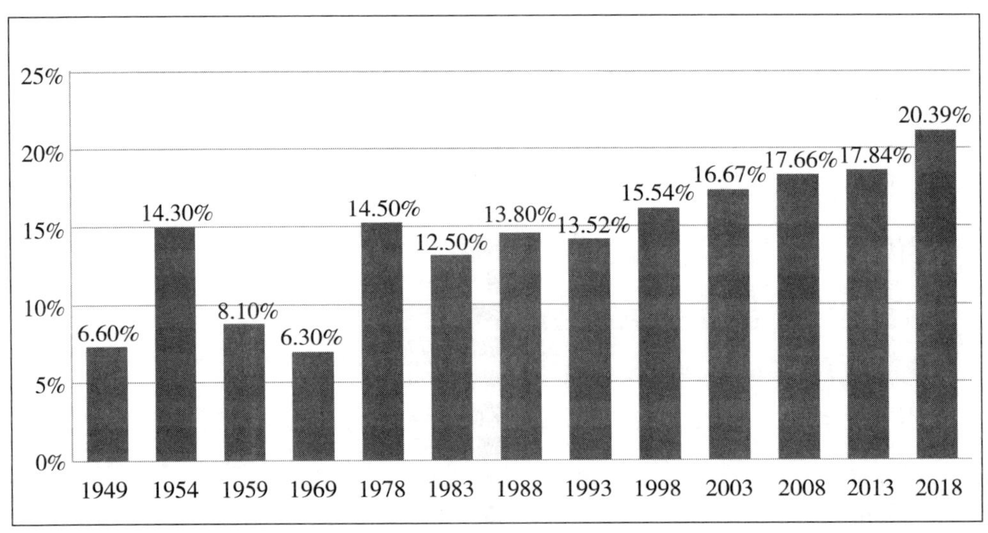

图 5-2 历届全国政协女委员百分比

（三）中国共产党第十九次全国代表大会女代表比例进一步提高

2017 年党的十九大共有代表 2287 名，其中女代表 551 名，占全体代表总数的 24.09%，较十八大女代表所占比例 22.95% 增加了 1.14 个百分点，女性在党的代表大会上的参与程度明显提高。

（四）中国共产党女党员数量进一步增加

截至 2017 年 12 月 31 日，中国共产党 8956.4 万名党员中，有女党员 2388.8 万名，占 26.7%，比 2016 年 2298.2 万名增加了 90.6 万名，占党员总数的比例增加了 1 个百分点。

（五）越来越多的优秀女性进入权力机构担任公职

妇女进入权力机构，担任公职，是妇女政治权利的核心，是妇女参政权的最高体现，是妇女直接参与公共事务的重要途径。中华人民共和国成立以来，宋庆龄曾担任过国家副主席和名誉主席。在历届全国人大和全国政协中有 25 位女性担任过副国级职务。目前，有 6 位女性担任党和国家领导职务。

1954 年，中国只有 3 位女性任部长，4 位女性任副部长。2005 年以来全国女干部数量稳中有升，各级国家机关干部中女性所占比例大体稳定在 23% 左右，县处级以上女领导干部所占比例基本保持在 16.5% 左右。近几年，各级国家机关及其直属机构招录的公务员中，女性所占比例大幅提高。如 2013 年中央机关及直属机构录用的公务员中女性比例为 47.8%。近年来，地方新录用公务员中女性比例不断提高。[①] 有的地方新录用公务员中女性人数超过了男性。

全国党政机关中女性干部从改革开放初期的 42.2 万名提升至 2017 年的 190.6 万名，占干部总数的 26.5%。[②]2018 年 2 月，31 个省、区、市共有副省级以上女性领导干部 106 名，其中有 12 个省、区、市选出女性省级“一把手”。

（六）基层组织、企业管理层的女性比例也明显提高

2017 年，居民委员会成员中女性比例为 49.7%，村委会主任中女性比例为 10.7%，已提前实现《中国妇女发展纲要（2011—2020 年）》提出的目标。2017 年，企业董事会中女职工董事占职工董事的比重为 39.7%，企业监事会中女职工监事占职工监事的比重为 41.6%，分别比 2010 年提高 7 个和 6.4 个百分点；企业职工代表大会中女性代表比重为 29.3%，比 2010 年提高 0.3 个百分点。[③]

① 国务院新闻办公室：《中国性别平等与妇女发展》，《人民日报》，2015 年 9 月 23 日第 22 版。

② 国务院新闻办公室：《改革开放 40 年中国人权事业的发展进步》（白皮书），《人民日报》，2018 年 12 月 13 日第 13—15 版。

③ 国家统计局：《2017 年〈中国妇女发展纲要（2011—2020 年）〉统计监测报告》（2018 年 10 月），国家统计局网站，http：//www.stats.gov.cn/tjsj/zxfb/201811/t20181109_1632537.html。

第四节 妇女经济、社会和文化权利保障的发展

妇女的经济、社会和文化权利是指妇女在经济、社会和文化领域中应当享有的基本人权。妇女的经济社会文化权利主要包括工作权、财产权、社会保障权、健康权、教育权等。这些权利都受到中国宪法和法律的保护。

在国家法律的保障下，中国妇女经济、社会、文化权利不断发展，妇女共享经济和社会发展成果的目标不断实现。

一、妇女工作权保障

妇女的工作权又叫劳动权，是一种综合性的权利，包括就业权、同工同酬权、休息休假权、职业安全卫生保护权、特殊劳动保护权、工会权、参与企业民主管理等权利。工作权是人有尊严地生存的基本权利，也是实现个人价值和参与社会政治生活的重要前提。妇女的工作权是妇女享有其他权利的基础和前提。

中国高度重视妇女劳动保障领域的立法、执法工作力度和财政投入，建立了包括劳动安全、劳动卫生、女工保护、工作时间和休假制度，制定实施了劳动法、劳动合同法、妇女权益保障法、就业促进法及《女职工劳动保护特别规定》《工伤保险条例》《工伤认定办法》《非法用工单位伤亡人员一次性赔偿办法》等法律法规，全面保障妇女的工作权。

妇女权益保障法第二十四条规定："实行男女同工同酬。妇女在享受福利待遇方面享有与男子平等的权利。"第二十七条规定："任何单位不得因结婚、怀孕、产假、哺乳等情形，降低女职工的工资，辞退女职工，单方解除劳动（聘用）合同或者服务协议。"第二十三条第二款规定："禁止录用未满十六周岁的女性未成年人，国家另有规定的除外。"第二十六条规定："任何单位均应根据妇女的特点，依法保护妇女在工作和劳动时的安全和健康，不得安排不适合妇女从事的工作和劳动。妇女在经期、孕期、产期、哺乳期受特殊保护。"第二十五条规定："在晋职、晋级、评定专业技术职务等方面，

应当坚持男女平等的原则，不得歧视妇女。”第二十八条规定：“国家发展社会保险、社会救助、社会福利和医疗卫生事业，保障妇女享有社会保险、社会救助、社会福利和卫生保健等权益。”劳动法第十三条规定：“妇女享有与男子平等的就业权利。在录用职工时，除国家规定的不适合妇女的工种或者岗位外，不得以性别为由拒绝录用妇女或者提高对妇女的录用标准。”这些法律法规确立并且保障妇女享有劳动就业的权利、男女同工同酬的权利、休息的权利、获得安全和卫生保障的权利、特殊劳动保护的权利和享受社会保险的权利。

2012 年国务院发布《女职工劳动保护特别规定》，明确规定：“在劳动场所，用人单位应当预防和制止对女职工的性骚扰。”这是我国劳动法领域首次明确防止职场性骚扰的雇主责任，使防止性骚扰更具可操作性，对妇女在工作中的权利保护具有里程碑意义。

2016 年发布的《国家人权行动计划（2016—2020 年）》进一步明确规定：“努力消除在就业、薪酬、职业发展方面的性别歧视。将女职工特殊劳动保护作为劳动保障监察和劳动安全监督的重要内容，实行年度考核。”

经过中国共产党和中国政府的不断努力，妇女的工作权得到了有力和切实的保障。

妇女就业人数增加。1949 年，全国女职工总数仅有 60 万人，占职工总数的 7.5%。1998 年女性从业人员为 34067 万人，占社会总从业人员的 48.7%，高于同期世界 34.5% 的比例。2005 年，全国城乡女性就业人数达 34121 万人，比 2000 年增加 2400 万人，女性就业人员占全社会的比重达 45.4%。20 世纪 90 年代以来，中国妇女就业数量和比例一直保持较高的水平。2016 年，全国女性就业人口占就业总人口的 43.1%。

政府实施鼓励妇女就业创业的小额担保贷款财政贴息政策。截至 2018 年 6 月，全国累计发放妇女创业担保贷款 3590 多亿元，获贷妇女 634 万人次，落实财政贴息资金 390 多亿元。截至 2017 年 9 月，全国共签订女职工权益保护专项集体合同 136.6 万份，覆盖企业 315.3 万家，覆盖女职工 7999.9 万人。[①] 妇女在经济建设中发挥了不可替代的重要作用。

妇女就业结构发生变化。2010 年中国妇女社会地位调查显示，妇女从事第二、第三产业的比例比 10 年前提高了 25 个百分点，各类负责人、专业技术人员、办事人员及有关人员所占比例较 10 年前提高了 13 个百分点。2013 年女性中高级专业技术人员达到 661 万人，占中高级专业技术人员的 44.1%，比 2000 年提高了 9 个百分点。中国女企业家群体不断壮大，女企业家约占企业家总数的四分之一。实施“创业创新巾帼行动”，促进女性在新兴产业就业，互联网领域创业者中女性占 55%。[②] 近年来，第三产业正在成为吸纳女性劳动力就业的主要渠道，越来越多的女性进入计算机、通信、金融、保险等高新技术行业，成为这些行业发展的重要力量。

妇女平等就业权的司法保护得到加强。近年来，法院裁决了具有影响性的反性别歧视诉讼案件。2013 年“曹菊诉巨人教育行政助理招聘性别歧视案”被称为中国就业性别歧视第一案，原告诉被告在行政助理招聘规则的设置中故意歧视女性，侵犯了女性平等就业的权利，要求巨人教育进行赔礼道歉。双方在法院主持下最终自愿达成调解，由巨人教育向曹菊支付 3 万元作为关爱女性平等就业专项资金。2014 年浙江杭州市西湖区人民法院裁判“黄蓉（化名）诉新东方烹饪学校文案招聘性别歧视案”，一审宣判认定新东方烹饪学校违反劳动法和就业促进法等法律法规中确定的劳动者平等就业的权利，存在性别歧视并要求向原告赔偿精神损害抚慰金 2000 元。这两起反性别歧视胜诉案件，对于反性别歧视产生了重要影响。

二、妇女社会保障权利保障

中国共产党和中国政府不断加快完善以养老保险、失业保险、医疗保险、工伤保险和生育保险为主要内容的社会保障制度，同时对城市社会救济制度

① 国务院新闻办公室：《改革开放 40 年中国人权事业的发展进步》（白皮书），《人民日报》，2018 年 12 月 13 日第 13—15 版。

② 国务院新闻办公室：《中国性别平等与妇女发展》，《人民日报》，2015 年 9 月 23 日。

进行重大改革，中国建成了世界上规模最大、覆盖人口最多的社会保障体系，拉动世界社保覆盖率提高 11 个百分点。截至 2018 年 6 月，基本养老保险、失业保险、工伤保险参保人数分别达到 9.25 亿、1.91 亿、2.3 亿，包括城镇职工基本医疗保险、新型农村合作医疗保险和城镇居民基本医疗保险在内的基本医疗保险覆盖人口超过 13 亿；社会保障卡持卡人数达 11.5 亿，覆盖全国 82.81% 人口。①

妇女的社会保障水平不断提高。《中华人民共和国社会保险法》把生育保险作为独立章节，明确规定妇女平等享有社会保障的权利。《中国妇女发展纲要（2011—2020 年）》增设“妇女与社会保障”领域，提出妇女平等享有社会保险、社会救济、社会福利和社会救助的主要目标和策略措施。妇女参加养老保险、医疗保险、失业保险、工伤保险和生育保险人数不断增加。2013 年，妇女参加城镇职工养老保险、城镇职工医疗保险的人数分别达到 14612 万和 12657 万，比 2005 年分别增加了 6743 万和 7282 万；妇女参加生育保险人数达到 7117 万，比 2005 年增加了 4844 万。2012 年 4 月《女职工劳动保护特别规定》颁布实施，法定产假时间由原来的 90 天延长到 98 天，妇女享有生育保障的待遇不断提高。②

三、农村妇女土地权益保障

在全面深化农村改革和推进基层依法自治的过程中，国家落实和完善保障农村妇女土地权益的法律政策，建立健全农村集体资金、资产、资源管理等各项制度，纠正与法律政策规定、性别平等原则相冲突的村规民约，确保农村妇女平等享有土地承包经营权、宅基地使用权和集体收益分配权。在土地承包经营权确权登记颁证工作中，明确登记簿和确权证上应体现妇女的土地权益，从源头上保障农村妇女的生存发展资源。

① 国务院新闻办公室：《改革开放 40 年中国人权事业的发展进步》（白皮书），《人民日报》，2018 年 12 月 13 日第 13—15 版。

② 国务院新闻办公室：《中国性别平等与妇女发展》，《人民日报》，2015 年 9 月 23 日。

四、妇女健康权利保障

中国把妇女健康作为促进性别平等与妇女发展的优先领域。20 世纪 90 年代以来，国家颁布实施了《中华人民共和国母婴保健法》《中华人民共和国人口与计划生育法》等法律,并在中国妇女发展纲要中提出妇女健康目标。国家不断增加妇幼保健资金投入，不断完善和健全妇幼健康法律政策和服务体系，大力实施妇幼卫生保健项目，提高妇幼卫生服务的公平性和可及性，妇女健康状况得到显著改善。

妇幼卫生服务的公平性和可及性进一步提高。截至 2014 年底，全国共有妇幼保健机构 3131 个。完善基层妇幼卫生服务体系，为妇女提供全生命周期的保健服务。自 2009 年 6 月政府开始实施农村妇女宫颈癌、乳腺癌免费检查项目，截至 2017 年，累计共有 7000 多万农村妇女接受了宫颈癌免费检查，1000 多万农村妇女接受了乳腺癌免费检查。①

近年来，许多地区陆续将乳腺癌、宫颈癌免费筛查范围从农村妇女扩大至城市适龄妇女，并定期免费为其进行妇科疾病检查。同时，全面普及妇女健康常识。2017 年，查出妇女病率为 24.2%，比 2010 年降低 4.6 个百分点。②

妇女生殖保健服务进一步加强。保障妇女在整个生命周期享有良好的生殖保健服务，开展妇女病普查普治，提供青春期保健和老年期保健服务。落实计划生育免费技术服务政策，推进避孕方法知情选择，减少非意愿妊娠。持续打击和查处非医学需要的胎儿性别鉴定和选择性别的人工终止妊娠行为。为流动妇女提供健康教育、预防接种、孕产妇保健等基本公共卫生服务，积极推进流动人口计划生育基本公共服务均等化试点。城乡和地区间孕产妇死亡率差距进一步缩小，孕产妇死亡率城乡差距由 2000 年的 2.4 倍缩小为 2014 年的 1.08 倍；2000 年西部地区孕产妇死亡率是东部地区的 5.4

---

① 国务院新闻办公室：《改革开放 40 年中国人权事业的发展进步》（白皮书），《人民日报》，2018 年 12 月 13 日第 13—15 版。

② 国家统计局：《2017 年〈中国妇女发展纲要（2011—2020 年）〉统计监测报告》（2018 年 10 月）。

倍，2014 年缩小到 2.6 倍。[①] 近年来，孕产妇死亡率继续降低，由 1990 年的 88.8/10 万下降到 2014 年的 21.7/10 万，提前实现联合国千年发展目标。2017 年，孕产妇死亡率由 2010 年的 30/10 万降低至 19.6/10 万，已提前实现 20/10 万的《中国妇女发展纲要（2011—2020 年）》目标。[②]

孕产妇保健水平提高。与 2010 年比，孕产妇健康保健的各项指标持续提高。2012 年至 2016 年，农村孕产妇住院分娩项目累计补助约 4800 万人。[③]2017 年，孕产妇住院分娩率为 99.9%，提高 2.1 个百分点；孕产妇系统管理率为 89.6%，提高 5.5 个百分点。孕产妇建卡率、产前检查率、产后访视率等项指标也均有不同程度的提高。

妇女生殖健康水平持续提高。继续开展国家免费孕前优生项目。全国所有县（市、区）普遍开展了免费孕前优生健康检查，2017 年全国共为近 1200 万名计划怀孕夫妇提供免费检查，目标人群覆盖率平均达 91.7 %。筛查出的风险人群全部获得有针对性的咨询指导和治疗转诊等服务，有效控制了出生缺陷的发生风险。[④]

妇女平均预期寿命延长。2015 年达到 79.43 岁，比 2000 年提高 6.1 岁。中国被世界卫生组织列为妇幼健康高绩效的 10 个国家之一。

五、妇女受教育权利保障

中国共产党和中国政府始终将确保女性平等的受教育权利作为提高妇女社会地位的重要措施。中华人民共和国宪法、教育法、义务教育法、职业教育法等法律法规明确规定了男女享有平等的受教育权利。

中国宪法第四十六条第一款规定：“中华人民共和国公民有受教育的权利和义务。”第十九条规定：“国家发展社会主义的教育事业，提高全国人民

① 国务院新闻办公室：《中国性别平等与妇女发展》，《人民日报》，2015 年 9 月 23 日。

② 国家统计局：《2017 年〈中国妇女发展纲要（2011—2020 年）〉统计监测报告》（2018 年 10 月）。

③ 国务院新闻办公室：《改革开放 40 年中国人权事业的发展进步》（白皮书），《人民日报》，2018 年 12 月 13 日第 13—15 版。

④ 国家统计局：《2017 年〈中国妇女发展纲要（2011—2020 年）〉统计监测报告》（2018 年 10 月）。

的科学文化水平。国家举办各种学校，普及初等义务教育，发展中等教育、职业教育和高等教育，并且发展学前教育。国家发展各种教育设施，扫除文盲，对工人、农民、国家工作人员和其他劳动者进行政治、文化、科学、技术、业务的教育，鼓励自学成才。国家鼓励集体经济组织、国家企业事业组织和其他社会力量依照法律规定举办各种教育事业。国家推广全国通用的普通话。”这些规定为中国妇女在义务教育，中、高等教育，成人教育及其他各类教育中享有与男子平等的权利提供了最高法律依据。

妇女权益保障法对妇女的教育权利规定了更为全面、具体的保障办法。具体包括 :（1）对女性儿童少年接受义务教育权利的保护。该法第十八条规定 :“父母或者其他监护人必须履行保障适龄女性儿童少年接受义务教育的义务。”同时还规定了政府、社会、学校的责任，第十八条第三款规定 :“政府、社会、学校应当采取有效措施，解决适龄女性儿童少年就学存在的实际困难，并创造条件，保证贫困、残疾和流动人口中的适龄女性儿童少年完成义务教育。”（2）对妇女入学、升学等权利的保护。该法第十六条规定:“学校和有关部门应当执行国家有关规定,保障妇女在入学、升学、毕业分配、授予学位、派出留学等方面享有与男子平等的权利。”（3）对妇女接受扫盲权利的保护。该法第十九条对扫除妇女中的文盲工作作了明确具体的规定 :“各级人民政府应当依照规定把扫除妇女中的文盲、半文盲工作，纳入扫盲和扫盲后继续教育规划，采取符合妇女特点的组织形式和工作方法，组织、监督有关部门具体实施。”（4）对妇女职业教育、技术培训权利的保护。该法第二十条规定 :“各级人民政府和有关部门应当采取措施，根据城镇和农村妇女的需要，组织妇女接受职业教育和实用技术培训。”（5）对妇女文化权利的保护。该法第二十一条规定 :“国家机关、社会团体和企业事业单位应当执行国家有关规定，保障妇女从事科学、技术、文学、艺术和其他文化活动，享有与男子平等的权利。”

中国妇女受教育权利得到持续保障。妇女文盲率持续下降。旧中国的妇女 90% 是文盲。2004 年，全国城镇地区 15 岁及以上女性文盲率为 8.2%，比 1995 年下降 5.7 个百分点 ；农村地区 15 岁及以上女性文盲率为 16.9%，比 1995 年下降 10.5 个百分点。全国青壮年妇女文盲率为 4.2%，比 1995 年下降了 5.2 个百分点，超过总文盲率的下降幅度。

女性平均受教育年限提高，性别差距缩小。第六次全国人口普查显示，2010 年 6 岁以上人口中女性平均受教育年限达到 8.4 年，比 10 年前提高了 1.3 年，与男性的差距比 10 年前缩小 0.2 年。

妇女接受高等教育比重提高。与 2010 年比，2017 年高等教育在校生中女研究生人数为 127.8 万人，占全部研究生的 48.4%，提高 0.6 个百分点；普通本专科女生 1447 万人，占 52.5%，提高 4.7 个百分点；成人本专科女生 320 万人，占 58.8%，提高 5.6 个百分点，已提前实现《中国妇女发展纲要（2011—2020 年）》目标。

妇女接受职业教育和技能培训的比例不断提高。国家制定和完善职业教育的法律政策，加大职业教育经费投入，完善助学政策体系，扩大妇女接受职业教育规模。2014 年，接受中等职业教育的女性规模达到 805 万，普通中专在校女生达到 397 万，分别占总数的 44.7% 和 53.0%；全国接受各种非学历高等和中等教育的女性规模分别达到 346 万和 2000 多万。开展“新型农民科技培训工程”、“国家高技能人才振兴计划”和针对农民工职业技能提升的“春潮行动”、“阳光工程”等多样化培训，满足不同妇女群体的职业发展需求。2013 年，女性参加政府培训机构举办的职工技能培训人数占培训总数的 43.0%。[①] 建成世界最大规模的职业教育体系，为普及高中阶段教育和推动高等教育大众化作出了重要贡献。[②]

少数民族妇女和偏远贫困地区女童公平享有教育资源。制定积极政策，开设少数民族专门学校，采取倾斜性定向招生措施，大幅增加少数民族女性接受各级各类教育的资源。制定贫困女童和女生专项教育计划，确保偏远、

---

① 国务院新闻办公室：《中国性别平等与妇女发展》，《人民日报》，2015 年 9 月 23 日。

② 国务院新闻办公室：《改革开放 40 年中国人权事业的发展进步》（白皮书），《人民日报》，2018 年 12 月 13 日第 13—15 版。

贫困地区女生平等享有教育机会。[①]

第五节 妇女婚姻家庭权利保障的发展

妇女婚姻家庭权利是指妇女在家庭中的平等自由的权利，主要包括婚姻自由权、夫妻平等权、财产权、姓名权、生育权、对孩子的监护权等。中国妇女的婚姻家庭权利受到国家法律的明确保护。

一、制定妇女婚姻家庭权利的法律

在旧中国，妇女没有平等的婚姻家庭权利。妇女在婚姻中被当成商品买卖，妇女受到一夫多妻制度的压迫。中华人民共和国成立后颁布的第一部法律就是婚姻法。这部法律对妇女在婚姻家庭中的平等地位作出明确规定，废除包办强迫的封建婚姻制度，实行男女婚姻自由、一夫一妻、男女平等、保护妇女和子女合法利益的新婚姻制度。

中国法律明确规定禁止包办买卖婚姻，禁止童婚、重婚；禁止干涉寡妇再婚等；妇女依法享有夫妻共同财产。

改革开放以来，我国加强了对妇女婚姻家庭权利的立法保障。2001年中国颁布的婚姻法修正案重申男女平等基本原则，强调夫妻地位平等和婚姻家庭权利义务平等，有针对性地补充了禁止实施家庭暴力、禁止重婚等有利于维护妇女权利的条款。婚姻法第十五条规定："夫妻双方都有参加生产、工作、学习和社会活动的自由，一方不得对他方加以限制或干涉。"2002年开始实施的人口与计划生育法，进一步明确规定夫妻双方共同承担计划生育责任，为实现家庭生活中的性别平等提供了有利条件。目前，妇女的婚姻自主程度明显提高，在家庭决策中的作用显著增强，人身权、财产权利等得到进一步保障。

---

① 国务院新闻办公室：《中国性别平等与妇女发展》，《人民日报》，2015年9月23日。

人民法院在审理婚姻家庭案件时，在住房、子女抚养、财产分割等方面注重保护妇女儿童的利益。

二、反家庭暴力保护妇女人身权利

家庭暴力是一个广泛存在于各个阶层中的问题，严重地威胁着妇女的生命安全、健康和尊严。1993 年联合国在《消除对妇女的暴力行为宣言》中指出，家庭暴力是指“在家庭内发生的身心方面和性方面的暴力行为，包括殴打、家庭中对女童的性虐待、强奸配偶和其他有害于妇女的传统习俗、非配偶的暴力行为和与剥削有关的暴力行为”。家庭暴力包括身体暴力、精神暴力和性暴力。1995 年《北京宣言》和《行动纲领》把针对妇女的暴力作为各国政府关注的十二个重大关切领域之一，强调各国政府应采取综合措施预防和消除对妇女的暴力行为。家庭暴力的受害人主要是妇女与儿童。针对妇女的家庭暴力，本质上是一种发生在家庭生活领域的针对妇女的性别歧视，是两性间不平等的重要表现，是阻碍妇女发展的最重要的障碍之一。1999 年联合国大会把每年的 11 月 25 日定为“消除对妇女的暴力行为国际日”。反家庭暴力是中国共产党和中国政府越来越关注的一个主题。

（一）反家庭暴力的法律和政策

中国现行宪法进一步明确规定，“国家保护妇女的权利和利益”，“婚姻、家庭、母亲和儿童受国家的保护”，“禁止破坏婚姻自由，禁止虐待老人、妇女和儿童”。宪法的这些规定宣告了妇女的权利和尊严，是中国反家庭暴力的最高法律依据。2001 年 4 月，第九届全国人大常委会第二十一次会议通过《关于修改〈中华人民共和国婚姻法〉的决定》。修改后的婚姻法在总则中第一次明确规定“禁止家庭暴力”；确立了“离婚损害赔偿制度”，使一方能够由于另一方实施家庭暴力的过错而获得经济赔偿；规定居委会、村委会和施暴人单位、公安机关负有制止家庭暴力的责任。随后，最高人民法院颁布了《关于适用〈中华人民共和国婚姻法〉若干问题的解释（一）》，对“家庭暴力”进行了界定：家庭暴力是指“行为人以殴打、捆绑、残害、强行限制人身自由或者其他手段，给其家庭成员的身体、精神等方面造成一定伤害后果的行为”。这一定义同联合国《消除对妇女的暴力宣言》的基本精神相一致。

2005 年 8 月，第十届全国人大常委会第十七次会议通过了《关于修改〈中华人民共和国妇女权益保障法〉的决定》，修改后的妇女权益保障法明确规定“禁止对妇女实施家庭暴力”，“国家采取措施，预防和制止家庭暴力。公安、民政、司法行政等部门以及城乡基层群众性自治组织、社会团体，应当在各自的职责范围内预防和制止家庭暴力，依法为受害妇女提供救助”。对于违反法律规定，对妇女实施家庭暴力，构成违反治安管理行为的，受害人可以提请公安机关对违法行为人依法给予行政处罚，也可以依法向人民法院提起民事诉讼。

《中国妇女发展纲要（2001—2010 年）》明确提出禁止针对妇女的一切形式的暴力，并把反家庭暴力列为纲要的主要目标。2008 年 7 月，中宣部、最高人民检察院、公安部、民政部、司法部、卫生部和全国妇联联合下发了《关于预防和制止家庭暴力的若干意见》，为相关部门开展预防和制止家庭暴力工作提供了规范性指导。

2015 年全国人大通过《中华人民共和国反家庭暴力法》。该法律对家庭暴力作出了进一步的界定：“家庭暴力，是指家庭成员之间以殴打、捆绑、残害、强行限制人身自由，以及经常性谩骂、恐吓等方式实施的身体、精神等侵害行为。”该法规定：“未成年人、老人、残疾人、孕期和哺乳期的妇女、重病患者遭受家庭暴力的，应当给予特殊保护。”该法规定了相关单位和个人的强制报告制度，建立了公安告诫制度和人身安全保护令制度等，为预防和制止家庭暴力、惩戒施暴者、救济家暴受害人、维护家庭中妇女儿童的人身权利提供了强有力的法律保障，是我国妇女权利保障史上的一个重要里程碑。

（二）反家庭暴力司法制度

中国开展反家庭暴力的基层司法实践，探索家庭暴力人身安全保护裁定制度，试点法院从 2008 年的 5 个省扩展到 2015 年的 14 个省。2014 年，最高人民法院公布涉家庭暴力典型案例，规范以暴制暴案件的司法自由裁量权，增强了法律适用统一性。自 2016 年 3 月 1 日反家庭暴力法实施一年来，各地法院坚决贯彻法律，受理了一批人身安全保护令案件和撤销监护人资格案件。2017 年最高人民法院公布涉家庭暴力典型案例。截至 2016 年 12 月底，全国法院共计发出了 680 余份人身安全保护令。通过及时下发人身安全保护令，有效地遏制了家庭暴力的发生。[①]

第六节　儿童权利保障的发展

中国有 3.6 亿多未成年人。儿童是国家的未来和希望，高度重视儿童权利保护，是中国共产党和中国政府一贯的政策和做法。儿童权利具有广泛的内涵，主要包括生存权、受保护权、发展权和参与权等。

一、儿童权利的法律保障体系

根据联合国《儿童权利公约》的规定，18 岁以下的人都为儿童。儿童不得基于儿童本身或其父母的种族、肤色、性别、语言、宗教、政治或其他见解、财产、伤残、出生或其他身份而遭受歧视；保护儿童要求遵循儿童利益最大化原则，当作出影响儿童的决定时，必须考虑儿童的最大利益。

为了保障未成年人合法权益，促进未成年人全面发展，中国从国情出发，参照世界各国立法和国际人权公约，形成了较为完备的保障儿童权利的法律体系。

中国宪法明确规定："国家培养青年、少年、儿童在品德、智力、体质等方面全面发展"，"儿童受国家的保护"，"禁止虐待儿童"。依据宪法精神，中国的有关法律对儿童的各项权利作出全面的规定，并规定对虐待、遗弃、故意杀害儿童以及偷盗、拐卖、绑架、出卖、收买儿童，引诱未成年人聚众淫乱等犯罪行为，予以严厉惩处。

① 国务院新闻办公室：《改革开放 40 年中国人权事业的发展进步》（白皮书），《人民日报》，2018 年 12 月 13 日第 13—15 版。

2017 年我国颁布的民法总则进一步加强对儿童权利的保护，明确提出了“最有利于被监护人的原则”；增加了保护胎儿利益规定；完善了监护资格撤销及恢复等制度，提升了相关制度的实操性；给予未成年人诉讼时效特别保护，规定“未成年人遭受性侵害的损害赔偿请求权的诉讼时效期间，自受害人年满十八周岁之日起计算”。

随着改革开放的深入，针对中国未成年人保护领域出现的许多新情况、新问题，2006 年，十届全国人大常委会第二十五次会议审议通过了对《中华人民共和国未成年人保护法》的第一次修订。2012 年，第十一届全国人民代表大会常务委员会第二十九次会议通过了对该法的第二次修订。

修订后的未成年人保护法在未成年人保护方面有很多突破，主要有以下方面：明确规定未成年人享有生存权、发展权、受保护权、参与权等权利；强化了未成年人的组织保障，要求“国务院和地方各级人民政府领导有关部门做好未成年人保护工作；将未成年人保护工作纳入国民经济和社会发展规划及年度计划，相关经费纳入本级政府预算”；加强了对失学儿童和流浪儿童的保护；要求“各级人民政府应当采取措施，保障贫困、残疾、失去监护和暂住人口中的未成年人以及其他有实际困难的未成年人接受义务教育”；“羁押、服刑的未成年人没有完成义务教育的，应当对其进行义务教育”；要求“县级以上人民政府及其民政部门应当根据需要设立救助场所，对流浪乞讨等生活无着的未成年人实施救助，承担临时监护责任；公安部门或者其他有关部门应当护送流浪乞讨或者离家出走的未成年人到救助场所，由救助场所予以救助和妥善照顾，并及时通知其父母或者其他监护人领回”；“对孤儿、无法查明其父母或者其他监护人的以及其他生活无着的未成年人，由民政部门设立的儿童福利机构收留抚养”等。规定“讯问、审判未成年犯罪嫌疑人、被告人，询问未成年证人、被害人，应当依照刑事诉讼法的规定通知其法定代理人或者其他人员到场”。

2015 年通过的刑法修正案（九）对“收买被拐卖的妇女、儿童罪”作出调整，明确规定对收买被拐卖妇女、儿童者追究刑事责任；删除了不利于保护女童的“嫖宿幼女罪”，对性侵女童以强奸定罪，从重处罚。刑法修正案（九）增加规定了虐待被监护、看护人罪，对儿童负有监护、看护职责的儿童福利院、幼儿园、关爱中心等机构虐待儿童的，个人可能构成虐待被监护、看护人罪，单位也可能因此构成犯罪。

中国批准加入了联合国《儿童权利公约》，参加了《确定准许儿童在海上工作的最低年龄公约》《在海上工作的儿童及未成年人的强制体格检查公约》《确定准许使用未成年人为扒炭工或司炉工的最低年龄公约》《确定准许使用儿童于工业工作的最低年龄公约》《联合国少年司法最低限度标准规则》（《北京规则》）等有关儿童人权国际公约。中国政府积极承担保护儿童权利的国际法义务，通过立法等方式把有关国际法的要求转化为国内法，不断提高保护儿童权利的标准。比如，我国修改刑法，加大对儿童实施性侵害行为的惩罚。根据我国法律规定，针对儿童的性侵害，主要是指针对儿童的强奸及猥亵、儿童性剥削和制作及传播儿童色情制品等三类侵害。刑法修正案（九）规定，与不满 14 周岁的女童发生性关系一律构成强奸罪，从重处罚，猥亵不满 14 周岁的儿童构成犯罪，扩大了保护儿童的主体。

二、儿童权利的司法保护

中国加强对未成年人权益的司法保护。中国对违法犯罪的未成年人，实行教育、感化、挽救的方针，并坚持教育为主、惩罚为辅的原则。公安机关、人民检察院、人民法院在办理未成年人犯罪的案件时，充分考虑未成年人的身心特点，尊重违法犯罪的未成年人的人格尊严，保障他们的合法权益。中国的公安机关、人民检察院、人民法院和司法行政机关对审前羁押的未成年人，采取与羁押的成年人分别看管的办法，对经人民法院判决服刑的未成年人，也采取与服刑的成年人分别关押、管理的办法。中国法院对 14 周岁以上不满 16 周岁的未成年人犯罪案件，一律不公开审理。对 16 周岁以上不满 18 周岁的未成年人犯罪案件，一般也不公开审理。犯罪的时候不满 18 周岁的人，不适用死刑。

2009 年，全国法院系统共建立了 2219 个少年法庭，全国 31 个省、区、市高院都建立了少年法庭指导小组。全国法院形成了一支专业少年审判法官队伍，拥有少年审判法官 7018 名。[①]2015 年，全国已有少年法庭 2253 个，基本实现未成年人刑事案件由专门机构审判的目标。[②]

1992 年中国批准加入联合国《儿童权利公约》。截至 2017 年 2 月，中国已经与 34 个国家签订了引渡条约，与 32 个国家签订了刑事司法协助条约，并与有关国家的警察部门签订多项警务合作协议，打击拐卖妇女儿童的国内国际犯罪活动。中国公安部与联合国儿童基金会合作，在云南、江苏、四川三省建立了 3 个解救被拐卖妇女儿童的中转、康复、培训中心，提供具体救助。

三、保护儿童权利的政策和机制

（一）《中国儿童发展纲要（2011—2020 年）》提出保护儿童权利的更高标准

中国 2011 年发布的《中国儿童发展纲要（2011—2020 年）》在保护儿童权利方面提出了更高和更全面的要求。

1. 保护儿童权利的基本原则

（1）依法保护原则。在儿童身心发展的全过程，依法保障儿童合法权利，促进儿童全面健康成长。

（2）儿童优先原则。在制定法律法规、政策规划和配置公共资源等方面优先考虑儿童的利益和需求。

（3）儿童最大利益原则。从儿童身心发展特点和利益出发处理与儿童相关的具体事务，保障儿童利益最大化。

（4）儿童平等发展原则。创造公平社会环境，确保儿童不因户籍、地域、性别、民族、信仰、受教育状况、身体状况和家庭财产状况受到任何歧视，所有儿童享有平等的权利与机会。

（5）儿童参与原则。鼓励并支持儿童参与家庭、文化和社会生活，创造

---

① 《中国法院共建立 2219 个少年法庭，有少审法官 7018 名》，中国法院网：https://www.chinacourt.org/article/detail/2009/06/id/360014.shtml。

② 刘婧：《妇幼保护：让幸福入驻千家万户》，《人民法院报》，2018 年 12 月 17 日。

有利于儿童参与的社会环境，畅通儿童意见表达渠道，重视、吸收儿童意见。

2. 保护儿童权利的总目标

完善覆盖城乡儿童的基本医疗卫生制度，提高儿童身心健康水平；促进基本公共教育服务均等化，保障儿童享有更高质量的教育；扩大儿童福利范围，建立和完善适度普惠的儿童福利体系；提高儿童工作社会化服务水平，创建儿童友好型社会环境；完善保护儿童的法规体系和保护机制，依法保护儿童合法权益。

（二）《国家人权行动计划（2016—2020 年）》提出儿童权利保护的新要求

完善儿童监护制度。构建未成年人关爱社会网络。逐步建立以家庭监护为主体，以社区、学校等有关单位和人员监督为保障，以国家监护为补充的监护制度。完善并落实不履行监护职责或严重侵害被监护儿童权益的父母或其他监护人资格撤销的法律制度。

保障儿童健康权。加强出生缺陷综合防治，建立覆盖城乡居民，涵盖孕前、孕期、新生儿各阶段的出生缺陷防治服务制度。加强儿童疾病防治和预防伤害，到 2020 年，婴儿死亡率、5 岁以下儿童死亡率分别控制在 7.5‰以内和 9.5‰以内。纳入国家免疫规划的疫苗接种率以乡（镇）为单位保持在 95% 以上。继续推行农村义务教育学生营养改善计划。强化学校体育工作，不断提升学生体质健康水平。加强未成年人心理健康引导。

加强儿童财产权益保护。依法保障儿童的财产收益权和获赠权、知识产权、继承权、一定权限内独立的财产支配权。

加强校园及周边社会治安综合治理，加强校车安全管理，预防和制止校园暴力。

创造有利于儿童参与的社会环境。鼓励并支持儿童参与家庭、学校和社会事务，畅通儿童参与和表达渠道。

保障儿童享有闲暇和娱乐的权利。加强社区儿童活动和服务场所建设，到 2020 年，“儿童之家”覆盖 90% 以上的城乡社区。确保街道和乡镇配备 1 名以上专职或者兼职儿童社会工作者。标本兼治减轻学生课业负担。

关爱困境儿童。全面构建覆盖市、县、乡镇（街道）、社区四级儿童福利保障和服务体系，实施县级儿童福利机构和未成年人保护机构建设规划。健全困境儿童保障制度。进一步完善孤儿保障制度。提高受艾滋病影响儿童和服刑人员未满 18 周岁子女的生活、受教育、医疗等权利保障水平。加大对农村留守儿童的关爱保护力度。

建立儿童暴力伤害的监测预防、发现报告、调查评估、处置、救助工作运行机制。依法打击拐卖、虐待、遗弃儿童，利用儿童进行乞讨，以及针对儿童的一切形式的性侵犯等违法犯罪行为。严厉惩处使用童工和对儿童进行经济剥削的违法行为。

最大限度地降低未成年犯罪嫌疑人的批捕率、起诉率和监禁率。改革少年审判和家事审判工作制度，建立儿童司法保护和行政保护衔接机制。继续做好犯罪未成年人社区矫正工作。

（三）保护儿童权利的组织机制

为切实保护儿童权益，中国的立法、司法机关和政府各有关部门以及社会团体都建立了相应的机制。作为中国最高国家权力机关的全国人民代表大会，其内务司法委员会负责妇女儿童权益保障的立法和执法监督检查，委员会内设立了妇女、儿童专门小组，配有专职人员。中国国务院成立了妇女儿童工作委员会。2008 年，中国建立了反对拐卖妇女儿童行动工作部际联席会议制度等。

四、保障儿童权利取得的成就

中华人民共和国成立后，特别是改革开放 40 年来，中国儿童的权利不断得到改善和发展。

（一）儿童的生存权得到根本保障

1. 中国 5 岁以下儿童死亡率逐年降低

5 岁以下儿童死亡率是衡量一个国家儿童状况的一项重要指标。中国 5 岁以下儿童死亡率、婴儿死亡率和孕产妇死亡率逐年降低。据 1994 年全国妇幼卫生监测报告，中国的婴儿死亡率由 20 世纪 50 年代初期的 200‰下降到 37.79‰，5 岁以下儿童死亡率为 46.75‰。1950 年至 1980 年，中国婴儿死亡率的年平均下降速率在 5% 以上，此下降速率既快于同期发展中国家平均婴儿死亡率下降速率（2.5%），也快于发达国家年平均下降速率（4.6%）。

1991 年至 2017 年，中国 5 岁以下儿童死亡率从 61‰降至 9.1‰。2016 年，5 岁以下儿童低体重率、生长迟缓率、贫血患病率分别下降到 1.49%、1.15%、4.79%。

婴儿死亡率从 1991 年的 50.2‰下降到 2017 年的 6.8‰，提前达到联合国千年发展目标所确定的指标要求。覆盖城乡的基层医疗卫生服务体系基本建成。2017 年全国共有医疗卫生机构 98.7 万个，比 1978 年增长 4.8 倍；卫生技术人员 898 万人，比 1978 年增长 2.6 倍。国家基本公共卫生服务项目持续推进，适龄儿童国家免疫规划疫苗接种率达 90% 以上，5 岁以下儿童乙肝病毒表面抗原携带率降至 1%。建成全球最大的法定传染病疫情和突发公共卫生事件网络直报系统，平均报告时间缩短到 4 小时。①

2. 儿童传染病大幅度下降

中国在 20 世纪 60 年代初成功地消灭了天花这一严重危害儿童健康的传染病。20 世纪 60 年代后，中国开始在大、中城市接种卡介苗、百日咳、白喉、破伤风、麻疹、脊髓灰质炎的疫苗的工作。②1982 年，卫生部颁布《全国计划免疫工作条例》，包括喂服糖丸、接种卡介苗等内容的儿童免疫程序得以统一，儿童预防接种制度正式在全国实施。中国实施计划免疫工作以来取得了巨大成就，传染病大幅度下降。1949 年以前，新生儿破伤风是中国新生儿死亡的主要原因。20 世纪 50 年代和 60 年代在全国范围内建立了妇幼卫生保健机构，将新法接生作为控制产褥热和新生儿破伤风的主要措施，取得了很大成绩。1993 年中国卫生部提出进一步降低新生儿破伤风死亡率，使之达到 2000 年时的国际消除标准。2000 年 1 月至 2001 年 12 月，卫生部、国务院妇女儿童工作委员会和财政部在西藏、贵州、青海、新疆、甘肃、云

① 国务院新闻办公室：《改革开放 40 年中国人权事业的发展进步》（白皮书），《人民日报》，2018 年 12 月 13 日第 13—15 版。

② 国务院新闻办公室：《中国的儿童状况》（白皮书），《人民日报》，1996 年 4 月 4 日第 1、5 版。

南、四川、宁夏、内蒙古、江西、重庆和湖南（湘西地区）12 个省、自治区、直辖市实施了降低孕产妇死亡率和消除新生儿破伤风项目（以下简称“降消项目”），项目总投资人民币 2 亿元，是新中国成立以来在妇幼保健方面单项投入最大的项目。经过短短两年的努力，到 2001 年底，“降消项目”提出的目标和支持性目标基本得到实现，12 个项目省、自治区、直辖市的孕产妇死亡率和新生儿破伤风发生率明显降低。378 个项目县的孕产妇死亡率平均下降了 28.79%，新生儿破伤风发病率下降了 55%。① 到 2009 年，“降消项目”的覆盖范围已由启动之初西部地区的 378 个县扩大至中西部地区 22 个省、自治区、直辖市和新疆生产建设兵团的 2214 个项目县，受益人口达 8.3 亿。

3. 儿童的营养获得全面保障

中国重视不断改善儿童的营养状况，采取了多种医疗保健措施：新中国成立初期政府在部分地区发放婴儿食品；20 世纪 60—70 年代推广科学膳食制度；80 年代开发辅助食品；90 年代促进母乳喂养、优化膳食模式。儿童营养状况逐步提高，由食物缺乏引起的严重营养不良和严重维生素 A 缺乏症在中国已很少见。

中国还通过加强乡镇卫生院、县防疫站、县妇幼保健院的建设来提高农村儿童的医疗保健水平，改善其营养状况。

2017 年，5 岁以下儿童低体重率降至 1.4%，5 岁以下儿童贫血患病率降至 5.4%，3 岁以下儿童系统管理率升至 91.1%，7 岁以下儿童保健管理率升至 92.6%。②

（二）儿童的受保护权得到进一步实现

中国非常重视对儿童的保护，特别是高度关注特殊儿童群体的权利问题，保障他们的基本权利和生存的良好条件。

第一，中国加强对流浪未成年人权利的保护，不断发展救助、保护和教

① 《一项顺民意、得民心的德政工程——12 省、区、市降低孕产妇死亡率、消除新生儿破伤风项目总结》，中顾法律网，http：//www.9ask.cn/fagui/200303/382915_1.html。

② 国家统计局：《2017 年〈中国儿童发展纲要（2011-2020 年）〉统计监测报告》，国家统计局网站，http://www.stats.gov.cn/tjsj/zxfb/201811/t20181109_1632517.html。

育流浪乞讨儿童的少年儿童保护教育中心。2006 年 1 月，中央综治委预防青少年违法犯罪工作领导小组、民政部、公安部、团中央等部门专门制定发布了《关于加强流浪未成年人工作的意见》，开展“儿童福利机构建设蓝天计划”，要求建立流浪未成年人工作协调机制和工作体系，提高流浪未成年人救助保护工作的专业化、社会化水平，通过引入社会工作专业制度、聘用专业社会工作者、建立志愿者服务基地、引导培育民间力量参与流浪未成年人工作、开展国际合作交流、充分利用社会资源等，聚智聚力，共同做好流浪未成年人工作。

第二，加强对孤残儿童的保护。2017 年，民政部将 0—6 岁的残疾儿童和孤独症儿童全部纳入康复救助范围。① 中国大力发展艾滋病致孤儿童夏令营，提倡社会助养和规范福利机构集中供养，主要地级城市都在建设具有养护、康复、教育能力的儿童福利院，同时，鼓励公民收养，推进家庭寄养，强化亲属监护。

第三，关爱留守儿童。留守儿童是农村一个特殊的少年儿童群体。他们的父母双方或一方长期在外务工，这些孩子留在农村和祖辈监护人一起生活。据有关方面统计，2011 年中国有留守儿童 5800 多万，2018 年中国留守儿童减少到 600 多万，但这仍是一个很大的群体。这些儿童在学习、生活中面临很多的困难和问题。由于父母长期和孩子分离，对孩子缺少关爱和交流沟通，监护不力，致使一些留守儿童存在心理障碍，学习成绩不理想，安全也存在隐患。如何使这些孩子有一个快乐的童年，能够健康地成长？中国积极采取有效措施，加大力度保护这些儿童。截至 2009 年，各地开展关爱农村留守儿童的省级品牌活动 66 项，农村留守儿童托管中心 6500 多所，农村留守儿童家庭教育服务机构 3 万多个，“代理家长” 315 万名 ②，有效地保护了留守儿童的权利。截至 2017 年，共帮助 78 万名农村留守儿童得到有效监

① 数据引自国务院妇女儿童工作委员会网站。

② 魏武、李菲：《花蕾，在春天里绽放：新中国成立 60 年儿童工作综述》，中国政府网，http：//www.gov.cn/jrzg/2009-05/31/content_1328381.htm。

护，为 18 万名无户籍农村留守儿童登记落户，帮助 1.7 万名农村留守儿童返校复学。①

第四，在失足未成年人教育帮扶工作方面，中央综治办、预防办、最高人民法院、教育部、司法部组织力量对失足青少年复学问题进行专门调研，提出了对策和建议。关心下一代工作委员会组织了 93 万多名“五老”人员对 90 多万名失足青少年进行帮教，据抽样调查，转化率在 75% 左右。

在做好严重不良行为未成年人的社区教育和管理工作方面，着眼于提供个性化、专业化、职业化、社会化的服务，加强对这一群体儿童的管理、帮教和矫治，团中央、中央综治办、民政部、（原）人事部启动了青少年事务社会工作者试点工作，2008 年首批 13 个城市（城区）试点工作启动。

第五，中国加大了打击拐卖儿童的有组织犯罪活动。2015 年通过了刑法修正案（九），加大了对强奸猥亵男女儿童和拐卖妇女儿童犯罪行为的惩处力度。

近年来，全国公安机关连续开展打击拐卖妇女儿童的专项行动，拐卖犯罪在国内部分地区得到有效遏制，全国拐卖案件的总量呈逐年下降趋势。2007 年中国制定了《中国反对拐卖妇女儿童行动计划（2008—2012 年）》，建立反对拐卖妇女儿童行动工作部际联席会议制度，开展对拐卖犯罪的综合治理，防范、打击拐卖妇女儿童犯罪活动，建立完善救助机制，帮助被解救儿童顺利回归社会，帮助其解决生活、维权和康复等方面的实际困难和问题。

同时，公安和司法机关将打击拐卖妇女儿童犯罪确定为国际合作的重要领域，与有关国家签订了双边警务合作协议和刑事司法协助条约，共同开展“预防、打击拐卖妇女儿童犯罪”项目。② 对于边境地区出现的跨国拐卖犯罪问题，中国公安机关进一步加强了与周边国家在打击拐卖妇女儿童犯罪领域的执法合作，先后与越南、柬埔寨、泰国、菲律宾、老挝、缅甸、印度尼

① 国务院新闻办公室：《改革开放 40 年中国人权事业的发展进步》（白皮书），《人民日报》，2018 年 12 月 13 日第 13—15 版。

② 国务院新闻办公室：《中国性别平等与妇女发展》，《人民日报》，2015 年 9 月 23 日。

西亚等 40 多个国家的警务部门签订了 72 个警务合作协议，并将打击拐卖妇女儿童犯罪活动确定为合作的重要领域。

2009 年，公安部建立了世界上第一个打拐 DNA 信息库，目前已帮助 5500 余名被拐儿童与家人团聚；2016 年，公安部建立"团圆"打拐系统，截至 2018 年 9 月，平台发布儿童失踪信息 3419 条，找回 3367 人，找回率 98.4%。2017 年，全国共有儿童收养救助服务机构 663 个，床位 10.3 万张，年末收留抚养各类人员 5.9 万人。[①]

（三）儿童发展权的实现条件得到保障

儿童的发展权是一项综合性权利，主要包括儿童享有受教育的权利，儿童享有通过大众传播媒介接近有利于其身心健康的信息的权利，儿童享有娱乐、休闲的权利等。

1. 儿童的教育权得到优先保障

教育权关系到儿童的未来和幸福。中国共产党和中国政府一直把儿童教育置于整个教育事业发展的优先地位。在政府和全社会的共同努力下，近年来，中国的儿童教育事业有了很大发展，许多指标优先于其他发展中国家，有的接近发达国家水平。[②]

中国义务教育法明确规定了保障儿童的受教育权利。该法第五条规定："各级人民政府及其有关部门应当履行本法规定的各项职责，保障适龄儿童、少年接受义务教育的权利。适龄儿童、少年的父母或者其他法定监护人应当依法保证其按时入学接受并完成义务教育。"第十一条规定："凡年满六周岁的儿童，其父母或者其他法定监护人应当送其入学接受并完成义务教育；条件不具备的地区的儿童，可以推迟到七周岁。""适龄儿童、少年因身体状况需要延缓入学或者休学的，其父母或者其他法定监护人应当提出申请，由当地乡镇人民政府或者县级人民政府教育行政部门批准。"义务教育法为中国

① 国务院新闻办公室：《改革开放 40 年中国人权事业的发展进步》（白皮书），《人民日报》，2018 年 12 月 13 日第 13—15 版。

② 国务院新闻办公室：《中国的儿童状况》（白皮书），《人民日报》，1996 年 4 月 4 日第 1、5 版。

儿童教育权利的保障提供了基本依据。

（1）全面普及九年义务教育。普及九年义务教育，是中国实施基础教育的一项主要目标。在政府的努力和全社会的大力支持下，中国全面普及九年义务教育，实现中国教育发展史上伟大的历史性跨越。1949 年，全国 80% 以上的人口是文盲，适龄儿童小学入学率不到 20%，初中入学率仅为 6%。到 2008 年，全国小学净入学率达 99.5%，初中毛入学率达 98.5%。按中国现行测定普及小学义务教育的标准，占全国人口 91% 的地区基本普及了初等教育。根据联合国教科文组织的材料，中国的适龄儿童入学率明显高于其他同等发展水平的国家。2017 年，全国共有义务教育学校 21.9 万所，在校生 1.45 亿人，小学学龄儿童净入学率达 99.91%，初中阶段毛入学率达 103.5%，九年义务教育巩固率为 93.8%，义务教育普及程度已达到世界高收入国家的平均水平。①

（2）国家将农村义务教育工作摆在发展战略的重要位置。确立了以农村义务教育为重点的教育发展战略，国家在实施“贫困地区义务教育工程”、“中小学危房改造工程”的基础上又实施了“农村寄宿制学校建设工程”、“农村中小学现代远程教育工程”等，加快农村特别是西部地区农村义务教育的发展。国家还通过免除农村义务教育阶段贫困家庭学生学杂费、书本费，为住校生补助生活费的“两免一补”政策，保障贫困儿童接受义务教育的权利。2007 年开始在全国农村地区全面推开农村义务教育经费保障新机制，全部免除了农村义务教育阶段学生学杂费，向全部农村义务教育阶段学生免费提供教科书，向经济困难寄宿生补助生活费，共惠及 1.5 亿农村孩子。

（3）高中阶段教育基本普及。多年来，国家实施了“示范性职业院校建设项目”、“职业教育实训基地建设项目”、“西部地区中等职业学校建设项目”和“县级职教中心建设项目”等，积极发展高中阶段教育。2017 年，全国共有高中阶段教育学校 2.46 万所，在校学生 3971 万人，比 1978 年

① 国务院新闻办公室：《改革开放 40 年中国人权事业的发展进步》（白皮书），《人民日报》，2018 年 12 月 13 日第 13—15 版。

增加2167万人；初中毕业生升学率达94.9%，比1978年提高54个百分点；高中阶段毛入学率达88.3%，已超过世界中高收入国家86.7%的平均水平。[①]

2. 学前教育快速发展

国家积极发展学前教育。国家制定实施学前教育事业发展和改革规划，逐步建立以社区为基础，以示范性幼儿园为中心，灵活多样的幼儿教育形式相结合的幼儿教育服务网络。2017年，全国幼儿园数量达25.5万所，比1978年增长55.5%，学前三年毛入园率达79.6%。[②]

3. 不断加大保障女童的受教育权利

女童教育是发展中国家儿童教育面临的突出问题。中国共产党和中国政府致力于消除义务教育阶段的性别差距，不断加大保障女童的受教育权利。中国的教育法、义务教育法、职业教育法、妇女权益保障法等明确规定女性受教育的平等权利。妇女权益保障法第十八条规定："父母或者其他监护人必须履行保障适龄女性儿童少年接受义务教育的义务。"同时还规定了政府、社会、学校的责任，第十八条第三款规定："政府、社会、学校应当采取有效措施，解决适龄女性儿童少年就学存在的实际困难，并创造条件，保证贫困、残疾和流动人口中的适龄女性儿童少年完成义务教育。"中国各级政府采取切实措施和行动，保障女童接受九年义务教育的权利，增加女性接受中高等教育的机会。

（1）义务教育阶段已基本消除性别差距。2008年，首次实现城乡义务教育全部免除学杂费，对家庭经济困难的义务教育阶段学生，继续免费提供教科书和给予寄宿学生补助生活费，将进城务工人员随迁子女接受义务教育纳入公共教育体系。2014年男女童小学净入学率均为99.8%，提前实现联合国千年发展目标。2017年，小学学龄女童净入学率为99.9%，与男童基

① 国务院新闻办公室：《改革开放40年中国人权事业的发展进步》（白皮书），《人民日报》，2018年12月13日第13—15版。

② 国务院新闻办公室：《改革开放40年中国人权事业的发展进步》（白皮书），《人民日报》，2018年12月13日第13—15版。

本持平；义务教育阶段在校生中女生所占比重为46.4%，略低于2010年。[①]

（2）高中阶段教育中女性比例提高。2017年，全国高中阶段教育在校生中有女生1891万人，占全部在校生的47.6%，比2010年提高0.5个百分点；普通高中在校生中的女生比例已超过半数，2017年为50.9%，比2010年提高2.2个百分点。高中阶段教育毛入学率由2010年的82.5%提高到2017年的88.3%，提高5.8个百分点。[②]

4. 残疾儿童受教育权保障持续改善

中国颁布修订了残疾人教育条例，将残疾人教育纳入《国家中长期教育改革和发展规划纲要（2010—2020年）》和《“十三五”推进基本公共服务均等化规划》，制定并实施了两期《特殊教育提升计划》，着力办好特殊教育，努力发展融合教育，提高残疾儿童受教育水平。国家将残疾儿童少年教育纳入义务教育体系，积极发展残疾儿童学前教育和高中阶段教育，推进普通学校特殊教育班和残疾学生随班就读工作。设立特殊教育专项补助资金，支持特殊教育事业发展。建立残疾儿童少年义务教育助学制度，对家庭经济困难的残疾学生减免杂费和其他费用。在实施“两免一补”的政策过程中，对接受义务教育的残疾儿童少年给予倾斜。启动实施了特殊教育学校新的课程改革，初步建成并开通运行供盲校、聋校和培智学校使用的教育教学信息资源库。

近年来，进一步建立从幼儿园到高等院校的残疾学生资助体系，自2016年秋季起，为家庭经济困难的残疾学生提供从小学到高中阶段的12年免费教育。截至2016年，视力、听力、智力三类残疾儿童义务教育入学率超过90%，其他类别残疾儿童受教育机会明显增加。鼓励特殊教育学校增设学前班或附属幼儿园，将残疾儿童接受学前教育纳入幼儿资助范围。2017年，全国共有特殊教育普通高中班（部）112个，在校生8466人；残疾人中等职业学校（班）132个，在校生12968人；1845名残疾人进入高等特

① 国家统计局:《2017年〈中国妇女发展纲要（2011—2020年）〉统计监测报告》（2018年10月）。

② 国家统计局:《2017年〈中国妇女发展纲要（2011—2020年）〉统计监测报告》（2018年10月）。

殊教育学院学习。努力发展融合教育。2017 年，义务教育阶段普通学校在校残疾学生超过 30 万人，占义务教育阶段残疾学生总数的比例超过 50%，10818 名残疾人被普通高等院校录取。[①]

国家大力发展少儿图书事业。与改革开放初期相比，中国少儿图书年出版品种由 200 多种发展到 5 万多种，年总印数由 3000 万册发展到近 6 亿册，优秀少儿图书的重版率达到 50% 以上。在全国 580 多家出版社中，有 530 多家参与出版少儿图书。

（四）儿童的参与权受到保护

儿童参与权是联合国《儿童权利公约》确立的基本人权，受到我国法律的明确肯定。儿童参与权是指儿童通过语言或具体行为表达意见，参与家庭、文化和社会生活的权利。儿童是独立的平等主体。让儿童表达意见，参与家庭、文化和社会生活，儿童能充分发挥自己的潜能，学习做自己的主人，对他们人格发育和心理健康以及对家庭和社会都具有重要的意义。

中国传统文化和教育观念，往往强调对儿童的保护，忽视儿童的平等主体地位和参与权。中国加入联合国《儿童权利公约》后，越来越重视对儿童参与权的保护。

《中国儿童发展纲要（2011—2020 年）》明确规定："儿童参与原则。鼓励并支持儿童参与家庭、文化和社会生活，创造有利于儿童参与的社会环境，畅通儿童意见表达渠道，重视、吸收儿童意见。""保障儿童的参与和表达权利。将儿童参与纳入儿童事务和儿童服务决策过程，决定有关儿童的重大事项，吸收儿童代表参加，听取儿童意见。畅通儿童参与和表达渠道，增加儿童社会实践机会，鼓励儿童参与力所能及的社会事务和社会公益活动，提高儿童的社会参与能力。"2017 年，中国颁布的民法总则加强了对儿童参与权等的保护。比如，民法总则将限制民事行为能力人的起始年龄由民法通则规定的 10 岁下调至 8 岁，明确这一年龄段的未成年人可以独立实施纯获利益

---

① 国务院新闻办公室：《改革开放 40 年中国人权事业的发展进步》（白皮书），《人民日报》，2018 年 12 月 13 日第 13—15 版。

的民事法律行为或者与其年龄、智力相适应的民事法律行为，这一规定体现尊重儿童自主意识和参与权的立法意图。

在实践中，儿童的参与权越来越受到重视和保护。比如，2004 年 8 月，上海市人大常委会在制订《上海市未成年人保护条例（草案）》的过程中，首次邀请未成年人参与地方立法工作，专门听取全市青少年对法案的意见和建议。2006 年 12 月，广东省人大常委会通过《广东省预防未成年人犯罪条例》，13 岁的中学生张萌萌等 11 名未成年人提出的 8 项建议，被立法机关吸纳进条例之中，该条例成为中国首部由未成年人代表全程参与起草并获通过的地方法规。一名参与制定《广东省预防未成年人犯罪条例》的专家感慨地说：孩子们提出的意见总是让人“大开眼界”，提出了很多让成年人和立法专家想不到的东西，而这些意见正是立法中有可能被成人忽略的。“儿童是最好的儿童问题专家。”①

2018 年，由中国儿童中心、社会科学文献出版社发布的《中国儿童参与状况报告（2017）》，通过对全国 7 城市 8847 名中小学生的调查，分析了当前中国儿童学校和幼儿园参与、校外参与、社区参与等方面的状况。报告显示，在学校里，有 57.3% 的中小学生参加了 1 个或以上的学校社团；近八成的中小学生主动与学校教师有过交流，有约 10% 的学生每天都和学校老师交流。在社会上，71.2% 的中小学生表示完全有信心或比较有信心通过自己的努力改善公共生活，实际行动中有 52.2% 的人当过志愿者，73.9% 的人捐过款，众多公共事务中最感兴趣的是环境问题（69%）。网络生活方面，75.9% 的中小学生有专用的手机，52.7% 的人有自己的电脑，85.5% 的人有 QQ 号，70.9% 的人有微信。② 报告还显示，我国儿童参与领域广泛、参与意愿强烈、参与能力强大，但是，儿童对家庭、社会的参与还不充分。

当然，由于受经济和社会发展水平等因素的制约，中国妇女儿童权利保

① 潘洪其：《未成年人参与立法的启示意义》，《北京青年报》，2006 年 12 月 5 日。

② 毕雁：《国内首本儿童蓝皮书〈中国儿童参与状况报告（2017）〉发布》，中国社会科学网，http：//www.cssn.cn/zx/bwyc/201801/t20180118_3820585.shtml。

护仍面临许多新情况和新问题，比如，不同地区、不同阶层、不同群体妇女儿童权利发展的不平衡现象比较明显；历史文化中残存的男女不平等的陈规陋习尚未完全消除；未成年人保护机构尚不健全；侵犯妇女儿童权利的现象不同程度地存在。中国共产党和中国政府将按照“国家尊重和保障人权”的宪法原则，着眼中国特色社会主义进入新时代的实际，着眼实现“两个一百年”奋斗目标，实现中华民族伟大复兴中国梦，以习近平新时代中国特色社会主义思想为指导，进一步贯彻男女平等的基本国策，落实妇女发展纲要和儿童发展纲要的目标要求，全面促进妇女儿童人权的全面实现。

第六章

少数民族权利保障 70 年发展

中国是一个拥有 56 个民族的统一的多民族国家，其中汉族人口最多，其他 55 个民族人口相对较少，习惯上被称为“少数民族”。55 个少数民族总人口为 11379 万人，占全国总人口的 8.49%（2010 年第六次全国人口普查数据）。中华人民共和国成立 70 年来，中国共产党和中国政府一直高度重视少数民族人权事业的发展，采取了一系列措施，建立了一整套全面保护少数民族人权的制度，有力地保障了少数民族享有广泛的人权。

第一节　中国特色的民族政策与少数民族权利保障

在中国这样一个多民族国家，实行正确的民族政策，既是维护国家统一的需要，又是保障少数民族人权的需要。中华人民共和国成立 70 年来，中国共产党和中国政府制定了一系列有中国特色的、适合中国国情的民族政策，有力地保障了少数民族的基本人权，促进了民族和睦与团结，维护了国家的统一。事实证明，中国的民族政策取得了巨大的成功。

一、新中国开辟了中国少数民族权利保障的新纪元

中国自古以来就是一个统一的多民族国家。在长期的大一统过程中，经济和文化交往把中国各民族紧密地联系在一起，从而形成了相互依存、相互促进、共同发展的关系，创造和发展了中华文明。中国各民族相互依存的政治、经济、文化联系，使其在长期的历史发展中有着共同的命运和共同的利

益，产生了强固的亲和力、凝聚力。但是，长期的封建统治和近代西方帝国主义侵略，使中国少数民族处于受歧视、被压迫的状态，少数民族权利一直受到剥夺。在旧中国，长期存在着严重的民族歧视和民族压迫。许多少数民族不被承认，境遇悲惨，有的只能躲进深山，过着与世隔绝的生活。中华人民共和国成立前，少数民族人民同广大汉族人民一样，深受反动统治阶级的压迫，毫无人权可言。

中华人民共和国成立以后，为保护少数民族的各项权利，中国共产党和中国政府作了卓有成效的努力，废除了旧中国实行的民族压迫和民族歧视制度，确立了平等、团结、互助、和谐的新型民族关系，妥善地解决了中国的民族问题，改变了少数民族在历史上受歧视和受欺凌的地位，使世代受压迫的少数民族人民获得了人身自由、人格尊严，争得了基本人权。少数民族人民同汉族人民一样成为国家的主人，平等地享有宪法和法律赋予的全部公民权利，同时还依法享有少数民族特有的权利。1949 年 9 月通过的《中国人民政治协商会议共同纲领》具有临时宪法的性质，其中明确规定："各民族一律平等。" 1954 年通过的《中华人民共和国宪法》规定："中华人民共和国是统一的多民族国家。各民族一律平等。禁止对任何民族的歧视和压迫，禁止破坏各民族团结的行为。" 这部宪法还特别强调了民族团结是新中国民族政策的基石，宣布："我国各民族已经团结成为一个自由平等的民族大家庭。在发扬各民族间的友爱互助、反对帝国主义、反对各民族内部的人民公敌、反对大民族主义和地方民族主义的基础上，我国的民族团结将继续加强。国家在经济建设和文化建设的过程中将照顾各民族的需要，而在社会主义改造的问题上将充分注意各民族发展的特点。"

中华人民共和国成立不久，中国共产党和中国政府就在全国范围内开展民族政策教育，宣传民族平等、民族团结，同时进行反对大汉族主义和反对地方民族主义的教育。针对少数民族长期受歧视和受压迫的情况，中国共产党和中国政府花大力气恢复少数民族的平等地位。旧中国在民族歧视和民族压迫制度下，许多少数民族没有平等的、准确的称谓，有些少数民族地区的地名也带有民族歧视和压迫的含义。中华人民共和国成立以后，中央人民政府采取措施，于 1951 年发布了《关于处理带有歧视或侮辱少数民族性质的称谓、地名、碑碣、匾联的指示》，废除了带有侮辱性的称谓、地名等。有的少数民族称谓虽然没有侮辱性的含义，也根据少数民族自己的意愿进行了更改，如僮族的“僮”改为“壮”等。中国共产党和中国政府开展了民族识别工作，确认中国有 55 个少数民族。一些以前不被承认为单一民族的少数民族获得了自己的民族身份。新中国制定了《民族区域自治实施纲要》（1952 年）和《关于保障一切散居的少数民族成分享有民族平等权利的决定》（1952 年）等专门文件，保障少数民族的平等权利。中国共产党和中国政府对濒临灭绝的少数民族给予大力扶持，使他们获得了新生。为了消除民族隔阂，中国共产党和中国政府多次派出少数民族访问团到少数民族地区访问、慰问，把过去被反动统治者赶进深山老林里的少数民族请了出来，建立自己的家园。新中国确立了平等、团结、互助的新型社会主义民族关系。中国少数民族享受到了历史上从来没有过的人权保障。

二、中国特色的民族政策

民族平等和民族团结是中国民族政策的核心。在中国，各民族不论人口多少，经济社会发展程度高低，风俗习惯和宗教信仰异同，都具有同等的地位，在国家和社会生活的一切方面，依法享有相同的权利，履行相同的义务，不允许任何形式的民族压迫和民族歧视。各民族在社会生活和交往中应当和睦相处、真诚友好、团结互助。民族团结要求在反对民族压迫和民族歧视的基础上，维护和促进各民族之间和民族内部的团结，各民族人民齐心协力，共同促进国家的发展繁荣，反对民族分裂，维护国家统一。中国共产党和中国政府历来认为，民族平等是民族团结的前提和基础，没有民族平等，就不会实现民族团结；民族团结则是民族平等的必然结果，是促进各民族真正平等的保障。

民族区域自治制度是中国的一项基本政治制度，是中国共产党和中国政府结合中国实际情况、贯彻民族平等原则的重要制度设计，是中国解决民族问题的一项基本政策。所谓民族区域自治，就是在中央政府的统一领导下，在各少数民族聚居地区建立自治地方政府，设立自治机关，行使自治权。这是实现少数民族人民当家做主权利的一条重要途径。

促进少数民族经济社会发展是中国民族政策的重要内容。由于历史原因，中华人民共和国成立以前，少数民族地区经济社会发展十分缓慢，有些民族还采用刀耕火种的原始农业生产方式，人民生活比较贫困。为了实现全国各民族共同发展，共同实现现代化，中国共产党和中国政府采取了一系列政策措施，帮助和扶持少数民族地区的经济发展，促进少数民族地区的社会进步。

保护和发展少数民族文化是中国民族政策的鲜明特色。中国法律规定，各民族都有使用和发展自己语言文字的自由。民族自治地方的自治机关在执行职务的时候，使用当地通用的一种或几种文字；同时使用几种通用的语言文字执行职务的，可以以实行区域自治的民族的语言文字为主。中国政府还帮助十多个少数民族创制或改进了 13 种民族文字。

三、少数民族享有充分的人权保障

《中华人民共和国宪法》规定："中华人民共和国各民族一律平等。国家保障各少数民族的合法权利和利益，维护和发展各民族的平等、团结、互助关系。禁止对任何民族的歧视和压迫。"中国各民族公民广泛地享有宪法和法律赋予公民的各项平等权利，如各民族公民不分民族、种族、宗教信仰，都同样地享有选举权和被选举权；各民族公民的人身自由和人格尊严不受侵犯；各民族公民都有宗教信仰自由的权利；各民族公民都有接受教育的权利；各民族公民都有使用和发展本民族语言文字的权利；各民族公民都有言论、出版、集会、结社、游行、示威的自由；各民族公民都有从事科学研究、文学艺术创作和其他文化活动的权利；各民族公民都有劳动、休息和丧失劳动能力时从国家和社会获得物质帮助的权利；各民族公民都有对国家机关和国家工作人员提出批评和建议的权利；各民族公民都有保持或改革自己风俗习惯的自由等。

在中国，各少数民族与汉族都以平等的地位参与国家大事和各级地方事务的管理，而且少数民族参与行使管理国家的权利受到特殊保障。在中国的最高权力机关全国人民代表大会的代表选举中，充分反映了对少数民族权利的尊重。中国各少数民族都依据《中华人民共和国全国人民代表大会和地方各级人民代表大会选举法》的规定，选出代表本民族的全国人民代表大会代表，人口特别少的民族，即使达不到规定的产生一名代表的人数，至少也有一名代表。55 个少数民族都有自己的代表参加全国人民代表大会。人口在百万以上的少数民族，都有本民族的全国人大常委会委员。从 1954 年第一届全国人民代表大会至今，历届全国人民代表大会中，少数民族代表在全国人民代表大会代表中所占名额的比例，均高于同期少数民族人口在全国人口中所占的比例。在地方各级人民代表大会中，少数民族聚居的地方，每一聚居的少数民族都有代表参加当地的人民代表大会。散居的少数民族也参加选举代表本民族的当地人民代表大会的代表，而且每一代表所代表的人口数可以少于当地人民代表大会每一代表所代表的人口数。在第十三届全国人大的 2980 名代表中，少数民族代表 438 名，占代表总数的 14.70%，全国 55 个少数民族都有本民族的代表。在第十三届全国政协当选的 24 名副主席中，少数民族人士 4 名；在当选的常务委员中，少数民族人士 33 名。

中国共产党和中国政府大力培养使用少数民族干部。全国现有少数民族干部 299.4 万人，占全国干部总数的 7.4%。在中央和地方国家权力机关、行政机关、审判机关和检察机关中都有相当数量的少数民族人员，参加国家和地方事务的管理。为切实保障少数民族参与国家管理和依法充分行使管理本民族、本地区内部事务的政治权利，中国共产党和中国政府大量培养少数民族干部和各种科学技术、经营管理等专业人才。在 155 个民族自治地方的人大常委会中，都有实行区域自治的民族的公民担任主任或者副主任；自治区主席、自治州州长、自治县县长全部由实行区域自治的民族的少数民族公民担任；民族自治地方的党委、人大、政府、政协及政府各职能部门，都配备有相当数量的民族干部。

散居少数民族权利得到保障。中国有散居少数民族人口约 3000 万。中国共产党和中国政府高度重视对散居少数民族权益的保障，专门制定了《城市民族工作条例》《民族乡行政工作条例》，少数民族散居的 10 个省、直辖市出台了少数民族权益保障条例，保障散居少数民族在政治、经济、文化等各方面的权利。一些城市也出台了相关法规和政策，加强对少数民族流动人员的管理和服务工作，从劳动就业、子女入学、权益保障、法律援助等方面给予积极引导和切实帮助。这些法规使散居民族工作初步走上了法制化轨道，散居和流动少数民族的权益保护有了法制保障。

中国尊重和保护少数民族宗教信仰自由。中国尊重和保护少数民族的宗教信仰自由，保障少数民族公民一切正常的宗教活动。在中国，不论是信仰藏传佛教的藏、蒙古、土、裕固、门巴等民族的群众，还是信仰伊斯兰教的回、维吾尔、哈萨克、东乡、撒拉、保安、柯尔克孜、塔吉克、乌孜别克、塔塔尔等民族的群众以及部分信仰基督教的苗、瑶等民族的群众，他们正常的宗教活动都受到法律的保护。目前，中国有伊斯兰教清真寺 3.5 万余处，在新疆有清真寺 2.48 万座。全国有藏传佛教各类宗教活动场所 3800 多处。

为了落实民族平等政策，促进民族团结，中国共产党和中国政府及有关部门多次举行民族团结进步表彰活动，对维护各民族平等权利、促进各民族和睦相处和共同进步繁荣的单位和个人给予表彰和奖励。1988 年，中国政府在全国广泛深入开展民族团结进步活动的基础上，召开了第一次全国民族团结进步表彰大会，有 565 个先进集体、601 名先进个人受到表彰。1994 年，中国政府又召开了第二次全国民族团结进步表彰大会，1200 多个模范单位和个人受到表彰。1999 年，中国政府召开了第三次全国民族团结进步表彰大会，共有 1254 个民族团结进步模范集体和模范个人受到表彰，其中模范集体 626 个，模范个人 628 人。2005 年 5 月，中国政府召开了第四次全国民族团结进步表彰大会，表彰了北京市宣武区牛街街道等 642 个模范集体、李素芝等 676 个模范个人。2009 年 9 月底，在北京召开了国务院第五次全国民族团结进步表彰大会，表彰了近年来在推进民族团结进步事业中作出显著成绩的模范集体和模范个人。2014 年 9 月，国务院召开第六次全国民族团结进步表彰大会，对 1496 个全国民族团结进步模范集体和模范个人进行了表彰。2019 年 9 月，国务院召开第七次全国民族团结进步表彰大会，有655个模范集体、812个模范个人受到表彰。通过开展民族团结进步表彰活动，激励先进，弘扬正气，使民族团结成为强大的社会舆论和良好的社会风尚，不仅推动了民族团结进步事业的发展，而且对维护少数民族地区和整个国家的稳定也产生了深远影响。

为保障民族平等，加强民族团结，维护少数民族人权，中国宪法规定：要反对大民族主义，主要是大汉族主义，也要反对地方民族主义。同时，国家还在全体公民中广泛开展各民族大团结的宣传和教育。在文艺作品、影视作品、新闻报道、学术研究中都大力倡导民族平等、民族团结，反对民族压迫和民族歧视，特别是反对大民族主义。为防止和杜绝意识形态领域的大民族主义和不平等现象的出现，中国政府有关部门、机构专门就严禁在新闻出版和文艺作品中出现损害民族团结内容等事项作出了规定。

四、西藏和新疆少数民族人权的跨越式发展

1959年民主改革前，西藏长期处于政教合一、僧侣和贵族专政的封建农奴制社会，其黑暗、残酷比中世纪欧洲的农奴制度有过之而无不及。西藏的农奴主主要是官家、贵族和寺院上层僧侣三大领主。他们占不到西藏人口的5%，却占有西藏的全部耕地、牧场、森林、山川以及大部分牲畜。农奴超过旧西藏人口的90%。他们不占有土地，没有人身自由，都依附在某一领主的庄园中为生。此外还有占人口5%的“朗生”，他们是世代家奴，没有任何生产资料，也没有丝毫人身自由。农奴主占有农奴的人身，把农奴当作自己的私有财产随意支配，可以买卖、转让、赠送、抵债和交换。农奴主掌握着农奴生、死、婚、嫁大权。农奴的子女一出生，就登记入册，注定了终身农奴的命运。西藏地方统治者制定了一系列法律以维护农奴主的利益。旧西藏法律明确规定人们在法律上的地位不平等。不同等级的人触犯同一刑律，其量刑标准和处置方法大不相同。旧西藏实行极为野蛮残酷、令人惊骇的刑罚，如剜目、割耳、断手、剁脚、抽筋、投水等。在西藏最大的寺庙之一甘丹寺就有许多手铐、脚镣、棍棒和用来剜目、抽筋等的残酷刑具。

1959年西藏的民主改革废除了封建农奴制度，西藏人民同全国各族人

民一样成为国家和社会的主人，获得了宪法和法律规定的所有公民政治权利。西藏人民与全国各族人民一样，广泛参与管理国家事务和西藏地方事务。西藏人民当家做主权利有了制度保障。昔日的农奴和奴隶从此享有了平等参与管理国家事务及自主管理本地区和本民族事务的政治权利。西藏人民与全国各族人民一样，享有了国家宪法和法律规定的所有权利。1978—2019 年，西藏依法进行了 11 次乡级、10 次县级和 8 次设区的市级以上的人大代表选举。西藏各族人民直接选举县（区）、乡（镇）人民代表大会的代表，这些代表又选举出自治区人民代表大会和全国人民代表大会代表。西藏各族人民通过各级人民代表大会行使管理国家事务和地区事务的权利。截至 2019 年，西藏自治区有 35963 名各级人大代表，其中藏族和其他少数民族占 92.18%。①

西藏人民自主管理本民族本地区事务的权利受到保障。1965 年以来，西藏自治区历任人民代表大会常务委员会主任和人民政府主席都由藏族公民担任，各级人大常委会和政府的主要领导都是藏族公民。西藏自治区各级检察院和法院的主要负责人也均由藏族公民担任。2014 年底，在自治区、地（市）、县三级国家机关组成人员中，藏族和其他少数民族公民占 70% 以上。

西藏自治区有权根据本地的政治、经济和文化的特点，决定本地的事务，制定自治条例和单行条例；上级国家机关的决议、决定、命令、指示，如有不适合西藏地方实际情况的，西藏自治机关可以报请批准变通执行或停止执行。截至 2018 年 7 月，西藏自治区人大及其常委会制定、批准地方性法规和作出具有法规性质的决议、决定共 171 件，其中现行有效的地方性法规和具有法规性质的决议、决定 111 件，废止 31 件；批准设区市的地方性法规 29 件。② 这些文件的内容涉及政权建设、经济发展、社会稳定、文化教育、

① 国务院新闻办公室：《伟大的跨越：西藏民主改革 60 年》，《人民日报》，2019 年 3 月 28 日第 13–15 版。

② 西藏自治区人大常委会：《改革开放 40 年西藏地方立法工作成就与经验》，中国人大网，2018 年 9 月 18 日，http://www.npc.gov.cn/npc/c35256/201809/783acb5254344c2fb1e8b4fcf8cea823.shtml。

语言文字、文物保护、生态环保等各个方面，有效地维护了西藏人民在政治、经济和社会生活各方面的特殊权益，促进了西藏各项事业的发展。

西藏人民的宗教信仰自由和正常的宗教活动受到保护。截至 2019 年，西藏有宗教活动场所 1787 处，住寺僧尼 4.6 万余人，活佛 358 名；清真寺 4 座，世居穆斯林群众 12000 余人；天主教堂 1 座，信徒 700 余人。藏族和其他少数民族都按照自己的宗教传统进行宗教活动。藏传佛教寺庙学经、辩经、晋升学位、受戒、灌顶、诵经、修行等传统宗教活动正常进行，每逢重大宗教节日都循例举行各种活动。西藏自治区成功举办了班禅额尔德尼·确吉杰布坐床 20 周年庆典、时轮金刚灌顶法会等大型佛事活动。信教群众家中普遍设有经堂或佛龛，转经、朝佛、请寺庙僧尼做法事等宗教活动正常进行。完成对藏文大藏经的校勘出版，印制《甘珠尔》大藏经供给寺庙，满足僧尼和信教群众的学修需求。活佛转世制度作为藏传佛教特有的信仰和传承方式，得到国家和西藏自治区各级政府的尊重。截至 2018 年，已有 91 位新转世活佛按宗教仪轨和历史定制得到批准认定。[①] 西藏的宗教活动多种多样，宗教节日频繁举行。20 世纪 80 年代以来，西藏陆续恢复了各教派各类型宗教节日 40 余个。僧俗信教群众每年都组织和参加萨噶达瓦节、雪顿节等各种各样的宗教和传统活动。

新疆自古以来就是一个多民族聚居和多种宗教并存的地区，很早就成为中国统一的多民族国家不可分割的组成部分。中华人民共和国成立 70 年来，新疆各民族人民团结协作，努力开拓，使新疆社会面貌发生了翻天覆地的变化，新疆少数民族的人权保障也取得了历史性的进步。中国共产党和中国政府采取有力措施实现民族平等，促进民族团结，保障各民族公民广泛享有宪法和法律赋予的各项平等权利。同所有中国公民一样，年满 18 周岁的少数民族公民，也都享有选举权和被选举权。作为中国公民，少数民族同样享有人身自由权、人格尊严权、宗教信仰自由权、受教育权、使用和发展本

① 国务院新闻办公室：《伟大的跨越：西藏民主改革 60 年》，《人民日报》，2019 年 3 月 28 日第 13—15 版。

民族语言文字的权利。中国共产党和中国政府在新疆采取一系列特殊的政策措施，以便有效落实宪法和法律规定的民族平等原则。中华人民共和国成立后，新疆地方政府发布行政命令，废除了带有侮辱性的称谓、地名，如“迪化”改为“乌鲁木齐”，“镇西”改为“巴里坤”等。为了促进民族团结，从 1983 年起，新疆维吾尔自治区政府每年都在全区范围内集中开展民族团结教育月活动，广泛地进行宣传教育，使平等、团结、进步成为各族人民相互关系的主旋律。

新疆少数民族有参与国家管理的充分权利。新疆各少数民族都有代表出席全国人民代表大会和地方各级人民代表大会，代表名额得到保障。

新疆少数民族有充分的宗教信仰自由。新疆少数民族群众大多信仰宗教，有的民族群众性信仰某种宗教，如维吾尔、哈萨克、回等民族群众性信仰伊斯兰教，蒙古、锡伯、达斡尔等民族群众性信仰佛教。各民族人民宗教信仰自由的权利得到充分的尊重，正常的宗教活动都受到法律的保护。新疆现有宗教团体 112 个，其中自治区级宗教团体 2 个，即自治区伊斯兰教协会、佛教协会，自治区伊斯兰教协会还设有教务指导委员会；地、州、市伊斯兰教协会 14 个；县、市伊斯兰教协会 88 个。2016 年，新疆有宗教活动场所 2.48 万余座，其中伊斯兰教清真寺 2.44 万座；宗教教职人员 2.93 万人，其中伊斯兰教教职人员 2.9 万人。有新疆伊斯兰教经学院、新疆伊斯兰教经文学校等宗教院校 8 所。截至 2018 年，新疆有喀什艾提尕尔清真寺、昭苏圣佑庙、克孜尔千佛洞等 109 处宗教文化古迹被列入全国重点文物保护单位和自治区级文物保护单位。其中，全国重点文物保护单位 46 处，自治区级文物保护单位 63 处。中央政府拨专款对列入国家和新疆文物保护单位的克孜尔千佛洞、柏孜克里克石窟、喀什艾提尕尔清真寺等进行修缮。新疆出资维修吐鲁番苏公塔、昭苏圣佑庙、乌鲁木齐红庙子道观等 28 处宗教建筑（场所）。涉及宗教的非物质文化遗产也得到了保护和传承。① 为了保证宗教人士获得经文等宗教读物，新疆翻译出版了维吾尔、哈萨克、汉等多种文字和版本的《古

① 国务院新闻办公室：《新疆的文化保护与发展》，《人民日报》，2018 年 11 月 16 日第 13 版。

兰经》《卧尔兹选编》《新编卧尔兹演讲集》等一批伊斯兰教经典和宗教书刊，发行了《中国穆斯林》杂志维吾尔文版和汉文版。为方便信教群众，各地还批准设立了专营宗教书刊的销售点。仅 2014 年至 2015 年，新疆发行的民族文字版的伊斯兰教类出版物 43 种 100 万余册，其中新版维吾尔文《古兰经》23 万余册、《伊斯兰教基础知识读本》2.9 万余册。中国伊斯兰教协会网站专门开设维吾尔语网页。新疆伊斯兰教协会成立《新疆穆斯林》杂志社，创办维吾尔、汉、哈萨克三种文字版杂志，免费发放给清真寺和教职人员；开办维吾尔、汉两种文字版的“新疆穆斯林网”网站。宗教团体举办信教公民宗教知识、礼仪培训班。

第二节　保障少数民族实行民族区域自治的权利

中国的民族区域自治制度是指在国家的统一领导下，各少数民族聚居地方实行区域自治，设立自治机关，行使自治权。中国实行民族区域自治制度，对于加强各民族平等、团结、互助、和谐的关系，维护国家统一，加快民族自治地方发展，促进少数民族进步，起到了巨大的作用，是实现少数民族当家做主的权利、维护少数民族人权的重要形式。

一、民族区域自治制度是中国的一项基本政治制度

民族区域自治制度，是中国解决国内民族问题的基本政策，是一项基本政治制度。1954 年召开的第一届全国人民代表大会，把民族区域自治制度载入了《中华人民共和国宪法》之中。这部宪法规定：“各少数民族聚居的地方实行区域自治。各民族自治地方都是中华人民共和国不可分离的部分。”此后中国历次宪法修改，都载明坚持实行这一制度。1982 年宪法规定：“各少数民族聚居的地方实行区域自治，设立自治机关，行使自治权。各民族自治地方都是中华人民共和国不可分离的部分。”

早在 1952 年，中国政府就发布《中华人民共和国民族区域自治实施纲要》，对民族自治地方的建立、自治机关的组成、自治机关的自治权利等重

要问题作出明确规定。1984 年 5 月 31 日，在总结实施民族区域自治经验的基础上，第六届全国人民代表大会第二次会议通过了《中华人民共和国民族区域自治法》，从自治地方的建立、自治机关的组成、自治权、实行区域自治的少数民族公民的权利等方面对民族区域自治制度进行了全面规定。2001 年，根据社会主义市场经济条件下进一步加快民族自治地方经济社会事业发展的需要，在充分尊重和体现民族自治地方各族人民意愿的基础上，全国人大常委会对民族区域自治法进行了修改，使这部法律更加完善。2001 年修改颁布的民族区域自治法明确规定，民族区域自治制度"是国家的一项基本政治制度"。国务院有关部委制定了 22 件实施民族区域自治法的配套规章或具体办法；全国 155 个自治地方，已有 139 个制定了自治条例。四川、青海、云南、湖北、广东、湖南、重庆等 13 个辖有民族自治地方的省、直辖市都先后制定了实施民族区域自治法的若干规定或意见。至此，中国初步建立起了以宪法有关民族问题的规定为根本，以民族区域自治法为核心，包括国务院及其职能部门制定的行政法规、部门规章以及民族自治地方制定的自治条例和单行条例，有关地方人大、政府制定的民族方面的地方性法规、地方政府规章等在内的有中国特色的民族法律法规体系的基本框架，为成功实施民族区域自治制度提供了良好的法制条件。

中国的民族区域自治制度有深刻的历史依据，符合中国长期多民族统一国家的实际，是中国各族人民在中国共产党领导下取得新民主主义革命胜利的必然结果。在长期的革命斗争中，大批少数民族同胞参加了反帝反封建的斗争，接受中国共产党的领导，为中华人民共和国的诞生作出了贡献。同历代旧政权的歧视和压迫政策相反，中国共产党一直同情少数民族的遭遇，平等对待少数民族，从而赢得了少数民族群众的支持。让少数民族当家做主、管理本民族和本地区的内部事务、实行民族区域自治，就是中国共产党民族平等政策的最好体现。1947 年，在中国共产党领导下，已经解放的蒙古族地区就建立了中国第一个省级少数民族自治地方——内蒙古自治区。中华人民共和国成立后，中国共产党和中国政府开始在少数民族聚居的地方全面推行民族区域自治。1955 年 10 月，新疆维吾尔自治区成立；1958 年 3 月，广西壮族自治区成立；1958年10月，宁夏回族自治区成立；1965年9月，西藏自治区成立。目前，中国共建立了155个民族自治地方，其中包括5个自治区、30个自治州、120个自治县（旗）。在55个少数民族中，有44个建立了自治地方，实行区域自治的少数民族人口占少数民族总人口的比例超过70%，民族自治地方行政区域的面积占全国总面积的64%。至此，中国适合于建立民族自治地方的少数民族聚居区基本上都建立了民族自治地方，建立民族自治地方的任务已基本完成。

二、少数民族享有充分的民族区域自治权

按照宪法和民族区域自治法规定，民族自治地方的人民代表大会和人民政府是民族自治地方的自治机关，它们在行使同级地方国家机关职权的同时，在立法、经济、财政、教育、文化、卫生、科技等方面还享有广泛的自治权。民族区域自治法规定了45项民族区域自治权。

（一）自主管理本民族、本地区的内部事务

民族自治地方各族人民行使宪法和法律赋予的选举权和被选举权，通过选出人民代表大会代表，组成自治机关，行使管理本民族、本地区内部事务的民主权利。中国155个民族自治地方的人民代表大会常务委员会中都有实行区域自治的民族的公民担任主任或者副主任，自治区主席、自治州州长、自治县县长全部由实行区域自治的民族的少数民族公民担任。为切实保障自治机关充分行使管理本民族、本地区内部事务的政治权利，上级国家机关和民族自治地方的自治机关采取各种措施，大量培养少数民族各级干部和各种科学技术、经营管理等专业人才。民族区域自治法规定：“民族自治地方的自治机关录用工作人员的时候，对实行区域自治的民族和其他少数民族的人员应当给予适当的照顾。”“民族自治地方的自治机关可以采取特殊措施，优待、鼓励各种专业人员参加自治地方各项建设工作。”“民族自治地方的企业、事业单位依照国家规定招收人员时，优先招收少数民族人员，并且可以从农村和牧区少数民族人口中招收。”公务员法第二十三条规定：“民族自治地方依照前款规定录用公务员时，依照法律和有关规定对少数民族报考者予以适

当照顾。”目前，民族地区在考录公务员工作中对少数民族报考者给予了适当照顾，如专门拿出录用计划和职位招录少数民族考生、降低少数民族考生的报考资格条件、对少数民族考生实行加分或录取降分照顾等。近年来，少数民族考生录用比例不断提高，出现了“双超”的总体趋势，即各地少数民族考生的录用比例均超过了报考比例，一些民族自治地方少数民族的录用比例已远远超过当地少数民族人口比例。

《“十一五”行政机关公务员培训纲要》规定，在公务员培训中进一步向民族自治地方倾斜。从2000年起国家持续开展了“东西部公务员对口培训”，至2007年，共为5个自治区和有关地区培训公务员2280余人。从2000年开始，中国政府每年选派400—500名民族地区的少数民族公务员到中央、国家机关和经济相对发达的地区进行挂职锻炼。2012—2015年，国家有关部门共选派西部地区和其他民族地区2100多名干部，到中央国家机关和经济相对发达地区挂职锻炼。国家实施“西部之光”、“少数民族科技骨干特殊培养计划”等重大人才培养政策与项目，为西藏、新疆等西部地区培养专业技术人才3000多人。免费为民族地区定向培养拟从事全科医疗的本科医学生，中央财政按照每生每年（5年制本科）6000元标准予以补助。2013年以来，开展了民族地区农村卫生人员重点业务培训、县级医院骨干医师培训、全科医生转岗培训等项目。

（二）享有制定自治条例和单行条例的权力

民族区域自治法规定：“民族自治地方的人民代表大会除享有一般的地方国家权力机关的权力外，还有权依照当地民族的政治、经济和文化的特点，制定自治条例和单行条例。”《中华人民共和国立法法》规定：“自治条例和单行条例可以依照当地民族的特点，对法律和行政法规的规定作出变通规定”，“自治条例和单行条例依法对法律、行政法规、地方性法规作变通规定的，在本自治地方适用自治条例和单行条例的规定”。民族区域自治法还规定：“上级国家机关的决议、决定、命令和指示，如有不适合民族自治地方实际情况的，自治机关可以报经该上级国家机关批准，变通执行或停止执行。”民族自治地方共制定自治条例139件、单行条例418件，民族自治地方根据本地的实际，对婚姻法、继承法、选举法、土地法、草原法等法律的变通和补充规定有 74 件。

（三）使用和发展本民族语言文字

宪法规定 ："民族自治地方的自治机关在执行职务的时候，依照本民族自治地方自治条例的规定，使用当地通用的一种或者几种语言文字。"民族区域自治法第二十一条规定 ："民族自治地方的自治机关在执行职务的时候，依照本民族自治地方自治条例的规定，使用当地通用的一种或者几种语言文字；同时使用几种通用的语言文字执行职务的，可以以实行区域自治的民族语言文字为主。"内蒙古、新疆、西藏等民族自治地方，都制定和实施了使用和发展本民族语言文字的有关规定或实施细则。

中华人民共和国成立后，国家帮助十多个少数民族改进和创制了文字。中国现有 22 个少数民族使用 27 种本民族文字。在中国，无论在司法、行政、教育等领域，还是在国家政治生活和社会生活中，少数民族语言文字都得到广泛使用。现在，中国共产党全国代表大会、全国人民代表大会和中国人民政治协商会议等重要会议上都提供蒙古、藏、维吾尔、哈萨克、朝鲜、彝、壮等民族语言文字的文件和同声传译。

（四）自主安排、管理、发展经济建设事业

民族自治地方的自治机关根据法律规定和本地方经济发展的特点，合理调整生产关系和经济结构；在国家规划的指导下，根据本地方的财力、物力和其他具体条件，自主地安排地方基本建设项目；自主地管理隶属于本地方的企业、事业。民族自治地方依照国家规定，可以开展对外经济贸易活动，经国务院批准，可以开辟对外贸易口岸；民族自治地方在对外经济贸易活动中，享受国家的优惠政策。根据国家的国民经济和社会发展的总体规划，各民族自治地方结合实际，都制订了经济社会发展的规划、目标和措施。

民族自治地方的自治机关保护和改善生活环境和生态环境，防治污染和其他公害。根据法律规定，确定本地方内草场和森林的所有权和使用权。依法管理和保护本地方的自然资源；根据法律规定和国家的统一规划，对可以由本地方开发的自然资源，优先合理开发利用。例如，四川阿坝藏族羌族自治州充分发挥世界自然遗产九寨沟、黄龙的优势，把旅游资源转换为旅游产业，在保护中开发，在开发中保护。

民族自治地方的自治机关有管理地方财政的自治权。凡是依照国家财政体制属于民族自治地方的财政收入，都由民族自治地方的自治机关自主地安排使用。民族自治地方的财政预算支出，按照国家规定，设机动资金，预备费在预算中所占比例高于一般地区。民族自治地方的自治机关在执行财政预算的过程中，自行安排使用收入的超收和支出的结余资金。同时，民族自治地方的自治机关在执行国家税法的时候，除应由国家统一审批的减免税收项目以外，对属于地方财政收入某些需要从税收上加以照顾和鼓励的，可以实行减税或者免税。

（五）自主发展教育、科技、文化等社会事业

民族自治地方的自治机关根据国家的教育方针，依照法律的规定，决定本地方的教育规划，各级各类学校的设置、学制、办学形式、教学内容、教学用语和招生办法。在少数民族牧区和经济困难、居住分散的少数民族山区，设立以寄宿为主和助学金为主的公办民族小学和民族中学，保障就读学生完成义务教育阶段的学业。招收少数民族学生为主的学校（班级）和其他教育机构，有条件的应当采用少数民族文字的课本，并用少数民族语言讲课；根据不同情况从小学低年级或者高年级起开设汉语文课程，推广全国通用的普通话和规范汉字。

民族自治地方的自治机关自主地发展具有民族形式和民族特点的文学、艺术、新闻、出版、广播、电影、电视等民族文化事业。组织、支持有关单位和部门收集、整理、翻译和出版民族历史文化书籍，保护民族地区的名胜古迹、珍贵文物和其他重要历史文化遗产，继承和发展优秀的民族传统文化。民族自治地方的自治机关自主地决定本地方的科学技术发展规划，普及科学技术知识。自主地决定本地方的医疗卫生事业的发展规划，发展现代医药和民族传统医药。民族自治地方的自治机关自主地发展体育事业，开展民族传统体育活动。

三、西藏和新疆的民族区域自治权

1965 年，西藏自治区成立，标志着民族区域自治制度在西藏全面确立，实现了西藏社会制度从政教合一的封建农奴制度向人民民主的社会主义制度的历史性跨越，西藏人民从此进入了当家做主的新时代。

西藏自治区不仅享有省级国家机关制定地方性法规的权力，而且有权根据本地的政治、经济和文化的特点，决定本地的事务，制定自治条例和单行条例。自 1965 年以来，西藏自治区人民代表大会及其常务委员会共制定了 250 余件地方性法规和单行条例，地方性法规和具有法规性质的决议、决定，内容涉及政权建设、经济发展、文化教育、语言文字、司法、文物保护、野生动植物和自然资源保护等许多方面，其中包括《西藏自治区文物保护管理条例》《西藏自治区环境保护条例》《西藏自治区对外国人来藏登山管理条例》《西藏自治区信访条例》《西藏自治区学习、使用和发展藏语文的规定》《关于维护祖国统一、加强民族团结、反对分裂活动的决议》《关于严厉打击"赔命金"违法犯罪行为的决定》等。这些地方性法规的制定和实施，为维护西藏人民的特殊权益，促进西藏各项事业的发展，提供了重要的法律保障。

根据民族区域自治法的规定，上级国家机关的决议、决定、命令和指示，如有不适合西藏自治区实际情况的，自治区可以报经上级国家机关批准，变通执行或者停止执行。如，在执行全国性法定节假日的基础上，西藏自治机关还将"藏历新年"、"雪顿节"等藏民族的传统节日列入自治区的节假日。又如，根据西藏特殊的自然地理因素，西藏自治区将职工的周工作时间规定为 35 小时，比全国法定工作时间少 5 小时。此外，西藏自治区立法机关还可以根据授权，结合当地实际情况，制定实施国家有关法律的变通条例和补充规定。如，1981 年，西藏自治区人民代表大会常务委员会从西藏少数民族历史婚俗等实际情况出发，通过了《西藏自治区施行〈中华人民共和国婚姻法〉的变通条例》，将婚姻法规定的男女法定婚龄分别降低两岁，并规定对执行变通条例之前已经形成的一妻多夫和一夫多妻婚姻关系，凡不主动提出解除婚姻关系者，准予维持。对国家法律政策依法进行变通执行，有效地保障了西藏人民的特殊利益。

1949 年 9 月 25 日，新疆和平解放，1955 年 10 月 1 日，新疆维吾尔自治区成立，掀开了新疆历史发展的新篇章。新疆的民族区域自治制度不断完善，少数民族的自治权利得到法律和制度的保障。新疆维吾尔自治区是以维吾尔族为主体的民族自治地方。在自治区境内，还存在着其他民族聚居的地区，也成立了相应的民族自治地方。全区有哈萨克、回、柯尔克孜、蒙古等 4 个民族的 5 个自治州，以及哈萨克、回、蒙古、塔吉克、锡伯等 5 个民族的 6 个自治县，还有 43 个民族乡。

根据宪法和民族区域自治法的规定，新疆维吾尔自治区以及区内各民族自治地方享有广泛的自治权利，在行使地方国家机关职权的同时，还行使立法权、对不适合民族自治地方实际情况的上级国家机关决定的变通执行或者停止执行权、经济发展权、财政权、少数民族干部培养使用权、发展教育和民族文化权等等。新疆维吾尔自治区人民代表大会及其常委会根据民族区域自治法赋予的权力和新疆的实际，制定了适应新疆特点和需要的各种法规和决议，依法保障了民族自治地方的自治权利。截至 2016 年底，自治区人民代表大会及其常委会共制定区域特色的地方性法规 372 件，其中现行有效的地方性法规 153 件，作出法规性决议、决定 52 件，批准设区的市、自治州、自治县报批的单行条例和地方性法规 113 件。

新疆维吾尔自治区以及区内各民族自治地方的主要领导由自治民族的公民担任。各级民族自治地方的政府主席、州长、县长，均由实行区域自治民族的公民担任；自治地方人民政府的其他组成人员，也都配备了实行区域自治的民族或其他少数民族的人员。为切实保障民族区域自治和少数民族各项权利，新疆十分重视为少数民族干部创造学习和培训的机会，把大批少数民族干部送往内地院校学习，在新疆也建立了各级民族干部学校和民族干部培训班，培养了大批从事政治、经济和文化等各个领域工作的少数民族行政和专业技术干部。1950 年，新疆少数民族干部仅 3000 人；1955 年，新疆维吾尔自治区成立时，少数民族干部 46000 人；到 2016 年，全区少数民族公务员已达 91076 人，占干部总数的 40.24%。其中，少数民族妇女干部占全区妇女干部总数的 66% 以上。

新疆少数民族在各级人民代表大会有充分代表权。为切实保障少数民族的权利，在自治区各级人民代表大会代表中，少数民族代表的比例都高于同期少数民族人口在新疆各地区人口中的比例约 4 个百分点。在历届全国人民代表大会的新疆代表中，少数民族代表所占名额的比例都在 63% 以上，均高于同期少数民族人口在全疆人口中所占的比例。

新疆少数民族使用发展本民族语言文字的自由和权利得到充分尊重和保障。自治区政府于 1988 年和 1993 年相继颁布了《新疆维吾尔自治区民族语言使用管理暂行规定》和《新疆维吾尔自治区语言文字工作条例》，进一步从法律上保障了少数民族使用本民族语言文字的自由和权利。无论在司法、行政、教育等领域还是在政治和社会生活中，少数民族语言文字都得到广泛使用。自治区机关执行公务时，同时使用两种以上语言文字；各自治州、自治县机关在执行公务时，也同时使用自治民族的语言文字。少数民族有权使用本民族的语言文字进行选举或诉讼。新闻、出版、广播、电影、电视广泛使用民族语言文字。新疆人民广播电台用维吾尔、汉、哈萨克、蒙古、柯尔克孜等 5 种语言广播，新疆电视台有维吾尔、汉、哈萨克等 3 种语言的频道节目，维吾尔、汉、哈萨克、柯尔克孜、蒙古、锡伯等各民族都有本民族文字的报纸和书刊。

宗教界人士享有充分的参政议政权利。2016 年，在各级人民代表大会、政治协商会议担任代表、委员职务的新疆宗教界人士有 1436 人，他们在各级人民代表大会中行使订立法规、审议政府工作报告、选举领导人等管理国家事务的权利，代表宗教教职人员和信教群众在各级人大和政协会议中参政议政。为保证宗教人士正常地履行教务，政府对一些生活困难的宗教人士，发放一定的生活补助费。

第三节　少数民族经济发展权利的实现

鉴于自然的和历史的原因，中国少数民族经济发展水平总体上不高。经济落后严重制约了少数民族的社会进步。发展经济是少数民族实现社会全面进步的基础。

一、经济发展权是中国少数民族的基本权利

中华人民共和国成立以前，农牧业是中国少数民族地区的主要产业，发展十分缓慢，一些地区仍停留在“刀耕火种”的原始农业生产方式，部分地区铁制农具尚未得到使用，水利设施更是缺少。1949 年，少数民族地区平均粮食亩产只有 75 公斤，全国少数民族地区农业总产值仅 31.2 亿元。中华人民共和国成立前，少数民族地区几乎没有现代工业。1949 年，全国少数民族地区工业总产值仅有 5.4 亿元。交通、邮电和通信事业也处在十分落后的状态，运输主要靠兽驮人背，汽车和公路极少，不少地区一封书信要走上一个月甚至更长时间，许多人没有见过汽车和电话，西藏没有一公里公路。

中华人民共和国成立以后，国家尽一切努力，促进各民族的共同发展与进步。帮助少数民族发展经济，保障少数民族的经济发展权，是中国民族政策的重要内容。事实上，中国少数民族的经济发展权一直都是宪法规定的权利。中国宪法规定：“国家根据各少数民族的特点和需要，帮助各少数民族地区加速经济和文化的发展。”“国家从财政、物资、技术等方面帮助各少数民族加速发展经济建设和文化建设事业。”为了更好地实现少数民族的经济发展权，中国制定了民族区域自治法，同时在其他法律中也努力维护少数民族的经济发展权。在开发少数民族地区矿产资源时，要求考虑当地经济发展的需要。《中华人民共和国矿产资源法》规定：“国家在民族自治地方开采矿产资源，应当照顾民族自治地方的利益，作出有利于民族自治地方经济建设的安排，照顾当地少数民族群众的生产和生活。”“民族自治地方的自治机关根据法律规定和国家统一规划，对可以由本地方开发的矿产资源，有限合理开发利用。”民族区域自治法规定：“国家在民族自治地方开发资源、进行建设的时候，应当照顾民族自治地方的利益，作出有利于民族自治地方经济建设的安排，照顾当地少数民族的生产和生活。”民族区域自治法还规定了一系列支持少数民族发展经济的措施，如国家设

立各项专用资金，扶助民族自治地方发展经济文化建设事业；国家根据民族贸易政策，对民族自治地方的商业、供销和医药企业，给予照顾；国家在投资、贷款、税收以及生产、供应、运输、销售等方面，扶持民族自治地方合理利用本地资源发展地方工业，发展交通、能源，发展和改进少数民族特需商品和传统手工业品的生产；国家应当组织和支持经济发达地区与民族自治地方发展经济、技术协作，帮助和促进民族自治地方提高经营管理水平和生产技术水平。

二、新中国推动和促进了少数民族地区的经济发展

中华人民共和国成立以后，中国共产党和中国政府十分关注少数民族地区的经济发展，并根据民族地区的实际情况，制定和采取了一系列特殊的政策和措施，帮助、扶持民族地区发展经济，并动员和组织汉族发达地区支援民族地区。国家在制定国民经济和社会发展计划时，有计划、有意识地在少数民族地区安排一些重点工程，调整少数民族地区单一的经济结构，发展多种产业，提高综合经济实力。

第一，少数民族地区基础设施不断改善，基础产业快速发展。从“一五”计划（1953—1957 年）开始，国家即在内蒙古、新疆、宁夏等民族地区安排了一批重点建设项目，如内蒙古包头钢铁基地、宁夏的青铜峡水电站、新疆的石油勘探和内蒙古兴安岭林区的开发等。仅在 20 世纪五六十年代，国家就在少数民族地区建设了四川至西藏、青海至西藏、新疆至西藏等公路干线，建设了包头至兰州、兰州至西宁、兰州至乌鲁木齐、贵阳至昆明、成都至昆明、成都至贵阳、长沙至贵阳等通往西北、西南少数民族地区的主要铁路干线。国家先后在少数民族地区建设了一大批大中型工业企业，仅在五个民族自治区和云南、贵州、青海三省少数民族聚居地就建设了 1400 多家。

国家对少数民族地区的基础设施建设和基础产业发展十分关注，优先在少数民族较为集中的中西部地区安排水利、电力、交通、环境保护和资源开发项目，并实行投资倾斜，引导外资更多地投向中西部地区。截至 2017 年，五个少数民族自治区铁路运营总里程达到 22506 公里，高速公路通车里程达

到 18718 公里。为加快西部地区和民族自治地方的发展，中国政府于 2000 年开始实施西部大开发战略，全国 5 个自治区、27 个自治州以及 120 个自治县（旗）中的 83 个自治县（旗）被纳入西部大开发的范围，还有 3 个自治州参照享受国家西部大开发优惠政策。国家实施了青藏铁路、西气东输、西电东送等 70 多项重点建设工程。此外，还新修建了一批机场、铁路、高速公路、水利枢纽及城乡基础设施等。“十二五”期间，民族八省区国内生产总值从 42053 亿元增加到 74736 亿元，地方公共财政收入从 4048 亿元增加到 8886 亿元，铁路总营业里程已占到全国的 27.5%。国家推进“一带一路”建设，把民族八省区都纳入其中并给予重要定位，把新疆定位为丝绸之路经济带核心区、云南定位为面向南亚东南亚辐射中心、内蒙古定位为向北开放重要窗口。2017 年，内蒙古、广西、西藏、宁夏、新疆 5 个自治区和云南、贵州、青海 3 个省的地区生产总值达到 84899 亿元。

第二，少数民族地区得到中央政府财政上的支持。中国政府通过一般性财政转移支付、专项财政转移支付、民族优惠政策财政转移支付以及国家确定的其他方式，增加对民族自治地方的资金投入，促进民族自治地方经济发展和社会进步，逐步缩小与发达地区的差距。从 1955 年起，中国政府就设立“民族地区补助费”，1964 年设立“民族地区机动金”等专项资金，并采取提高少数民族地区财政预备费的设置比例等优惠政策，帮助民族自治地方发展经济和提高人民生活水平。1980—1988 年，中央财政对内蒙古、新疆、广西、宁夏、西藏等 5 个自治区以及云南、贵州、青海等 3 个少数民族比较集中的省实行财政递增 10% 的定额补助制度。1994 年，国家实施以分税制为主的财政管理体制改革，原有对少数民族地区的补助和专项拨款政策全都保留下来。国家在 1995 年开始实行的过渡期转移支付办法中，对内蒙古、新疆、广西、宁夏、西藏等 5 个自治区和云南、贵州、青海等 3 个少数民族比较集中的省以及其他省的少数民族自治州，专门增设了针对少数民族地区的政策性转移支付内容，实行政策性倾斜。2012—2015 年，国家安排中央预算内投资 58 亿元，用于帮助边境地区和人口较少民族聚居区的基础设施、群众生产生活条件改善和社会事业发展。2017 年，中央财政下达民族地区转移支付 704 亿元，比 2000 年增加 678.47 亿元，年均增幅达 21.5%。2018 年，中央财政安排对地方民族地区转移支付 770 亿元。

第三，少数民族贫困地区得到国家的大力扶持。中国共产党和中国政府自 20 世纪 80 年代中期大规模地开展有组织有计划的扶贫工作以来，少数民族和民族地区始终是国家重点扶持对象。1986 年首次确定的 331 个国家重点扶持贫困县中，民族自治地方有 141 个，占总数的 42.6%。1994 年开始实施《国家八七扶贫攻坚计划》，在确定的 592 个国家重点扶持贫困县中民族自治地方有 257 个，占总数的 43.4%。从 2001 年开始实施的《中国农村扶贫开发纲要》，再次把民族地区确定为重点扶持对象。

1990 年，国家设立"少数民族贫困地区温饱基金"，重点扶持少数民族贫困县。1992 年，国家设立"少数民族发展资金"，主要用于解决民族自治地方发展和少数民族生产生活中的特殊困难。国家从 2000 年起组织实施"兴边富民行动"，对 22 个 10 万人以下的人口较少民族采取特殊帮扶措施，重点解决边境地区、人口较少民族聚居地区的基础设施建设和贫困群众的温饱问题。

进入新世纪以来，中国共产党和中国政府加大了对少数民族扶贫的力度。根据《中国农村扶贫开发纲要（2001—2010 年）》"按照集中连片原则，国家把贫困人口集中的中西部少数民族地区、革命老区、边疆地区和特困地区作为扶贫开发的重点"的要求，中央财政扶贫资金的分配重点向中西部贫困地区倾斜，分配给东、中、西部的比例分别为 2.1%、35.5%、62.4%。在重新划定国家扶贫开发工作重点县时，对少数民族县放宽标准，扩大扶持范围，进入重点县的少数民族县（不包括西藏）增加到 267 个，占总数的 45.1%，西藏作为特殊贫困片区列入国家扶贫开发重点扶持范围。这样受到国家重点扶持的少数民族县为 341 个，占少数民族地区县（旗、市）总数的 53.5%。2011 年，根据《中国农村扶贫开发纲要（2011—2020 年）》，划分出了包括西藏、四省藏区、新疆南疆三地州在内的 14 个连片特困地区，作为扶贫攻坚的主战场。进入以上 14 个片区的县共有 680 个，其中民族自治地方县 371 个。此外，中央财政设立少数民族发展专项资金，主要用于支持少数民族地区改善生产生活条件和发展生产，“十五”期间共安排 26.9 亿元，年均增长 10.2%。“十五”期间，国家累计安排民族地区以工代赈（包括国债）资金 162 亿元，约占总投资的 53%，建设了一大批农村小型基础设施，支付贫困群众劳动报酬 16 亿多元；为民族地区易地扶贫搬迁试点累计安排资金 48 亿元，约占全国总量的 85%，搬迁贫困群众 100 万人。2007 年，继续安排 25 亿元以工代赈资金支持民族地区，继续安排民族地区易地扶贫搬迁资金约 7 亿元，搬迁贫困人口 14 万人。“十二五”时期民族八省区减少贫困人口 1712 万，减贫率 43.7%。2012—2015 年，中央财政安排少数民族发展资金 148.24 亿元，专项支持推进“兴边富民行动”、扶持人口较少民族发展以及开展少数民族特色村寨和少数民族传统手工艺品的保护与发展。2016 年，国家民委和财政部共同下达少数民族发展资金 46 亿元，比上年增长 15%。

由国家民委和财政部实施的“兴边富民行动”，至 2007 年使用的专项资金达 5.5 亿元，实施的县也由最初的 9 个增加到 60 个。“十二五”期间，国家投入“兴边富民行动”的资金达到 117.27 亿元。国家安排了专门资金支持人口较少民族发展，从 2002 年的 3300 万元增加到 2018 年的 8 亿元。《兴边富民行动“十三五”规划》提出六大工程、34 项子工程，实施范围覆盖 197 万平方公里边境地区、30 多个民族、2300 多万人口。《“十三五”促进民族地区和人口较少民族发展规划》提出少数民族特困地区和特困群体综合扶贫、重大基础设施建设、民族特色优势产业振兴、民族文化繁荣发展等 37 个工程项目。2017 年，国家发展改革委下达中央预算内投资 8 亿元，支持内蒙古、辽宁等 13 个省区和新疆生产建设兵团人口较少民族聚居行政村项目建设，主要包括基础设施建设、基本公共服务设施、生态环境保护和人居环境整治，以及民族文化传承等 4 个领域。到 2017 年底，民族八省区的贫困人口下降到 1032 万人。

第四，少数民族地区对外开放扩大，有力地推动了当地经济发展。党的十一届三中全会以来，少数民族地区同全国其他地区一样，实施了一系列改革。随着国家全方位、多层次、宽领域对外开放格局的形成，少数民族地区发挥各自的沿海、沿江、沿边特点，积极发展边贸和对外经济技术合作。“一带一路”倡议构筑少数民族地区对外开放的新格局。改革开放成为少数民族地区经济发展的强大动力。

1987年，国家确定在边疆少数民族地区选择一些条件较好的地方，借鉴国际上设立内陆开发区和边境自由贸易区的做法，加快对外开放步伐。为活跃沿边地区的经济，富裕边民，促进与周边国家的经贸合作，1992年，国家决定进一步开放内蒙古自治区的满洲里、二连浩特，吉林省的珲春，新疆维吾尔自治区的伊宁、博乐、塔城，广西壮族自治区的凭祥、东兴等少数民族较为集中的内陆边境城市。1993年，国家选择了呼伦贝尔盟、乌海市、延边朝鲜族自治州、黔东南苗族侗族自治州、临夏回族自治州、格尔木市、伊犁哈萨克自治州等7个民族地区作为改革开放的试点。20世纪80年代后，广西壮族自治区的北海市被国家列为14个沿海开放城市之一，还有一市五县列为国家沿海经济开放区；乌鲁木齐市、南宁市、昆明市、呼和浩特市、银川市、西宁市、贵阳市等少数民族自治区首府和少数民族较多的省的省会城市被国家列为内陆开放城市；国家还先后批准了桂林市、南宁市、乌鲁木齐市、包头市4个民族地区大中城市建立高新技术产业开发区。

“一带一路”建设把民族地区开放推向新阶段。民族地区是“一带一路”、“互联互通”的重要节点和关键枢纽。我国2.2万公里陆地边界线中，近1.9万公里在民族地区，138个边境县（区、市）中109个在民族地区。“一带一路”建设将民族地区从对外开放的大后方、边陲、末梢，推向了最前沿、重要节点和关键枢纽，极大地促进了民族地区开放型经济发展。

新疆已同世界上70多个国家和地区建立了稳定的经贸关系。1992年至1997年，新疆进出口贸易总额达69.9亿美元。2008年，新疆进出口贸易总额222.17亿美元，其中，出口192.99亿美元，进口29.18亿美元；外商直接投资合同金额6.45亿美元，实际利用外资1.9亿美元。新疆6个开放城市和经济技术开发区、边境经济合作区各方面的建设和招商引资都取得重大成果。新疆已开通15个开放口岸，兰新铁路复线和第二亚欧大陆桥的贯通，使一个现代化的西北国际大通道初步形成。 新疆是丝绸之路经济带核心区，是正在建设的“一通道、三基地、五中心、十大进出口产业聚集区”。“一通道”，即国家能源资源陆上大通道；“三基地”，即国家大型油气加工和储备基地、大型煤炭煤电煤化工基地、大型风电基地；“五中心”，即交通枢纽中心、商贸物流中心、金融中心、医疗服务中心、文化科技中心。全长 4625 公里的中巴经济走廊以新疆喀什、阿图什为中心区域，经塔什库尔干、红其拉甫口岸，进入巴基斯坦。2017 年，新疆对外贸易全年实现进出口总值 1398.4 亿元，同比增长 19.9%。

近年来，中国共产党和中国政府全力推动少数民族和民族地区经济社会发展。2005 年，中国政府召开中央民族工作会议，颁布了《关于进一步加强民族工作，加快少数民族和民族地区经济社会发展的决定》，全面部署新世纪新阶段加快民族地区发展的工作。此外，按照各民族“共同繁荣发展”的原则，采取了许多加快民族地区发展的措施，如编制了扶持人口较少民族发展规划、少数民族事业五年规划、兴边富民行动五年规划等少数民族发展专项规划。制定了支持西藏、新疆、宁夏、云南等少数民族地区加快发展的措施，作出了建设广西北部湾经济区的决策；国家还组织发达地区对口支援民族地区。党的十八大以来，中央加大对民族地区的支持力度，制定了《“十三五”促进民族地区和人口较少民族发展规划》和《兴边富民行动“十三五”规划》，许多其他专项规划中也都有与民族地区发展息息相关的内容。

这些重要举措，促进了少数民族和民族地区经济社会又好又快发展。2000 年至 2007 年，民族地区 GDP 总量增长 1.4 倍，年均增速为 11.7%，高于全国平均水平，GDP 在全国的比重由 2000 年的 8.7% 上升为 9.1%。内蒙古自治区连续多年经济增长速度居全国第一，生产总值年均增长 20%，财政收入年均增长 37.5%。民族地区的生产总值由 1978 年的 324 亿元增加到 2008 年的 30626.2 亿元，按可比价格计算增长了 17.4 倍，年均增长 10.2%。民族地区人均生产总值由 1978 年的 248 元增加到 2008 年的 16057.26 元。2017 年，民族八省区实现生产总值 84899 亿元，全社会固定资产投资总额 88730 亿元，城镇、农村常住居民人均可支配收入分别达到

31553元、10442元，贫困人口从上年的1411万人减少到1032万人。

三、西藏、新疆经济的快速发展

中华人民共和国建立70年来，少数民族地区经济与中国发展同步。西藏的经济建设也实现了跨越式发展，社会面貌发生了翻天覆地的变化。尤其是1959年西藏实行民主改革以来，中央政府为促进西藏经济社会发展，对西藏实施了一系列优惠政策，在财力、物力、人力等方面给予强有力的支持。据统计，仅在基础设施建设方面，1951年至2008年，国家就累计投入1000多亿元。1959年至2008年，中央财政向西藏的财政转移支付累计超过2019亿元，年均增长近12%。2017年，中央向西藏财政转移支付达到1501.71亿元。

1994年以来，中央先后安排60多个中央国家机关、18个省市和17个中央企业对口支援西藏经济建设，到2017年底，已累计投入对口援藏资金达260亿元，实施援藏项目7615个，选派34496名援藏干部进藏工作。在中央的关怀和全国的支援下，西藏经济社会发展突飞猛进。据统计，1959年至2014年，西藏地区生产总值由1.74亿元增长到920.8亿元。1994年以来，西藏生产总值年均增长达到12.8%，高于全国同期年均增长水平。2017年，西藏实现全区生产总值1310.63亿元，按可比价格计算，比上年增长10.0%。旧西藏没有一条公路，如今，以公路建设为重点，航空、铁路、管道运输协调发展,形成了以拉萨为中心的四通八达的交通运输网络。2008年，西藏基本实现了县县通公路，公路通车里程达到5.13万公里，比1959年的0.73万公里增加了4.4万公里；客运量比1959年增加了近107倍；货运量比1959年增加了11倍以上。2014年底,全区公路通车里程达到7.5万公里，次高级以上路面里程达到8891公里，占12.6%。全区74个县中65个县通了柏油路，占88%；690个乡镇通公路，通达率99.7%；5408个行政村通公路，通达率99.2%。格尔木至拉萨、拉萨至日喀则铁路相继通车运营，拉萨至林芝铁路开工建设。组建了西藏航空公司，区内通航机场5个，8家航空公司在藏运营，开通国内外航线48条，通航城市达33个，形成以拉萨贡嘎机场为中心，昌都邦达、林芝米林、阿里昆莎和日喀则和平机场为支线的五大民用机场网络。2017 年底，西藏公路总通车里程 89343 公里，比上年增加了 7246 公里。

以水电为主，地热、风能、太阳能等多能互补、点多面广的能源体系逐步建成。1959 年至 2008 年，西藏发电量年均增长 16.8%，2012 年底，实现行政村全部通电，基本解决无电人口用电问题。2014 年全区电力装机规模达到 169.7 万千瓦，全年发电量 32.2 亿千瓦时。实施那曲尼玛县、双湖县及阿里 7 县 1 镇无电地区电力建设项目，累计示范推广光伏系统 3 万套，建设光伏电站 90 座，太阳能路灯 1200 多盏，总装机容量 8000 千瓦。

通信事业快速发展，基本实现了县县通光缆、乡乡通电话。2014 年，全区光缆线路长度达到 9.7 万公里，其中长途光缆线路为 3 万多公里，累计实现 74 个县、668 个乡镇通光缆，乡镇通光缆率为 97.8%；实现 5261 个行政村移动信号覆盖。全区互联网用户达到 217.7 万户，普及率为 70.7%，农牧区移动互联网覆盖率达到 65% 以上。

旧西藏农牧业基本靠天吃饭、靠天养畜，而今，农牧业现代化程度大幅提高，防灾抗灾能力显著增强。粮食产量由 1959 年的 18.29 万吨增加到 2017 年的 103 万吨；年末牲畜存栏数由 1959 年的 956 万头（只）增加到 2017 年的 1736 余万头（只）。旧西藏没有现代工业，如今，西藏已初步形成了以优势矿产业、建材业、民族手工业、藏医药业为支柱，包括电力、农畜产品加工、饮食品加工制造等在内的富有西藏特色的现代工业体系。2017 年，西藏工业增加值已从 1959 年的 0.15 亿元增加到 103 亿元。现代商业、旅游、饮食服务、文化娱乐等在旧西藏闻所未闻的新兴产业飞速发展，成为西藏第三产业。

中华人民共和国成立以来，西藏人民生活水平大幅度提高，生存和发展状况得到极大改善。在旧西藏，农牧民没有生产资料，几乎终身负债，根本谈不上纯收入。2014 年，西藏城镇居民人均可支配收入达 22016 元，比 1978 年的 565 元增长 38 倍，年均增长 10.7%；农牧民人均可支配收入 7359 元，年均增长 10.9%。2017 年，西藏人均地区生产总值 39259 元，增长 8.0%。

在旧西藏，90% 以上的人没有自己的住房，农牧民居住条件极差，城镇居民人均不足 3 平方米。当时的拉萨城区仅有 2 万人，而居住在城市周围破烂帐篷里的贫民和乞丐就有近千户。而今，西藏人民的居住条件得到了巨大改善。西藏从 2006 年起在全国率先提出全区实施农牧民安居工程，到 2013 年，全区累计投资 278 亿元，完成 46.03 万户的农牧民安居工程建设，使 230 万农牧民群众住上了安全适用的房屋，农牧民人均居住面积达到 30.4 平方米。西藏自 2012 年开始实施拉萨供暖工程，建成燃气主干管网 63 公里、燃气次干管网 256 公里、庭院管网 1200 余公里，完成居民小区及单位供暖项目建设 768 个、10.7 万户、2136 万平方米，拉萨城区基本实现供暖全覆盖，彻底结束了祖祖辈辈靠烧牛粪取暖的历史。

西藏从城市到农村都建立起社会保障体系。2018 年，年末全区参加企业职工基本养老保险人数为 20.49 万人，城乡居民社会养老保险人数为 165.90 万人，工伤保险人数为 35.67 万人，失业保险人数为 18.05 万人，生育保险人数为 31.63 万人；参加城镇基本医疗保险人数为 42.26 万人。全区城镇居民共有 30313 人享受政府最低生活保障，发放低保救助金 2.10 亿元。农村居民有 18.76 万人享受政府最低生活保障，发放低保救助金 5.50 亿元。年末全区养老服务机构共有 97 个，公办儿童福利院 11 所，集中收养 5546 人；供养五保户 14198 人。全年销售福利彩票 23.97 亿元，筹集福利彩票公益金 6.74 亿元。

中华人民共和国成立以前的新疆，经济是以农牧业为主体的自然经济，工业十分落后。农区大部分土地被农奴主、地主所占有，牧区牛羊、水源和草场等被王公贵族、部落头领所控制，占总人口 93% 的农牧民没有基本生产生活资料。农业生产方式极其落后，主要靠坎土曼和二牛抬杠，生产水平极其低下。没有任何工业基础，钢钉、火柴等基本产品都不能生产，缺乏发展的基本条件。一些地方粮荒不断，人民生活贫困不堪。1949 年 9 月 25 日，新疆和平解放，1955 年 10 月 1 日，新疆维吾尔自治区成立，掀开了新疆历史发展的新篇章。

新疆经济快速增长。中华人民共和国成立以来，新疆经济和社会各项事业得到了迅速发展。1978 年至 2016 年，新疆地区生产总值由 39.07 亿元增长至 9617.23 亿元，人均生产总值由 313 元增长至 40427 元，分别增长 245.2 倍和 128.2 倍；城镇居民人均可支配收入从 319 元增加到 28463 元，农村居民人均可支配收入从 119 元增加到 10183 元，分别增加了 88.2 倍和 84.6 倍。2017 年，新疆地区生产总值达 10920 亿元。按产业看，第一产业增加值 1691.63 亿元，增长 5.6%；第二产业增加值 4291.95 亿元，增长 5.9%；第三产业增加值 4936.51 亿元，增长 9.8%。第一产业增加值占地区生产总值的比重为 15.5%，第二产业增加值比重为 39.3%，第三产业增加值比重为 45.2%，第三产业成为拉动经济增长的第一动力。全年人均生产总值 45099 元，比上年增长 5.8%。

新疆人民生活水平大幅提高。中华人民共和国成立以来，新疆各族人民生活条件全面改善，高寒边远山区农牧民改变了没有电和自来水、交通封闭的状况。新疆城镇居民家庭恩格尔系数由 1980 年的 57.3%，下降到 2016 年的 29.1%。农村居民家庭恩格尔系数由 1980 年的 60% 左右，下降到 2016 年的 31.7%。到 2016 年底，新疆已有 800 万农村人口的饮水安全问题得到解决，农村自来水普及率达到 72.5% 以上。1978 年至 2016 年，新疆城镇人均住宅建筑面积从 3.5 平方米增长到 31.1 平方米以上；1994 年至 2016 年，新疆农村人均住房面积从 9.46 平方米增长到 25.7 平方米以上。1978—2016 年，新疆公路通车里程从 2.38 万公里增长到 18.21 万公里，铁路通车里程从 1435 公里增长到 5868 公里。高速公路实现通车里程 4395 公里。高速铁路实现通车里程 717 公里。新疆行政村公路通畅率达 97.06%，建制村通客车率达 96%。

新疆农业综合生产能力显著提高。经过 70 年来特别是改革开放以来的开发建设，新疆的农田灌溉网络初步形成，现代化装备水平提高。到 2017 年，农业机械总动力 2148.82 万千瓦，拥有大中型拖拉机 68.26 万台，小型拖拉机 23.07 万台。农作物耕种收综合机械化水平 84.41%，机耕率 99.36%，机播率 94.39%，机收率 54.50%。化肥施用量（折纯）250.74 万吨。农村用电量 109.2 亿千瓦时。全疆总播种面积达到 3433.64 万亩。粮食、棉花、甜菜总产量分别达到 1447.60 万吨、456.60 万吨和 530.68 万吨。久负盛名的吐鲁番葡萄、库尔勒香梨、哈密瓜等远销国内外市场，特色园艺业、种植业近年来迅速发展。农牧结合、依靠科技的现代畜牧业不断发展，2017 年，牲畜年末存栏 4946.45 万头（只）。新疆已成为全国最大商品棉、啤酒花和番茄酱生产基地，全国重要的畜牧业和甜菜糖生产基地。

新疆工业实力迅速增强。中华人民共和国成立之初，新疆仅有工业企业 363 个，年产值 0.98 亿元。70 年来，新疆工业从无到有、由弱到强，主要工业产品产量成数倍增长，工业实力大大增强，技术水平明显提高，形成以农副产品深加工为主导力量，包括石油、石油化工、钢铁、煤炭、电力、纺织、建材、化工、医药、轻工、食品等资源工业为主体的门类基本齐全、具有一定规模的现代工业体系。2017 年，全区工业增加值为 3229.09 亿元，石油工业增加值 1087.86 亿元，有色工业 285.67 亿元，电力工业 403.82 亿元，化学工业 318.36 亿元，钢铁工业 35.25 亿元，建材工业 147.82 亿元，煤炭工业 163.25 亿元，纺织工业 104.99 亿元，农副食品加工工业 96.69 亿元，装备制造工业 73.00 亿元。

新疆水利建设成就显著。根据“绿洲生态，灌溉农业”的特点，新疆展开了大规模的农田水利建设，全面启动塔里木河综合治理工程，先后四次从博斯腾湖向下游调水 10.5 亿立方米。以克孜尔水库、和田乌鲁瓦提水利枢纽等为代表的一批现代大型水利工程和大批干支渠及其防渗工程的建成，使全区的引水量、水库库容和有效灌溉面积迅速增加。

新疆交通运输业取得长足发展。中华人民共和国成立前的新疆，人们远行、运物主要借助畜力，现代交通基本空白。中华人民共和国成立 70 年来，新疆的交通运输业发生了根本性变化。1962 年底，兰新铁路铺轨到乌鲁木齐，结束了新疆没有铁路的历史；1984 年，全长 476 公里的南疆铁路吐鲁番至库尔勒西段建成通车；1990 年，全长 460 公里从乌鲁木齐至阿拉山口的兰新铁路西线顺利建成通车，贯通第二亚欧大陆桥；1994 年兰新铁路复线建成通车；1999 年，全长 975 公里的南疆铁路库尔勒西至喀什段建成通车；到 2017 年，正线营运里程已达 6244.36 公里。1949 年新疆只有几条简易公路，通车里程仅 3361 公里，到 2017 年底，全区公路通车里程已达 18.53 万公里，其中高速公路 4578 公里；穿越塔克拉玛干大沙漠的沙漠公路，是世界上首次在流动性大沙漠上修筑的长距离等级公路；目前已形成了以乌鲁木齐为中心，7 条国道为主骨架，东联甘肃、青海，西出中亚、西亚各国，南通西藏，并与境内 68 条省道相连接，境内地市相通、县乡相连的公路交通运输网。“十二五”期间（2011 年至 2015 年），新疆有 13 条国家高速公路以及 3 条地方高速公路建成通车，全疆（除和田地区）基本实现各地州市高速公路连接。“十三五”期间（2016 年至 2020 年）新疆将建成 G3001 乌鲁木齐绕城高速公路。2018 年 8 月 1 日，G3012 墨玉县至和田高速公路建成通车，这标志着高速公路已覆盖新疆所有地州市，和田地区有了历史上第一条高速公路。

新疆民航现已新建扩建了乌鲁木齐等 20 座机场，开通了乌鲁木齐至阿拉木图、塔什干、莫斯科、伊斯兰堡的国际航线，至香港的包机航线和跨省（区）航线及自治区区内航线 224 条，形成了以乌鲁木齐为中心，连接国内外 93 个大中城市的空运网。2017 年 9 月，乌鲁木齐—西安—拉萨航线正式开通，实现新疆与国内省会城市（不含港澳台）全部通航。截至 2017 年 6 月底，新疆全区共有 9 个支线机场开通了 17 条互飞航线，其中南疆机场的互飞航线 5 条,北疆机场的互飞航线有 6 条,南疆与北疆机场间互飞航线 6 条。在“十三五”期间，新疆民航规划新建和改扩建 17 座运输机场，改造和新建 26 座通用机场，总投资近 600 亿元，预计“十三五”末，新疆运输机场数量将达到 31 座。新疆将逐步形成布局合理、功能完善、保障有力的“枢纽—支线—通用”三级机场体系。

新疆通信设施与全国发展水平同步。新疆目前已先后建成了乌鲁木齐经奎屯、博乐至伊犁，奎屯经克拉玛依到阿勒泰，吐鲁番经库尔勒、阿克苏、喀什至和田的数字微波干线电路；南北疆数字微波工程，西安经兰州、乌鲁木齐、伊宁到霍尔果斯口岸的 4 条干线光缆；乌鲁木齐经吐鲁番、库尔勒、若羌从茫崖出疆的第二出疆光缆——亚欧光缆；乌鲁木齐至南北疆及各主要地州市光缆。全疆所有县市均已实现全国电话长途直拨。2017 年，新疆全区固定电话用户数 475 万户，移动电话用户 2252.3 万户，电话普及率 113.5 部 / 百人，其中，固定电话普及率 20.1 部 / 百人，移动电话普及率 95.4 部 / 百人。互联网宽带用户 569.9 万户。

第四节　保障少数民族保持和发展民族语言文字和传统文化的权利

一个民族的语言文字和传统文化，凝聚了民族的历史，展现了民族的特性，是民族认同的主要标志。中华人民共和国成立以来，中国共产党和中国政府十分尊重少数民族发展和保持本民族语言文字和传统文化的权利，采取有力措施，推动了少数民族文化的繁荣。

一、大力推动使用和发展少数民族语言文字

中国各民族都有使用和发展自己语言文字的自由和权利。宪法规定:“各民族都有使用和发展自己的语言文字的自由。”同时规定，在民族自治地区，政府机关执行公务时应使用一种或几种当地通用语言。民族区域自治法进一步规定，政府执行公务时，可以以自治地区的民族语言为主。在中国司法活动中，少数民族语言文字与汉语是平等的，各民族公民都有用本民族语言文字进行诉讼的权利，在少数民族聚居或者多民族共同居住的地区，依法应当用当地通用的语言进行审理，起诉书、判决书、布告和其他文书，应当使用当地通用的一种或几种文字。民族区域自治法规定 :“招收少数民族学生为主的学校（班级）和其他教育机构,有条件的应当采用少数民族文字的课本，并用少数民族语言讲课。”

中华人民共和国成立以后，中国政府在 20 世纪 50 年代组织人员对少数民族语言文字情况进行了全面调查，建立专门的民族语文工作机构和研究机构，培养民族语文专门人才，帮助少数民族创制、改进或改革文字，推进少数民族语文在各个领域中的运用。在中国 55 个少数民族中，除满族和回族

使用汉语外，53 个少数民族有自己的语言，数量超过 80 种。其中，有的民族拥有两种以上的语言，比如锡伯族除使用本民族语言外，还使用维吾尔、哈萨克、蒙古、俄罗斯等民族的语言。在中国 1 亿多少数民族人口中，从小会说本民族语言的约有 6400 万，占少数民族总人口的 60% 以上。中华人民共和国成立后，为了促进少数民族文化教育事业的发展，国家还帮助傣、彝、壮、苗、哈尼等民族改进和创制了文字。中国现有 22 个少数民族在使用 27 种文字，其中壮、布依、苗、纳西、傈僳、哈尼、佤、侗、景颇（载佤文系）、土等 10 多个民族使用的 13 种文字是由政府帮助创制或改进的。 全国约有 3000 万少数民族公民使用本民族文字。

在中国，无论在司法、行政、教育等领域，还是在国家政治和社会生活中，少数民族语言文字都得到广泛使用。在国家政治生活中，全国人民代表大会、中国人民政治协商会议召开的重要会议和全国或地区性重大活动，都提供蒙古、藏、维吾尔、哈萨克、朝鲜、彝、壮等民族语言文字的文件或语言翻译。民族自治地方的自治机关在执行职务的时候，都使用当地通用的一种或几种文字。在教育领域，各民族自治地方的自治机关根据国家的教育方针，依照法律规定，决定本地方的教育规划和各级各类学校的教学用语。少数民族为主的学校及其他教育机构，使用本民族或者当地通用的语言文字进行教学。在新闻、出版、广播、影视等领域，目前中国用 17 种少数民族文字出版近百种报纸，用 11 种少数民族文字出版 73 种杂志。中央人民广播电台每天用蒙古、藏、维吾尔、哈萨克、朝鲜 5 种少数民族语言进行播音，国家有专门出版少数民族文字报刊、图书的出版机构，中国民族高等教育的最高学府——中央民族大学设有“中国少数民族语言文字学院”，培养研究和发展少数民族语言文字的专门人才。截至 2017 年，全国少数民族自治地方共有 195 个广播电视机构使用 14 种少数民族语言播出广播节目，263 个广播电视机构使用 10 种少数民族语言播出电视节目。国家在民族地区推行双语教育，基本建立起从学前到高等教育阶段的双语教育体系。截至 2017 年，全国各民族中小学实施双语教育的学校 1.2 万多所，接受双语教育在校生 320 余万人，双语教师 21 万余人。

二、保持和发展少数民族的传统文化

中国各少数民族在长期的历史发展过程中，都形成了本民族独具特色和风格各异的文化。中华人民共和国成立以来，少数民族传统文化受到尊重和保护，各民族都可以自由地保持和发展本民族的文化。

（一）尊重少数民族风俗习惯

中国各少数民族的风俗习惯差异较大，具有不同的生产方式和生活方式，表现在服饰、饮食、居住、婚姻、礼仪、丧葬等多方面。国家尊重少数民族风俗习惯，少数民族享有保持或改革本民族风俗习惯的权利。在社会生活的各方面，政府对少数民族保持或改革本民族风俗习惯的权利加以保护。

尊重穆斯林群众的饮食习惯。中国约有10个少数民族有食用清真食品的传统习惯。为妥善解决好食用清真食品的少数民族的伙食问题，国家在食用清真食品的少数民族较多的机关、学校、企事业单位，设立清真食堂或清真伙食，人数较少的采取几个单位联合举办或备专门灶具。在食用清真食品的少数民族较集中的地方，广设清真饮食网点，在城市、交通要道、饭店、旅馆、医院，以及列车、轮船、飞机等交通设施上，设清真食堂或清真伙食点。

中国少数民族的丧葬习俗各有不同，有火葬、土葬、水葬、天葬等不同的葬法。政府尊重少数民族的丧葬习俗。对回族、维吾尔族等一些习惯土葬的少数民族，国家划拨专用土地，建立公墓，并设立专门为这些少数民族服务的殡葬服务部门。现在，全国凡有回族等习惯实行土葬的少数民族居住的大、中、小城市，都建有公墓。同样，对藏族实行的天葬、土葬、水葬，国家也给予保护和尊重。

中国各少数民族年节习俗丰富多彩。如藏族的藏历新年、“雪顿节”，回、维吾尔等民族的“开斋节”、“古尔邦节”，蒙古族的“那达慕”，傣族的“泼水节”，彝族的“火把节”，等等。各少数民族自由地按本民族的传统习惯欢度节日，国家按照各少数民族年节习惯安排假日，并供应节日特殊食品。

（二）保护少数民族文化遗产

为使各少数民族传统文化得到保护，国家有计划地组织对各少数民族的文化遗产进行搜集、整理、翻译和出版工作，保护少数民族的名胜古迹、珍贵文物和其他重要历史文化遗产。

国家投入专项资金，用来弘扬少数民族优秀文化传统，抢救少数民族文化遗产。国家成立了全国少数民族古籍整理出版规划小组和办公室，组织和领导全国少数民族古籍整理工作。全国现有 25 个省、自治区、直辖市，130 个自治州、地、盟建立了民族古籍整理与研究机构，民族院校也建有古籍整理与研究机构。据不完全统计，近年来仅抢救和整理散藏在民间的少数民族古籍就达 30 万种，公开出版了其中的 5000 余部有价值有影响的古籍，如蒙古族的《江格尔》、柯尔克孜族的《玛纳斯》和藏族的《格萨尔》等。2005 年，维吾尔族艺术木卡姆和蒙古族长调民歌，被联合国教科文组织宣布为“人类口头和非物质遗产代表作”。2006 年国务院审批公布的第一批国家级非物质文化遗产名录中，少数民族项目约占全部项目的 1/3；中国政府设立了中国少数民族三大英雄史诗《格萨尔》（藏族民间说唱体长篇英雄史诗）、《江格尔》（蒙古族著名的英雄史诗）、《玛纳斯》（柯尔克孜族著名的传记性史诗）专门工作机构，有计划有组织地进行收集、整理、翻译、研究工作。出版了包括少数民族文字、汉文和多种外国文字版本的三大史诗以及一些研究专著，仅关于《格萨尔》就出版了 300 多万字的大型学术资料汇编《格萨尔集成》，涌现出一批卓有成就的“格学”研究专家。国家拨付了以千万元计的巨额资金支持校勘出版共计 150 部的传统藏学的百科全书《中华大藏经》，完成了关于少数民族的五种丛书的编辑出版工作，包括中国少数民族简史、少数民族语言简志、民族自治地方概况等丛书 400 多种，9000 多万字。现在，中国 55 个少数民族都各自有了一部文字记载的简史。

中华人民共和国成立以来，中国各级政府以及文化艺术部门组织了数以万计的人类学、社会学、民族学专家和文学艺术工作者，深入少数民族聚居地区，抢救、搜集流传在民间的传统文化艺术。20 世纪 80 年代初，中国政府又投入大量资金和人力物力，搜集整理各民族民间文艺资料，编纂了《中国民间歌曲集成》《中国民族民间器乐曲集成》《中国民间故事集成》《中国民间谚语集成》等包括各民族文学、音乐、舞蹈诸门类的十大文艺集成，共计整理出版 310 卷，全部出齐约 450 卷，总计约 4.5 亿字。

截至 2017 年，入选联合国教科文组织“非物质文化遗产名录（名册）”的中国少数民族项目有 14 项；总计有 492 个少数民族项目入选国家级非物质文化遗产名录，约占总数的 36%；总计有 862 名少数民族传承人被选为国家非物质文化遗产项目代表性传承人，约占总数的 28%；全国 21 个国家级文化生态保护实验区中有 11 个位于民族地区；25 个省（区、市）已建立民族古籍整理与研究机构。中央和地方政府投入资金对高昌故城、北庭故城遗址、喀什艾提尕尔清真寺等一大批文物古迹进行了修缮保护，抢救性保护修复了 3000 余件珍贵文物，对藏医药、格萨尔、传统歌舞、手工技艺等重要的非物质文化遗产进行了全面保护。

（三）繁荣少数民族文化艺术事业

中华人民共和国成立以后，少数民族文化事业进入大发展阶段，各类文艺团体、艺术院校、文化馆和群众艺术馆等大量出现，大批少数民族文艺人才崭露头角，少数民族文艺创作空前活跃，少数民族文化艺术事业繁荣兴旺。在北京建立了国家级的中央民族歌舞团，由各民族演员组成，创作各少数民族歌舞节目，到全国各地演出，还数十次把中国少数民族文艺节目带到世界各国演出。截至 2013 年，全国有民族文字图书出版社 32 家，民族语言文字类音像电子出版单位 13 家，编辑出版民族文字期刊 222 种、民族文字报纸 99 种、民族文字图书 9429 种。民族自治地方有广播电台 73 座，节目 441 套，民族语言节目 100 个；电视台 90 座，节目 489 套，民族语言节目 100 个；各类文化机构 50834 个，其中图书馆 653 个，文化馆 784 个，文化站 8153 个，博物馆 385 个。

（四）发展少数民族传统体育运动

中国少数民族传统体育运动源于广大少数民族群众的生活，内容丰富，形式多样，历史悠久，特点鲜明，不仅具有高度的技巧，而且常常伴有歌舞、音乐，如赛马、射箭、马上游戏“叼羊”、摔跤、荡秋千、跳板、赛龙舟、登山等等。中华人民共和国成立以来，中国各少数民族自治地方都建立了体育工作机构，积极培养少数民族体育人才，开展民族传统体育和现代体育活动，提高少数民族的健康水平。现已挖掘、搜集、整理出少数民族传统体育项目 290 多个。1953 年，在天津举办了全国首次民族传统体育表演及竞赛大会，即第一届全国少数民族传统体育运动会。1982 年后，中国大体每四年举办一次全国少数民族传统体育运动会。2015 年 8 月，第十届全国少数民族传统体育运动会在内蒙古鄂尔多斯举办。

三、西藏、新疆民族文化的保持和发展

1950 年西藏和平解放以来，尤其是 1959 年民主改革以来，西藏的传统民族文化得到保护和弘扬，民族习惯受到充分尊重。政府采取有力措施，促进藏语文的学习、使用和发展。西藏实行藏、汉语文并重，以藏语文为主。目前，所有农牧区和部分城镇小学实行藏汉文同步教学，主要课程用藏语授课。中学阶段也同时实行用藏语和汉语授课，并坚持在内地西藏中学开设藏语文课。在高校和中等专业学校的招生考试中，藏语文作为考试科目，成绩计入总分。西藏自治区成立以来，各级人民代表大会通过的决议、法规，西藏各级政府包括政府所属部门下达的正式文件和发布的公告都使用藏、汉两种文字。在司法诉讼程序中，对藏族诉讼参与人，都使用藏语文审理案件，法律文书也使用藏文。各单位的公章、证件、标识以及机关、厂矿、学校、车站、机场、商店、宾馆、餐馆、剧场、旅游景点和体育场馆、图书馆等的标牌和街道、交通路标等均使用藏、汉两种文字。西藏人民广播电台自 1959 年建台以来，始终以办好藏语广播为重点，目前共开办有 42 个藏语（包括康巴语）节目（栏目)，藏语新闻综合频率每天播音达 21 小时 15 分钟，康巴语广播频率每天播音 18 分钟。西藏电视台卫视频道开播后，专门开设藏语频道，24 小时滚动播出。此外，藏语文在邮政、通信、交通、金融等领域中也得到了广泛使用。2013 年，西藏有 14 种藏文杂志、11 种藏文报纸。藏文于 1984 年实现了信息化处理，并开发出与汉英兼容的藏文软件操作系统。藏文编码国际标准于 1997 年获得通过，成为中国少数民族文字中第一个具有国际标准的文字。

西藏的传统民族文化遗产得到有效保护、传承和发展。国家组织编辑

出版了中国戏曲志、中国民间歌谣集成、民族民间舞蹈集成、谚语集成、曲艺集成、民族民间歌曲集成、戏曲音乐集成、民间故事集成等十大文艺集成志书西藏卷，及时抢救和有效保护了西藏大量重要文化遗产。国家将整理出版大型口头说唱英雄史诗《格萨尔王传》作为重点科研项目予以资助，现已搜集 300 余部，整理出版藏文版 62 部、汉译本 20 多部，并有多部被译成英、日、法文出版。民主改革后，布达拉宫、大昭寺、哲蚌寺、色拉寺、甘丹寺、扎什伦布寺、萨迦寺等均被列为国家级重点文物保护单位。20 世纪 80 年代以来，中央和西藏地方财政先后安排巨额资金，用于修复开放一批国家级文物保护单位和各教派的重点寺庙。1989 年到 1994 年，国家拨出 5500 万元和大量黄金、白银等珍贵物资对布达拉宫进行了一次大的维修。2001 年起，又拨专款 3.3 亿元，用于维修布达拉宫、罗布林卡、萨迦寺三大文物古迹。2007 年，中央政府再次拨出 5.7 亿元，用于“十一五”时期对西藏 22 处重点文物保护单位进行全面维修保护。“十二五”规划的 46 项重点文物维修保护项目，投资达 10 亿余元。近年来，自治区政府陆续出台《西藏自治区文物保护条例》《西藏自治区布达拉宫保护管理办法》等一批文物保护地方性法规。第三次全区不可移动文物普查工作全面完成，共调查录入近现代重要史迹及代表性建筑物 241 处，各类文物点 4277 处。首次可移动文物普查工作全面启动，初步统计，全区可移动文物将达数百万件。《西藏自治区珍藏贝叶经总目录》《西藏自治区珍藏贝叶经影印大全》等陆续整理出版。目前，全区有世界文化遗产 1 处 3 点，国家重点文物保护单位 55 处，自治区级文物保护单位 391 处，市县级文物保护单位 978 处，国家历史文化名城 3 座。

70 年来，新疆少数民族保持和发展民族语言文字和风俗习惯的权利受到充分尊重。中央和自治区人民政府颁布了一系列规定。为保证少数民族特别是信仰伊斯兰教民族特需食品的供应，人民政府颁布法规，采取了一系列具体措施，要求大中城市和有穆斯林群众的小城镇保持一定数量的清真饭馆；在交通要道以及有少数民族职工的单位，设立清真食堂或清真灶；供应穆斯林群众的牛羊肉，按照其习惯进行宰杀与处理，并单独储运和销售；

各少数民族在自己的传统节日，如古尔邦节和肉孜节期间，都能享受到法定的节日假期和节日特殊食品的供应；在有土葬习俗的少数民族中，政府不推行火葬，并采取划拨专用土地、建立专用公墓等具体措施予以保障；对一些带有宗教色彩的民族风俗习惯，如婚丧仪式、割礼、起经名等都不加限制。

新疆少数民族传统文化得到保护和光大。新疆各族人民创造了丰富多彩的传统历史文化，为中华民族文化的发展作出了独特的贡献。自治区政府有计划地组织对各少数民族文化遗产进行搜集、整理、翻译和出版的工作，保护少数民族的名胜古迹、珍贵文物和其他重要历史文化遗产。自 1984 年以来，自治区古籍整理办公室已搜集少数民族古籍 5000 多册，整理出版 100 多部。濒于失传的 11 世纪喀喇汗王朝的两部鸿篇巨制《福乐智慧》和《突厥语大词典》，在政府的大力支持和各族学者的长期共同努力下，于 20 世纪 80 年代翻译、出版了维吾尔文译本，之后又出版了汉文译本。对在中国少数民族三大英雄史诗中产生于新疆蒙古族和柯尔克孜族的《江格尔》和《玛纳斯》两部史诗的搜集、整理、翻译和研究取得了很大成就。被誉为维吾尔族“音乐之母”的维吾尔族大型古典音乐套曲“十二木卡姆”，在中华人民共和国成立前已濒于灭绝，新疆地方政府将其列为重点抢救的艺术品种组织力量搜集、整理。现在，“十二木卡姆”已由半个世纪前仅有两三个艺人能够较完整地演唱，发展到成立木卡姆艺术团、木卡姆研究室，并广泛演唱。2010 年，《新疆维吾尔自治区维吾尔木卡姆艺术保护条例》颁布实施。

新疆加大古籍保护力度。自治区古籍整理出版规划领导小组及办公室、古籍保护中心、古籍修复中心相继成立，少数民族古籍特藏书库建立。2011 年，新疆古籍保护中心开展第一次古籍普查工作，对重点、珍贵古籍的基本内容、破损情况和保存状况登记造册。之后又数次进行普查。截至 2017 年，完成古籍整理普查 14980 种。已收藏的古代典籍文献包括汉文字（汉文字、西夏文和契丹文等）、阿拉美文字（佉卢文、帕赫列维文、摩尼文和回鹘文等 10 多种）和婆罗米文字（梵文、焉耆—龟兹文、于阗文、吐蕃文等）三大系统，共 19 种语言、28 种文字，内容涵盖政治、经济、社会、宗教、天文、数学、医学、艺术等领域。新疆重视古籍整理数字化建设。截至 2017 年，新疆完成 23 位国家级代表性传承人抢救性记录工作，运用文字、图片、音像等多种记录手段，对非物质文化遗产项目实施了抢救性保护；创建了维吾尔族乐器、地毯和艾德莱斯绸织造 3 个非物质文化遗产项目国家级生产性保护示范基地；命名 91 个自治区级非物质文化遗产保护传承基地。近年来，维吾尔木卡姆艺术、柯尔克孜史诗《玛纳斯》、维吾尔族麦西热甫陆续列入联合国教科文组织“人类非物质文化遗产代表作名录”和“急需保护的非物质文化遗产名录”。入选国家级、自治区级非物质文化遗产代表性名录的项目分别有 83 项、294 项，国家级、自治区级非物质文化遗产代表性传承人分别有 112 位、403 位。

新疆历史悠久的民族传统体育项目得到发扬光大，如叼羊、赛马、摔跤、射箭等十分普及，为群众所喜爱；维吾尔族的传统体育项目达瓦孜（高空走绳），近年来享誉国内外。

新疆文化艺术事业欣欣向荣。中华人民共和国成立前，新疆没有一个专业文艺团体，没有艺术研究机构和艺术学校。近年来，新疆实施“县级文化馆、图书馆修缮工程”、“文化信息资源共享工程”、“乡镇综合文化站工程”等一系列文化基础工程。截至 2017 年，新疆有公共图书馆 112 个、博物馆和纪念馆 173 个、美术馆 57 个、文化馆 119 个、文化站和文化室 12158 个，有各级各类广播电视台（站）302 个，广播和电视人口覆盖率分别达到 97.1% 和 97.4%，有体育场地 29600 个。维吾尔、哈萨克、回、柯尔克孜、蒙古、塔吉克、锡伯等民族都有自己的专业文艺团体，涌现了一批杰出的民族艺术家。新疆文学艺术创作硕果累累，《天山彩虹》《木卡姆先驱》等一批优秀艺术作品获国家级大奖，大型歌舞《我们新疆好地方》轰动全国，一批具有浓郁民族风格的文学艺术作品走出新疆，走向世界。

第七章
残疾人权利保障 70 年发展

中华文明源远流长，其关心扶助残疾人的优良传统中蕴含着深厚的人道价值。例如《礼记·礼运·大同篇》指出："大道之行也，天下为公……人不独亲其亲……矜寡孤独废疾者，皆有所养……是谓大同。"这是前现代中国奉行数千年的理想大同社会的标准。

中华人民共和国成立 70 年来，在社会主义现代化建设过程中，中国共产党坚持"残疾人是人类大家庭的平等成员"[①]的理念，高举社会主义人道主义的旗帜，大力发展残疾人事业。全社会努力激励残疾人自尊、自信、自强、自立，勇敢地追求残疾人各项权利的实现。[②]残疾人权利保障已经成为中国人权保障事业的重要组成部分，在法律制度保障、平等参与社会生活、实现个人发展方面都取得了显著的成就。

第一节　建立保障残疾人权利的法律体系

中国共产党和中国政府十分重视残疾人权利的法律制度保障，特别是改革开放以来，采取了一系列积极措施，通过立法、政策等途径，保障残疾人在政治、经济、社会、文化等领域权利的享有和实现。保障残疾人基本权利

① 《习近平向 2013—2022 年亚太残疾人十年中期审查高级别政府间会议致贺信》，《人民日报》，2017 年 12 月 1 日第 1 版。

② 邓朴方：《人道主义把我们联结在一起》，《人道主义的呼唤》（第 1 辑），华夏出版社 2006 年版，第 200—201 页。

已经成为中国全面建成小康社会的关键环节。通过法律制度对残疾人给予特别扶助和保护，有助于减轻、消除其因身体损伤和外部环境带来的障碍，充分实现社会参与和个人发展。

一、残疾人状况及其权利保障的发展阶段

在中国近现代社会以前的数千年专制社会中，受占支配地位的儒家文化影响，统治阶级在其统治地位稳固时，也会鼓励和支持收养救济残疾人的活动，以维持其道德正统地位。但是，历史同时也是残酷的，每有战乱、灾荒，首先受伤害、被抛弃的就是残疾人。鸦片战争以后的近百年时间里，中国内忧外患频仍，加之自然灾难，残疾人常常流离失所，冻死饿死于路旁，悲苦不堪言。因此，残疾人更期盼社会稳定、国泰民安。

1949年中华人民共和国成立以后，土地改革、福利工厂、良好的社会秩序、友善的社会环境等促成了残疾人生活与地位的第一次飞跃。1978年改革开放以来，随着国家经济、社会、文化水平的不断发展，以及民主法治的不断完善，残疾人的生活与地位实现了第二次飞跃。

依据中国残疾人保障法，“残疾人是指心理、生理、人体结构上，某种组织、功能丧失或者不正常，全部或者部分丧失以正常方式从事某种活动能力的人。包括视力残疾、听力残疾、言语残疾、肢体残疾、智力残疾、精神残疾、多重残疾和其他残疾的人”。依据第二次全国残疾人抽样调查的结果数据，截至2006年4月1日，中国各类残疾人总数达8296万人，残疾人占全国总人口的比例为6.34%。到2018年底，中国政府提交的《残疾人权利公约》履约报告的数据表明，全国已有8500多万残疾人。这是一个庞大的群体，切实保障残疾人的人权，对于中国的经济、社会发展进程具有非常重要的意义。

残疾人享有的各项权利既体现在中国政府批准和加入的国际人权公约之中，又为党和国家的基本政策方针和发展纲要所确认，并通过国内法律法规的形式得以落实。

自中华人民共和国成立以来，中国残疾人权利保障的法律制度发展可分

为如下4个阶段。

（一）1949—1967年：初步创立残疾人权利保障制度的阶段

这一阶段的主要制度与成果包括：

第一，制订了一些残疾人福利、权利相关的法律法规和政策。1950年，内务部公布实施《革命残废军人优待抚恤暂行条例》《革命工作人员伤亡褒恤暂行条例》《民兵民工伤亡抚恤暂行条例》。1951年，周恩来总理签发《关于改革学制的决定》，规定“各级人民政府应设立聋哑、盲目等特种学校，对生理上有缺陷的儿童、青年和成人施以教育”。1957年，教育部发出《关于办好盲童学校、聋哑学校的几点指示》，规定盲校小学学制为6年，聋校学制为10年，盲童、聋童入学年龄为7—11岁，并对办校方针、编制、教学改革等提出了要求。

第二，创立了一些残疾人社会组织并积极开展活动。1953年3月，中国盲人福利会在北京成立。1954年，中国聋人福利会（筹委会）加入世界聋人联合会，并在第二届世聋代表大会上当选为世界聋人联合会第二届执行局委员。1956年2月，中国聋人福利会在北京成立。同年，中国盲人福利会和中国聋人福利会在组织和经费上得到国家更多支持。1960年5月20日，中国盲人福利会、中国聋哑人福利会合并。中国盲人聋哑人第一次全国代表会议在北京召开。出席会议的代表共359人。周恩来、朱德、邓小平、李先念等党和国家领导人接见到会代表。

第三，确立了一些造福于残疾人群体的语言文字及文化活动方案。1953年《新盲字方案》得到推广，统一了全国盲文文字，并沿用至今。1958年，中国聋人手语改革委员会成立。1958年，内务部、教育部、卫生部、中国聋哑人福利会等九单位联合发出庆祝国际聋人节的通知，根据世界聋人联合会决定，每年9月的第4个星期日为国际聋人节。1959年，内务部、教育部发出《关于试行聋人汉语手指字母方案的联合通知》，要求各地聋校、扫盲班、聋人生产单位，将手指字母方案作为识字拐棍和发音教学的辅助手段试行，总结经验，逐步完善。经过试行和修改，该方案于1963年12月19日颁布施行。

（二）1968—1977年：残疾人权利保障制度缓慢发展阶段

受“文化大革命”的影响，这一阶段的残疾人保障事业发展缓慢。1968年内务部撤销，其所属中国盲人聋哑人协会停止活动。但由于中央政府对残疾人事业的高度重视，以及保护残疾人的一贯传统，在此期间，中国残疾人保障事业仍然取得了一些成绩。例如，1970年，“文化大革命”开始时中断招生的北京市盲聋学校恢复招生。1974年7月，语言学家周有光和北京第四聋校教师沈家英设计完成声韵双拼《汉语手指音节》指式图，它在《汉语手指字母方案》基础上增加20个指式，使用时右手打声母、左手打韵母，双手配合同时发出，一次即打成一个完整的汉语音节，进一步完善了国家通用手语设计。

（三）1978—2007年：残疾人事业的恢复与快速发展阶段

在此之前，对残疾人的保障以盲人和聋哑人为主，肢体残疾主要限于军人或复员军人。改革开放以后，我国残疾人保障事业进入了快速发展时期。从中央到地方政府，都将残疾人事业纳入工作重点，对内加紧有关制度与机构建设的步伐，对外积极参与残疾人权利保障领域的国际交流与合作。同时，各种社会团体也逐步发展起来，给政府工作带来不可或缺的协助与补充。

1978年，中共民政部党组向中共中央、国务院作了《关于恢复中国盲人聋哑人协会组织和工作的报告》，经中央领导批示同意。1979年，民政部发出《关于恢复和建立盲人聋哑人协会的通知》。1980年刑法规定：“又聋又哑的人或者盲人犯罪，可以从轻、减轻或者免除处罚。”1981年，中国国际残疾人年大会在北京人民大会堂举行。1984年，邓朴方主持制定《中国残疾人福利基金会宣传提纲》。这是新时期中国残疾人事业第一个宣言，第一次提出残疾人定义，第一次提出以人道主义为旗帜，认为“残疾”对一个人生活、劳动的影响大小，取决于社会为他提供的条件。在一定条件下，残疾人可以成为社会财富的创造者，成为推动社会前进的力量而不是社会的负担，不是“废人”。1987年，开展首次全国残疾人抽样调查。1988年，中国残疾人联合会成立，首届全国代表大会在北京召开，来自全国各地推选的各族残疾人和残疾人工作者代表500余人出席会议。

1990年，第七届全国人大常委会第十七次会议审议通过了《中华人民共和国残疾人保障法》，该法于1991年5月15日起施行。1994年，《中华人民共和国残疾人教育条例》颁布。2003年，中国残联主席邓朴方获“联合国人权奖”，成为该奖设立以来第一个获奖的中国人和第一个获奖的残疾人。2005年，铁道部颁布实施《铁路旅客车站无障碍设计规范》。2006年，第二次全国残疾人抽样调查启动。至2007年底，全国共选聘残疾人专职委员40万名。

（四）2008年至今：中国特色残疾人事业逐步建成阶段

2008年中国修订残疾人保障法以及批准《残疾人权利公约》以来，积极履行公约义务，进一步将残疾人权利保障的国际标准融入中国特色残疾人事业之中。在国内法层面，《中华人民共和国精神卫生法》《残疾人就业条例》《无障碍环境建设条例》《中华人民共和国残疾人教育条例》《残疾预防和残疾人康复条例》等核心法律规范相继颁布或修订，形成了一个完整的保障残疾人权利的法律体系。到2019年，共有80多部法律、50多部行政法规对保护残疾人合法权益作出了具体规定，保障残疾人在康复、教育、就业、社会保障、参与公共事务管理和社会生活等各方面的权利。

二、残疾人权利的国际法律保障

中国重视残疾人权利保障的国际标准，并积极参与国际社会保障残疾人权益的组织与活动。中华人民共和国成立以来，中国政府和民间团体多次参与国际社会的残疾人教育、就业、体育等活动，积极分享经验，借鉴国外残疾人事业的有益经验和做法。从签署《经济、社会及文化权利国际公约》和《公民权利和政治权利国际公约》，到2001年2月批准《经济、社会及文化权利国际公约》，从1971年《智力迟钝者权利宣言》、1975年《残疾人权利宣言》、1982年《关于残疾人的世界行动纲领》、1983年《残疾人职业康复和就业公约》、1991年《保护精神病患者和改善精神保健的原则》、1993年《残疾人机会均等标准规则》、2002年《琵琶湖千年行动纲要》，到

2006 年《残疾人权利公约》，中国政府一直努力结合国情，贯彻人权的国际标准，尊重和保障残疾人权利。

1982 年联合国大会确定 1983—1992 年为“联合国残疾人十年”后，中国政府接受了大会通过的《关于残疾人的世界行动纲领》，成立了由 22 个政府部门和中国残疾人联合会组成的“联合国残疾人十年中国组织委员会”，领导、协调这一工作。1987 年，经全国人大常委会批准，中国政府接受国际劳工大会 1983 年通过的《残疾人职业康复和就业公约》。

中国还积极推动亚太地区残疾人事务合作。自 1992 年以来，中国参与发起和实施了由联合国亚洲及太平洋经济社会委员会开展的三个“亚太残疾人十年”活动。2017 年，中国成功举办“亚太残疾人十年（2013—2022）”中期审查高级别政府间会议，会议通过了《北京宣言》和《加快实施仁川战略的行动计划》。会议的这两个成果文件都展现了中国对于亚太地区残疾人事务发展和国际合作的倡导。

2007 年，中国政府作为最早倡导和积极推动《残疾人权利公约》的国家率先签署了该公约。随后，党中央、国务院就进一步做好残疾人工作、改善残疾人状况、促进全面建设和谐社会进行研究与部署。政府和立法等有关方面也加紧检查、修订相关法律、法规、政策和实践，以确保与国际公约相衔接。[①] 最终，全国人大常委会于 2008 年 6 月 26 日批准了该公约。

2016 年 7 月，《残疾人权利公约》通过十周年纪念大会在北京举行。时任联合国秘书长潘基文出席了纪念大会，潘基文高度评价中国的履约情况，认为中国在为全世界的残疾人创造更加包容的社会方面发挥了应有的作用。中国残疾贫困人口大量减少，国家发展规划纳入了健康保健、社会保障等残疾人权益的重要方面，建筑和信息无障碍相关条例出台。这些都为改变社会对残疾人的态度、保证倾听残疾人的声音提供了最坚实的基础。中国残联主席张海迪在会上发言指出，中国政府将继续全面履行《残疾人权利公约》，

① 《〈残疾人权利公约〉通过的前前后后——访中国残疾人联合会张国忠》，《人权》，2007 年第 2 期。

在2020年全面建成小康社会之际，进一步健全残疾人权益保障制度，完善残疾人公共服务体系，大幅增加公共产品和公共服务供给，帮助残疾人共享经济社会发展成果，绝不让残疾人"掉队"。2018年，中国向联合国残疾人权利委员会递交第二次和第三次合并履约报告，继续接受联合国残疾人权利委员会对于中国履行公约情况的审查。

中国独立自主发展自己的残疾人权利事业，夯实国内的各项残疾人民生和政策制度基础，同时也保持开放态度，积极参与残疾人领域的国际事务。例如中国残联主席张海迪2016年当选康复国际新任主席。这体现出中国政府对于残疾人事业国际交流合作的重视与支持，也表明国际社会对中国在维护残疾人权益方面付出长期努力、取得巨大成就的充分肯定。

三、残疾人权利的国内法律保障

对残疾人权利的立法保障，包括普通立法保障和特别立法保障两个层面。普通立法保障是指普遍适用于所有人的、国家立法机关为保障所有公民合法权益不受侵犯的规定，这种法律法规当然也保障了作为全体国民一部分的残疾人的整体权益，比如宪法、民法通则（总则）、刑法、各大诉讼法等。特别立法保障是指国家立法机关为保障残疾人群体的合法权益不受侵犯而制定专门法律，典型代表是《中华人民共和国残疾人保障法》及其修订。

中国残疾人权利保障的法律制度草创于新中国成立初期。1951年《中华人民共和国劳动保险条例》的颁布，标志着国家将职工退休养老、疾病伤残等纳入社会保障制度范围。"文化大革命"之后，残疾人保障事业从收养救济型向劳动福利型转变，残疾人保障从简单的收养救济逐步走向促进残疾人全面平等参与社会生活。[①]1990年残疾人保障法出台及实施后，残疾人权利保障问题进入法治化轨道。整体而言，中国在残疾人权利保护方面经历了从政策向法制转变的过程。在这一过程中，以宪法特别是其第四十五条为基础，逐步构建起了残疾人权利的法律保护体系。

① 齐延平主编：《社会弱势群体的权利保护》，山东人民出版社2006年版，第382页。

到目前为止，中国已形成以宪法为核心，以残疾人保障法为主干，以残疾预防和残疾人康复条例、残疾人教育条例、残疾人就业条例、无障碍环境建设条例等为重要支撑的残疾人事业法律法规体系。

（一）法律

以宪法为依据，1990年全国人大常委会制定并通过了残疾人保障法。这部法律以“平等”、“参与”、“共享”为宗旨，一方面规定残疾人享有与其他公民平等的权利，并保护其不受侵害；另一方面规定采取辅助方法和扶持措施，发展残疾人事业，促进残疾人在事实上平等参与社会生活，共享社会物质文化成果。2008年，十一届全国人大常委会通过了新修订的残疾人保障法。本次修订主要增加了残疾人权利的内容，强化了政府责任，并补充了重要的操作性规则。修订后的残疾人保障法建构起残疾人独特的权利体系，借鉴已有弱势群体权益保护立法的优良经验，弥补了现行法律保护残疾人的疏漏之处，成果斐然。残疾人保障法在2008年进行修改时增加了“禁止基于残疾的歧视”。这些修订不仅体现了较强的法律性与规则性，也符合《残疾人权利公约》的精神实质，是公约对应条文的具体化，也是公约中强调的国家义务的体现。

此外，国家在立法过程中注意征求和接纳残疾人和残疾人组织的意见，在制定和修改刑法、民法通则（总则）、物权法、婚姻法、继承法、选举法、劳动法、兵役法、义务教育法、公务员法、道路交通安全法、行政许可法、妇女权益保障法以及各诉讼法等重要法律中，都通过行为能力、代理、减免责任、特别优惠等制度纳入了保障残疾人权益的专门规定。下文仅枚举数例为证：

刑事诉讼法第三十五条第二款规定：犯罪嫌疑人、被告人是盲、聋、哑人，或者是尚未完全丧失辨认或者控制自己行为能力的精神病人，没有委托辩护人的，人民法院、人民检察院和公安机关应当通知法律援助机构指派律师为其提供辩护。

治安管理处罚法第十四条规定：盲人或者又聋又哑的人违反治安管理的，可以从轻、减轻或者不予处罚。第四十三条第二款规定：殴打、伤害残疾人属于殴打他人的加重情形，应当处十日以上十五日以下拘留，并处五百元以上一千元以下罚款。

义务教育法第十九条规定：县级以上地方人民政府根据需要设置相应的实施特殊教育的学校（班），对视力残疾、听力语言残疾和智力残疾的适龄儿童、少年实施义务教育。特殊教育学校（班）应当具备适应残疾儿童、少年学习、康复、生活特点的场所和设施。普通学校应当接收具有接受普通教育能力的残疾适龄儿童、少年随班就读，并为其学习、康复提供帮助。

收养法第八条规定：收养孤儿、残疾儿童或者社会福利机构抚养的查找不到生父母的弃婴和儿童，可以不受收养人无子女和收养一名的限制。

（二）政策、法规、规章等规范性文件

在全国人大与全国人大常委会制定的法律之外，由各级人大及其常委会、各级政府和政府部门制定的政策、法规、规章等规范性文件，也为残疾人权利的保障发挥了重大作用。

在政策层面，1988 年，由国家计委、国家教委、民政部、财政部、劳动部、卫生部、中国残联联合制定的《中国残疾人事业五年工作纲要（1988—1992 年）》出台。纲要囊括残疾人事业体系、政策法规体系、组织体系和思想理论体系各个方面，是国务院批准的发展有中国特色的残疾人事业的第一个纲领性文献。1991 年，国务院批转《中国残疾人事业“八五”计划纲要（1991—1995 年）》，将残疾人事业发展纳入国家的总规划、国民经济和社会发展大局之中。而后，从《中国残疾人事业“九五”计划纲要（1996—2000 年）》到《“十三五”加快残疾人小康进程规划纲要》，这些政策纲领在残疾人事业的各领域都起到了重要作用。

此外，从 2009 年起，连续三份《国家人权行动计划》（2009—2010 年）（2011—2015 年）（2016—2020 年），均设有“残疾人权利”专节，体现出政府坚定不移地推进残疾人权利保护工作。

在中央政府颁布的行政法规中，专门以残疾人权利保护为宗旨的主要有《残疾预防和残疾人康复条例》《中华人民共和国残疾人教育条例》《残疾人就业条例》和《无障碍环境建设条例》。在其他法规中也贯彻了保护残疾人权利的基本精神，例如《公共场所卫生管理条例》（1987 年）、《城市居民最低生活保障条例》（1999 年）、《医疗事故处理条例》（2002 年）、《公共文化体育设施条例》（2003 年）、《工伤保险条例》（2003 年）、《劳动保障监察条例》（2004 年）、《疫苗流通和预防接种管理条例》（2005 年）、《农村五保供养工作条例》（2006 年）、《艾滋病防治条例》（2006 年）等法规均考虑到残疾人的特殊权利及其保护机制。

中国政府还注意到现行法律法规体系中残疾医学模式的不足，重视《残疾人权利公约》提出的个体损伤与外部障碍相互作用导致残障的新理念，并逐步在相关规范性文件中加以贯彻。例如，《残疾人航空运输管理办法》（2015 年）参照公约，对残疾作出新的定义："残疾人包括肢体、精神、智力或感官有长期损伤的人，这些损伤与各种障碍相互作用，可能阻碍残疾人在与他人平等的基础上充分和切实地参加社会活动。"

（三）法律执行体系

残疾人权利的保障"如果缺乏机构和服务，最好的法律和机制也没有任何用处，这些法律和机制可以通过机构和服务转为具体待遇"[①]。在中国，政府机构和社会组织一向关注对社会弱势群体的保护，以各种法律法规为依据，充分发挥职权，履行职责，建立健全残疾人权利的法律执行体系，开展残疾人工作，将残疾人权利从制度转化为现实。该法律执行体系的主体既包括司法机关和行政机关，也包括各种社会团体。

1. 司法机关

没有救济，即没有权利。维护和保障残疾人权利也是如此。在建设社会主义法治国家与和谐社会的过程中，司法机关发挥着解决纠纷、救济权利、缓和矛盾、维护社会安定、保障人民基本权利等不可或缺的作用。2000 年 7 月 12 日，最高人民法院颁布实施《关于对经济确有困难的当事人予以司法救助的规定》，明确规定当事人为没有固定生活来源的残疾人，人民法院根据案件具体情况决定当事人缓交、减交或者免交诉讼费用。2016 年，最高

---

① ［德］维尔特劳特·图斯特等著，刘翠霄译：《残疾人法》，法律出版社 1998 年版，第 130 页。

人民法院公布了 10 起残疾人权益保障典型案例，发挥了司法对社会的示范引领作用。

2018 年，最高人民检察院在《关于在全国检察机关开展“深入推进国家司法救助工作”专项活动的通知》中将残疾人作为重点救助对象。2018 年最高人民法院、中国残疾人联合会联合发布的《关于在审判执行工作中切实维护残疾人合法权益的意见》第十条规定：“对经济确有困难、符合相应条件的残疾当事人，应当依法为其缓、减、免诉讼费用。对符合司法救助条件的残疾人，应当告知其有权提出救助申请。对已经提供法律援助的残疾当事人，应当进行司法救助。”

2018 年 12 月，最高人民法院《关于增加民事案件案由的通知》第一条规定,在《民事案件案由规定》第一部分“人格权纠纷”的第三级案由“9. 一般人格权纠纷”项下增加一类第四级案由“1. 平等就业权纠纷”。规定为残疾人平等就业提供了更强有力的司法救济保障，也为残疾人法律援助的案件范围提出了新的参照。

2. 行政机关

为了保障残疾人的权利，中国政府和社会组织在残疾人的康复、教育、劳动就业、文化生活、福利、环境等方面作出了巨大努力。为促进相关部门协同开展残疾人工作，在原联合国残疾人十年中国组织委员会的基础上，中国政府于 1993 年成立国务院残疾人工作协调委员会，2006 年更名为国务院残疾人工作委员会，负责国务院残疾人事业方针、政策、法规、规划、计划的制定与实施工作，协调解决残疾人工作中的重大问题，组织协调联合国有关残疾人事务在中国的重要活动。县级以上地方政府也设立残疾人工作委员会，是同级政府关于残疾人工作的常设议事协调机构。

为全面掌握残疾人的数量、结构、地区分布、致残原因、家庭状况以及参与社会生活的情况，中国政府在全国范围内进行了两次大规模的残疾人抽样调查，特别是 2006 年进行的第二次全国残疾人抽样调查，以及之后连续的动态监测，为国家了解残疾人的需求及康复、教育、就业等基本情况奠定了基础，为制定残疾人相关政策、保障残疾人权利提供了实证依据。

法律援助作为一种基本公共服务，对于残疾人获取平等法律救济的重要性不言而喻。帮助更多残疾人及时获得法律援助、法律服务和司法救助，已经成为国家《“十三五”加快残疾人小康进程规划纲要》《国家人权行动计划（2016—2020 年）》等文件明确宣示的重要内容。从国务院《法律援助条例》、中央“两办”《关于完善法律援助制度的意见》，到地方法律援助政策，都对残疾人获得司法保护设有特别规定，并不断更新、推进。

2017 年，司法部印发《关于“十三五”加强残疾人公共法律服务的意见》，要求到 2020 年，公共法律服务网络体系覆盖所有残疾人。多个省市已经开通法律援助远程视频咨询服务，为残疾人提供便利。2010—2017 年，中国共为 49.6 万余残疾人提供法律援助。2013—2017 年，法律援助机构组织为残疾人提供法律咨询共计 141 万余人次。截至 2017 年底，中国设立残疾人法律援助工作站 2600 余个，建成法律援助便民服务窗口 2500 余个，其中设置残疾人无障碍通道的达 2000 余个。各级残疾人联合会建立 1746 个残疾人法律救助工作站，作为政府法律援助机构的补充。

残疾人信访是对其正式法律保障渠道的补充，也起到了比较重要的作用。2016 年全国处理残疾人信访（来信来访合计）28.6 万件，其中残疾人社会保障、就业扶贫、医疗康复问题排在前三位，权益保障问题紧随其后。2017 年，全国处理残疾人信访 24.9 万件，其中社保、就业、医疗、权益保障仍然位居前列。

2018 年，司法部发布《关于深入推进公共法律服务平台建设的指导意见》，要求整合各项服务平台，简化服务手续，完善服务功能，应用技术手段实现音频、视频、文字信息无障碍快速转换，适应不同受众服务需求。同年，司法部与中国残联还合作推进《“法援惠民生 · 关爱残疾人”法律援助品牌建设实施方案》，以贯彻落实国务院、司法部相关“十三五”规划，有效防范和化解残疾人法律纠纷，使所有残疾人都能获得便捷、精准、优质的法律援助服务。

3. 社会团体

中华人民共和国成立以来，广大人民群众在实现自我管理、自我服务、参与公共生活等方面表现出极大的智慧和热情。在建设社会主义法治国家的进程中，随着政府机构的发展和完善，同时发展起来的还有众多残疾人社会团体。单个残疾人的力量和声音可能是微弱的，容易被忽略，但是他（她）可以通过这些组织表达自己的意愿，实现自己的权益。20 世纪 50 年代，中国先后成立了中国盲人福利会和中国聋人福利会。1982 年，中国教育学会特殊教育研究会在江西南昌成立，它是我国特殊教育的群众性专业学术团体。1984 年，中国残疾人福利基金会在北京召开成立大会，基金会的宗旨是为残疾人服务，使残疾人在康复、学习、就业、生活、社交、婚姻等方面能够取得和健全人同等的机会，在社会上发挥自己的力量，成为社会发展的动力。

1988 年，中国残疾人联合会成立。它代表各类残疾人的共同利益，维护残疾人的合法权益，起着残疾人组织核心的作用。它是全国性的残疾人事业团体，由各类残疾人代表和残疾人工作者组成。它发挥着代表残疾人、服务残疾人和维护残疾人权利的作用，能加强政府、社会与残疾人之间的联系。

中国残疾人联合会按照全国行政区划建立了各级地方组织。到 2017 年底，全国省市县乡（除兵团、垦区外）共成立残联 4.3 万个，各省（区、市）、市（地、州）全部建立残联；93.5% 的县（市、区）、98.7% 的乡镇（街道）已建立残联，全国四级残联实有人员已经达到 11.3 万人。各级地方残疾人联合会协助地方政府管理和发展残疾人事业，为保障残疾人的权利，发挥了重要的作用。

残疾人干部配备工作得到进一步加强。93.5% 的省级残联、67.5% 的地市级残联配备了残疾人领导干部，52.7% 的县级残联配备了残疾人干部。在村（社区）建立残疾人协会 58.6 万个，覆盖了全国 95.4% 的村（社区）。

进一步完善专门协会组织架构和工作机制也成为残疾人组织建设的重点。到 2017 年底，全国共建立省级及以下各类残疾人专门协会 1.5 万余个，其中盲人协会 3145 个、聋人协会 3130 个、肢残人协会 3155 个、智力残疾人及亲友协会 3003 个、精神残疾人及亲友协会 3003 个、智力残疾人及亲友协会和精神残疾人及亲友协会二者合一的 117 个。2019 年，依照国务院办公厅《中国残疾人联合会改革方案》要求，各类残联专门协会开始法人治理注册登记进程，以便在改革发展中焕发新的生机活力。广东省残联在相关文件中提到珠三角发达地区地级市的五大专门协会必须在 2020 年前完成独立法人注册登记，为此，深圳市精神残疾人及亲友协会已在 2018 年底率先完成了相关注册手续。

此外，工会、共青团、妇联等人民团体和老龄协会等社会组织也发挥各自优势，支持残疾人工作，维护残疾职工、残疾青年、残疾妇女、残疾儿童和残疾老人的合法权益。红十字会、慈善协会、残疾人福利基金会等慈善团体积极为残疾人事业筹集善款，开展爱心捐助活动，共同促进全社会各领域、各阶层残疾人权利的实现。

第二节 残疾人平等参与权利保障

一、无障碍环境

无障碍环境与合理便利是残疾人平等参与各项公共事务和社会生活的基本前提，也是残疾人群体尤其需要特别支持的关键领域。为此，国家应当采取适当措施，确保残疾人在与其他人平等的基础上，无障碍地进出物质环境，使用交通工具，利用信息和通信（或译作“交流”），以及享用在城市和农村地区向公众开放或提供的其他设施和服务。其中，物质环境无障碍要求城市道路、公共建筑物、居住区等公众设施的规划、设计、建设应该方便残疾人使用和通行，如铺设盲道，设置交通音响信号装置和无障碍电梯、无障碍洗手间等；信息和交流的无障碍要求公共传播媒介应使听力语言和视力残疾人无障碍地获得信息，进行交流，包括影视字母、盲文、手语等。[①] 无障碍设施虽然是针对残疾人设计和建造的，但它同时也能够使儿童和老人受

① 马洪路主编：《残疾人社会工作》，中国社会出版社 2010 年版，第 39 页。

益。事实上，每个人都有可能用到这些无障碍设施，从中获益。[1]

1986 年 7 月，建设部、民政部、中国残疾人福利基金会共同编制了我国第一部《方便残疾人使用的城市道路和建筑物设计规范》(JGJ50-88)，并于 1989 年 4 月 1 日颁布实施。2004 年，首届中国信息无障碍论坛在北京召开。2005 年，中国信息无障碍推进联盟成立。2008 年，中共中央、国务院《关于促进残疾人事业发展的意见》指出，要制定、完善并严格执行有关无障碍建设的法律法规、设计规范和行业标准。同年修订的残疾人保障法第五十五条第二款规定“公共交通工具应当逐步达到无障碍设施的要求”，又规定“有条件的公共停车场应当为残疾人设置专用停车位”，并在第五十四条中开创性地规定了“国家采取措施，为残疾人信息交流无障碍创造条件”。信息产业部《网站设计无障碍技术要求》也于 2008 年发布。刑事诉讼法规定，“讯问聋、哑犯罪嫌疑人，应当有通晓聋、哑手势的人参加，并且将这种情况记明笔录”。

2012 年国务院《无障碍环境建设条例》出台，公共服务部门的无障碍建设再上台阶。2015 年《残疾人航空运输管理办法》对机场无障碍设施设备作出规定。到 2017 年底，全国共出台 451 个省、地市、县级无障碍建设与管理的法规、规章和规范性文件，依照《国家新型城镇化规划(2014—2020 年)》系统开展无障碍建设的市、县、区共有 1622 个。铁路主管部门推进旅客列车无障碍改造，允许盲人携带导盲犬乘坐火车，并已为 3400 余辆动车组设置了残疾人专座。2017 年，中国发布《公共体育设施室外健身设施应用场所安全要求》和《公共体育设施室外健身设施的配置与管理》，为公共体育设施和室外健身设施的设计标准作出指引。中国新建和改造的体育设施，严格实行无障碍标准。2018 年，全国 500 多家政府单位完成了信息无障碍公共服务平台建设，3 万多个政务和公共服务网站实现了无障碍。中国在全国范围推行 12110 短信报警求助服务，方便听力、言语残疾人和其他人在紧急情况下报警求助。中国共产党全国代表大会、全国

① 蔡禾等：《关注弱势：城市残疾人群体研究》，社会科学文献出版社 2008 年版，第 127 页。

人民代表大会、中国人民政治协商会议等重大会议的直播加配手语播报。2018 年,《银行无障碍环境建设标准》《北京 2022 年冬奥会和冬残奥会无障碍指南》发布，为金融、体育行业的无障碍环境提供了最新指引。

2017 年教育部、中国残联发布《残疾人参加普通高等学校招生全国统一考试管理规定》，对残疾人高考获取合理便利有了全面深入的规定。2018 年，全国首批听障人参加教师资格认定面试时由手语教师作为考官并适当延长考试时间，残疾人参加考试及就业方面的合理便利举措得到进一步扩展。此外，相关地方法规在积极推进无障碍与合理便利方面也体现出不少探索创新意义。以 2019 年生效的《湖北省无障碍环境建设管理办法》为例，其进一步将“合理便利”概念引入正式规范当中，具有典范意义。该办法第十一条第二款规定 :“无障碍设施尚未建成或者无法满足行动不便者实际需要时，前款所列公共服务机构、公共场所应当依法提供合理便利。”其第二十二条（考试)、第二十五条（互联网)、第三十条（选举）中均规定了“合理便利”。

在残疾人平等获得司法保护领域，也有关于无障碍的专门举措。《最高人民法院关于全面推进人民法院诉讼服务中心建设的指导意见》(2014）规定，有条件的人民法院可以为残疾人开辟绿色通道，提供优先服务。《最高人民法院关于进一步做好司法便民利民工作的意见》(2014）规定，为残疾人提供司法便民服务，为残疾人参加庭审活动提供无障碍设施。

全国法律援助机构在无障碍建设方面积累了丰富经验，比如强化硬件设施建设，确保残障人无障碍设施全天畅通，方便行动不便人群出行，开展上门服务，制作手语、盲文普法材料等。2018 年以来，不少省市在新建或改造当地公共法律服务中心的过程中，采取了低位柜台、无障碍卫生间、声光一体报警设备、无障碍标识等设计，以充分便利残疾人获得各项公共法律服务。

在更广泛意义上，无障碍环境不仅是制度和物质上的无障碍，还包括态度、心理和文化层面的不歧视、无偏见。为此需要在全社会倡导“平等、参与、共享”的现代文明社会残疾观，使残疾人的人格尊严得到尊重，享受到公平正义。政府部门和残疾人联合会等组织十分注意采取各种方法消除对残疾人的歧视与偏见，形成尊重和帮助残疾人的社会环境。这包括加大舆论宣传力度，定期举办各类大型活动，弘扬社会主义人道主义。

二、参与政治和公共生活

残疾人平等参与政治和公共生活是指残疾人在现代民主制度下参与国家政治活动与公共管理的权利。这一权利的行使对于提高残疾人社会地位和政治地位起着举足轻重的作用。[①] 中国政府历来重视全体人民包括残疾人的平等参与政治活动、社会生活以及平等享有社会主义建设成果包括经济增长、社会发展和文明进步等等的权利。

残疾人平等的参与权意味着在残疾人参与政治活动、公共管理和社会生活时，要同等情形同等对待，没有歧视，尊重残疾人对相关立法和残疾人事务的知情权、参与权、表达权、监督权。这种平等对待体现在制度设计、实际运行和社会效果等多个层面。对于心智条件具备政治参与基本能力的残疾人而言，政治参与主要意味着消除政治歧视，避免政治排斥，保障其平等参与的权利；对于心智条件无法行使政治权利的残疾人而言，平等的政治参与权主要意味着对他们权利的任何限制都必须遵循严格的法律程序。[②] 对于面临其他交流、交通障碍的残疾人的公共参与，也应提供无障碍与合理便利支持。为此，既要通过法律形式确定残疾人的平等权利，又要通过执行和监察机构来确保法律实施的程序及其效果不偏离平等保护残疾人的目的。

1954 年宪法第八十五条规定："中华人民共和国公民在法律上一律平等。"我国现行宪法第三十三条庄严宣告："中华人民共和国公民在法律面前一律平等。"残疾人保障法第三条规定："残疾人在政治、经济、文化、社会和家庭生活等方面享有同其他公民平等的权利。残疾人的公民权利和人格

---

① 秦玉彬：《残疾人政治参与权利研究》，《河北法学》，2008 年第 7 期。

② 齐延平主编：《社会弱势群体的权利保护》，山东人民出版社 2006 年版，第 374 页。

尊严受法律保护。禁止基于残疾的歧视。禁止侮辱、侵害残疾人。禁止通过大众传播媒介或者其他方式贬低损害残疾人人格。”这就从原则上保障了残疾人能够平等参与、全面融入社会。该法第四条规定了特别保护原则，亦即“国家采取辅助方法和扶持措施，对残疾人给予特别扶助，减轻或者消除残疾影响和外界障碍，保障残疾人权利的实现”。第六条进一步列举了残疾人平等参与政治和公共生活权利的内容与实现方式：“国家采取措施，保障残疾人依照法律规定，通过各种途径和形式，管理国家事务，管理经济和文化事业，管理社会事务。制定法律、法规、规章和公共政策，对涉及残疾人权益和残疾人事业的重大问题，应当听取残疾人和残疾人组织的意见。残疾人和残疾人组织有权向各级国家机关提出残疾人权益保障、残疾人事业发展等方面的意见和建议。”

残疾人平等参与政治活动主要通过选举权、被选举权、参与公共决策等权利来实现。选举法第二十六条第二款规定：“精神病患者不能行使选举权利的，经选举委员会确认，不列入选民名单。”第三十九条第二款规定：“选民如果是文盲或者因残疾不能写选票的，可以委托他信任的人代写。”这就从法律角度明确了他们政治参与机会的平等。2019 年施行的《湖北省无障碍环境建设管理办法》第三十条规定，国家机关、人民团体等单位和村（居）民委员会、住宅区业主委员会选举时，组织选举的单位应当为行动不便者参加选举提供便利，并为视力残疾人提供盲文选票或者其他合理便利。此外，价格法和其他法律法规中对听证制度的规定也可以作为一般法律规则，结合残疾人保障法有关规定适用到残疾人群体，以保障残疾人平等的政治参与权。

此外，残疾人组织和残疾人代表在国家经济、政治、文化、社会生活中起到重要的民主参与、民主管理和民主监督作用。例如中国在编制《中华人民共和国国民经济和社会发展第十二个五年规划纲要》时，收到建议 64700 多份，其中包含视力残疾人提交的盲文建议。2018 年，在县级以上人大代表和政协委员中，共有 5000 多名残疾人、残疾人亲友和残疾人工作者。

在残疾人参与立法方面，2017 年中国残疾人联合会充分发挥人大建议、政协提案办理工作机制的作用，所有建议提案均在规定期限内办理完结，符合条件的办理复文均在残联官方网站进行了主动公开。2017 年各地残联协助人大代表、政协委员提出议案、建议、提案 753 件，办理议案、建议、提案 993 件。2018 年由中国残疾人联合会承办的建议提案承办总数有所增加，残疾人教育、康复、就业、社会保障、无障碍环境建设仍是代表、委员关注的热点。①

三、社会保障

政府对于残疾、年老、贫困等弱势群体负有保障其生存的义务，这是现代民主政治的普遍原则，也是人道主义的基本要求。“残疾人是一个特殊困难的群体，需要格外关心、格外关注。让广大残疾人安居乐业、衣食无忧，过上幸福美好的生活，是我们党全心全意为人民服务宗旨的重要体现，是我国社会主义制度的必然要求。”② 残疾人社会保障是残疾人实现基本生存、参与社会生活、谋求发展的兜底制度。社会保障的责任主体是国家，本质是社会财富在时间和空间上的再分配，具有明显的国家性、强制性、再分配性和基本生活保障性等特征。③

我国残疾人群体数量大、老龄人口多、受教育程度低、就业率低、生活贫困，做好残疾人的社会保障工作，是全面建成小康社会的重中之重。在制度建设层面，除宪法规定之外，2008 年修订的残疾人保障法第四十六至四十九条专门规定了国家保障残疾人享有各项社会福利的权利，包括社会保险、生活救助、康复补贴、供养托养、特别照顾等。各级政府在残疾人的劳动、教育、医疗、生活、文化娱乐等方面，普遍采取优惠和减免税、费等措施。

---

① 中国残联维权部：《中国残联召开 2018 年全国人大建议和全国政协提案交办会》，中国残疾人联合会网站，http://www.cdpf.org.cn/ywzz/wq_188/gzdt_189/201805/t20180507_626586.shtml。

② 《习近平致中国残疾人福利基金会的贺信》，《人民日报》，2014 年 3 月 22 日第 1 版。

③ 蒋月：《社会保障法概论》，法律出版社 1999 年版；刘玉安：《北欧福利国家剖析》，山东大学出版社 1995 年版；刘翠霄：《各国残疾人权益保障比较研究》，中国社会科学出版社 1994 年版；卢连才：《残疾人社会保障研究》，华夏出版社 1997 年版。

残疾人专用的必须进口的物品和设备，减免进口关税。盲人免费乘坐市内公共汽车、电车、地铁、渡船以及免费寄递等。历年来，中国政府为完善残疾人社会保障体系所采取的措施和取得的成效包括：

第一，制定针对残疾人特殊困难和需求的社会保障政策措施，完善城乡居民最低生活保障、农村五保供养等生活救助政策，保证符合条件的贫困残疾人能够享受城乡居民最低生活保障和有关生活救助待遇。至2018年3月底，904.4 万名城乡残疾人享受最低生活保障。

第二，着力解决重度残疾、一户多残、老残一体等特殊困难家庭的基本生活保障问题，做好低收入残疾人家庭生活救助。2016 年，国务院印发《关于进一步健全特困人员救助供养制度的意见》，近 90 万残疾人被纳入特困人员救助供养范围。中国将符合条件的贫困残疾人纳入医疗救助范围，资助其参加基本医疗保险，并对其经基本医疗保险、大病保险和其他补充医疗保险支付后难以负担的个人自负合规医疗费用给予补助。2017 年，中国共实施包括贫困残疾人在内的医疗救助 9138.1 万人次。2015 年以来，中国全面建立困难残疾人生活补贴和重度残疾人护理补贴制度，该补贴制度是全国层面首次建立的残疾人专项福利补贴制度。2017 年全年发放补贴超过 200 亿元。

第三，实施农村贫困残疾人家庭危房改造项目，城市廉租住房政策和农村危房改造计划优先照顾贫困残疾人家庭。2012 年《公共租赁住房管理办法》明确要求对符合条件的残疾人优先安排公共租赁住房。2017 年底，有 58 万残疾人享受公租房保障。2010—2017 年，中央财政共支持 257.84 万户农村贫困残疾人家庭完成农村危房改造。自 2017 年起，中央财政集中支持农村贫困残疾人家庭等 4 类重点对象改造危房，户均补助标准为 1.4 万元。

第四，加强监督检查，确保城镇残疾职工按照规定参加基本养老、失业、工伤和生育保险，帮助农村残疾人参加农村社会养老保险。2017 年，中国残联印发《关于进一步做好残疾人参加城乡居民基本养老保险工作的通知》，在贫困和重度残疾人资助政策的基础上，将建档立卡贫困残疾人、最低生活保障对象和特困人员中的残疾人纳入政府代缴养老保险的范围。

至 2017 年底，城乡残疾居民参加城乡社会养老保险人数达到 2614.7 万；60 岁以下的参保残疾人中有 547.2 万重度残疾人，其中 529.5 万得到了政府的参保扶助，代缴养老保险费比例达到 96.8%，另外 282.9 万非重度残疾人也享受了全额或部分代缴养老保险费的优惠政策，领取养老金的人数达到 1042.3 万人。

第五，为残疾人安排托养服务。残疾人社会保障从新中国成立初期的五保供养制度、伤残军人优抚制度发展到如今，还出现了残疾人托养服务，是指为符合条件的智力、精神和重度肢体残疾人提供基本生活照料和护理、生活自理能力训练、社会适应能力辅导、职业康复、劳动技能训练、运动功能训练等方面的社会服务。残疾人及其亲属将经济资源委托给专门机构，再加上公共财政支持，由“阳光家园”、“温馨家园”、“阳光之家”、“福乐家园”这类机构代为完成照顾服务。[①] 从“十一五”期间开始探索，2009 年实施首期“阳光家园计划”，到 2017 年底，全国已经建立残疾人托养服务机构 7923 个。其中寄宿制托养服务机构 2560 个，日间照料机构 3076 个，综合性托养服务机构 2287 个，为 23.1 万残疾人提供了托养服务。此外还有 78 万残疾人接受了这些机构的居家服务。2017 年，1.9 万名托养服务管理和服务人员接受了各级各类专业培训。

第三节　残疾人平等发展权利保障

一、健康、康复

残疾人平等享有健康权和身心康复机会，是其实现个人发展的出发点。残疾人有权享有可达到的最高健康标准。国家有义务确保残疾人获得考虑到性别因素的医疗卫生服务，包括与健康有关的康复服务。国家应当采取有效和适当的措施，包括通过残疾人相互支持，使残疾人能够实现和保持最大程

① 江传曾、杨玲:《残疾人托养作为社会基本福利制度研究》，载张万洪主编:《残障权利研究》（第 4 卷第 2 期），社会科学文献出版社 2019 年版，第 35—36 页。

度的自立，充分发挥和维持体能、智能、社会和职业能力，充分融入和参与生活的各个方面。残疾人康复是指综合应用医疗、教育等措施对残疾人进行疗养或训练，减轻和消除致残因素造成的后果，以帮助残疾人恢复和补偿功能，增强生活自理和社会适应能力，以便其重新参加社会活动。康复是对残疾人个人实现的一种解放。残疾人康复工作具体可以包括医学康复、教育康复、职业康复和社会康复等四个方面。①

为了帮助残疾人恢复或补偿功能，增强其参与社会生活，享受各种权利，实现个人发展的能力，中国政府采取了大量措施。改革开放之后，残疾人康复工作发展迅速、成果丰硕：1984 年，联合国国际康复会举行大会，一致同意接纳中国残疾人福利基金会为该组织的正式会员。1986 年，由中国残疾人福利基金会和美国健康设计概念组织联合主办的第一届国际康复学术报告会在北京举行。1986 年，中国残疾人福利基金会康复协会在北京成立。1987 年，首届全国弱智学校校长及康复工作者培训班在福州举行。同年，中国残联所属中国康复研究中心落成。1988 年国务院批准《全国残疾人三项康复工作实施方案》，政府和社会投入大量人力物力，开展白内障复明、小儿麻痹后遗症矫治和聋儿听力语言训练等康复工作。

20 世纪 90 年代以来，覆盖城乡居民的基本医疗卫生服务体系逐步为残疾人提供安全、有效、方便、价廉的服务。政府采取措施，将残疾人纳入城镇职工基本医疗保险、城镇居民基本医疗保险和新型农村合作医疗制度，落实和完善残疾人医疗保障有关政府补贴政策；并逐步将符合规定的残疾人医疗康复项目纳入城镇职工基本医疗保险、城镇居民基本医疗保险和新型农村合作医疗范围，保障残疾人的医疗康复需求。2016 年，中国有 20 项新增医疗康复项目被纳入基本医疗保险支付范围，其中包括轮椅技能训练、精神障碍作业疗法训练、儿童听力障碍语言训练等。2017 年，残疾人城乡居民基本医疗保险参保率达 96.5%。

① 姚尚满：《我国残疾人社会工作的理论及方法探讨》，《山西高等学校社会科学学报》，2006 年第 9 期。

2008 年修订后的残疾人保障法规定，“各级人民政府鼓励和扶持社会力量兴办残疾人康复机构”，“优先开展残疾儿童抢救性治疗和康复”。该条款有助于防止残疾儿童成为家庭的经济负担，进而遭到虐待或遗弃。这也是《残疾人权利公约》中关于对残疾儿童保护的体现与具体化。与康复对应的一个主题还在于对致残因素的预防。残疾人保障法第十一条规定：“国家有计划地开展残疾预防工作，加强对残疾预防工作的领导，宣传、普及母婴保健和预防残疾的知识，建立健全出生缺陷预防和早期发现、早期治疗机制，针对遗传、疾病、药物、事故、灾害、环境污染和其他致残因素，组织和动员社会力量，采取措施，预防残疾的发生，减轻残疾程度。”2016 年《关于推进家庭医生签约服务的指导意见》提出，家庭医生签约服务要优先覆盖残疾人等重点人群。

2017 年开始施行的《残疾预防和残疾人康复条例》规定，国家采取措施为残疾人提供基本康复服务。2017 年，有 854.7 万残疾儿童及持证残疾人得到基本康复服务，244.3 万残疾人接受了各类辅具适配服务，残疾人康复服务覆盖率达到 65.6%。至 2017 年底，全国已有残疾人康复机构 8334 个，其中，提供视力残疾康复服务的机构 1194 个，提供听力言语残疾康复服务的机构 1417 个，提供肢体残疾康复服务的机构 3088 个，提供智力残疾康复服务的机构 2659 个，提供精神残疾康复服务的机构 1695 个，提供孤独症儿童康复服务的机构 1611 个，提供辅助器具服务的机构 1866 个。

二、教育

残疾人是国民的一部分，残疾人教育是全民教育事业的重要组成环节。提高残疾人受教育水平是残疾人全面实现自身价值的基本条件。残疾人只有接受教育包括高等教育，才能更好地融入当今社会，与全体国民共创共享社会进步。当前，残疾人教育越来越受到国际社会的普遍重视，其发展程度已成为社会文明的一个重要标志。接受教育是残疾人个人发展的前提，也是调解分配、实现平等的“社会均衡器”。

中国政府为保障残疾人享有平等的受教育权利，大力发展残疾人教育事业。国家逐步建立了以在普通学校附设特殊教育班和随班就读为主体、以特殊教育学校为骨干的残疾人教育格局。在基础教育之外，以法律手段保障残疾人接受高等教育的权利，是提升残疾人教育事业水平、提高残疾人素质的重要手段。同时，职业教育权也是残疾人进一步提升劳动技能、实现个人发展的基础。

1995 年教育法第十条第三款规定：国家扶持和发展残疾人教育事业。第三十八条规定：国家、社会、学校及其他教育机构应当根据残疾人身心特性和需要实施教育，并为其提供帮助和便利。1996 年职业教育法第七条第二款规定：国家采取措施，帮助妇女接受职业教育，组织失业人员接受各种形式的职业教育，扶持残疾人职业教育的发展。第十五条规定：残疾人职业教育除由残疾人教育机构实施外，各级各类职业学校和职业培训机构及其他教育机构应当按照国家有关规定接纳残疾学生。1999 年高等教育法第九条第三款规定：高等学校必须招收符合国家规定的录取标准的残疾学生入学，不得因其残疾而拒绝招收。2003 年，中国残联、教育部、卫生部联合印发了《普通高等学校招生体检工作指导意见》，取消了原“体检标准”，放宽了对残疾学生身体条件的要求。教育部高校学生司印发了《关于听力残疾学生免试英语听力考试的通知》，为听力残疾学生参加普通高考减少了障碍。

随着中国 2008 年批准《残疾人权利公约》以及修订残疾人保障法，残疾人受教育权得到了进一步保障。残疾儿童不仅可以与其他儿童一样，获得免费的义务教育，还可以获得免费教科书及其他费用等补贴。教育机构必须招收“能适应其学习生活的”残疾学生，“不得因残疾而拒绝招收”。师范类院校应开设特教课程，以使未来的普通教师具备基本的特教知识。此外，我国的义务教育法、高等教育法、职业教育法等均规定教育机构应招收能够适应其学习生活的残疾学生，不得因残疾而拒绝招收，其中义务教育法还对拒绝接受残疾生的学校规定了相应的处分措施。[①]

① 张万洪、姜依彤：《残疾人平等享受义务教育的权利保障》，载李君如主编：《中国人权事业发展报告 No.2（2012）》，社会科学文献出版社 2012 年版。

2017 年，中国修订残疾人教育条例，该条例明确提出“积极推进融合教育”。为确保残疾人不因残疾而被拒于普通教育系统之外，该条例规定，学前教育机构、各级各类学校及其他教育机构，对符合法律、法规规定条件的残疾人申请入学，不得拒绝招收。

几十年来，中国残疾人受教育水平和文化程度有了较大幅度的提高。1953 年，我国为盲、聋、智残少年儿童举办的特殊教育学校 64 所，在校学生 0.5 万人。2008 年，该类学校增加到 667 所；义务教育普通学校附设的特教班有 2803 个，在校的盲、聋、智残学生达到 58 万人；全国有 5234 名残疾人被普通高等院校录取，1086 名残疾人进入特殊教育学院学习。2017 年，全国共有特殊教育学校 2080 所；有 10818 名残疾人被普通高等院校录取，1845 名残疾人进入高等特殊教育学院学习。同年，有 5600 余名残疾考生在高考中申请并获得了合理便利。

1987 年，义务教育适龄残疾儿童入学率不足 6%。1991—1995 年“八五”计划完成后，实际入学率平均达到 62.5%。1996—2000 年“九五”计划完成后，入学率达到 77.2%。2001—2005 年“十五”计划完成后，入学率达到 80%。至 2016 年底，视力、听力、智力三类残疾儿童少年义务教育入学率达到 90% 以上，其他残疾人受教育机会明显增加。2016 年，义务教育阶段残疾儿童在校学生数 48.2 万人，比 2010 年增长 15.9%。《第二期特殊教育提升计划（2017—2020 年）》设定到 2020 年，残疾儿童少年义务教育入学率达到 95% 以上。

2016 年，教育部为推进全纳教育，印发《普通学校特殊教育资源教室建设指南》，要求招收 5 人以上数量残疾学生的普通学校，一般应设立资源教室，以完善普通学校随班就读支持保障体系，提高残疾学生教育教学质量。同年，教育部发布了专门为义务教育阶段残疾学生制定的一整套系统的学习标准。2018 年，教育部等四部门联合印发《关于加快发展残疾人职业教育的若干意见》，对扩大残疾人接受职业教育机会、改进办学条件、提高教育质量、加强就业指导与服务等作出部署。同年，全国已有 64 所普通本科高校开设特殊教育专业，在校生 1 万余人，培养了大批从事残疾人教育实践、理论研究和管理的高素质人才。

三、劳动、就业

劳动就业权是一切社会主义劳动者和建设者的权利，属于基本人权，是公民依法参加劳动及享受与之相关待遇的权利。劳动就业是残疾人追求有尊严的幸福生活的需要，劳动就业使其得以社会财富创造者的平等身份参与社会生活。[①] 劳动就业是残疾人实现自强自立、实现人生价值的主要途径。残疾人就业涉及的宪法基本权利主要有四个方面：一是劳动权，包括获取劳动岗位、自由选择职业、获取劳动报酬、合理工作时间与假期、适当的劳动条件与劳动安全等。二是平等权,包括竞争机会平等、同工同酬以及晋职、晋级、保险、生活福利等方面的平等。三是获取国家帮助权（暂行特别措施或肯定行动等），包括国家优惠政策、无障碍设计、社会保障、特别的就业促进措施等。四是文化教育权，包括为劳动准备知识与技能的受教育权、接受职业培训权等。

中国政府一直积极探讨更富成效的残疾人就业模式。从最初的以政府办福利企业、集中就业为主的模式，逐渐转变为“集中与分散相结合”的方针，实行集中安排就业、按比例就业和个人自主择业或创业等其他形式就业的制度。[②] 中国政府不断促进全社会充分认识残疾人劳动就业的经济价值与社会意义，对残疾人生存和发展的个人意义与对维护社会公正和稳定的整体意义，以及对实践人道主义和促进文明进步的意义。

政府采取的积极措施包括配额制、优先雇佣、优惠政策、支持项目、加强职业培训和劳动安全保障等。具体表现为政府依法推进按比例安排残疾人就业，鼓励和扶持兴办福利企业、盲人按摩机构、辅助性工场等残疾人集中就业单位，同时积极扶持残疾人自主择业、自主创业。多形式开发适合残疾

---

① 谢晖：《平等机会视角下的残疾人权益保障》，《经济与社会发展》，2009 年第 4 期。

② 张万洪、姜依彤：《残疾人就业权利保障》，载李君如主编：《中国人权事业发展报告 No.3（2013）》，社会科学文献出版社 2013 年版。

人就业的公益性岗位。党政机关、事业单位及国有企业要带头安置残疾人。完善资金扶持、税费减免、贷款贴息、社会保险补贴、岗位补贴、专产专营等残疾人就业保护政策措施。同等条件下，政府优先采购残疾人集中就业单位的产品和服务。将难以实现就业的残疾人列入就业困难人员范围，提供就业援助。加强残疾人职业培训和就业服务，增强残疾人就业和创业能力。有序组织农村残疾人转移就业，促进残疾人增加收入。

1980年，财政部、民政部发布《关于民政部门举办的福利生产单位交纳所得税问题的通知》，规定："福利生产单位盲、聋、哑、残人员占生产人员总数百分之三十五以上，免交所得税；盲、聋、哑、残人员占生产人员总数的比例超过百分之十未达百分之三十五的，减半交纳所得税。"随后，在1991年发布的"八五"计划纲要中提出了人道主义问题、机会平等问题、残疾人充分参与社会生活问题。

在这个阶段，中国政府支持兴办大量福利企业，安排残疾人就业，对福利企业在生产、经营、技术、资金、税收、销售等方面给予全面扶持。在国家优惠政策扶持下，福利企业迅速发展，由1979年的1022家增至1990年的4.2万家。残疾人在这些企业就业人数，平均每年增加6.7万人。

2008年修订的残疾人保障法第三十三条第一款规定：国家实行按比例安排残疾人就业制度。"按比例"既说明了国家的责任，各地、各部门不同的比例标准也说明了这项工作的复杂性和渐进性。此外，劳动法第三条规定：劳动者享有平等就业和选择职业的权利、取得劳动报酬的权利、休息休假的权利、获得劳动安全卫生保护的权利、接受职业技能培训的权利、享受社会保险和福利的权利、提请劳动争议处理的权利以及法律规定的其他劳动权利。劳动合同法第四十二条规定：劳动者在本单位患职业病或者因工负伤并被确认丧失或者部分丧失劳动能力的，用人单位不得依照该法第四十条、第四十一条的规定解除劳动合同。

1988年，全国16—59岁残疾人总就业率为58.13%。2006年第二次全国残疾人抽样调查显示，我国尚有858万有劳动能力、达到就业年龄的残疾人没有实现就业，而且每年还将新增残疾人劳动力30万人左右。2008年，城镇新安排 36.8 万残疾人就业，其中，集中就业的残疾人 11.3 万人，社会各单位按比例安排残疾人就业 9.9 万人，个体就业和多种形式灵活就业的残疾人 15.6 万人；农村残疾人参加生产劳动达 1717.1 万人。同年残疾人登记失业率为 12.6%。

近年来，一系列规范性文件从多方面促进了残疾人就业。2012 年，《关于加强残疾人职业培训促进就业工作的通知》要求对有劳动能力和培训愿望的残疾人开展职业技能培训，将符合条件的残疾人纳入就业专项资金补贴范围。2015 年，《残疾人就业保障金征收使用管理办法》对残疾人就业保障金的使用作出具体规定，包括用于残疾人职业培训、职业教育和职业康复支出等。2016 年，《关于促进残疾人就业增值税优惠政策的通知》通过税收优惠政策促进残疾人就业。2017 年，《关于促进残疾人就业政府采购政策的通知》明确了残疾人辅助性就业机构享受政府采购扶持。2018 年，《关于扶持残疾人自主就业创业的意见》明确了针对残疾人自主就业创业的行政、财税、金融等方面的优惠。

2017 年，城乡持证残疾人新增就业 35.5 万人，其中，城镇新增就业 13.1 万人，农村新增就业 22.4 万人。同年，残疾人居家就业 118.9 万人，社区就业 8.0 万人，灵活就业 145.8 万人。此外，针对智力、精神和重度肢体残疾人就业困难的实际，中国提出了辅助性就业的概念。至 2017 年底，通过辅助性就业渠道就业的残疾人达到 14.3 万人。政府还加大对“互联网 +”就业、居家就业、社区就业、灵活就业等适合残疾人的新就业形态的扶持力度，并积极探索支持性就业，支持智力、精神残疾人的就业。

四、脱贫、小康

“2020 年全面建成小康社会，残疾人一个也不能少。为残疾人事业做更多事情，也是全面建成小康社会的一个重要方面。”[①] 在现实生活中，贫困既是残疾的根源，也常常是残疾的后果。残疾会减少人们的生计手段，贬损劳

---

① 《习近平总书记的唐山八小时》，《人民日报》，2016 年 7 月 30 日第 1 版。

动技能，加剧残疾人与市场的脱节和经济紧张，这反过来又加重了贫困。这不仅影响到个人，还会影响整个家庭。由于这些残疾影响和外界障碍，扶持残疾人脱贫难度更大，是扶贫攻坚的难点。

1991 年中国残联向中央提出开展康复扶贫的建议，拉开了残疾人专项扶贫工作的序幕。1994 年实施《国家八七扶贫攻坚计划》以来，各地大规模进行的扶贫，以及针对残疾人特殊情况设立康复扶贫贷款开展的残疾人专项扶贫，已使 300 万贫困残疾人解决温饱。1998 年，残疾人约占全国贫困人口的三分之一。全国 70% 的贫困人口生活在国定贫困县，国家为此投入大量扶贫资金；而 70% 的贫困残疾人生活在非国定贫困县，缺少国家的特别扶持，解决这近千万贫困残疾人的温饱问题，是扶贫攻坚的薄弱点。

为此，各地开展了形式多样的“帮包带扶”活动，通过能力建设、社会保障和可持续的生计方案为残疾人扶贫。在《残疾人扶贫攻坚计划（1998—2000 年）》实施过程中，国家以直接扶贫为主，扶持农村贫困残疾人从事有助于直接解决温饱的种植业、养殖业、手工业和家庭副业。在这一过程中，相关举措和经验包括小额信贷对残疾人是直接扶贫到户的有效方式；在城市落实最低生活保障制度，农村落实五保供养制度、推广最低生活保障制度，广泛开展社会互助，是十分有效的措施。经过这些努力，中国在 20 世纪末通过扶贫开发基本解决适合参加生产劳动的贫困残疾人的温饱问题；并通过社会保障，基本解决缺乏劳动条件的特困残疾人的温饱问题。

1991—1995 年“八五”计划完成后，全国 211 万残疾人初步解决温饱问题。1996—2000 年“九五”计划完成后，829 万残疾人基本解决温饱问题。2001—2005 年“十五”计划完成后，又有 1165.9 万残疾人获得扶持，其中实际解决温饱问题 699.7 万人。在 2011—2015 年“十二五”时期，残疾人生存发展状况得到显著改善：588 万农村贫困残疾人脱贫，950 多万困难和重度残疾人得到生活补贴或护理补贴。

2011—2017 年，中国扶持近 1300 万残疾人发展生产，其中 676 万贫困残疾人摆脱贫困。485 万人次贫困残疾人接受了农村实用技术培训；各地建立残疾人扶贫基地 7111 个，安置 70.7 万残疾人就业，扶持带动 141 万残疾人家庭。中国加大金融资金投入，2011—2016 年，中央财政累计安排康复扶贫贴息贷款 55.1 亿元，31.3 万贫困残疾人受益。

在此基础上，国家《“十三五”加快残疾人小康进程规划纲要》提出了更高标准：没有残疾人的小康，就不是真正意义上的全面小康。其对残疾人医疗康复，增收脱贫，享受各项社会保险，享有平等教育、就业机会，实现个人发展，均设定了明确指标。2017 年，由中国残联、国务院扶贫办等 26 个部门和单位共同制定的《贫困残疾人脱贫攻坚行动计划（2016—2020 年）》，将残疾人兜底救助与精准扶贫结合起来，兼顾残疾人自身的康复、赋能和外部政策的带动、帮扶，为残疾人从温饱走向小康的民生大计确立了坚实依据。

五、婚姻、家庭

中国目前有 8500 多万残疾人，涉及近 3 亿亲属。残疾人在婚姻、家庭领域享有平等权利，对于其实现有尊严的生活，追求个人发展与幸福十分重要。

中华人民共和国成立以来，政府高度重视残疾人在婚姻、家庭领域的权利。宪法第四十九条规定所有公民的婚姻、家庭都受国家保护。为了保障残疾人在家庭生活中享有平等权利，法律禁止家庭成员间的虐待和遗弃。丧失劳动能力或无独立生活能力的残疾人，有要求负有抚养、赡养义务的家庭成员履行其法定义务的权利。残疾人的法定扶养人必须对残疾人履行扶养义务。

1981 年婚姻法对残疾人的保护体现在条文各个方面。除了第十八条规定“一方因身体受到伤害获得的医疗费、残疾人生活补助费等费用”为夫妻一方财产而非共同财产之外，婚姻法没有直接规定残疾人的权利，但是其规定实质上已将残疾人列入了保护的范围。如第二十九条规定：“由兄、姐扶养长大的有负担能力的弟、妹，对于缺乏劳动能力又缺乏生活来源的兄、姐，有扶养的义务。”第四十二条“离婚时一方对生活困难的另一方给予帮助”的规定也将残疾人权益考虑在内。此外，残疾人还享有平等的婚姻自由权，免受包办婚姻、骗婚等侵害，在婚姻成立、解除中的特别保护，优生优育的保障，收养的支持等权利。2007—2013 年，残疾人状况及小康进程监测数据显示，全国适龄残疾人在婚率稳定在 63% 左右，离婚率约为 2.3%。

在婚姻、家庭领域中对残疾人权益的保护还体现在其他相关法律法规中。残疾人保障法规定：残疾人的康复以家庭为依托；组织残疾人家庭开展社区康复工作；向残疾人亲属普及康复知识，传授康复方法；等等。反家庭暴力法第五条第三款规定：未成年人、老年人、残疾人、孕期和哺乳期的妇女、重病患者遭受家庭暴力的，应当给予特殊保护。未成年人保护法要求设立救助场所，对流浪乞讨等生活无着的未成年残疾人实施救助，并及时通知其监护人领回。在“十三五”期间，中国拓宽了残疾人法律援助事项范围，将残疾人劳动保障、婚姻家庭等事项纳入法律援助补充事项范围。《国家人口发展规划（2016—2030 年）》提出将加大对残疾人家庭的支持力度。

在生育方面，人口与计划生育法规定，国家创造条件，保障公民知情选择安全、有效、适宜的避孕节育措施。中国政府认真实行残疾育龄人群的生殖健康知识的普及，主动将生殖健康知识、避孕节育药具、孕产期保健服务等送至残疾人家中。政府还根据妇女权益保障法推行生育保险制度及其他生育保障制度。2005 年，中国建设部、国家发改委发布《农村计划生育服务机构基础设施建设标准》，要求县乡计划生育服务站应有必要的无障碍设施，要为残疾人提供咨询服务和随访服务，免费提供残疾育龄人员所需的避孕节育药具及技术服务，通过定期培训提高计划生育工作人员服务残疾人群的水平。

在监护方面，依照中国现行法律，残疾父母只要未丧失法律规定的监护能力，均不受歧视地担任子女的抚养人和监护人。中国注重保障残疾儿童在家庭中的平等权利。根据《关于指导推进家庭教育的五年规划（2016—2020 年）》，中国将强化特殊困境儿童群体家庭教育支持服务，为残疾儿童开展常态化的、专业化的家庭支持服务以及所需的转介服务，同时强化父母对儿童的监护主体责任。

六、文化、体育、娱乐

残疾人平等享有各项发展权利，当然包括文化活动、闲暇娱乐、宗教信仰、体育运动等方面的需求。丰富和活跃残疾人文化、体育生活，发展残疾人特殊艺术和竞技体育，展示残疾人才华，是激励残疾人实现个人发展、营造平等氛围、提升认识和消除歧视的重要形式。为此，中国政府历年来组织残疾人开展了形式多样、健康有益的文化、艺术、娱乐活动。相关举措包括扶持残疾人文化艺术产品生产和盲人读物出版等公益性文化事业；发展残疾人艺术，培养优秀艺术人才；落实全民健身计划，开展残疾人群众性体育健身活动，增强体质、康复身心；开展残疾人体育科研和体育教育；实行公共文化、体育设施对残疾人优惠开放；开展残奥、特奥、聋奥运动，举办和参加国内外重大残疾人体育赛事等。

在制度建设层面，残疾人保障法第四十三条规定政府和社会丰富残疾人的精神文化生活的具体举措。体育法规定了全社会应当关心、支持老年人、残疾人参加体育活动。2013 年修订的《信息网络传播权保护条例》规定，不以营利为目的、以盲人能够感知的独特方式向盲人提供已经发表的文字作品，可以不经著作权人许可，不向其支付报酬。2016 年公共文化服务保障法规定，各级人民政府应当根据残疾人群体的特点与需求，提供相应的公共文化服务。《图书馆视障人士服务规范》于 2018 年起实施，《公共图书馆聋人服务指南》及《公共图书馆读写障碍人士服务规范》的标准编制工作已进入最后阶段。

中国重视和积极推动残疾人体育事业的发展。1983 年，全国伤残人体育邀请赛在天津举行，中国伤残人体育协会正式成立。中国伤残人体育协会加入了 7 个世界残疾人体育组织。1985 年，中国智残人体育协会在北京成立。该体协随后加入了国际特殊奥林匹克运动会组织（SOI）。1990 年，全国残疾人田径、游泳锦标赛在云南昆明举行。在历次残疾人国际比赛中，中国残疾运动员成绩卓著，奖牌总数和创世界纪录次数都名列世界前茅。1982 年，中国伤残人运动员代表团在香港参加了第三届远东及南太平洋地区伤残人运动会。1984 年，中国首次派伤残人体育代表团参加在美国纽约市纳索县举行的世界伤残人奥运会。2011 年和 2015 年，中国先后举办了第八届残疾人运动会和第九届残疾人运动会暨第六届特殊奥林匹克运动会，增设了易于普及推广的群体项目。到 2015 年，中国参加特奥运动的人数已超 120 万。

同时，国家推进残疾人群众的体育活动，增强残疾人体育工作的普惠性。2008 年已开辟或设立的省级残疾人体育活动场所有 139 处，市（地）级体育活动场所 1053 处。2017 年，各地的残疾人文化体育活动场所达到 9053 个。

各级政府文化部门积极组织、扶持残疾人文化娱乐活动，保障残疾人享有平等的文化权利。1985 年，全国首届盲人音乐会在北京举行。1987 年，中央人民广播电台、中央电视台开始举办残疾人生活专题节目。2008 年，全国共有残疾人专题广播节目 31 个，电视手语新闻栏目 22 个，其他电视残疾人专题栏目 17 个。2018 年，中国各类残疾人的艺术团体已有 281 个。每届全国残疾人艺术会演直接和间接参与的残疾人达 10 多万人。

国家重视残疾人书报刊出版和阅览服务。1989 年 1 月，《中国残疾人》杂志创刊号出版。目前中国拥有《中国残疾人》《残疾人研究》《中国康复理论与实践》《中国听力语言康复科学杂志》《盲人月刊》和《盲童文学》（盲文）等连续出版物。2017 年，中国盲文出版社编译盲文图书达 562 种。到 2017 年底，全国各级公共图书馆共设立盲文及盲文有声读物阅览室 959 个。

此外，中央财政在 2011—2017 年间，投入 1200 多万元，在 1200 个城市社区实施了“残疾人文化进社区”项目，为基层社区设立“残疾人书架”。中国在面向农村的“农家书屋”工程中把为残疾人服务的图书列入了采购书目。中国实施文化进家庭“五个一项目”，以支持中西部和农村地区 10 万户贫困、重度残疾人家庭每年读一本书、看一次电影、游一次园、参观一次展览、参加一次文化活动。

第四节　70 年来中国残疾人权利保障的经验总结

中华人民共和国成立 70 年来，残疾人权利保障工作已成为中国特色社会主义人权事业的组成部分。残疾人工作崇高而艰巨，任重而道远。残疾人权利保障的不断发展标示着人性的光辉、人道的召唤以及人权的成就。尤其是改革开放以来，残疾人权利保障事业大步向前，汇入“中国梦”大时代的激流，成就非凡。这一伟大历程从低位起步，略具雏形，走上正轨，到加速发展、渐成体系，再到聚精集锐、攻坚克难，终于结出了丰硕成果。

各级党委和政府高度重视残疾人工作，采取有效措施，努力改善残疾人权利状况，包括但不限于：加强残疾人事业法律法规和制度建设，健全残疾人工作领导体制，发挥残疾人组织作用，加强残疾人工作干部队伍建设，加快无障碍环境建设和改造，促进残疾人参与政治和公共生活，完善残疾人社会保险体系，做好残疾人生活救助工作，保障残疾人享有基本医疗卫生康复服务，建立健全残疾预防体系，健全残疾人公共服务体系，发展残疾人教育，促进残疾人就业，繁荣残疾人文化体育事业，增强全社会扶残助残意识，推进残疾人事业国际交流合作，动员社会各界共同参与等等。

总结这些经验，可以发现中国残疾人权利保障事业始终立足本国实际，注重改善残疾人的生活处境，讲求民生实效。在切实改善残疾人民生的同时，中国共产党和中国政府大胆探索保障残疾人权利的新途径以及残疾人社会组织的新形态，取得成效。残疾人权利保障方面的探索创新和良好经验，继而在国家法治建设进程中，以制度形式得到确认和推广。这些基础性、长效性、制度性的建设，表现为一系列法律法规文件，既宣示了丰富的残障权利内容，又载明了可行的规范做法，有助于持续深入地让残疾人享有平等权利，感受到公平正义。

中国独立自主发展自己的残障权利事业，夯实国内各项残疾人民生和政策制度基础，同时也保持开放态度，积极参与残障领域的国际事务。在此过程中，既有对国际先进经验的交流借鉴，例如最新修订的残疾人教育条例积极推进融合教育；也有中国推动国际残障权利机制发展的贡献，例如中国参与起草《残疾人权利公约》并成为首批批准的缔约国，认真履行缔约国义务；还有对残障领域国际合作事务的担当，例如中国残联主席张海迪 2016 年当选康复国际新任主席。

“中国梦是民族梦、国家梦，是每一个中国人的梦，也是每一个残疾朋友的梦。”[①] 在中国政府和社会各界的共同努力下，中国残疾人的人权状况得到显著改善。保障残疾人权利的完备法律体系已经建立起来，残疾人的平等参与权获得充分实现，残疾人的康复、教育、就业等平等发展权也获得有效保障。同时，也应清醒地认识到，由于基本国情和经济社会发展水平的制约，中国残疾人权利的保障还有诸多不完善之处。中国残疾人事业基础比较薄弱，残疾人社会保障政策措施还不够完善，残疾人在基本生活、社会参与、劳动就业、医疗卫生、康复、教育、文化体育等方面还面临不少困难和障碍，总体生活状况与社会平均水平存在较大差距。一些地方和部门对发展残疾人事业重视不够，一些人的残障平等意识不强，歧视残疾人、侵害残疾人权益的现象时有发生。在较长时期内，残疾人都是我们社会中最贫困最弱势的群体。促进残疾人事业发展，改善残疾人状况，已成为全面建成小康社会一项重要而紧迫的任务。

因此，在新时代继续推进残疾人权利保护工作，要紧紧围绕全面建成小康社会奋斗目标，将残疾人作为人类命运共同体的平等一员，着眼于解决残疾人最关心、最直接、最现实的问题，完善相关法律法规和政策措施，实现残疾人事业与经济社会的协调可持续发展，最终确保每个残疾人固有的不可分割的参与社会生活和实现个人发展的权利。

① 《习近平在会见第五次全国自强模范暨助残先进集体和个人表彰大会受表彰代表时的强调　更加勇敢地迎接生活挑战　更加坚强地为实现梦想努力》,《人民日报》,2014 年 5 月 17 日第 1 版。

第八章

中国参与国际人权事务 70 年来的进步

中华人民共和国成立以来，一直重视对于国际人权事务的参与。改革开放以后，中国以更加积极的姿态参与国际人权事务，认真履行国际人权义务，推动国际社会在平等和相互尊重的基础上开展国际人权交流与合作，促进国际社会形成公正合理包容的全球人权治理体系。

第一节　中国参与国际人权事务的历程

中国不仅是联合国的创始会员国，而且是《联合国宪章》的第一个签字国。中国曾参与起草国际人权标准最基础文件之一的《世界人权宣言》。二战后，联合国人权委员会为起草《世界人权宣言》曾任命了一个三人特别起草委员会，其中就有来自中国的张彭春。因此，中国不仅为联合国的成立和《联合国宪章》精神的确立作出了积极的贡献，而且也为《世界人权宣言》的制订作出了突出贡献。

一、改革开放以前中国对于国际人权事务的参与

自中华人民共和国成立至改革开放之前，中国受当时冷战环境和对外关系状况的影响，对国际人权活动参与较少，在人权立场上主要是强调民族自决权，支持第三世界国家反帝、反殖、争取民族自决权的斗争。1949 年中华人民共和国成立后，正值国际上两大阵营冷战正酣，人权问题也成为两大阵营进行冷战的工具。这一时期限于中国当时的对外关系状况和国内政治斗

争的影响，除了对西方一些国家的人权攻击进行必要的反击之外，中国较少参与国际人权领域的活动，所起的作用也很有限。

尽管如此，中国还是在一些国际场合表明了自己对人权问题的态度和立场。这主要表现在周恩来总理于1955年4月在万隆会议上签署了《亚非会议最后公报》，公报将“尊重基本人权、尊重《联合国宪章》的宗旨和原则”作为和平共处十项原则的第一条。对此周恩来总理指出,《万隆宣言》的“十项原则中也规定了尊重基本人权、尊重《联合国宪章》的宗旨和原则……这些都是中国人民的一贯主张，也是中国一贯遵守的原则”①。

受20世纪50年代开始的非殖民化运动的影响，中国这一时期坚决支持原殖民地、半殖民地国家争取民族独立的斗争。毛泽东主席在当时的国际斗争中最关注的就是第三世界的民族自决权。他多次发表讲话,表示支持亚洲、非洲和拉丁美洲各国的民族独立解放运动。当时毛泽东和中共中央特别重视1968年在德黑兰举行的第一次世界人权大会，因为此次大会对民族自决权给予了充分的肯定，并把该权利的国际保障问题提上了议事日程。全国各大报刊都用大量篇幅对这次会议进行了介绍、评论和声援。

1971年10月，中国在联合国的合法席位得到恢复后，中国虽然也参加联合国大会和经社理事会讨论人权问题的会议，但总体上对人权问题持超脱和回避的态度，对联合国专门讨论和审议人权问题的联合国人权委员会不参与、不接触，对国际人权公约不沾边。② 因此这一时期中国在国际人权领域所起的作用是十分有限的，主要关注民族自决权问题。

二、改革开放以来中国对于国际人权事务的参与

1978年12月18日，中国共产党第十一届三中全会隆重召开。全会确立了解放思想、实事求是的思想路线，停止使用“以阶级斗争为纲”的口号，

① 国务院新闻办公室：《中国的人权状况》，中央文献出版社1991年版，第65页。

② 陈士球：《中国积极参与国际人权活动30年》，董云虎、陈振功主编：《中国改革开放与人权发展30年》，人民日报出版社2009年版。

把党和国家的工作重心转移到经济建设上来，实行改革开放。中国参与国际人权合作的进程是与改革开放的进程密切相关的。迄今为止，中国参与国际人权合作的进程的几个阶段均是以改革开放的进程为基础的。

自改革开放以来，中国参与国际人权合作的进程大致可以分为四个阶段。

（一）第一阶段（1978—1991 年）

中国决定参与国际人权事务是改革开放、解放思想、实事求是的成果。随着改革开放政策的实行，中国对人权问题的看法发生了变化。这一时期中国开始尝试着参与国际人权活动，希望通过参与来了解和适应国际人权活动的运作过程。

1978 年 12 月十一届三中全会以后，由于解放了思想，实行了对外开放，中国的对外交往大大扩大。与此同时，中国对国际人权问题的态度也发生了很大变化。中国开始认识到，国际人权法则中具有维护世界和平、促进人类进步的积极因素，而且在现代国际社会中也形成了某些有关人权的共同准则，并成为世界各国在国际人权领域进行合作的基础。

1980 年中国开始考虑和研究参加国际人权活动的问题，并为此成立了多部委参加的协作组，研究的主要题目是 :（1）参加国际人权活动的方针 ;（2）是否加入重要的国际人权公约 ;（3）中国对一些具体人权问题的基本主张。在正式参加联合国人权委员会之前，中国从 1979 年起连续三年以观察员身份参加人权委员会的会议，经过现场考察和慎重考虑，形成了一些看法和建议，认为中国参与国际人权活动是势在必行，利大弊小。1981 年中国参加了联合国人权委员会的竞选并成功当选，从 1982 年起成为联合国人权委员会的正式成员。当时中国参加国际人权领域活动的方针是独立自主，积极慎重，稳步前进。具体原则立场是 : 赞成经过发展了的人权概念，促使国际人权领域的斗争朝着有利于反帝、反殖、反霸的方向发展 ; 坚持反霸的方向，维护第三世界国家的利益，不介入第三世界国家之间的纠纷 ; 主张联合国应重点审议大规模严重侵犯人权的问题 ; 接受基本人权的提法，反对利用人权口号干涉别国内政 ; 严防西方国家假借人权问题对中国进行颠覆渗透活动，并注意揭露外界对中国的攻击和污蔑；支持和参与无害的国际合作和交流活动，履行必要的义务；优先考虑加入关于反帝、反殖、反霸斗争的人权公约，对《公民权利和政治权利国际公约》和《经济、社会及文化权利国际公约》及早动手进行研究。当时采取这样重大的决定，在人权问题上迈出如此巨大的步子，无疑是改革开放、解放思想、实事求是的成果。①

自 1981 年起，中国派代表参加了联合国人权委员会起草《发展权利宣言》政府专家组的历届会议，直至 1986 年该宣言在联大通过。中国还多次派代表参与国际人权法律文书的起草工作，先后参加了起草多个人权公约的工作组。20 世纪 80 年代是新中国加入国际人权条约最密集的时期，共加入了 11 项国际人权条约。② 中国之所以在 20 世纪 80 年代积极加入如此众多的国际人权公约，是与中国的改革开放政策以及由此带来的对人权认识的改变密切相关的。

但由于 1989 年政治风波的影响，中国在人权问题上成为西方攻击的主要目标。以美国为首的西方国家大肆抨击和诋毁中国，对中国推行“人权外交”，实行政治、经济、军事制裁，干涉中国内政。这一时期中国一方面与西方国家进行针锋相对的斗争，坚决反对西方国家对中国内政的干涉；另一方面在影响重大国家利益的具体问题上，中国也采取了一些比较灵活的做法。

（二）第二阶段（1991—2003 年）

20 世纪 90 年代初期，中国在人权问题上进行了重大外交战略调整。战略调整的标志是在 1991 年 11 月发表了《中国的人权状况》白皮书。“白皮书对人权发展的历史作了精辟概括，鲜明地将‘人权’称为‘长期以来人类追求的理想’和‘中国社会主义所要求的崇高目标’，并以通篇的历史事实

① 陈士球：《中国积极参与国际人权活动 30 年》，董云虎、陈振功主编：《中国改革开放与人权发展 30 年》，人民日报出版社 2009 年版。

② 李君如、常健、王林霞：《中国人权的历史成就和发展进步》，李君如主编：《中国人权事业发展报告 No.1（2011）》，社会科学文献出版社 2011 年版，第 34—36 页。

和明确的理论概括，突破了社会主义与人权关系问题上的传统观念，首次在一个社会主义国家里理直气壮地举起了人权旗帜……”[①]这是中国政府的第一部白皮书，也是中国关于人权问题的第一个官方文件。白皮书首次向国际社会表达了中国对于国际人权合作的立场：“中国承认和尊重联合国宪章保护和促进人权的宗旨与原则，赞赏和支持联合国普遍促进人权和基本自由的努力，并积极参与联合国人权领域的活动”，“中国主张在相互理解、求同存异的基础上加强人权领域内的国际合作”。[②]

虽然当时发布这一白皮书有应对风云变幻的国际形势和西方反华“人权攻势”的现实需要，但与当时国内改革开放的大背景也是密不可分的。正是改革开放带来的进一步思想解放才使得这一思想突破能够实现。

20 世纪 90 年代初期，中国的改革开放进入了一个新阶段。1992 年 1 月邓小平的南方谈话成为推动中国的改革开放进入新阶段的标志。1992 年 10 月召开的中共十四大宣布新时期最鲜明的特点是改革开放，表明中国的改革开放进入了新时期。中国在人权问题上进行的重大外交战略调整正是在这种大背景下发生的。

在人权问题上进行了重大外交战略调整之后，中国开始积极主动地参与国际人权事务，利用国际人权舞台宣传自己的人权立场，以中国几十年来在人权方面取得的成就理直气壮地驳斥西方国家的攻击；倡导国际人权领域的平等对话，坚决反对国际人权活动中的霸权行径；在国际人权活动中联合广大的发展中国家，为丰富、发展国际人权思想，维护发展中国家的权益而不懈努力。这一时期中国参加国际人权活动的特点主要表现在：

（1）主动表明中国的人权立场。1991 年 11 月中国政府发表的《中国的人权状况》白皮书，第一次系统地向国际社会阐述了中国在人权问题上的基本立场和实践，表明了中国政府对人权问题的高度重视，标志着中国在人权

① 董云虎：《中国人权发展史上的一个重要里程碑——〈中国的人权状况〉白皮书发表 10 周年回顾》，《人权》，2002 年第 1 期。

② 国务院新闻办公室：《中国的人权状况》（白皮书），《人民日报》，1991 年 11 月 2 日第 8 版。

问题上的政策有了重大调整。此后中国政府加大了在人权问题上的宣传力度，发表了一系列重要的人权文件，不断地向全世界展示中国人权建设所取得的成果。

（2）开始在国际人权舞台上发挥积极作用，积极参与和主办了多个重要人权会议。这一时期中国还加强了入约和履约方面的工作，积极倡导开展平等的国际人权对话，并与联合国开展了人权领域的广泛合作。

（3）开始逐步建立一套“有中国特色”的人权理论体系。在邓小平建设有中国特色的社会主义理论指导下，“左”的人权观念的桎梏被打破了。1993 年 1 月成立了中国人权研究会，积极组织开展人权理论研究。通过解放思想、实事求是的研究，中国开始对人权的丰富内涵有了新的认识。在此基础上与中国的具体国情相结合，一套有中国特色的人权理论体系的雏形逐渐形成。

这首先表现在对人权与主权关系的理解上。关于这个问题，邓小平指出：“真正说起来，国权比人权重要得多。”[①]“国家的主权、国家的安全要始终放在第一位，对这一点我们比过去更清楚了。”[②] 这一重要观点后来成为中国参与国际人权活动的一项基本原则。中国政府一再重申：“从根本上讲，人权是一个国家主权范围内的问题。”[③]“尊重国家主权和不干涉内政是公认的国际法准则，适用于国际关系的一切领域，自然也适用于人权问题。”[④]

其次，强调人权虽然在本质上具有普遍性，但在实施的过程中还要充分考虑到各国特定的文化、历史和经济发展水平的复杂性和多样性。

第三，认为生存权和发展权是首要的人权。在 1991 年 11 月中国发布的第一个官方人权文件《中国的人权状况》白皮书中，第一章的标题就是“生存权是中国人民长期争取的首要人权”。在 1995 年、1997 年和 1999 年发布

① 《邓小平文选》第三卷，人民出版社 1993 年版，第 345 页。

② 《邓小平文选》第三卷，人民出版社 1993 年版，第 348 页。

③ 《在美中协会等六团体举行的午餐会上的演讲》，《人民日报》，1997 年 11 月 1 日第 3 版。

④ 国务院新闻办公室：《中国的人权状况》（白皮书），《人民日报》，1991 年 11 月 2 日第 8 版。

的《中国人权事业的进展》中，第一章的标题均是“人民的生存权和发展权”，这充分表明了中国政府对这些权利的重视。中国认为，生存权和发展权是首要人权，没有生存权、发展权，其他一切人权均无从谈起。生存权、发展权是首要人权的观点，是中国人民从自己的历史和国情出发，在人权问题上得出的一个基本结论。

第四，中国强调各国之间在人权问题上应互相尊重，平等对话，求同存异，加强合作，坚决反对某些国家将自己的价值观念强加于人的做法。《1998年中国人权事业的进展》明确指出，中国“主张在平等与相互尊重的基础上与国际社会就人权问题开展对话与合作”[①]。

此外，中国政府还对人权的其他方面的内容，如公民的政治、经济、社会和文化权利及人权保障等，都发表了自己的观点，所有这些都成为具有中国特色的人权观的重要内容。形成这些思想的过程是漫长的，它经历了对“人权”概念长时间的犹豫彷徨，经历了激烈的政治斗争，也经历了对人权内容的再认识过程，最终才形成了一套有中国特色和丰富内涵的人权理论体系。

（三）第三阶段（2004—2012年）

2004年3月，中国十届全国人大二次会议向全世界郑重宣告：中国已经把“国家尊重和保障人权”写入了宪法。“人权入宪”不仅对推动中国人权事业和社会全面进步具有十分重要的意义，而且对于改善中国的国际形象和提高中国的国际地位以及促进中国的对外人权合作都具有重要意义。对此路透社发表评论指出，“人权入宪”对中国来讲具有里程碑式的意义，它表明执政的中国共产党确实代表了中国最广大群众的利益。美联社也发表文章指出，中国将“人权入宪”，这是人们以前不敢想象的事情，是中国社会一次巨大的变革。[②]

① 国务院新闻办公室：《1998年中国人权事业的进展》，《人民日报》，1999年4月14日第1版。
② 马兴：《英美认为中国“人权入宪”具有里程碑式意义》，国际在线，http://gb.chinabroadcast.cn/321/2004/03/15/145@96776.htm。

"人权入宪"也是在进一步改革开放的基础上实现的。2001 年 12 月 11 日，中国正式加入世界贸易组织。在中国改革开放的历史进程中，加入世界贸易组织表明中国的改革开放发生了重大的历史性转折。加入世界贸易组织后，开放式的改革跃居主导地位。开放式的改革进程直接带来了进一步的思想解放。2004 年的"人权入宪"正是在进一步思想解放的基础上发生的重大人权突破。

2004 年"人权入宪"不仅是中国人权事业发展的里程碑，也开辟了中国参与国际人权合作的新阶段，使得中国参与国际人权合作的力度和广度有所加强。这主要表现在中国对于国际人权领域活动的参与更加积极，同时对国际人权领域的影响力也进一步增强。中国与国际人权机构的合作也跨上了一个新台阶。

这一时期中国在联合国人权理事会的设立和审议过程中发挥了重要作用，并在联合国人权理事会成立后连续两次（2006 年和 2009 年）当选为人权理事会成员国。2009 年还通过了联合国人权理事会的第一次普遍定期审议。这一时期，中国还积极参与人权领域的国际规则的制定，与联合国人权高专、人权特别程序和人权条约机构的合作也在深化，并且又进入了一个密集加入国际人权条约的时期。

（四）第四阶段（2013 年至今）

中共十八大于 2012 年 11 月 8 日在北京召开，为进一步深化改革扩大开放吹响了新号角。中国处在新的历史起点上，以习近平同志为核心的党中央继续引领中国推进改革开放的伟大实践。

2013 年，中国进入全面深化改革的新时期。这一时期中国实行改革开放的一个重要特点是站在关注人类命运的高度来引领国际合作。正是在这种背景下，中国开始在国际舞台上提出"人类命运共同体"的理念。国家主席习近平 2013 年 3 月 23 日在俄罗斯莫斯科国际关系学院发表题为"顺应时代前进潮流　促进世界和平发展"的重要演讲。在这次演讲中，习近平主席首次提出了"人类命运共同体"的理念。他指出："这个世界，各国相互联系、相互依存的程度空前加深，人类生活在同一个地球村里，生活在历史和现实交汇的同一个时空里，越来越成为你中有我、我中有你的命运共同体。”[①] 2013 年 9 月和 10 月，中国国家主席习近平分别提出建设“丝绸之路经济带”和“21 世纪海上丝绸之路”的合作倡议。“一带一路”倡议主张积极发展与沿线国家的经济合作伙伴关系，共同打造政治互信、经济融合、文化包容的利益共同体、命运共同体和责任共同体。

随着“人类命运共同体”理念和“一带一路”倡议的提出，中国参与国际人权合作也进入了新阶段。这一时期中国参与的国际人权领域的交流与合作得到了继续深化，中国倡导的一些重要理念变成了国际人权话语。2013 年和 2016 年中国连续两次高票当选联合国人权理事会成员，并于 2013 年 10 月和 2018 年 11 月接受了联合国人权理事会第二轮和第三轮普遍定期审议。

这一时期中国还先后接受了联合国儿童权利委员会，联合国经济、社会和文化委员会，联合国消除对妇女歧视委员会，联合国禁止酷刑委员会和联合国消除种族歧视委员会对于中国履行《儿童权利公约》《〈儿童权利公约〉关于儿童卷入武装冲突问题的任择议定书》《经济、社会及文化权利国际公约》《消除对妇女一切形式歧视公约》《禁止酷刑和其他残忍、不人道或有辱人格的待遇或处罚公约》《消除一切形式种族歧视国际公约》的审议。

与此同时，中国又增加了新的双边对话伙伴。非盟、南非、巴西等发展中国家和地区组织成为中国新的人权对话伙伴。

综上所述，改革开放与中国参与国际人权合作的进程是密切相关的。中国参与国际人权合作的进程是以改革开放的进程为基础的。改革开放每进入一个新的历史阶段，国内的思想解放就会达到一个新的高度，进而中国参与国际人权合作的步伐也会有大踏步的前进。20 世纪 70 年代末，正是由于中国开始实行改革开放政策，解放了思想，才推动了中国开始参与国际人权合作与交流的进程。之后，随着中国改革开放的进程不断深化，中

---

① 习近平：《顺应时代前进潮流　促进世界和平发展——在莫斯科国际关系学院的演讲》，《人民日报》，2013 年 3 月 24 日第 2 版。

国参与国际人权合作与交流的进程也在不断取得新的进展。1980年成立研究国际人权活动问题的多部委协作组，1991年发表第一部人权白皮书，2004年“人权入宪”和2013年提出“人类命运共同体”理念，都是中国在改革开放的大背景下参与国际人权合作与交流进程中具有里程碑意义的事件。

第二节　积极开展多边人权合作与交流

一、中国与联合国基于宪章设立的人权机构的合作

1971年新中国恢复了联合国的合法席位之后，一直积极参与联合国人权机构的工作，与联合国的人权机构保持着建设性的合作关系。

（一）中国与联合国人权委员会

作为联合国审议人权问题的专门机构，联合国人权委员会成立于1946年2月。在正式参加联合国人权委员会之前，中国从1979年起连续三年以观察员身份参加了人权委员会的会议，经过现场考察和慎重考虑，认为参与国际人权活动是必要的。1981年中国参加了联合国人权委员会的竞选并胜利当选，从1982年起成为联合国人权委员会的正式成员。此后，中国作为成员积极参与了联合国人权委员会的各项活动，直至联合国人权委员会在2006年被联合国人权理事会所取代。

（二）中国与联合国人权理事会

由联合国人权理事会取代人权委员会是联合国对人权机构进行改革的结果。设立人权理事会最早是由时任联合国秘书长安南于2005年3月21日在纽约召开的联合国大会上正式提出的。他在题为“大自由：实现人人共享的发展、安全和人权”的报告中正式提议设立人权理事会。他在大会发言中对这一提议的解释是：“我所建议的是一项综合战略，对本组织的三大目标予以同样重视和关注。这三大目标是发展、安全和人权，必须都以法治为

基础。”[①] 他建议联合国实行三个理事会的制度，分别处理国际和平与安全问题、经济与社会问题和人权问题。他促请会员国设立一个新的人权理事会，以实现联合国促进人权的主要目标。安南在报告中指出，创建这个理事会将赋予人权问题更崇高的地位，符合人权在《联合国宪章》内所占的首要位置。[②]2005 年 9 月召开的世界首脑会议通过了设立人权理事会的提议，并对其职责进行了明确界定。世界首脑会议的成果文件明确规定：“人权理事会将负责促进普遍尊重对所有人的所有人权和基本自由的保护，不作任何区别，一律公正平等。人权理事会应处理各种侵犯人权的情况，包括粗暴、蓄意侵犯人权的事件，并提出有关建议。人权理事会还应促进联合国系统内部的有效协调，推动将人权纳入主流。”[③]

中国在设立联合国人权理事会的磋商和最后表决过程中发挥了积极作用。中国认为联合国人权理事会应该确保其代表性，应当成为对话、交流与合作的场所；应重视并解决联合国人权委员会长期存在的信誉危机问题，在审议侵犯人权的问题时，应制定公正、客观、透明的审议标准和程序，避免政治化、双重标准和选择性。联合国人权理事会在履行职责时，应认识到世界的多样性，尊重各国自主选择社会制度和发展道路的权利，推动各国开展对话和交流，共同探索促进和保护人权的有效途径。中国提出的这些主张得到了绝大多数国家的认同。

联合国人权理事会设立后，中国在其中发挥了重要作用。2006 年 5 月 9 日，第六十届联大选举人权理事会首届成员时，中国以 146 票成功当选，任期 3 年。2009 年 5 月 12 日，在第六十三届联大改选 18 名联合国人权理事会成员时，中国又以 167 票成功连任，任期自 2009 年至 2012 年。2013

---

① 联合国秘书长安南在联合国大会的发言：《大自由：实现人人共享的发展、安全和人权》，联合国网站，http://www.un.org/chinese/largerfreedom/add1.htm。

② 联合国秘书长安南在联合国大会的发言：《大自由：实现人人共享的发展、安全和人权》，联合国网站，http://www.un.org/chinese/largerfreedom/add1.htm。

③ 《2005 年世界首脑会议成果文件》，中国常驻维也纳联合国和其他国际组织代表团网站，http://www.chinesemission-vienna.at/chn/lhgyl/t227151.htm。

年 11 月 12 日，第六十八届联大投票改选联合国人权理事会成员时，中国以 176 票高票再次当选，任期自 2014 年至 2016 年。2016 年 10 月 28 日，联合国人权理事会举行了理事会成员国选举，中国以 180 票高票获得连任，任期自 2017—2019 年。值得注意的是，中国四次当选的票数从 146 票（2006 年）、167 票（2009 年）、176 票（2013 年），到 2016 年的 180 票，得票可谓是屡创新高，而且都大大超过了联大三分之二的多数。这说明中国得到了国际社会绝大多数国家的支持，反映了国际社会对中国的高度认可。

作为人权理事会成员，中国认真履行自己的职责，积极参加人权理事会的历次会议和各项工作，并认真接受联合国人权理事会的普遍定期审议。到目前为止，中国已经接受了三次普遍定期审议，具体时间为：2009 年 2 月接受第一次普遍定期审议，2013 年 10 月接受第二次普遍定期审议，2018 年 11 月接受第三次普遍定期审议。

1. 中国接受第一次普遍定期审议

根据联合国人权理事会的审议制度，2009 年 2 月 9 日，联合国人权理事会国别人权审查工作组对中国向联合国人权理事会提交的《国家人权报告》及中国人权状况进行了审议。其间，巴基斯坦、埃及、俄罗斯、菲律宾、印度尼西亚、古巴和巴西等 40 多个国家的代表赞扬了新中国 60 年特别是改革开放以来在经济和民主法制建设等领域取得的进步。一些西方国家，如澳大利亚、加拿大、荷兰等对中国的人权保护、少数民族政策等方面加以指责。2 月 12 日，联合国人权理事会顺利通过了中国接受国别人权审查的报告。报告结论采纳了多数发展中国家客观、中肯、赞赏的意见，对中国的《国家人权报告》及人权状况给予了积极的评价。工作组的审议报告结论指出：国际社会希望中国继续发展和保护人权的努力，与其他国家分享中国减贫、发展等经验，继续在国际舞台上发挥积极的建设性作用，鼓励中国走符合本国国情的道路。[①] 其中，在第三部分“成就、最佳做法、

① 《联合国人权理事会工作组顺利通过我人权审议报告》，中国政府网，http：//www.gov.cn/jrzg/2009-02/12/content_1228670.htm。

挑战和制约因素”方面，审议报告指出：儿童权利委员会赞赏地注意到中国在减贫方面所取得的成就，这使中国得以提前实现一些主要的千年发展目标。2006—2010 年联合国发展援助框架报告注意到中国在一系列社会发展指标方面所取得的巨大进展，例如预期寿命、儿童死亡率和文盲率等。一份 2004 年共同国家评估报告也注意到中国所面临的挑战，包括促进和保护移民、妇女、儿童、老年人和残疾人的权利，促进少数民族的权利，以及促进法治和善政。①

2. 中国接受第二次普遍定期审议

2013 年 10 月，中国接受了联合国人权理事会的第二轮普遍定期审议。波兰、塞拉利昂和阿拉伯联合酋长国组成报告员小组（“三国小组”）。有 137 个国家的代表在会上参加了中国人权状况审议的互动式对话，绝大多数国家充分肯定了中国在人权领域取得的显著进步，理解中国面临的困难和挑战，有的还提出了真诚和建设性的意见。这些国家提出的问题包括中国在促进和保护言论、结社和集会自由方面所作的努力；为确保非政府组织能够自由和不受限制地运作所采取的措施；批准《公民权利和政治权利国际公约》及其议定书的计划；为改革或是全面废除死刑而采取的步骤；鼓励少数民族全面行使他们的人权所实施的政策；为保护宗教和信仰自由所采取的措施等。此外，越南、也门、比利时、玻利维亚、巴西、加拿大、法国、韩国、朝鲜、日本、俄罗斯、英国、美国等国在互动对话中发言，就中国进一步改善其人权状况提出了若干建议。除与工作组提出建议相重合的内容之外，这些国家所提建议还包括：继续在减贫方面作出努力，加强农村地区的发展；继续解决包括残疾人和儿童等弱势群体所应享有的权益问题；取缔“劳教”制度；确保禁止酷刑和非法获取证据的现行法律得到执行；确保所有形式的

① 《人权事务高级专员办事处根据人权理事会第 5/1 号决议附件第 15（B）段汇编的资料》，人权理事会普遍定期审议工作组第四届会议（2009 年 2 月 2 日至 13 日，日内瓦），联合国网站，http：//lib.ohchr.org/HRBodies/UPR/Documents/Session4/CN/A_HRC_WG6_4_CHN_2_C.pdf。

歧视得到禁止，包括基于性取向和性别认同、种族和宗教的歧视。[①]中国得到国际社会肯定的在人权方面取得的积极成果包括：社会经济发展领域所取得的进步；在实现千年发展目标，特别是在消除贫困和确保人人享有教育权利方面所取得的进展；向发展中国家提供的技术援助；承诺制定一项打击滥用童工现象的国家政策等等。

在审议前，许多国家就向中国代表团提出了一系列的书面质询问题。中国代表团在随后的两轮问题回答中就发展权、批准《公民权利和政治权利国际公约》及其议定书问题、司法独立、死刑、劳教、酷刑、集会与结社自由、维权人士问题、新疆和西藏问题、言论表达和网络自由、男女平等、保护妇女和儿童权利、宗教信仰和家庭教会问题、律师权利、农民工子女接受教育问题、访民与黑监狱问题、非政府组织管理、计划生育与艾滋病、残疾人权利和精神卫生、强行拆迁及环境保护等问题进行了答复。2014 年 3 月 20 日，联合国人权理事会在瑞士日内瓦核可了中国 2013 年 10 月接受第二轮国别人权审查的报告。

3. 中国接受第三次普遍定期审议

2018 年 11 月，中国接受第三次普遍定期审议。此次为中国的审议担任报告员（“三国小组”）的三个国家代表为匈牙利、肯尼亚和沙特阿拉伯。在审议前，各国通过书面的形式就人权问题向中国提出了一系列希望解答的问题，中国代表团在 6 日所举行的会议上就某些问题作了回答。来自中国国家司法改革办公室、最高人民法院、人社部、教育部、卫生健康委员会、国家信访局、生态环境部和住建部代表分别就死刑、司法体制改革、教育、卫生、健康、环境等问题作出了回应。[②]

2018 年 11 月 12 日，中国如期接受了联合国人权理事会第三次普遍定

① 《普遍定期审议工作组报告》（2013 年 12 月 4 日），联合国网站，https：//documents-dds-ny.un.org/doc/UNDOC/GEN/G13/188/54/PDF/G1318854.pdf？OpenElement。

② 《因循普遍定期审查机制　联合国人权理事会查看中国人权状况》，联合国网站，https：//news.un.org/zh/story/2018/11/1022202。

期审议。在互动对话期间，150 个代表团就中国的人权问题作了发言。普遍定期审议工作组在 11 月 9 日所提交的汇总报告中概括了这些国家向中国提出的建议。建议中包含大量肯定和正面的评价，同时也不乏尖锐的批评性意见和建议。在 150 个报名发言的国家代表中有 120 多名代表明确对中国表示了肯定或支持。审议结束后，数十个国家代表在现场向中方表示祝贺和敬意。11 月 9 日，联合国人权理事会一致通过了中国参加第三轮国别人权审议报告。中国代表在报告获得通过时发言指出："120 多个国家积极评价中国人权事业取得的成就和进展，我们对此深感骄傲，深受鼓舞。""中国代表团感谢绝大多数国家代表作出的积极评价和给予中国的理解支持。我们欢迎许多国家提出的有益和建设性建议。我们高度重视审议报告中的有关建议，将进行认真、负责和深入研究，并在明年人权理事会核准报告时提交反馈意见。对于因误解而产生的疑问，中国代表团已尽可能地作了澄清，将继续同相关国家保持沟通，增信释疑，增进彼此理解。同时，中方认为，国别人权审议应切实遵循非选择性、非对抗性、非政治性原则。我们敦促有关国家客观看待中国的发展进步，尊重中国人民自主选择的政治制度和发展道路。中方坚决反对、绝不接受以人权为借口干涉中国内政，损害中国主权和领土完整。"①

4. 中国与联合国人权特别程序

特别程序是一类机制的统称，它们由人权委员会确立，并由人权理事会掌接，旨在处理世界各地具体国别状况或专题问题。特别程序既可以是个人（特别报告员或独立专家），也可以是一个工作组。他们均为知名的独立专家，由人权理事会任命，自愿开展工作。特别程序的任务通常要求任务负责人对人权状况进行审查、监督、咨询和公开报告，如果任务是针对特定国家或地区的人权状况，则称之为国别任务，如果是针对全世界范围内严重的人权侵

① 《中国代表团副团长、外交部部长助理张军在联合国人权理事会通过中国国别人权审议报告时的发言》（2018 年 11 月 13 日），中国常驻联合国日内瓦办事处和瑞士其他国际组织代表团网站，http：//www.china-un.ch/chn/dbtyw/rqrd_1/hfs_1/t1614439.htm。

权现象，则称之为专题任务。所有这些任务都要向人权理事会汇报其发现和建议，许多任务也要向大会报告。有时，这些任务是向国际社会发出某些人权问题警报的唯一机制，它们能够应对世界各地的状况，且各国不必事先批准某项人权文书。①

中国很重视联合国人权特别程序在国际人权领域的重要作用，与其保持着良好的合作关系。中国政府本着负责任的态度答复联合国人权特别程序的每一封来函，并先后邀请多个特别程序的专家或工作组来华访问。

表 8–1　联合国人权特别程序对中国访问情况

特别程序名称	访问中国时间
任意拘留问题工作组	1997 年 10 月 6 日至 16 日
受教育权问题特别报告员	2003 年 9 月 9 日至 19 日
任意拘留问题工作组	2004 年 9 月 18 日至 30 日
酷刑问题特别报告员	2005 年 11 月 20 日至 12 月 10 日
食物权问题特别报告员	2010 年 12 月 15 日至 23 日
歧视妇女问题工作组	2013 年 12 月 12 日至 19 日
外债问题独立专家	2015 年 6 月 29 日至 7 月 6 日
赤贫与人权问题特别报告员	2016 年 8 月 15 日至 23 日

资料来源：根据联合国网站相关资料整理而成，时间截至 2018 年 12 月 31 日。

二、中国与国际人权条约机构的合作

（一）中国参加国际人权条约的情况

自 1949 年中华人民共和国建立至今，中国共加入了 27 项国际人权条

① 人权机构，联合国网站，https：//www.ohchr.org/CH/HRBodies/Pages/HumanRightsBodies.aspx。

约。[①]纵观中国加入国际人权条约的进程可以看出，加入的时间主要集中在几个历史时期，分别是 20 世纪 50 年代、80 年代、90 年代和进入 21 世纪以后。

20 世纪 50 年代，中国共批准了 4 项人权方面的国际公约，分别是《改善战地武装部队伤者病者境遇之日内瓦公约》《改善海上武装部队伤者病者及遇船难者境遇之日内瓦公约》《关于战俘待遇之日内瓦公约》《关于战时保护平民之日内瓦公约》。

20 世纪 80 年代是中国加入国际人权条约最多的时期，在这一时期中国共加入了 11 项国际人权条约，分别是《消除对妇女一切形式歧视公约》《消除一切形式种族歧视国际公约》《关于难民地位的公约》《关于难民地位的议定书》《1949 年 8 月 12 日日内瓦四公约关于保护国际性武装冲突受难者的附加议定书》（第一议定书）、《1949 年 8 月 12 日日内瓦四公约关于保护非国际性武装冲突受难者的附加议定书》（第二议定书）、《防止及惩治灭绝种族罪公约》《禁止并惩治种族隔离罪行国际公约》《禁止酷刑和其他残忍、不人道或有辱人格的待遇或处罚公约》《反对体育领域种族隔离国际公约》《残疾人职业康复和就业公约》。1984 年中国政府还承认了国民党政府（1930—1947 年）批准的 14 个国际劳工公约。

20 世纪 90 年代，中国加入了 4 项国际人权公约，分别是《男女工人同工同酬公约》《儿童权利公约》《就业政策公约》《最低就业年龄公约》。此外，1997 年 10 月 27 日在江泽民主席访美期间，中国签署了《经济、社会及文化权利国际公约》。1998 年 10 月 5 日，中国又签署了《公民权利和政治权利国际公约》。

进入 21 世纪以来，中国又进入一个密集加入国际人权公约的时期，批准了 8 项国际人权公约，分别是《经济、社会及文化权利国际公约》《〈儿童权利公约〉关于儿童卷入武装冲突问题的任择议定书》《〈儿童权利公约〉

① 李君如主编：《中国人权事业发展报告 No.1（2011）》，社会科学文献出版社 2011 年版，第 34—36 页。

关于买卖儿童、儿童卖淫和儿童色情制品问题的任择议定书》《关于禁止和立即行动消除最有害的童工形式公约》《联合国人员和有关人员安全公约》《消除就业和职业歧视公约》《残疾人权利公约》《〈联合国打击跨国有组织犯罪公约〉关于预防、禁止和惩治贩运人口特别是妇女和儿童行为的补充议定书》。

表 8–2　中国加入的国际人权条约

编号	公约名称	签署时间	批准或加入时间	保留条款
1	《改善战地武装部队伤者病者境遇之日内瓦公约》		1956 年 12 月 28 日交存批准书	对第 4 条作了保留
2	《改善海上武装部队伤者病者及遇船难者境遇之日内瓦公约》		1956 年 12 月 28 日交存批准书	对第 10 条作了保留
3	《关于战俘待遇之日内瓦公约》		1956 年 12 月 28 日交存批准书	对第 10、12、85 条作了保留
4	《关于战时保护平民之日内瓦公约》		1956 年 12 月 28 日交存批准书	对第 11、45 条作了保留
5	《消除对妇女一切形式歧视公约》		1980 年 11 月 4 日加入	对第 29 条第 1 款作了保留
6	《消除一切形式种族歧视国际公约》		1981 年 12 月 29 日加入	
7	《关于难民地位的公约》		1982 年 9 月 24 日交存加入书	
8	《关于难民地位的议定书》		1982 年 9 月 24 日加入	对第 4 条作了保留
9	《1949 年 8 月 12 日日内瓦四公约关于保护国际性武装冲突受难者的附加议定书》（第一议定书）		1983 年 9 月 14 日加入	对第 88 条第 2 款作了保留

续表

编号	公约名称	签署时间	批准或加入时间	保留条款
10	《1949年8月12日日内瓦四公约关于保护非国际性武装冲突受难者的附加议定书》(第二议定书)		1983年9月14日加入	对第88条第2款作了保留
11	《防止及惩治灭绝种族罪公约》		1983年3月5日批准	对第9条作了保留
12	《禁止并惩治种族隔离罪行国际公约》		1983年4月18日加入	
13	《残疾人职业康复和就业公约》		1987年9月5日批准	
14	《禁止酷刑和其他残忍、不人道或有辱人格的待遇或处罚公约》	1986年12月12日	1988年9月5日批准	对第20条和第30条第1款作了保留
15	《反对体育领域种族隔离国际公约》	1987年10月21日	1988年4月3日对中国生效	
16	《男女工人同工同酬公约》		1990年9月7日批准	
17	《儿童权利公约》		1991年12月29日批准	对第6条作了保留
18	《经济、社会及文化权利国际公约》	1997年10月	2001年2月28日批准	对第8条第1款(甲)项等提出了3项声明
19	《就业政策公约》		1997年12月17日交存批准书	
20	《最低就业年龄公约》		1998年12月29日批准	同时声明不适用于香港特别行政区
21	《〈儿童权利公约〉关于儿童卷入武装冲突问题的任择议定书》	2001年3月15日	2007年12月29日批准	对征兵年龄作出声明

续表

编号	公约名称	签署时间	批准或加入时间	保留条款
22	《〈儿童权利公约〉关于买卖儿童、儿童卖淫和儿童色情制品问题的任择议定书》		2002 年 12 月 3 日交存批准书	
23	《关于禁止和立即行动消除最有害的童工形式公约》		2002 年 8 月 8 日交存批准书	
24	《联合国人员和有关人员安全公约》		2004 年 8 月 28 日加入	声明对第 22 条第 1 款予以保留，不受约束
25	《消除就业和职业歧视公约》		2005 年 8 月 28 日批准	声明不适用于香港特别行政区
26	《残疾人权利公约》	2007 年 3 月 30 日	2008 年 6 月 26 日批准	
27	《〈联合国打击跨国有组织犯罪公约〉关于预防、禁止和惩治贩运人口特别是妇女和儿童行为的补充议定书》		2009 年 12 月 26 日加入	声明不受第 15 条第 2 款规定的约束；暂不适用于香港特别行政区

资料来源：李君如、常健、王林霞:《中国人权的历史成就和发展进步》，李君如主编：《中国人权事业发展报告 No.1（2011）》，社会科学文献出版社 2011 年版，第 34—36 页。

（二）中国与国际人权条约机构的合作

人权条约机构是根据核心人权公约规定设立的、由独立专家组成的负责监督公约执行情况的机构。联合国现有九大核心人权公约，相应设有九个条约机构，详见表 8-3。

表 8–3 九个核心人权公约机构

公约名称	公约机构名称
《公民权利和政治权利国际公约》	人权事务委员会
《经济、社会及文化权利国际公约》	经济、社会和文化权利委员会
《消除一切形式种族歧视国际公约》	消除种族歧视委员会
《消除对妇女一切形式歧视公约》	消除对妇女歧视委员会
《禁止酷刑和其他残忍、不人道或有辱人格的待遇或处罚公约》	禁止酷刑委员会
《儿童权利公约》	儿童权利委员会
《保护所有移徙工人及其家庭成员权利国际公约》	移徙工人委员会
《残疾人权利公约》	残疾人权利委员会
《保护所有人免遭强迫失踪国际公约》	强迫失踪委员会

资料来源：根据联合国网站相关资料整理。

对于业已加入的国际人权公约，中国非常重视对这些条约义务的履行，包括认真撰写履约报告，按时接受人权条约机构的审议，本着负责任的态度诚恳接受国际社会提出的建设性意见，不断改进自己在人权保护方面的工作。截至 2018 年 8 月，中国已向各条约机构提交履约报告 26 次，总计 39 期，接受审议 26 次。[①]

最近五年，中国接受了多个人权条约机构的审议。2013 年 9 月 27 日，中国接受了联合国儿童权利委员会对《儿童权利公约》和《〈儿童权利公约〉关于儿童卷入武装冲突问题的任择议定书》履约情况的审议。2014 年 5 月 8 日，中国接受了联合国经济、社会和文化权利委员会对中国履行《经济、社会及文化权利国际公约》第二次履约报告的审议。2014 年 10 月 23 日，中国接受了联合国消除对妇女歧视委员会对中国履行《消除对妇女一切形式歧

① 国务院新闻办公室：《改革开放 40 年中国人权事业的发展进步》（白皮书），《人民日报》，2018 年 12 月 13 日第 13—15 版。

视公约》第七、第八次国家报告的审议。2015 年 11 月 17 日，中国接受了联合国禁止酷刑委员会对中国履行《禁止酷刑和其他残忍、不人道或有辱人格的待遇或处罚公约》第六次履约报告的审议。2018 年 8 月 10 日，中国接受了联合国消除种族歧视委员会对中国《消除一切形式种族歧视国际公约》第十四至十七次履约报告的审议。

表 8-4　中国提交核心人权公约履约报告和接受审议的情况

<table>
<tr><th>公约名称</th><th>履约报告名称</th><th>应提交时间</th><th>提交时间</th><th>审议届会（时间）</th><th>报告编号</th><th>结论性意见</th></tr>
<tr><td rowspan="9">《消除对妇女一切形式歧视公约》</td><td>初次报告</td><td>1982-9-3</td><td>1983-5-25</td><td>第 3 届（1984）</td><td>CEDAW/C/5/Add.14</td><td>CEDAW/C/SR.33，CEDAW/C/SR.34，CEDAW/C/SR.36 和《大会正式记录，第三十九届会议，补编第 45 号》（A/39/45）第 125—128 段</td></tr>
<tr><td>第二次报告</td><td>1986-9-3</td><td>1989-6-22</td><td>第 11 届（1992）</td><td>CEDAW/C/13/Add.26</td><td>CEDAW/C/SR.195 和《大会正式记录，第四十七届会议，补编第 38 号》（A/47/38）第 145—218 段</td></tr>
<tr><td>第三次报告</td><td>1990-9-3</td><td rowspan="2">1997-5-29</td><td rowspan="2">第 20 届（1999）</td><td rowspan="2">CEDAW/C/CHN/3-4</td><td rowspan="2">《大会正式记录，第五十四届会议，补编第 38 号　》（A/54/38/Rev.1）第 251—336 段</td></tr>
<tr><td>第四次报告</td><td>1994-9-3</td></tr>
<tr><td>第五次报告</td><td>1998-9-3</td><td rowspan="2">2004-2-4</td><td rowspan="2">第 36 届（2006）</td><td rowspan="2">CEDAW/C/CHN/5-6 和 Add.1，Add.2</td><td rowspan="2">《大会正式记录，第六十一届会议补编第 38 号》（A/61/38）第 417—472 段</td></tr>
<tr><td>第六次报告</td><td>2002-9-3</td></tr>
<tr><td>第七次报告</td><td>2006-9-3</td><td rowspan="2">2012-1-20</td><td rowspan="2">第 59 届（2014）</td><td rowspan="2">CEDAW/C/CHN/7-8</td><td rowspan="2">CEDAW/C/CHN/CO/7-8</td></tr>
<tr><td>第八次报告</td><td>2010-9-3</td></tr>
<tr><td>第九次报告</td><td>2018-11-1</td><td>—</td><td>—</td><td>—</td><td>—</td></tr>
</table>

续表

公约名称	履约报告名称	应提交时间	提交时间	审议届会（时间）	报告编号	结论性意见
《消除一切形式种族歧视公约》	初次报告	1983-1-28	1983-2-22	第 28 届（1983）	A/38/18 paras. 465-475	A/38/18 paras. 465-475
	第二次报告	1985-1-28	1985	第 33 届（1986）	CERD/C/126/Add.1	《大会正式记录，第四十二届会议，补编第 18 号》（A/42/18）第 329—346 段
	第三次报告	1987-1-28	1987-12-28	第 38 届（1990）	CERD/C/153/Add.2 CERD/C/179/Add.1	《大会正式记录，第四十五届会议，补编第 18 号》（A/45/18）第 111—125 段
	第四次报告	1989-1-28	1990-3-30			
	第五次报告	1991-1-28	1996-9-30	第 49 届（1996）	CERD/C/275/Add.2	《大会正式记录，第五十一届会议，补编第 18 号》（A/51/18）第 391—426 段
	第六次报告	1993-1-28				
	第七次报告	1995-1-28				
	第八次报告	1997-1-28	2001-4-3	第 59 届（2001）	CERD/C/357/Add.4（Part I）	《大会正式记录，第五十六届会议，补编第 18 号》（A/56/18）第 231—255 段
	第九次报告	1999-1-28				
	第十次报告	2001-1-28	2008-6	第 75 届（2009）	CERD /C/CHN/10-13	《大会正式记录，第六十四届会议，补编第 18 号》（A/64/18）第 32 段
	第十一次报告	2003-1-28				
	第十二次报告	2005-1-28				
	第十三次报告	2007-1-28				
	第十四、十五、十六、十七次报告	2013-1-28	2017-1-24	第 96 届（2018）	CERD/C/CHN/14-17	CERD/C/CHN/CO/14-17

续表

公约名称	履约报告名称	应提交时间	提交时间	审议届会（时间）	报告编号	结论性意见
《禁止酷刑和其他残忍、不人道或有辱人格的待遇或处罚公约》	初次报告	1989-11-2	1989-11-2	第 4 届（1990）	CAT/C/7/Add.5	《大会正式记录，第四十五届会议，补编第 44 号》（A/45/44）第 471—502 段
	首次报告的补充报告	1990-12-31	1993-1-18	第 10 届（1993）	CAT/C/7/Add.14	《大会正式记录，第四十八届会议，补编第 44 号》（A/48/44）第 387—429 段
	第二次报告	1993-11-2	1995-12-2	第 16 届（1996）	CAT/C/20/Add.5	《大会正式记录，第五十一届会议，补编第 44 号》（A/51/44）第 138—150 段
	第三次报告	1997-11-2	1999-5-5	第 24 届（2000）	CAT/C/39/Add.2	《大会正式记录，第五十五届会议，补编第 44 号》（A/55/44）第 106—130 段
	第四次报告	2001-11-2	2007-6-27	第 41 届（2008）	CAT/C/CHN/4 和 Corr.1	《大会正式记录，第六十四届会议，补编第 44 号》（A/64/44），第 38 段
	第五次报告	2005-11-2				
	第六次报告	2012-11-21	2013-6-20	第 56 届（2015）	CAT/C/CHN/5	CAT/C/CHN/CO/5
	第七次报告	2019-12-9	—	—	—	—

续表

公约名称	履约报告名称	应提交时间	提交时间	审议届会（时间）	报告编号	结论性意见
《儿童权利公约》	初次报告	1994-3-31	1996-3-4	第 12 届（1996）	CRC/C/11/Add.7	CRC/C/15/Add.56
	首次报告的补充报告	1997-12-31	—	—	—	—
	第二次报告	1999-3-31	2003-6-27	第 40 届（2005）	CRC/C/83/Add.9	CRC/C/OPSC/CHN/CO/1
	第三次报告	2005-12-31	2010-7-16	第 64 届（2013）	CRC/C/CHN/3-4	CRC/C/CHN/CO/3-4
	第四次报告	建议与第三次报告于2009-12-31前合并提交				
	第五、第六次报告	2019-3-31	—	—	—	—
《〈儿童权利公约〉关于买卖儿童、儿童卖淫和儿童色情制品问题的任择议定书》	初次报告	2005-1-3	2005-5-11	第 40 届（2005）	CRC/C/OPSA/CHN/1	CRC/C/OPSA/CHN/CO/1
《〈儿童权利公约〉关于儿童卷入武装冲突问题的任择议定书》	初次报告	2010-3-20	2010-11-17	第 64 届（2013）	CRC/C/OPAC/CHN/1	CRC/C/OPAC/CHN/CO/1
《经济、社会及文化权利国际公约》	初次报告	2002-6-30	2003-6-30	第 34 届（2005）	E/1990/5/Add.59	E/C.12/1/Add.107
	第二次报告	2010-6-30	2010-6-30	第 52 届（2014）	E/C.12/CHN/2	E/C.12/CHN/CO/2
	第三次报告	2019-5-30	—	—	—	—

续表

公约名称	履约报告名称	应提交时间	提交时间	审议届会（时间）	报告编号	结论性意见
《残疾人权利公约》	初次报告	2010-8-31	2010-8-30	第 8 届（2012）	CRPD/C/CHN/1	CRPD/C/CHN/CO/1
	第二次、第三次报告	2018-9-1	—	—	—	—

资料来源：根据联合国核心人权公约条约机构的相关网站资料整理而成，时间截至 2018 年 12 月 31 日。

此外，中国还积极推荐中国专家参与国际人权条约机构的工作。1984 年开始，中国推荐的专家连续当选为防止歧视和保护少数小组委员会的委员和候补委员。此后中国专家很长时间以来都在经济、社会和文化权利委员会，消除种族歧视委员会，消除对妇女歧视委员会，禁止酷刑委员会，残疾人权利委员会等条约机构出任委员。

表 8-5　2018 年中国专家在联合国人权条约机构的任职情况

姓名	任职的联合国人权条约机构	担任职务	本届任期到期时间	现任职是否是连任
陈士球	经济、社会和文化权利委员会	委员	2020-12-31	是
李燕端（女）	消除种族歧视委员会	副主席	2020	否
宋文艳（女）	消除对妇女歧视委员会	委员	2020-12-31	否
张红虹（女）	禁止酷刑委员会	委员	2021	否
尤亮	残疾人权利委员会	委员	2018-12-31	否

资料来源：根据联合国相关机构的材料整理而成，时间截至 2018 年 12 月 31 日。

三、中国与联合国人权高专办公室的合作

在 1993 年维也纳世界人权大会上，国际社会决定为人权确立一个更强有力的任务授权，并辅之以更强有力的机构性支持。为此，联合国成员国

于 1993 年通过大会决议成立了联合国人权事务高级专员办事处（简称人权高专办）。“联合国人权事务高级专员办事处代表着世界对人类尊严这一共同理想的承诺。国际社会赋予我们独一无二的任务授权，即促进和保护一切人权。”

人权事务高级专员（简称人权高专）是根据 1993 年联大第 48/141 号决议设立的，是联合国系统内负责人权事务的最高行政长官，副秘书长级。由联合国秘书长任命，经联合国大会核准产生。人权高专主要负责协调联合国在人权领域的活动，任期四年，可连任一次。

中国与联合国人权高专办一直保持着建设性的合作关系。1998 年 9 月，中国政府邀请时任联合国人权事务高级专员罗宾逊夫人来华访问，双方就人权问题广泛地交流了看法，并签署了《技术合作项目的合作意向备忘录》。罗宾逊夫人在任期间曾应邀七次访华。中国重视与联合国人权高专办开展技术合作，于 2000 年 11 月与高专办签署了开展人权领域技术合作的《谅解备忘录》，并于 2001 年签署了第二阶段合作协议。在此框架下，双方开展了轻罪惩罚、监狱管理、人权教育以及人权奖学金等合作项目。联合国人权高专阿博尔女士（Louise Arbour）2005 年访华期间，双方签署了新的合作《谅解备忘录》，为今后三年开展技术合作确立了框架。中国积极支持人权高专办的工作，分别于 2000 年和 2005 年与人权高专办共同举办了第 8 次和第 13 次亚太区域人权研讨会。2011 年，中国与人权高专办成功合办“中国—联合国司法研讨会”。

四、其他多边人权合作

1993 年 3 月，中国派代表团出席了在曼谷举行的世界人权大会亚洲区域筹备会，并担任了第一次筹备会、亚洲区域筹备会和世界人权大会的副主席，为世界人权大会的筹备和成功举行发挥了重要作用。同年 6 月，中国代表参加了维也纳世界人权大会并参与了《维也纳宣言和行动纲领》的讨论、起草和制定，提出了许多建设性的意见。会议期间，中国坚定地站在发展中国家一边，为争取和维护发展中国家的权益进行了坚决的斗争。

1995 年 9 月，中国成功主办了联合国第四次世界妇女大会，为促进世界妇女权利的实现作出了突出贡献。1995 年 9 月 4—15 日，联合国第四次世界妇女大会在北京国际会议中心举行，189 个国家和地区的代表、联合国系统各组织和专门机构及有关政府间和非政府组织的代表共 1.7 万余人出席了会议。会议审查和评价了《到 2000 年提高妇女地位内罗毕前瞻性战略》的执行情况，制定并通过了加速执行《内罗毕战略》的《北京宣言》和《行动纲领》，指出了提高全球妇女地位的主要障碍，制定了今后的战略目标和具体行动。《北京宣言》以平等、发展与和平为主线，肯定了国际社会在提高妇女地位方面的成绩，指出了存在的问题，重申联合国宪章的宗旨和原则，着重反映了发展中国家关心的贫困、保健、教育、对妇女暴力等问题，要求各国和国际社会作出承诺并立即采取行动，加速实现《内罗毕战略》的各项目标。同时，呼吁在国家和国际一级为实现《行动纲领》动员足够的资源，特别是向发展中国家提供新的额外资金，帮助它们提高妇女地位。[①] 会议通过的《行动纲领》指出："提高妇女地位和实现男女平等，是人权问题和社会正义的条件，不应孤立地视为是妇女问题。它们是建设一个可持续、公正和发达的社会的唯一途径。赋予妇女权利和男女平等是各国人民实现政治、社会、经济、文化和环境保障的先决条件。"

中国还积极参加了 2001 年举行的联合国第三届反对种族主义世界大会。自 2000 年古巴等发展中国家发起举行反对种族主义世界大会的动议之日起，中国政府就对这一动议给予了高度的评价和支持。中国代表积极参与了亚洲区域筹备会议的各项准备工作，并于 2001 年 2 月 19—21 日出席了在伊朗首都德黑兰举行的此次会议。同时，为响应联合国发出的提高社会各界对当今种族主义问题的警惕和认识的号召，中国政府于 7 月 25 日在北京举办了"因特网与种族主义言论传播"国际研讨会，中国外交部部长唐家璇专门向会议发出贺信，呼吁国际社会高度重视种族主义言论在因特网上传播所造成的严

① 《1995 年北京世界妇女大会》，外交部网站，https：//www.fmprc.gov.cn/ce/cohk/chn/topic/zgwj/wjlshk/t8963.htm。

重危害。8 月 31 日—9 月 8 日，中国外交部副部长王光亚率团出席了在南非德班举行的联合国第三届反对种族主义世界大会。

第三节　积极开展双边人权对话与交流

除了积极参与多边人权合作，中国也积极开展双边人权对话与交流，迄今已与很多国家开展了多轮次的双边人权对话与磋商。

一、中国与西方发达国家的双边人权对话与交流

中国积极倡导开展平等的国际人权对话。自 20 世纪 90 年代初开始，先后与美国、欧盟、澳大利亚、英国、德国、荷兰、瑞士、挪威等西方发达国家和地区组织进行了官方层面的双边人权对话。

中国最早开始人权对话的国家是美国。中美人权对话始于 1990 年，根据双方协定每年举行两次。1995 年中欧开始第一次人权对话，此后每半年举行一次。中国与澳大利亚的人权对话开始于 1997 年。中国自 1997 年开始与英国进行人权对话，每年举行两次。除了一年两次的中英人权对话外，英国还参与中欧人权对话。中德人权对话始于 1999 年，每年举行一次。虽然有双边协定，但中国与西方国家的人权对话经常因为突发事件而中断。根据中美之间的协定，人权对话应该是每年举行两次。但从 1990 年 12 月到 2002 年 12 月，中美只举行了 13 轮双边人权磋商，其间因突发事件多次中断。迄今 29 年过去了，中美人权对话也只举行了 19 次。中国与挪威的双边人权圆桌会议自 2010 年之后中断，一直没有恢复。

以近三年的情况为例。2016 年，中国与西方发达国家的定期双边人权对话举行了 3 次，对话伙伴国分别是瑞士、英国和德国。

2017 年，中国与西方发达国家进行了 5 次双边人权对话和会谈。3 月 2 日至 3 日，中国和瑞士第 10 次人权对话在瑞士伯尔尼举行。4 月 11 日至 12 日，中国与荷兰第 10 次人权对话在北京举行。4 月 28 日，中国外交部人权事务特别代表应约会见了英国外交部人权和民主局局长，双方就打击现代奴役等

问题交换了意见。[①]6 月 22 日至 23 日，中国欧盟第 35 次人权对话在比利时布鲁塞尔举行。6 月 27 日至 28 日，中国英国第 24 次人权对话在北京举行。

2018 年，中国与西方发达国家进行了 4 次双边人权对话。6 月 11 日至 12 日，中国和瑞士在北京举行了第 11 次人权对话。6 月 20 日至 21 日，中国与荷兰在海牙举行了第 11 次人权对话。7 月 9 日，中欧在北京举行了第 36 次人权对话。12 月 6 日至 8 日，中德在西藏拉萨举行了第 15 次人权对话。6 月 19 日，中国还与比利时在日内瓦举行的人权理事会第 38 次会议期间共同举办了关于保护儿童权利问题的边会。[②]

表 8-6　中国与西方发达国家开展双边人权对话情况

对话和交流名称	次数	最近一次对话时间
中国与美国人权对话	19	2015 年 8 月 13 日至 14 日
中国与欧盟人权对话	36	2018 年 7 月 9 日
中国与澳大利亚人权对话	15	2014 年 2 月 20 日
中国与德国人权对话	15	2018 年 12 月 6 日至 8 日
中国与英国人权对话	24	2017 年 6 月 27 日至 28 日
中国与瑞士人权对话	11	2018 年 6 月 11 日至 12 日
中国与荷兰人权对话	11	2018 年 6 月 20 日至 21 日
中国与挪威人权与司法圆桌会议	13	2010 年 6 月 10 日至 11 日

二、中国与发展中国家的双边人权磋商与交流

除了与西方发达国家进行双边人权对话，中国近些年来也开始与巴西、巴基斯坦、南非、古巴、非盟等发展中国家和地区组织进行官方层面的双边人权磋商。

① 《外交部人权事务特别代表刘华会见英国外交部人权和民主局局长理查德·琼斯》，外交部网站，https：//www.fmprc.gov.cn/web/wjdt_674879/sjxw_674887/t1457699.shtml。

② 《中国与比利时共同举办关于保护儿童权利的会议》，中国常驻联合国日内瓦办事处和瑞士其他国际组织代表团网站，https：//www.mfa.gov.cn/ce/cegv/chn/dbtzyhd/t1571011.htm。

以近三年的情况为例。2016 年 4 月 12 日，中国与非盟在非盟总部举行了首次人权磋商。4 月 14 日，中国与南非在比勒陀利亚举行了首次人权磋商。12 月 6 日，中国与巴西在北京举行了第 2 次人权磋商。

2017 年 7 月 20 日，中国与巴基斯坦在北京举行了第 3 次人权磋商。2017 年 10 月 31 日，中国与非盟在北京举行了第 2 次人权磋商。

2018 年 5 月 10 日，中国与巴基斯坦在伊斯兰堡举行了第 4 次人权磋商。

表 8–7　中国与非西方国家开展人权磋商和交流情况

对话和交流名称	次数	最近一次对话时间
中国与俄罗斯人权磋商	11	2018 年 8 月 31 日
中国与巴基斯坦人权磋商	4	2018 年 5 月 10 日
中国与非盟人权磋商	2	2017 年 10 月 31 日
中国与南非人权磋商	1	2016 年 4 月 14 日
中国与巴西人权磋商	2	2016 年 12 月 6 日
中国与古巴人权磋商	4	2015 年 1 月 22 日

资料来源：根据外交部网站有关信息整理而成，时间截至 2018 年 12 月 31 日。

三、双边人权对话与交流的成效

中国开展的双边人权对话与磋商取得了积极的成效，发挥了应有的作用。主要体现在：一是增加了相互理解，开辟了交流渠道，与对话伙伴达成了很多共识，一定程度上减少了道听途说和妄自揣测所产生的影响。二是推动了双方的人权进步。双方可以面对面地交流彼此人权保障的成功做法，共同探讨存在的问题，相互借鉴，取长补短。三是体现了中国开放的姿态。但人权对话并非一帆风顺，与西方发达国家的对话经常与斗争相伴。一些西方人士仍然延续冷战思维，在对话过程中提出不切实际的要求，希望借机迫使中方按照他们的想法和模式去做，甚至施压中国改旗易帜，否则就认为与中国的人权对话成果有限。中方在对话中一直强调平等相待、相互尊重的原则，对西方的误解一直积极地做增信释疑的工作。同时，中方坚决反对那种借对话施压的做法，敦促有关国家官员端正对话态度，推动其客观看待对话成果和中国的人权状况。①

第四节　人权组织积极参与国际人权交流

除了开展官方层面的多边和双边人权合作与交流，中国政府还鼓励民间人权组织积极参与国际人权交流。其中，以中国人权研究会和中国人权发展基金会为代表的人权组织在国际人权交流方面表现活跃。这些组织参与国际人权交流的方式主要有以下几种。

一、主办国际人权论坛和人权研讨会

中国人权研究会是中国人权领域内最大的全国性学术团体，成立于 1993 年 1 月，宗旨是研究中外人权理论、历史和现状，普及和宣传人权知识，开展国际交流与合作，促进中国和世界人权事业的健康发展。中国人权研究会是联合国非政府组织大会（CONGO）的成员，在联合国经社理事会享有特别咨商地位，并已被列入联合国教科文组织“世界人权研究和培训机构名录”。中国人权研究会自成立以来，表现活跃，已经举办了很多重要的国际人权论坛和研讨会。1998 年 10 月，中国以“面向二十一世纪的世界人权”为主题，主办了第一次国际人权研讨会。来自世界五大洲 26 个国家的近百名专家学者与会，共同总结了《世界人权宣言》发表 50 周年来国际人权的实践经验，研究了当时国际人权领域面临的机遇与挑战，探讨了世界人权跨世纪发展的前景。2002 年 10 月，中国人权研究会和中国人权发展基金会共同主办了以“东方文化与人权发展”为主题的国际人权研讨会。来自 26 个国家和地区的 70 余位政要和专家学者就会议主题相关的问题进行了热烈的讨论。2006 年 11 月 22 日，中国人权研究会在北

① 《中国外交部官员谈中西方人权对话成效与障碍》，中国新闻网，http：//www.chinanews.com/gn/2012/01-19/3617751.shtml。

京主办了“尊重和促进人权与建设和谐世界”国际人权研讨会，来自亚洲、非洲、欧洲、美洲 19 个国家的 70 多位人权专家、学者和官员在为期 3 天的会议中就人权与建设和谐世界问题进行了广泛的交流和探讨。2008 年至 2018 年，中国人权研究会和中国人权发展基金会在北京主办了九届“北京人权论坛”。[①]

表 8–8　九届“北京人权论坛”情况

届次	时间	议题	参会情况
首届“北京人权论坛”	2008 年 4 月 21 日至 22 日	发展、安全与人权	五大洲 31 个国家和国际组织的 110 多位中外人权高级官员和专家、学者出席了论坛
第二届“北京人权论坛”	2009 年 11 月 2 日至 3 日	和谐发展与人权	来自 26 个国家的近百名人权高级官员和专家学者出席了论坛
第三届“北京人权论坛”	2010 年 10 月 19 日至 21 日	人权与发展：概念、模式、途径再思考	来自 28 个国家和联合国等国际组织和港澳台地区的近百名人权高级官员和专家学者出席了论坛
第四届“北京人权论坛”	2011 年 9 月 21 日至 23 日	文化传统、价值观与人权	来自 26 个国家和联合国等国际组织以及港澳台地区的近百名人权高级官员、专家学者出席了论坛
第五届“北京人权论坛”	2012 年 12 月 12 日至 13 日	科技、环境与人权	来自 32 个国家和地区及联合国等国际组织的人权高级官员和专家学者 120 多人出席了论坛
第六届“北京人权论坛”	2013 年 9 月 12 日至 13 日	建设可持续的人权发展环境	来自联合国以及 33 个国家和地区的人权高级官员和专家学者 100 余人出席了论坛

① 第一届、第二届和第三届“北京人权论坛”由中国人权研究会主办，第四届至第八届“北京人权论坛”和“2018 · 北京人权论坛”由中国人权研究会和中国人权发展基金会共同主办。

续表

届次	时间	议题	参会情况
第七届“北京人权论坛”	2014年9月17日至18日	中国梦：中国人权事业的新进展	来自联合国及30余个国家和地区的人权高级官员和专家学者逾百人出席了论坛
第八届“北京人权论坛”	2015年9月16日至17日	和平与发展：世界反法西斯战争的胜利与人权进步	来自30余个国家和地区的100多位人权高级官员和专家学者出席了论坛
“2018·北京人权论坛”	2018年9月18日至19日	消除贫困：共建一个没有贫困、共同发展的人类命运共同体	来自近50个国家、地区和国际组织的官员、专家学者、知名人士等200余人出席了论坛

资料来源：根据相关网站信息整理而成。

此外，中国人权发展基金会还利用自己的优势，与国外的基金会、相关机构和国内省市的有关部门合作，就一些双边和专业领域的人权问题举行了多次国际研讨会和论坛，如中国人权发展基金会与中国国际交流协会、德国弗里德里希·艾伯特基金会共同主办了十二届中德人权研讨会，中国人权发展基金会还与美国美中关系全国委员会共同主办了八届中美司法与人权研讨会，中国人权发展基金会还主办了两届“人权文博国际研讨会”。①

二、参加联合国人权理事会的相关会议并举办主题边会

中国的人权组织还积极参加联合国人权理事会的会议，并利用这一会议平台举办内容丰富多彩的主题边会和国际研讨会。

（一）举办以“共同构建人类命运共同体：全球人权治理的新路径”为主题的边会

2017年3月8日，中国人权研究会代表团出席了联合国人权理事会第

① 资料来源于中国人权发展基金会网站，http：//www.renquanjjh.com/。

34 次会议，并与中国常驻日内瓦联合国代表团共同举办了以“共同构建人类命运共同体：全球人权治理的新路径”为主题的边会。来自北京大学、西南政法大学、中国宗教研究中心的人权专家学者在会上进行了主题发言，并与参会代表进行了对话交流。20 余个国家的非政府组织代表、政府代表团代表、新闻媒体记者等约 50 人参加了边会。与会专家学者分别从人类命运共同体的现实挑战、人类命运共同体的多元人权观、人类命运共同体下的人权保护、全球人权治理的中国贡献、构建人类命运共同体——中国宗教的主张和实践、人类命运共同体成员的共同诉求等角度阐释人类命运共同体理念。①

（二）主办以“构建人类命运共同体与人权”为主题的国际研讨会

2018 年 6 月 14 日，在联合国人权理事会第 35 次会议期间，中国人权研究会和中国常驻日内瓦联合国代表团在日内瓦万国宫共同主办了“构建人类命运共同体与人权”国际研讨会。20 余国政府代表、有关国际组织代表、中外人权领域专家学者、非政府组织代表和新闻媒体记者近百人出席了研讨会。②

（三）举办以“减贫促进人权”为主题的边会

2017 年 6 月 16 日，在联合国人权理事会第 35 次会议召开期间，国际交流促进会和中国扶贫基金会在联合国日内瓦总部万国宫共同举办了主题为“减贫促进人权”的边会。与会的国外非政府组织认为中国在国际减贫领域是领跑者，中国的经验值得国际社会学习。③

（四）举办以“构建人类命运共同体与发展权的实现”为主题的边会

2017 年 9 月 13 日，中国人权研究会和荷兰阿姆斯特丹自由大学跨文化

① 《中国在联合国人权理事会举办“共同构建人类命运共同体：全球人权治理的新路径”边会》，《人民日报》，2017 年 3 月 10 日第 3 版。

② 《“构建人类命运共同体与人权”国际研讨会在联合国日内瓦总部举办》，《人民日报》，2017 年 6 月 16 日第 3 版。

③ 《中国民间组织在日内瓦举办“减贫促进人权”主题边会》，《人民日报》，2017 年 6 月 17 日第 3 版。

人权中心在日内瓦万国宫共同举办了以“构建人类命运共同体与发展权的实现”为主题的边会。来自中国人民大学、南开大学、山东大学、西南政法大学、西北政法大学、荷兰阿姆斯特丹自由大学、荷兰乌特勒支大学、南非大学塔博·姆贝基非洲领导力研究所的人权领域专家学者在会上进行了主题发言，并与参会代表进行了对话交流。联合国人权高专办有关官员和俄罗斯、古巴、南非、缅甸、新加坡、印度尼西亚等国家的政府代表团代表、非政府组织代表、新闻媒体记者等约 50 人与会。①

（五）举办以“西藏文化保护与发展”为主题的边会

2018 年 3 月 7 日，中国人权研究会在联合国人权理事会第 37 次会议期间在日内瓦万国宫举办了“西藏文化保护与发展”边会，深入介绍了西藏在保护和发展传统文化方面所作的努力和取得的成就。②

（六）举办以“新疆人权事业的发展与进步”为主题的边会

2018 年 6 月 25 日，在联合国人权理事会第 38 次会议期间，中国人权研究会在日内瓦万国宫举办了“新疆人权事业的发展与进步”主题边会，全面介绍了新疆在扶贫、教育、文化、反恐、医疗等方面所采取的措施和取得的成就。来自各国政府、国际组织和非政府组织的代表及专家学者、媒体记者等 60 余人参加了会议。③

（七）举办以“中国改革开放与人权发展”为主题的边会

2018 年 9 月 11 日，在联合国人权理事会第 39 次会议期间，中国人权研究会在联合国日内瓦总部万国宫举办了“中国改革开放与人权发展”主题边会，介绍了改革开放 40 年来中国人权发展的成就。来自中国人民大学、复旦大学、武汉大学、南开大学的 5 位中国人权研究会专家以生动的事例和

① 《“构建人类命运共同体与发展权的实现”边会在日内瓦举行》，《人民日报》，2017 年 9 月 15 日第 3 版。

② 《“西藏文化保护与发展”边会在日内瓦举办》，中国新闻网：http://www.chinanews.com/gj/2018/03-08/8462430.shtml。

③ 《新疆人权事业的发展与进步”主题边会在联合国日内瓦总部举行》，《人民日报》，2018 年 6 月 27 日第 9 版。

翔实的数字，从经济社会发展、减贫、生态环保等方面向与会者介绍了中国的成就和经验。[①]

（八）举办以“中国人权保障的实践”为主题的边会

2018年10月29日，中国人权研究会和中国常驻日内瓦联合国代表团联合举办了“中国人权保障的实践”主题边会。6位中国专家在边会上分别结合自己的研究成果介绍了中国在人权保障领域所进行的探索和所取得的成就。各国常驻日内瓦外交官和有关国际组织官员约50人出席了会议。[②]

（九）举办以“中国少数民族发展与人权进步”和“改革开放40年中国社会组织的发展与人权事业进步”为主题的边会

2018年11月5日，在联合国人权理事会国别人权审议工作组第31次会议期间，中国相关社会组织在日内瓦万国宫共同举办了“中国少数民族发展与人权进步”和“改革开放40年中国社会组织的发展与人权事业进步”等主题边会，系统介绍了中国的民族政策及少数民族地区经济社会的发展情况和中国社会组织的发展情况。各国常驻日内瓦外交官、有关国际组织官员、中外民间组织代表等出席了边会。[③]

三、组团出访交流

组团出访也是中国人权组织进行国际人权交流的重要方式。中国人权研究会已组团出访过美国、英国、法国、德国、奥地利、比利时、欧盟、冰岛、荷兰、瑞士、意大利、西班牙、澳大利亚、新西兰、摩洛哥、埃及、澳大利亚、南非、新加坡等国家和地区，积极主动地与这些国家和地区的各界人士进行人权交流。中国人权发展基金会也组团出访过多个国家。

---

① 《中国专家在日内瓦介绍中国人权发展成就》，《人民日报》，2018年9月13日第21版。

② 《“中国人权保障的实践”主题边会在日内瓦举行》，《光明日报》，2018年11月1日。

③ 《中国社会发展与人权事业进步主题边会及展览在日内瓦举行》，《人民日报（海外版）》，2018年11月7日第3版。

表 8-9　中国人权研究会出访情况（2009—2018 年）

出访时间	出访国家（地区）
2009 年 9 月 15 日至 26 日	法国、比利时、欧盟、冰岛
2011 年 6 月 7 日至 18 日	澳大利亚、南非、新加坡
2012 年 5 月 28 日至 6 月 9 日	乌兹别克斯坦、乌克兰、白俄罗斯
2013 年 5 月 22 日至 26 日	美国、古巴
2014 年 12 月 4 日至 13 日	瑞典、荷兰、法国
2015 年 5 月 18 日至 27 日	泰国、马来西亚、新加坡
2017 年 5 月 21 日至 31 日	巴西、智利、秘鲁
2018 年 6 月 5 日至 14 日	西班牙、意大利、奥地利
2018 年 6 月 30 日至 7 月 6 日	英国、希腊

资料来源：根据相关网站资料整理而成。

表 8-10　中国人权发展基金会出访情况（2008—2018 年）

出访时间	出访国家（地区）
2008 年 11 月 16 日至 24 日	美国
2011 年 7 月 25 日至 8 月 4 日	法国、西班牙、葡萄牙
2012 年 7 月 29 日至 8 月 2 日	俄罗斯、波兰
2014 年 3 月 19 日至 28 日	南非、纳米比亚、津巴布韦
2014 年 11 月 6 日至 25 日	美国
2017 年 9 月 20 日至 28 日	意大利、捷克、英国
2018 年 6 月 13 日至 21 日	希腊、立陶宛、拉脱维亚

资料来源：根据相关网站资料整理而成。

除了中国人权研究会和中国人权发展基金会，中国现在还有许多人权方面的学术机构，如 8 个国家人权教育与培训基地及分布在全国高校和研究院所的人权研究中心，它们也在广泛开展各种形式的国际人权交流，包括参加人权方面的国际学术会议，邀请国外人权学者来华讲学，到国外讲授人权方面的课程和举办相关讲座，在国外开展人权专题问题的研究，与国外人权学者开展人权领域的合作研究，与联合国人权机构合作开展各种研究和培训工作，等等。

第五节　为国际人权事业作出中国贡献

中华人民共和国成立 70 年来，中国对国际人权事业的发展作出了突出的贡献。除了前述的中国积极参与国际人权领域的多边和双边合作、认真履行条约义务和成员国职责这些在国际人权实践中所作出的重要贡献外，中国在如下方面的贡献也是国际公认的。

一、中国对创设国际人权规则与机制的贡献

自 20 世纪 80 年代，中国开始比较积极地参与国际人权活动，多次派代表参与国际人权法律文书的起草工作，先后参加了《儿童权利公约》《保护所有移徙工人及其家庭成员权利国际公约》《禁止酷刑和其他残忍、不人道或有辱人格的待遇或处罚公约》《残疾人权利公约》《〈经济、社会及文化权利国际公约〉任择议定书》《个人、团体和社会机构在促进和保护普遍公认的人权和基本自由方面的权利和义务宣言》和《保护民族、种族、语言、宗教上属于少数人的权利宣言》的工作组，为这些规则的起草、修改和完善作出了重要贡献。在这些工作组会议上，中国提出的意见和修正案受到了各方的重视。自 1981 年起，中国作为主要推动者之一，参加了联合国人权委员会起草《发展权利宣言》的政府专家组的历届会议，并积极提出意见，直至《发展权利宣言》于 1986 年在第四十一届联大获得通过。中国还积极推动联合国人权委员会和人权理事会就实现发展权问题进行全球磋商，致力于推动构建发展权实施机制，支持将发展权问题作为一个单独的议题在人权委员会加以审议。中国一直是人权委员会关于发展权问题决议的共同提案国。

20 世纪 90 年代初，中国在人权问题上的政策作出了重大调整，开始积极参与国际人权活动，在国际人权领域的影响力也日渐增强，并为国际人权标准的制定作出了重要贡献。1993 年 6 月，中国代表参加了维也纳世界人权大会并参加了《维也纳宣言和行动纲领》的讨论、起草和制定，提出了许多建设性的意见，为《维也纳宣言和行动纲领》的制定和通过作出了自己的努力和贡献。1995 年 9 月，中国成功地主办了联合国第四次世界妇女大会，为制定和通过《北京宣言》和《行动纲领》作出了突出贡献。

2006 年以来，中国支持联合国人权理事会设立安全饮用水、文化权、残疾人权利等专题性特别机制；倡导召开关于粮食安全、国际金融危机等特别会议，积极推动完善国际人权机制。在 2009 年底，中国政府派团参加了《儿童权利公约》来文申诉机制任择议定书制定工作组第一次会议，深入广泛地就各项议题参与了讨论。中国派团参加了联大反恐特委会 2009 年届会，持续参与制订关于国际恐怖主义的全面公约的谈判。为进一步完善现行国际反恐法律框架，中国赞同制定一项新的全面反恐国际公约，赞同在联合国主持下适时召开反恐高级别会议的倡议，以便为反恐国际法律合作提供政策指引。中国是最早参加联合国气候变化大会的国家，全程参与并有效推动国际气候谈判，为《巴黎气候变化协定》的最终通过作出贡献。中国还积极推动了联合国《2030 年可持续发展议程》的制定和实施。①

二、中国倡导的理念成为国际人权话语

近年来，随着中国国际影响力的不断增强，中国所倡导的一些重要理念被纳入了国际人权话语体系。

（一）中国倡导的“构建人类命运共同体”理念成为国际人权话语

2017 年 2 月 10 日，联合国社会发展委员会第五十五届会议协商一致通

① 国务院新闻办公室：《改革开放 40 年中国人权事业的发展进步》（白皮书），《人民日报》，2018 年 12 月 13 日第 13—15 版。

过了“非洲发展新伙伴关系的社会层面”决议，“构建人类命运共同体”理念首次被写入联合国决议。3 月 1 日，在人权理事会第 34 次会议上，中国代表 140 个国家发表了题为“促进和保护人权，共建人类命运共同体”的联合声明，在国际人权舞台上进一步阐释了构建人类命运共同体的理念及其对推动国际人权事业发展的重要意义，在国际社会引起了广泛共鸣。3 月 23 日，在联合国人权理事会第 34 次会议通过的众多决议中，“在所有国家实现经济、社会和文化权利问题”决议和“粮食权”决议明确载入了“构建人类命运共同体”的话语。其中，“在所有国家实现经济、社会和文化权利问题”决议指出：“决心不遗余力，促进民主和加强法治，实现和平、发展并尊重一切国际公认的人权和基本自由，包括发展权；相信需要作出广泛而持久的努力，来构建人类命运共同体……”“粮食权”决议指出，“决心为实现国际社会的承诺采取新的步骤，以通过加强国际合作和团结，坚持不懈地作出努力，争取在实现食物权方面取得重大进展，从而构建人类命运共同体”[①]。这是构建人类命运共同体的理念首次被载入联合国人权理事会的决议[②]，成为国际人权话语。

（二）中国提出的“发展促进人权”的理念被引入国际人权话语体系

2017 年 6 月 22 日，联合国人权理事会通过了中国提出的题为“发展对享有所有人权的贡献”的决议。该决议反映了发展中国家的诉求和心声，得到了广大发展中国家的支持和拥护，获得了 70 多个国家联署。这是人权理事会历史上第一次就发展问题通过决议。[③]决议明确指出构建人类命运共

---

① OHCHR | Session 34 Resolutions，decisions and President' s statements，经社文权利决议文件号 34/4，粮食权决议文件号 34/12，联合国网站，https：//www.ohchr.org/EN/HRBodies/HRC/RegularSessions/Session34/Pages/ResDecStat.aspx。

② 《人类命运共同体理念首次载入联合国人权理事会决议》，《人民日报》，2017 年 3 月 25 日第 2 版。

③ 《人权理事会通过中国提出的“发展对享有所有人权的贡献”决议，“发展促进人权”理念首次被引入国际人权体系》，外交部网站，https：//www.fmprc.gov.cn/ce/cegv/chn/dbtzyhd/t1473892.htm。

同体是国际社会的共同愿望，确认了发展对享有所有人权的重大贡献，呼吁各国实现以人民为中心的发展，在人民中寻找发展动力，依靠人民推动发展，使发展造福人民。决议呼吁各国加强国际合作，全力推进可持续发展，特别是落实 2030 年可持续发展议程，促进全面享有人权。决议欢迎各国进一步推进发展倡议，促进伙伴关系，实现合作共赢和共同发展。①

（三）中国倡导的“在人权领域促进合作共赢”的理念成为国际人权话语

2018 年 3 月 23 日，联合国人权理事会第三十七届会议通过了中国提出的“在人权领域促进合作共赢”决议。决议呼吁各国共同努力，构建相互尊重、公平正义、合作共赢的新型国际关系，构建人类命运共同体，强调各国要坚持多边主义，加强人权领域对话与合作，实现合作共赢。②

三、中国为发展中国家在人权领域的交流与合作搭建高端平台

2017 年 12 月 7—8 日，中国国务院新闻办公室和外交部在北京共同主办了首届“南南人权论坛”。来自 70 多个国家和国际组织的官员、学者等 300 余人出席了论坛，此次论坛的规模之大、规格之高都是空前的。中国国家主席习近平专门向论坛发来了贺信表示祝贺，并指出全球人权事业发展离不开广大发展中国家共同努力，希望国际社会本着公正、公平、开放、包容的精神，尊重并反映发展中国家人民的意愿，促进发展中国家人民享有更加充分的人权，实现全人类共同繁荣发展。③ 本次论坛以“构建人类命运共同体：南南人权发展的新机遇”为主题，下设“构建人类命运共同体与促进全球人权治理”、“包容性发展与南南人权的实现”、“南南国家教育权的保障”、“南南国家减贫及粮食权的保障”、“南南国家健康权的保障”、“中国与南南合作——对推进世界人权事业发展的重要作用”等 6 个分论坛。与会代表就

① 《联合国人权理事会历史上第一次通过发展促进人权决议》，中国政府网，http：//www.gov.cn/xinwen/2017-06/23/content_5204684.htm。

② 《呼吁构建新型国际关系、构建人类命运共同体》，《人民日报》，2018 年 3 月 25 日第 3 版。

③ 《习近平致首届“南南人权论坛”的贺信》，《人民日报》，2017 年 12 月 8 日第 1 版。

相关议题进行了深入的探讨和交流，达成了很多共识，并最终形成了凝聚这些共识的《北京宣言》。中国主办的“南南人权论坛”是广大发展中国家在人权领域进行交流与合作的新平台。这不仅是拓展南南合作领域的有益尝试，而且对于推动发展中国家参与全球人权治理，增加发展中国家在国际人权领域的发言权具有重要意义。2019 年 12 月 10—11 日，中国国务院新闻办公室和外交部又举办了第二届“南南人权论坛”，会议的主题是“文明多样性与世界人权事业的发展”。来自 80 多个国家及联合国等国际组织的高级官员、专家学者、驻华使节等 300 余人出席了论坛。

后 记

本书是集体合作的产物。参加写作的专家学者包括：

董云虎，上海市政协主席，中国人权研究会原副会长；

常健，南开大学人权研究中心主任，南开大学周恩来管理学院教授、博士生导师；

刘杰，上海社会科学院人权研究中心主任，政治与公共管理研究所主任、教授、博士生导师；

张晓玲，中共中央党校人权研究中心主任，政法教研部教授、博士生导师；

李云龙，中共中央党校国际战略研究院教授、博士生导师；

张万洪，武汉大学人权研究院执行院长，公益与发展法律研究中心主任，法学院教授、博士生导师；

罗艳华，北京大学国际关系学院教授、博士生导师；

高通，南开大学法学院副教授，南开大学人权研究中心研究人员；

丁鹏，武汉东湖公益服务中心主任。

各章写作分工如下：

第一章，董云虎、常健；

第二章，常健；

第三章，刘杰；

第四章，高通；

第五章，张晓玲；

第六章，李云龙；

第七章，张万洪、丁鹏；

第八章，罗艳华；

全书统稿为常健。

本书的出版得到了江西人民出版社的大力支持，陈英主任热情促成。在此，谨向所有参加本书写作、修改、校对和编辑出版工作的同志表示衷心的感谢！

图书在版编目（CIP）数据

中国人权建设 70 年 / 董云虎等著 . -- 南昌 : 江西人民出版社，2019.12

ISBN 978-7-210-11328-7

Ⅰ . ①中… Ⅱ . ①董… ②常… Ⅲ . ①人权—概况—中国— 1949-2019 Ⅳ . ① D621.5

中国版本图书馆 CIP 数据核字（2019）第 090581 号

中国人权建设 70 年 董云虎 常 健 等著

责任编辑：陈 英 魏如祥
出 版：江西人民出版社
发 行：各地新华书店
地 址：江西省南昌市三经路 47 号附 1 号
编辑部电话：0791-86898316
发行部电话：0791-86898801
邮 编：330006
网 址：www.jxpph.com
E-mail：625281085 @ qq.com
2019 年 12 月第 1 版 2019 年 12 月第 1 次印刷
开 本：787 毫米 ×1092 毫米 1/16
印 张：26.25
字 数：40 千
ISBN 978-7-210-11328-7
赣版权登字—01—2019—636
定 价：98.00 元
承 印 厂：长沙超峰印刷有限公司